Le droit international et la lutte contre la traite des êtres humains en Afrique

Justice internationale
dirigée par Joseph Bemba

La collection « Justice internationale » des éditions L'Harmattan se fixe avant tout pour but d'être un témoin privilégié de l'évolution de la justice internationale et des sujets connexes dans un monde marqué par le passage presque inespéré de la mondialisation des injustices à l'émergence d'une mondialisation de la justice. Elle est une contribution au devoir de mémoire auquel est tenue l'humanité entière, singulièrement depuis l'entrée en fonction de la Cour pénale internationale, le 1er juillet 2002.

Pour la première fois dans l'histoire de l'humanité, un nouveau système juridictionnel permet d'appliquer le droit international à des personnes physiques incluant les plus hauts responsables politiques et militaires qui se sont rendus coupables des crimes les plus graves (crimes de guerre, crimes contre l'humanité, crime de génocide, crime d'agression, autres violations graves du droit international humanitaire) et ce, indépendamment du bon vouloir des États concernés. On mesure le chemin parcouru depuis Nuremberg et Tokyo et celui qui reste à parcourir pour promouvoir la démocratie, les droits de l'Homme et les libertés fondamentales, les droits de ces victimes qui doivent enfin pouvoir obtenir justice et laisser à nos enfants et petits-enfants un monde nouveau où s'appliquera la règle du droit et de la justice. Ainsi, le 21e siècle sera le siècle de la Justice internationale.

Dans cette perspective, la collection « Justice internationale », qui concerne l'ensemble des juridictions internationales pénales et non pénales, y compris les juridictions régionales et les tribunaux spéciaux établis ou parrainés par les Nations unies, est ouverte à toutes les approches du droit. Tout en publiant aussi des ouvrages à vocation professionnelle ou pédagogique, elle est susceptible de rassembler des recherches originales tirées notamment des travaux de doctorat, des ouvrages collectifs et entend faire une place importante au commentaire des décisions de la justice internationale, au règlement des différends par l'arbitrage international ainsi qu'aux contributions mettant l'accent sur l'apport de la Francophonie dans la lutte contre l'impunité.

Le but fondamental de la collection est d'informer sur l'évolution de la Justice internationale et les sujets connexes et de contribuer, par ses publications, à ce que la Justice internationale devienne une justice au quotidien.

Sous la direction de
Kourra Félicité Owona Mfegue
et Alain Didier Olinga

Le droit international et la lutte contre la traite des êtres humains en Afrique

Préface de Sara De Vido

L'Harmattan

5-7, rue de l'École-Polytechnique ; 75005 Paris

http://www.editions-harmattan.fr/

ISBN : 978-2-336-47688-9
EAN : 9782336476889

REMERCIEMENTS

Remerciements à l'Institut des Relations Internationales du Cameroun et son Directeur, SE M. Daniel Urbain NDONGO.

DÉDICACE

Au ***Pr. Joseph OWONA (1945-2024),*** *Professeur émérite, juge constitutionnel*[1].

À tous les migrants subsahariens vendus aux enchères comme esclaves ou exploités sexuellement en Libye.

---

[1] Né le 23 janvier 1945 à AKOM (Arrondissement de MVENGUE, Département de l'Océan, Province du Sud Cameroun) et décédé le 6 janvier 2024 à Bordeaux (France), Joseph OWONA, père de Kourra Félicité OWONA MFEGUE, fut un Professeur émérite de droit, Agrégé de Droit Public et de Sciences Politiques / Concours français et homme d'État camerounais. Il a été plusieurs fois ministre et membre du Conseil constitutionnel camerounais. Voir également sur la vie de cet illustre personnage, *Carnets d'hommages* au Pr Joseph OWONA, recueillis par le Pr. Kourra Félicité OWONA MFEGUE, disponible au : innafeliciteo@hotmail.com

SOMMAIRE

PRÉFACE

Sara DE VIDO

Professeure associée de droit international
Université Ca'Foscari de Venise, Italie
Manchester international law centre, UK

C'est avec très grand plaisir que j'écris cette préface de l'ouvrage Le droit international et la lutte contre la traite des êtres humains en Afrique, un livre bien nécessaire et fondamental pour la compréhension du phénomène de la traite dans le continent africain.

J'ai travaillé pour plusieurs années sur les mesures législatives au niveau du droit international des droits humains et du droit de l'Union européenne, en particulier sur la Convention d'Istanbul du Conseil de l'Europe de 2011, et j'ai eu l'honneur de préparer des lignes guides concernant la Recommandation générale numéro 38 du Comité pour l'élimination de la discrimination à l'égard des femmes des Nations Unies.

En travaillant sur ce sujet, il est clair que les études concernant le continent africain sont assez limitées et surtout partielles, car elles ne sont pas capables de faire comprendre la complexité du contexte dans lequel les violations des droits humains sont produites.

L'ouvrage a trois importants éléments.

Le premier concerne la perspective, c'est-à-dire l'anthropologie juridique, encore trop rarement pratiquée, mais essentielle parce qu'elle offre un point de vue qui, « à partir de la description la plus fidèle possible des systèmes juridiques particuliers, entend considérer le « droit » dans sa généralité passée et présente, sans impérialisme de quelque origine qu'il soit »[1].

Le deuxième concerne l'analyse pluridisciplinaire (sociologie, économie, science politique, anthropologie, histoire) qu'on peut comprendre à partir de la table des matières.

Dans le premier titre, on trouve d'intéressants chapitres de droit international : par exemple une analyse de la traite des femmes à des fins

---

[1] E. LE ROY, « Pour une anthropologie du droit », *Revue interdisciplinaire d'études juridiques*, 1978, n° 1, pp. 71-100

d'exploitation sexuelle (la prostitution pour autrui) en droit (international) africain, du « tourisme sexuel », de la traite des enfants *almajiri* en Afrique, et des analyses des situations plus spécifiques : l'esclavage sexuel des femmes et des jeunes filles dans la guerre contre Boko Haram ; la traite des êtres humains au Cameroun sous le point de vue des implications sociojuridiques.

Le deuxième titre comprend la protection des victimes. Ici, on trouve encore des perspectives juridiques qui s'ouvrent à des considérations historiques, sociales et de géographie humaine. Ainsi peut-on lire à propos de la répression des crimes de traite sur les migrants africains, de la lutte contre la traite des êtres humains en Europe et aussi des points de vue régionaux - la Communauté Économique des États de l'Afrique centrale (CEEAC) et la Communauté économique des États de l'Afrique de l'Ouest (CEDEAO) - et des cas particuliers (la sécurisation de la traite des êtres humains au Cameroun et la protection des femmes et des jeunes filles contre la traite aux fins de prostitution au Nigeria). Le titre inclut aussi un chapitre sur la contribution de la société civile africaine à la lutte contre la traite des êtres humains.

Le troisième concerne la profonde réflexion qui émerge des pages du livre. Il s'agit d'une réflexion qui a ses racines dans le passé, dans l'esclavage et dans les mesures qui l'ont interdit sur le plan international, et qui voit le développement d'instruments internationaux (le protocole de Palerme notamment) visant à prémunir, réprimer et punir la traite des personnes, en particulier des femmes et des enfants. À la différence de l'Europe, il n'y a pas des instruments régionaux qui peuvent agir contre la traite tout en considérant la spécificité africaine. Est-ce qu'un pareil instrument serait utile ? Tout probablement, oui, pourvu que les dispositions reflètent le contexte africain et sa particularité.

Dans un monde où la traite des êtres humains, surtout femmes et filles, est un *common concern* de l'entière humanité, comprendre les différences du phénomène d'une région à l'autre peut aider dans la répression du crime, mais surtout, dans la protection des victimes et dans la prévention qui soit basée sur l'éducation et la sensibilisation.

La traite des personnes est un phénomène répandu, un crime transnational et une violation des droits de la personne ; elle entraîne des coûts économiques. Malgré l'augmentation du nombre de personnes victimes de la traite dans le monde au cours de la dernière décennie, le rapport mondial de l'Office des Nations Unies contre la drogue et le crime sur la traite des personnes de 2022 a montré que le nombre de victimes détectées a diminué en 2020 pour la première fois en 20 ans en raison de la pandémie. Cela ne signifie pas nécessairement que le phénomène a diminué, cependant. Selon le rapport, les fermetures ont potentiellement poussé la traite plus loin dans la clandestinité et limité les capacités des services de répression à cibler ce crime. La situation après la pandémie pourra être comprise seulement dans les prochaines années, mais des données dans l'Union européenne ont démontré que la tendance est presque au niveau de la prépandémie. L'exploitation sexuelle est le moyen d'exploitation le plus diffusé. Avoir des données du phénomène qui tiennent compte de la complexité des discriminations multiples devrait devenir une priorité.

J'ai bien aimé l'idée d'un droit international qui, bien qu'il reste « international », peut tenir en compte la complexité des situations régionales. Un droit international « africain » (on retrouve l'idée dans quelques chapitres) qui demande une prise de conscience mature du défi pour les experts : sensibilité, ouverture, connaissance sont requises.

L'ouvrage va dans cette direction, il nous force à penser au potentiel et aux limites du droit international, à l'exploitation, y inclus l'exploitation sexuelle, qui cause de graves violations des droits de la personne. L'origine de la traite devrait recevoir une attention croissante. Les violences basées sur le genre doivent - par exemple - être reconnues « afin de lutter contre le déséquilibre des rapports et rôles de genres pouvant conduire à des situations de traite des êtres humains », comme si bien le souligne l'introduction.

L'ouvrage donne sans aucun doute une véritable contribution aux études en la matière et je suis honorée d'avoir eu la possibilité de voir sa naissance.

AVANT-PROPOS

« DROIT INTERNATIONAL ET LUTTE CONTRE LA TRAITE DES ÊTRES HUMAINS EN AFRIQUE »

Particulièrement attentatoire à la dignité de l'homme, la traite des êtres humains fait l'objet d'une prohibition relativement récente et peu affermie en Afrique.

Sa perception et sa représentation ont néanmoins évolué au fil des années en mutant d'une « légalité internationale consentie » à une « illégalité internationale combattue ». Dans les années 1600 en France, à l'époque du Code noir : terminologie attribuée par Jean Baptiste COLBERT ayant trait à une série de législations sur l'esclavage, la traite des êtres humains ne constituait pas une pratique *contra legem*. À l'époque, les préoccupations pragmatiques - unifier les usages existants, assurer le maintien de l'ordre et l'obéissance des esclaves, préserver les capacités productives des exploitations sucrières - et les considérations religieuses et morales étaient imbriquées.

L'opinion se scandalisait de ce que les esclaves soient assimilés à des meubles comme en droit romain. Toutefois, cette fiction juridique destinée à conforter la propriété et à faciliter les transactions, n'induisait pas qu'ils soient réellement considérés comme des *res,* c'est-à-dire choses. Toutefois, la mesure du contrepoids des droits accordés à ces esclaves tels que les droits à l'instruction, au repos du dimanche, et la possibilité d'être affranchi, n'oblitérait pas la substance patrimoniale des êtres humains. D'ailleurs, l'article 44 du Code noir cantonnait les esclaves au statut d'êtres meubles susceptibles d'être achetés et/ou vendus.

À partir du début du XVIIIe, le mouvement abolitionniste de l'esclave à travers le monde en général (au Portugal, en France, en Angleterre, aux États-Unis, etc.) et en Afrique en particulier militera en faveur de la pénalisation de l'esclavage au niveau international.

Sur un plan purement institutionnel, l'esclavage n'existe plus ! L'être humain ne peut plus in jure être relégué au rang de chose. Mais, dans la pratique, il en est autrement.

Lutter contre l'esclavage doit désormais être saisi dans la pluralité de ses réalités et pratiques diffuses, afin de lutter efficacement contre tous les trafics et toutes les formes d'exploitation apparentées ayant pour objet des êtres humains, hommes, femmes et enfants. Cette analyse revient en l'espèce, à disséquer des notions parentes, dans la perspective d'une répression pénale marquée par le principe de légalité des délits et des peines.

Dès lors, le droit international s'est approprié toutes les formes d'exploitation humaine pouvant constituer « la traite des êtres humains ». Au même titre que l'esclavage ayant fait l'objet de la Convention de Genève du 25 septembre 1926 qui instaure une prohibition absolue de l'esclavage reprise dans l'ensemble des déclarations et conventions protectrices des droits de l'Homme (art. 4 DUDH, art. 4 CEDH, art. 5 CDFUE, art. 8 PIDCP, art. 5 Ch. Afr. DH, art. 6 Conv. Am. DH), l'exploitation de la prostitution des femmes (naguère dénommée « traite des blanches »), des enfants ou des adultes, s'est imposée dans l'actualité, sans être excessivement scrutée au prisme de la doctrine du droit (international) africain.

Énoncée dans la Convention des Nations unies contre la criminalité transnationale organisée, notamment le protocole « de Palerme » visant à prémunir, réprimer et punir la traite des personnes, en particulier des femmes et des enfants, la traite des êtres humains, quelles qu'en soient les circonstances, est reprise dans l'ensemble des déclarations et conventions de droit international, mais dans une infime mesure dans le moule de certaines législations nationales africaines.

Cette considération est par conséquent davantage à disséquer dans le contexte africain dans lequel le corpus juridique paraît lacunaire.

C'est l'écueil que tentent ici de surmonter Kourra Félicité OWONA MFEGUE, Alain Didier OLINGA, Catherine MAIA et leurs vaillants contributeurs.

En l'absence d'une convention homogène et dédiée au niveau régional africain (aucun texte n'y fait une référence explicite à la traite des êtres humains et l'exploitation sexuelle, la pornographie et la prostitution ainsi que le trafic de jeunes enfants, de jeunes adultes ou d'organes humains), l'entreprise ne paraît-elle pas homérique ?

L'ouvrage est ici structuré autour de sept axes de réflexion : contextualisation, conceptualisation et controverse autour d'un problème social et d'une qualification juridique, panorama des modalités de traite des êtres humains en Afrique dont celle à des fins d'exploitation sexuelle traitée par l'excellente collègue codirectrice de l'œuvre, protection des victimes de la traite des êtres humains en Afrique, etc. Il rassemble des contributions, transcendant quelquefois l'analyse strictement juridique.

En effet, la traite des êtres humains y est étudiée avec un fort ancrage pluridisciplinaire (sociologie, économie, science politique, anthropologie, etc.). La richesse empirique qui s'y dégage et la lucidité des analyses menées fournissent un aperçu transversal sur le phénomène en Afrique.

Une chose est certaine : la traite des êtres humains sur le continent africain doit désormais être saisie dans sa réalité factuelle et juridique afin de lutter efficacement contre tous les trafics et toutes les formes d'exploitation ayant pour objet des êtres humains, hommes, femmes et enfants.

Il apparaît, en effet, essentiel de clarifier les notions, surtout dans la perspective d'une répression pénale marquée par le principe de légalité des délits et des peines. Au-delà de son effectivité, il faut questionner l'efficacité du droit international dans la lutte contre la traite des êtres humains en Afrique.

1. Quels recours offrir aux victimes de cette pratique ?
2. Quelle signification revêt la traite des êtres humains sans pour autant diluer la notion en l'appliquant à des situations licites dans certains États (notamment la gestation pour autrui) ?
3. Quelle distinction opérer entre esclavage, servitude, travail forcé et traite ?
4. Quelle valeur confère le consentement de la victime à sa propre exploitation ?
5. Comment affronter la traite des êtres humains selon ses multiples modalités ainsi que dans ses dimensions spatiales et temporelles spécifiquement africaines ?

Au regard de ses mutations et de son actualité, le phénomène ici discerné revêt un intérêt irréfutable pour la recherche tous azimuts. Ses trajectoires d'analyse sont à peine inépuisées, puisqu'il se renouvelle sans cesse, au gré des transformations sociales…

Ces évolutions obligent aussi les États à revoir les moyens, ainsi que les dispositifs, pour les adapter aux situations souvent complexes à juger, car inféodées à de robustes résistances d'ordre socioculturel. Malgré une pléthore d'instruments juridiques importés ou externalisés, la traite des êtres humains notamment à des fins sexuelles continue de faire des ravages en Afrique.

Le droit aurait-il perdu sa capacité dissuasive au regard de l'ampleur des souffrances individuelles et collectives causées par le phénomène ? Quel rôle joue ou devrait jouer le droit international ? Ces questions constituent le fondement de cet ouvrage, dirigé par trois éminents collègues juristes internationalistes.

D'une manière générale, les conclusions de l'ouvrage qu'on va assurément lire, peuvent sans doute trouver des prolongements plus approfondis. Il ne peut certainement pas être méconnu de quiconque se penchera désormais sur le droit international et la traite des êtres humains en Afrique mais bien au-delà, il est incontournable dès lors qu'on s'attelle à une codification plus élaborée du phénomène de traite des êtres humains et ses corollaires et pas seulement en Afrique !

Kourra Félicité OWONA MFEGUE

Maître de Conférences en droit public, Département de droit international à l'Institut des Relations Internationales du Cameroun (IRIC), Université de Yaoundé Avocate aux barreaux de Paris (France) et du Cameroun.

Alain Didier OLINGA

Professeur titulaire de droit public, Chef du Département de droit international à l'Institut des Relations Internationales du Cameroun (IRIC), Université de Yaoundé II.

LISTE DES CONTRIBUTEURS

PRÉFACIÈRE

Sara DE VIDO : Professeure associée de droit international à Ca'Foscari, où elle enseigne le droit international, le droit des droits de l'Homme et le droit de l'Union européenne, elle est vice-directrice du Centre pour les Droits de l'Homme (Cestudir) à Ca'Foscari et affiliée au Manchester International Law Centre, au Royaume-Uni, où elle a cofondé le réseau Women in International Law Network (WILNET). Elle est Coordonnatrice GEP TEAM et Déléguée du recteur pour le mémorial de l'holocauste et la journée du souvenir et l'égalité des sexes. Son dernier ouvrage s'intitule : *Violence against Women's Health in International Law* (2020).

DIRECTION

Kourra Félicité OWONA MFEGUE : Maître de Conférences à l'Université de Yaoundé II (Institut des Relations Internationales du Cameroun), Avocate aux barreaux de Paris (France) et Yaoundé (Cameroun), elle est titulaire d'un Doctorat en droit public obtenu en 2013 à l'université Paris X-Nanterre (CEDIN), sous la direction du Professeur Alain Pellet. Titulaire d'un Diplôme en Stratégie diplomatique décerné par le Centre d'Études Stratégiques et Diplomatiques en 2004, elle est Membre du Centre Européen de Droit International (CEDIN), Université Paris X Nanterre et de l'Académie africaine de la Pratique du Droit international. Experte électorale pour le compte de l'Organisation des Nations Unies, l'Union Africaine, l'Organisation Internationale de la Francophonie et Arbitre à la Chambre Nationale du Comité Olympique Sportif (CNOSC), elle est auteure de plusieurs ouvrages et contributions dans ses domaines de spécialité.

Alain Didier OLINGA : Professeur titulaire de droit public, il est depuis 2005, Chef du Département de droit international à l'Institut des Relations Internationales du Cameroun (IRIC), Université de Yaoundé II. Il exerce également depuis 2016 en qualité de Conseiller technique au ministère de la Défense du Cameroun. Il enseigne diverses disciplines du droit international parmi lesquelles : le droit international public général, le droit international des droits et libertés et le droit international humanitaire. Il est l'auteur d'une thèse intitulée « Contribution à l'étude du droit d'ingérence : l'assistance humanitaire et la protection des droits de l'homme face au principe de non-intervention en droit international contemporain », sous la direction du professeur Frédéric Sudre. Il est auteur de plusieurs ouvrages et contributions dans ses domaines de spécialité.

CONTRIBUTEURS

Marie Thérèse MENGUE : Professeure titulaire à l'Université catholique d'Afrique centrale-Institut catholique de Yaoundé, Présidence du Conseil Scientifique de l'UCAC/ICY et directrice de l'Institut des Politiques et Initiatives Sociales (IPIS), l'autrice est sociologue de formation. Elle a commis de nombreuses publications parmi lesquels Comprendre la pauvreté au Cameroun parue aux Presses de l'UCAC ou la plus récente, Transition humaine au Cameroun, parue aux éditions Karthala, Paris.

Yvan Hyannick OBAH : Doctorant en sciences sociales à l'Université Catholique d'Afrique Centrale/Institut Catholique de Yaoundé. Il rédige également une thèse de doctorat en Science Politique à l'Université de Yaoundé II. Boursier du Collège Doctoral Humanité et Société de l'Agence Universitaire de la Francophonie (AUF) et Membre de l'Association Nationale des Candidats aux Métiers de la Science Politique (ANCMSP, France). Ses travaux s'orientent vers les questions de sécurité. Il travaille, par ailleurs, en tant que chercheur à l'Institut des Politiques et Initiatives Sociales (IPIS).

Frank EBOGO : Maître de Conférences, Expert des questions de défense et de sécurité, université de Yaoundé II. Titulaire d'un Ph. D en science politique (2013), il est Spécialiste des Relations Internationales et des Études stratégiques, chercheur au Centre de Recherches d'Études Politiques et Stratégiques (CREPS) et également consultant auprès de nombreux médias. Il est l'auteur de plusieurs ouvrages et contributions scientifiques.

Daniel Pascal ELONO : Ministre plénipotentiaire, Ambassadeur, Représentant permanent de la CEEAC en République Démocratique du Congo. Fonctionnaire international, il a fait ses preuves dans plusieurs organisations sous régionales dont la CEEAC notamment en tant que chef de Mécanisme d'alerte rapide de l'Afrique Centrale (MARAC). Il s'emploie à enrichir les analyses sur les problématiques relatives à l'intégration régionale et sous régionale à travers ses contributions scientifiques.

Joseph Stella Francis Magloire ZOCK ATARA A NGONN : Docteur en droit, il est spécialiste des relations internationales et du contentieux international (IRIC-Yaoundé) ; de l'arbitrage commercial international de l'Institut des Affaires Mondiales de la Chambre de Commerce Internationale (CCI) à Paris en France, de l'Organisation Internationale du Droit de Développement (IDLO) à Rome en Italie ; de l'université de Sherbrooke au Canada, du Centre de Médiation et d'Arbitrage de l'Organisation Mondiale de la Propriété Intellectuelle (OMPI) à Genève en Suisse. Le Docteur ZOCK ATARA est expert en passation des marchés publics financés par la Banque Mondiale et la Banque Africaine de Développement (BAD) ; Ancien stagiaire à la Cour Internationale d'Arbitrage de la CCI-Paris ; arbitre à la Cour Commune de Justice et d'Arbitrage (CCJA) de l'OHADA. Arbitre ad hoc, le Docteur ZOCK ATARA est enseignant associé à l'Institut des Relations Internationales du Cameroun (IRIC) depuis 2007 et à l'Université catholique d'Afrique centrale (UCAC). À son actif plusieurs publications et la direction de nombreux travaux de 3e cycle.

Mesmer GUEUYOU : Docteur en droit, chargé d'enseignement à l'université de Nantes. Avocat aux barreaux de Hauts-de-Seine (France) et du Cameroun. Après avoir enseigné aux universités de Nanterre, Evry et de Cergy en France, il a été aux Nations Unies, à l'OMPJ de 2004 à 2007 ; puis à l'OIF de 2008 à 2009 et de 2018 à 2019 avant de prêter serment comme avocat en 2010. Il intervient également comme consultant international dans les domaines de propriété intellectuelle, des droits humains et du droit international économique. Il est l'auteur de plusieurs contributions scientifiques.

Gisèle Léocadie BEFOLO : Maitre de Conférences à l'Institut des Relations Internationales du Cameroun (IRIC). Elle est spécialiste des questions relatives aux droits fondamentaux de la personne, au droit humanitaire, et au droit communautaire et à celui de l'intégration régionale africaine ainsi qu'aux différentes politiques y relatives de manière générale ; elle s'intéresse également aux aspects ayant trait au droit parlementaire, au droit processuel, au droit des collectivités territoriales décentralisées, au genre, au droit de l'environnement et aux changements climatiques, etc. Elle est auteure de nombreuses publications scientifiques (plus d'une vingtaine).

Pascal Armel ELLA ELLA : Docteur en science politique ayant soutenu une thèse sur La Politique Publique d'assainissement au crible d'une sociologie de la gouvernance urbaine au Cameroun à l'université de Yaoundé II, Enseignant permanent à l'Institut des Relations Internationales du Cameroun au Département de Politique Internationale (Chargé de Cours), il est par ailleurs, membre de la Revue Camerounaise des Sciences Sociales et de la Revue d'Études Africaines Autochtones. Ses publications s'inscrivent dans plusieurs champs (Sociologie Politique, Anthropologie Politique, Relations Internationales, Gouvernance Urbaine, Gouvernance Sécuritaire.)

Charles Stéphane OYONO : Docteur en droit public, il est Assistant à l'Université de Yaoundé II-Cameroun.

William Aurélien BAKONG NKWANE : Docteur en droit public, il est Assistant à la FSJP de l'université de Bertoua(Cameroun). Chercheur en droit constitutionnel et spécialiste des questions d'intégration régionale, il diplômé de l'Institut des Relations Internationales du Cameroun (IRIC) et membre du Groupe d'Etude et de Recherche sur les Usages du Droit en Afrique (GERUDA).

Spécial Valère AFA'A : Doctorant en droit public comparé à l'Université de Yaoundé II, et Administrateur Civil, il est Diplomé de l'École Nationale d'Administration et de Magistrature (ENAM) et de l'Institut des Relations Internationales du Cameroun (IRIC). Il prépare une thèse à l'Université de Yaoundé II sur « L'idée de République dans le constitutionnalisme en Afrique ». Il est Chef de pôle Droit Constitutionnel et Démocratie au Centre de Recherche en Paix, Environnement et Gouvernance (CREPEG) et ses recherches portent sur la protection constitutionnelle des droits de l'homme. Attaché Temporaire d'Enseignements à l'IRIC et Membre de l'Association pour la Promotion de l'Arbitrage en Afrique (APAA), il est l'auteur d'un ouvrage intitulé « L'informel et l'ordre constitutionnel en Afrique noire Francophone : entre évolution et altération » et de plusieurs articles et contributions.

Abdoulkarim Sehou ABDOURAMAN HAYATOU : Doctorant en Droit Public à la Faculté des Sciences Juridiques et Politiques de l'Université de Ngaoundéré, Titulaire d'un Master Recherche en Sciences Politiques et Secrétaire Général de l'Association pour la Documentation, les Etudes et la Recherche sur l'Afrique (ADERA). Il est également Membre de la Société Québécoise de Droit International (SQDI), Membre du Laboratoire des Imaginaires et Pensées Africains Contemporains (LIPAC). Ses travaux s'orientent vers les questions de droits fondamentaux humains, les changements climatiques et les migrations environnementales.

Ebenezer MUNKAM TCHINGWA : Doctorant en droit international public à l'université de Douala, il prépare une thèse sur « le droit des sexualités dans l'ordre juridique international africain » et est détenteur d'un Master en Relations internationales, option Contentieux international obtenu à l'Institut des Relations Internationales du Cameroun après la soutenance de son mémoire sur « la lutte contre la traite des êtres humains en Droit africain ». Défenseur des droits humains depuis 2014, il occupe le poste de Directeur de la Direction droits humains et plaidoyer de la Cameroonian Foundation for AIDS (CAMFAIDS), une Organisation camerounaise à Base Communautaire (OBC), de défense des droits humains et de lutte contre le VIH-SIDA.

SIGLES ET ABRÉVIATIONS

AGF : Asiwaju Grassroot Foundation

BAD : Banque Africaine de Développement

BDEAC : Banque de Développement des États de l'Afrique Centrale

BEAC : Banque des États de l'Afrique Centrale

BIT : Bureau International du Travail

CADBE : Charte Africaine des Droits et du Bien-Être de l'Enfant

CADH : Cour Africaine des Droits de l'Homme

CADHP : Charte Africaine des Droits de l'Homme et des Peuples

CADHP : Commission Africaine des Droits de l'Homme et des Peuples

CAEDBE : Comité Africain d'Experts sur les Droits et le Bien-être de l'Enfant

CAFDHP : Cour Africaine des Droits de l'Homme et des Peuples

CAJDDH : Cour Africaine de Justice et des Droits de l'Homme

CBC : Commercial Bank of Cameroon

CDH : Commission des Droits Humains des Nations Unies (Human Rights Commission/HRC)

CDH : Commission ou Comité des Droits de l'Homme

CDH : Cour des Droits de l'Homme

CEDEAO : Communauté Économique des États de l'Afrique de l'Ouest

CEDH : Cour européenne des Droits de l'Homme

CICR : Comité International de la Croix-Rouge

CIDE : Convention Internationale des Droits de l'Enfant

CIJ : Cour Internationale de Justice

CIPJ : Cour Permanente Internationale de Justice

CJ/CEDEAO : Cour de Justice de la CEDEAO

CNUDE : Convention des Nations Unies relative aux Droits de l'Enfant

CPC : Code Pénal Camerounais

CPI : Cour Pénale Internationale

CPS-RCA : Cour Pénale Spéciale en République centrafricaine sous l'égide de la CPI

DIP : Droit International Public

DNUDE : Déclaration des Nations Unies relative aux Droits de l'Enfant

DUDH : Déclaration Universelle des Droits de l'Homme

EASO: European Asylum Support Office

EPT: Education Pour Tous

ETAHT: Edo state Taskforce against Human Trafficking

EUROPOL : European Police office

FILDH : Fédération Internationale des Ligues des Droits dc l'Homme

FRONTEX : Agence Européenne des Garde-frontières et des Garde-côtes

HCDH : Haut-Commissariat des Nations Unies aux Droits de l'Homme

HCR : Haut-Commissariat des Réfugiés

MINAS : Ministère des Affaires Sociales

NAPTIP: National Agency for Prohibition of Trafficking in Persons

ODD : Objectifs de Développement Durable

OIM : Organisation Internationale de l'Immigration

OIM : Organisation Internationale pour les Migrations

OIT : Organisation Internationale du travail

OMD : Objectifs du Millénaire pour le Développement

ONG : Organisation Non Gouvernementale

ONU (NU) : Organisation des Nations Unies (Nations Unies)

OQT : Obligation de Quitter le Territoire

OTAN : Organisation du Traité de l'Atlantique Nord

OUA : Organisation de l'Unité Africaine

PAM : Programme Alimentaire Mondial

PDI : Personnes Déplacées Internes

PIDCP : Pacte International relatif aux Droits Civils et Politiques de 1966

PNUD : Programme des Nations Unies pour le Développement

SAPDH : Système Africain de Protection des Droits de l'Homme

SDN : Société des Nations

SG/ONU : Secrétaire Général de l'ONU

TDP : Traite Des Personnes

TPI : Tribunal Pénal International

TPIR : Tribunal Pénal International pour le Rwanda

TPISL : Tribunal Pénal International pour la Sierra Leone

TPIY : Tribunal Pénal International pour l'ex-Yougoslavie

UA : Union Africaine

UE : Union Européenne

UNESCO : Organisation des Nations Unies pour l'Education, la Science et la Culture (United Nations Educational, Scientific and Cultural Organization)

UNGIFT: United Nation Global Initiatives to Fight Human trafficking

UNHCR : Agence des Nations Unies pour les Réfugiés

UNICEF : Fonds des Nations Unies pour l'Enfance (United Nations Children's Fund)

UNODC: United Nations Office on Drugs and Crime

TITRE I

PANORAMA DU PHÉNOMÈNE ET DES MODALITÉS DE TRAITE DES ÊTRES HUMAINS EN AFRIQUE

TRAITE DES FEMMES A DES FINS D'EXPLOITATION SEXUELLE (LA PROSTITUTION POUR AUTRUI) EN DROIT (INTERNATIONAL) AFRICAIN

Kourra Félicité OWONA MFEGUE
Maître de Conférences à l'Université de Yaoundé II
Avocate au Barreau de Paris et du Cameroun
Experte électorale (ONU-OIF-UA)/
Médiatrice pour la Paix-Femwise (Union africaine).
innafeliciteo@hotmail.com.

Résumé

Existe-t-il une réponse juridique spécifiquement africaine au phénomène de traite des femmes et d'exploitation de la prostitution d'autrui, d'exploitation sexuelle ou d'acte sexuel à des fins commerciales ? S'interrogeant sur l'emprise du droit international (africain) par rapport au phénomène de traite à des fins sexuelles, cet article dépeint le processus de consécration de l'obligation d'incriminer la traite des personnes et l'exploitation de la prostitution d'autrui par au moins une norme de droit positif. Les ordres international et communautaire, notamment européens, encadrent ces questions depuis les années 2000. En ce qui concerne l'Afrique, l'engouement juridique, juridictionnel et même jurisprudentiel inconsistant étaye la thèse de l'immaturité des systèmes africains en matière d'encadrement de certains droits fondamentaux de l'Homme.

Les modèles méthodologiques ayant cours dans les recherches en sciences juridiques et sociales tels que le modèle empirique logique emprunté au positivisme scientifique et l'herméneutique sont ici mobilisés dans une conception extensive de la traite à des fins sexuelles. En mesure de répondre à l'interrogation initiale, une fragmentation dans le traitement juridique africain de la traite et l'exploitation de la prostitution d'autrui peut être constatée.

Mots-clés: Droit international - Traite - Êtres humains-Exploitation sexuelle-Prostitution-Afrique.

Abstract

Is there a specifically African legal response to the human trafficking of women and exploitation of the prostitution of others, sexual exploitation, or sexual acts for commercial purposes? Questioning the influence of international (African) law in relation to the human trafficking for sexual purposes, this article depicts the enshrining of the obligation to criminalize human trafficking and the exploitation of prostitution by others by at least one norm of positive law. Indeed, the international and community orders, particularly European, have framed these issues since the 2000s. However, as far as Africa is concerned, the legal, jurisdictional, and even jurisprudential enthusiasm is very inconsistent. This also supports the theory about the immaturity of African systems through the framework of certain fundamental human rights. The methodological models current in research in the legal and social sciences, such as the logical empirical model borrowed from scientific positivism and hermeneutics, are here mobilized in an extensive conception of human trafficking for sexual purposes. In a position to answer the initial question, a fragmentation in the African legal treatment of trafficking and the exploitation of the prostitution of others can be observed.

***Keys words:* International Law-Human Trafficking- Sexual Exploitation-Prostitution-Africa.**

Introduction

« Le concept de dignité est apparu, à ce puissant courant jusnaturaliste antimoderne, comme le moyen idoine, malheureusement manqué à ses yeux par le juge constitutionnel en 1994, de parvenir à réglementer d'abord et surtout le rapport que chacun entretient avec lui-même, afin de lui interdire, au nom d'un impératif éthique supérieur, de disposer de son propre corps d'une manière qui, le reléguant à la qualité de chose, porte absurdement atteinte à sa dignité de personne »[1].

Comme nombre de questions quasiment taboues, la problématique de la traite et de l'exploitation de la prostitution d'autrui, de l'exploitation sexuelle ou de l'acte sexuel à des fins commerciales ressurgit de manière récurrente dans l'actualité, sans qu'elle ne soit excessivement scrutée au prisme de la doctrine du droit[2]. Cette question modestement résumée ici

---

[1] Olivier CAYLA, « Le coup d'État de droit ? », *Le Débat*, 1998, n° 100, pp. 108-133.

[2] Une thèse existe sur un sujet proche : Christelle BOURRET, *La question de l'existence d'un contrat de travail ou d'entreprise relatif à la prostitution :* sous la direction de Olivier Sautel, École doctorale Droit et science politique (Montpellier, 2 011), 423 p.

sous le vocable de « traite des femmes à des fins d'exploitation sexuelle (la prostitution pour autrui) » intéresse le plus souvent la sociologie, l'anthropologie, quelquefois la médecine[3]. Les juristes quant à eux tendent naturellement à s'écarter de ces questionnements aux confins de la morale et du droit.

Plusieurs explications à cette incuriosité peuvent être avancées.

1. En premier lieu, les concepts de « traite des femmes », « prostitution », « prostitution pour autrui » ont été peu ou pas explicités

Les seules variations terminologiques prêtent à confusion, partant, au désintérêt face à une problématique trop alambiquée. Il est souvent fait référence à la « traite des personnes »[4] tandis que la Convention du Conseil de l'Europe contre la traite des êtres humains de 2005 emploie le terme « Traite des êtres humains » (TEH) ; les instruments africains étant pour la plupart mutiques sur ce point.

Quoi qu'il en soit, la notion de « traite » n'a été définie qu'au début du XXIe siècle par le Protocole additionnel à la Convention des Nations unies contre la criminalité transnationale organisée visant à prévenir, réprimer et punir la traite des personnes, et en particulier celle des femmes et des enfants, adopté le 15 novembre 2000[5].

En substance, ce concept désigne le recrutement, le transport, le transfert, l'hébergement ou l'accueil de personnes, par la menace de recours ou le recours à la force ou à d'autres formes de contrainte, par enlèvement, fraude, tromperie, abus d'autorité ou d'une situation de vulnérabilité, ou par l'offre ou l'acceptation de paiements ou d'avantages pour obtenir le consentement d'une personne ayant autorité sur une autre aux fins d'exploitation dont l'exploitation de la prostitution d'autrui ou d'autres formes d'exploitation sexuelle, le travail ou les services forcés, l'esclavage ou les pratiques analogues à l'esclavage, la servitude ou le prélèvement d'organes.

D'entrée de jeu, il est important de noter que l'utilisation de la force ou de la fraude est centrale à cette définition. Ce qui rend l'activité illicite aux yeux de la communauté internationale, c'est le fait que la personne, une

---

[3]Aloïse QUESNE, « Le contrat de prostitution : entre ombre et lumière », *Cahiers de la recherche sur les droits fondamentaux*, 15 | 2017, pp. 65-75.

[4] Terminologie utilisée par le Protocole contre la traite des personnes en 2000.

[5] Le Protocole de Palerme est entré en vigueur le 25 décembre 2003. 117 États l'ont signé.

femme en l'occurrence, soit amenée ailleurs, hébergée ou accueillie, par l'entremise de la fraude ou de la violence, dans le but ultérieur de l'exploiter. En somme sont visées toutes les situations délictuelles qui s'apparentent à l'esclavage. En ce qui concerne l'exploitation de la personne, le Protocole additionnel est délibérément vague sur cette question. De fait, il est simplement affirmé que celle-ci comprend, au minimum, l'exploitation sexuelle d'une personne, l'exploitation de la prostitution d'autrui et d'autres formes d'exploitation sexuelle sans que ces termes aient été définis.

La traite des personnes y compris des femmes peut se muer en « exploitation » notamment en « exploitation de la prostitution d'autrui ou d'autres formes d'exploitation sexuelle » comme le stipule l'article 3 du Protocole additionnel de 2000.

D'ailleurs, dans la Circulaire du Secrétaire général de Nations Unies relative aux Dispositions spéciales visant à prévenir l'exploitation et les abus sexuels de 2003, l'expression « exploitation sexuelle » désignerait le fait d'abuser ou de tenter d'abuser d'un état de vulnérabilité, d'un rapport de force inégal ou de rapports de confiance à des fins sexuelles, y compris, mais non exclusivement, en vue d'en tirer un avantage pécuniaire, social ou politique. Cette pratique permet à une ou des personnes d'obtenir une gratification sexuelle, financière ou une promotion, en abusant de la sexualité d'une autre personne.

À ce titre, elle doit non seulement inclure le fait de profiter de la prostitution d'autrui, mais également de toutes les autres activités analogues. En fait, lorsqu'on tire profit de la prostitution d'une personne, on en tire également de la commercialisation de son corps, de sa sexualité. Surtout, s'il y a un emploi de force ou de fraude par la personne qui pose l'acte.

L'exploitation sexuelle inclut par ailleurs le harcèlement sexuel, le viol, l'inceste, la violence domestique, la pornographie juvénile, la prostitution forcée et dans une certaine mesure le tourisme sexuel. Le concept de l'étude a été amalgamé avec des concepts proches, mais distincts de la traite des êtres humains. À ce titre, le trafic illicite de migrants apparaît étroitement lié à la traite d'êtres humains, la plupart étant victimes du travail forcé au cours de leur voyage. En effet, des dizaines de milliers de jeunes Africaines sont exploitées comme prostituées en Europe[6], dans des bordels ou sur le bord des routes. Ce, sous la coupe de réseaux mafieux spécialisés dans le trafic d'êtres humains qui les tiennent éventuellement captives par le biais de rituels magiques[7]. Ce type de trafic est défini à l'article 3 (a) du Protocole contre le trafic illicite de migrants par terre, mer et air des Nations Unies comme : « le fait d'assurer, afin d'en tirer, directement ou indirectement, un avantage financier ou un autre avantage matériel, l'entrée illégale dans un État partie d'une personne qui n'est ni un ressortissant ni un résident permanent de cet État ».

Contrairement à la traite des personnes, l'infraction de trafic illicite de migrants ne requiert pas l'exploitation et ne peut être commise au sein d'un même État. La finalité du trafic illicite de migrants consiste surtout à obtenir un avantage financier et matériel. En revanche, ce trafic peut emprunter un caractère « sexuel » et porter sur le déplacement local et international de femmes pour la prostitution.

La traite d'êtres humains, en particulier des filles et des femmes, conduit le plus souvent, à l'esclavage (sexuel), dont elle mérite d'être distinguée. L'esclavage correspond au fait d'exercer sur une personne, l'ensemble des pouvoirs liés au droit de propriété. À cet effet, la capture, l'acquisition ou la disposition d'une personne est nécessaire, ainsi que tous les actes impliqués dans l'acquisition d'un esclave en vue de le vendre ou de l'échanger, et tous les actes de disposition par le biais de la vente ou de l'échange d'un esclave acquis en vue d'être vendu ou échangé, et, en général, tout acte de commerce ou de transport d'esclave.

Selon les éléments de crimes de la Cour pénale internationale (CPI) adoptés en septembre 2002 par l'Assemblée des États parties, l'esclavage sexuel est ainsi défini :

---

[6] En 2007, on estimait que les femmes originaires d'Afrique subsaharienne représentaient 21,6 % du nombre de prostituées exerçant à Paris sur la voie publique. Guy PARENT, *La prostitution africaine à Paris*, BRP, 2008.

[7] Pour finir, sous prétexte de garantir le succès de cette entreprise de migration sous des cieux soi-disant meilleurs, on clôt toute l'affaire par une cérémonie de vaudou appelée *ju -ju*, encore très pratiquée en Afrique de l'Ouest. Avec ce rituel durant lequel le sorcier prélève des cheveux, poils ou rognures d'ongles de la jeune fille concernée, on scelle une promesse de remboursement qui lui sera sans cesse rappelée, par la force s'il le faut, et qui sert de base à son exploitation dans la prostitution. Parfois réitérée à l'arrivée en France, au moment où la vérité du « travail » à fournir est révélée, cette séance de *ju-ju* est un moyen de pression psychologique extrêmement puissant, mêlant croyances ancestrales et loyauté familiale. Françoise GUILLEMAULT, « Femmes africaines, migration et travail du sexe », Sociétés, vol. 99, no. 1, 2008, pp. 91-106.

« 1. L'auteur a exercé l'un quelconque ou l'ensemble des pouvoirs associés au droit de propriété sur une ou plusieurs personnes, par exemple en achetant, vendant, prêtant ou troquant ladite ou lesdites personnes concernées, ou en leur imposant une privation similaire de liberté.

2. L'auteur a contraint ladite ou lesdites personnes à accomplir un acte ou plusieurs actes de nature sexuelle »[8]

La portée de la traite des femmes apparaît donc plus ample que celle de l'esclavage. Elle peut en emprunter certains traits, mais ne requiert pas un droit de propriété total exercé sur une personne. Il est suffisant que le trafiquant exerce un contrôle ou une influence indue sur la victime lorsque les autres éléments sont présents. Conformément au Protocole contre la traite des personnes de 2000, l'esclavage représente une forme d'exploitation. Devant les juridictions nationales, la traite des personnes et l'esclavage peuvent constituer des infractions différentes ou se chevaucher partiellement.

De même, le travail et la prostitution forcés, bien que proches de l'esclavage sexuel, s'en distinguent également. La traite aux fins de travail forcé est définie à l'article 2 de la Convention n° 29 de l'Organisation internationale du travail du 28 juin 1930 comme « tout travail ou service exigé d'un individu sous la menace d'une peine quelconque et pour lequel ledit individu ne s'est pas offert de plein gré »[9].

Les victimes de cette forme répandue de traite viennent essentiellement des pays en développement. Recrutées, elles deviennent victimes des trafiquants après usage de la tromperie et de coercition et maintenues dans des conditions d'esclavage pour effectuer certains métiers. Elles peuvent être forcées de travailler dans les champs, dans les mines, dans les installations de pêche, dans la construction, ou d'exercer d'autres métiers gourmands en main-d'œuvre.

2.1 La traite aux fins d'activités criminelles forcées

Cette forme de traite permet aux réseaux criminels de tirer profit d'une variété d'activités illicites sans encourir de risques. Les victimes sont

---

[8] L'esclavage sexuel et la réduction en esclavage sexuel sont des concepts corollaires, en ce que la réduction en esclavage fait référence à une dynamique qui conduit à la situation même d'esclavage. Voir Julie Roux, *L'esclavage sexuel en droit international pénal*, Droit, 2016. Ffdumas-01523857f

[9] Formes contemporaines d'esclavage. Le viol systématique, l'esclavage sexuel et les pratiques analogues en période de conflit armé. Mise à jour du rapport final présenté par Mme. Gay J. McDougall, Rapporteuse, 52e session, E/CN.4/Sub.2/2000-2021, 6 juin 2000, § 49.

forcées d'entreprendre des activités illégales génératrices de revenus incluant le vol, la vente de marchandises de contrefaçon, la culture de drogues, etc. Elles doivent souvent réaliser des quotas et sont sévèrement punies lorsqu'elles ne réalisent pas de telles contributions impératives.

Quant à la traite aux fins de prélèvement d'organes, les listes d'attente pour les transplantations étant très longues dans de nombreux pays, certains malfaiteurs ont sauté sur cette occasion pour exploiter le désespoir des patients et des donneurs potentiels. La traite aux fins d'exploitation sexuelle ou traite à des fins sexuelles, c'est-à-dire en vue de la prostitution, l'exploitation commerciale sexuelle des femmes, constitue quelquefois un abus sexuel, c'est-à-dire, toute atteinte sexuelle commise avec force, contrainte ou à la faveur d'un rapport inégal, la menace d'une telle atteinte constituant aussi l'abus sexuel.

2.2 Le tourisme sexuel se manifeste lorsque des personnes voyagent dans un autre pays dans le but d'avoir plus commodément accès à des personnes prostituées (généralement des enfants et des adolescents, garçons ou filles) et à l'abri des lois de leur pays. Si cette forme de tourisme permet à des visiteurs d'acheter des services sexuels, elle ouvre aussi la porte à l'achat de femmes et d'enfants pour en faire des esclaves sexuels. Certains pays, tels l'Éthiopie, sont reconnus pour ce genre de transactions souvent déguisées en mariage, offre de travail (aide à la maison, nounou, bourse d'études, mentorat, etc.). Les touristes sexuels sont souvent à la recherche de personnes prostituées jeunes présentant un caractère « exotique » pour eux.

2.3 La pornographie juvénile constitue une forme d'exploitation sexuelle des personnes mineures dans le monde. Elle se matérialise lorsqu'une personne visionne, possède, produit ou distribue (sur Internet ou par la poste) du matériel (photos, vidéos, audio, écrit) représentant des parties du corps de personnes mineures dans un but de satisfaction sexuelle ou en représentant des personnes mineures se livrant à une activité sexuelle. De telles personnes mineures qui participent à la pornographie juvénile ne sont pas toujours au courant que l'activité sexuelle à laquelle elles s'adonnent est filmée ou que le matériel sera publié. Ces enfants et adolescents sont des esclaves sexuels, contraints de se soumettre à ces activités pornographiques sous peine d'être affamés, battus, violés, etc.

Le concept de prostitution ne fait pas l'objet d'une définition unanime. Bien qu'elles aient beaucoup varié à travers le temps, ses définitions convergent autour de deux grandes orientations.

Selon les uns, la prostitution du latin *prostitutio, prostituere :* exposer publiquement, dévoile une forme d'exhibition des rapports sexuels qui relève habituellement de l'intime, c'est-à-dire de la sphère privée[10]. Elle constitue un métier comme un autre revenant à livrer son corps aux plaisirs sexuels d'autrui. Cette activité génératrice de revenus peut être librement choisie et ne constitue pas per se une infraction pénale, à la différence du racolage et du proxénétisme. À ce titre, elle doit être distinguée de la débauche sexuelle qui correspond à la quête d'un simple plaisir sans compensation, alors que l'acte prostitutionnel a pour mobile central la recherche d'un profit, qui souvent bénéficie surtout au proxénète. Vu sous cet angle, le libertinage sexuel sous toutes ses formes (échangisme, triolisme, côte-à-côtisme[11] fétichisme, sadomasochisme), relève des choix individuels et privés autorisés par la disponibilité du corps humain en matière sexuelle et non-susceptibles de porter atteinte à la dignité humaine du fait de l'absence d'un élément rémunérateur patrimonialisant : le corps humain.

En dépit du mutisme du droit africain sur ce point, le pouvoir de disposer de son propre corps est appuyé par le droit européen qui consacre la liberté sexuelle fondée sur le consentement des personnes. Dans l'affaire Pretty c. Royaume-Uni, la Cour européenne des droits de l'homme a énoncé que l'article 8 de la Convention européenne des droits de l'homme, relatif à la vie privée, comportait un droit à l'autodétermination au sens de la possibilité d'opérer des choix concernant son propre corps[12].

---

[10] O. Bourguignon, « L'intime, le corps et la relation de soin », *in Traité de bioéthique, t. II, Soigner la personne, évolutions, innovations thérapeutiques*, E. Hirsch (dir.), Toulouse, Érès (Espace éthique), 2010, p. 84.

[11] Le côte-à-côtisme est une pratique sexuelle qui consiste à faire l'amour avec son partenaire, sur un lit ou dans une pièce, en présence d'autres couples qui se livrent au même exercice. À la différence de l'échangisme, il n'y a aucun contact entre les deux couples.

[12] *Cour EDH, 29 avril 2002, Pretty c. Royaume-Uni, n° 2346/02.* Pour ce faire, la Cour européenne des droits de l'Homme s'est fondée sur la notion « d'autonomie personnelle ». Elle a ainsi énoncé que « bien qu'il n'ait été établi dans aucune affaire antérieure que l'article 8 de la Convention comporte un droit à l'autodétermination en tant que tel, la Cour considère que la notion d'autonomie personnelle reflète un principe important qui sous-tend l'interprétation des garanties de l'article 8 » (61). Le droit à la vie

Quels que soient les contextes politiques, économiques ou culturels, les phénomènes prostitutionnels doivent être pris en considération en tenant compte non seulement de la présence de rapports sexuels, mais aussi d'une condition plus déterminante à savoir la rémunération qui la différencie d'autres types de rapports sexuels simplement déterminés par la quête du plaisir[13].

En droit pénal français, modèle pour la plupart des États d'Afrique francophone (article 611-1 du Code pénal issu de la loi n 2018-703 du 3 août 2018), cette pratique renvoie au « fait de solliciter, d'accepter ou d'obtenir des relations de nature sexuelle d'une personne qui se livre à la prostitution, y compris occasionnelle, en échange d'une rémunération, d'une promesse de rémunération, de la fourniture d'un avantage en nature ou de la promesse d'un tel avantage ».

Selon la jurisprudence, la prostitution est « le fait de (...) se prêter, moyennant rémunération, à des contacts physiques de quelque nature qu'ils soient, afin de satisfaire les besoins sexuels d'autrui »[14]. Elle renvoie ainsi au sexe transactionnel faisant référence aux relations sexuelles marquées par l'offre et/ou la réception de cadeaux, d'argent ou d'autres services. Les participants ne se définissent pas nécessairement en termes de prostituées/clients, mais souvent en tant que copines/petits amis, voire de *sugar babies/sugar daddies* dans la mesure où ceux qui offrent des relations sexuelles peuvent ou non ressentir de l'affection pour leur partenaire[15].

---

privée comporte ainsi un droit à l'autodétermination « au sens du choix d'opérer des choix concernant son propre corps » (66).

[13] La Cour de cassation belge, dans son arrêt du 3 janvier 1962, a considéré que ce terme devait être entendu dans son sens usuel, étant donné que le législateur s'est abstenu de le définir dans les textes de loi. Selon la Cour, ce terme « s'applique à la débauche d'une personne qui, moyennant rémunération, se livre à des attouchements impudiques avec quiconque », Cass., 3 janvier 1962, J.T., 1962, p. 206.

[14] Cass. crim., 27 mars 1996, n° 95-82 016, Bulletin criminel, n° 138, p. 396 : Droit pénal, 1996, p. 182, obs. M. Véron. Outre le versement d'une somme d'argent, la rémunération s'entend de tout avantage matériel. Voir Cass. crim., [2] : *Revue de sciences criminelles*, 1960, p. 80, obs. L. Hugueney.

[15] Le sexe transactionnel constitue un sur-ensemble du travail du sexe, en ce que l'échange de récompense monétaire contre le sexe comprend un ensemble plus large d'obligations (généralement non maritales) qui n'impliquent pas nécessairement un paiement ou un cadeau prédéterminé, mais où il existe une motivation certaine à en bénéficier matériellement avant de consentir à l'échange sexuel.

Shannon Bell définit ce phénomène comme « une forme quelconque d'interaction sexuelle en échange d'une forme quelconque de paiement »[16]. Une auteure reconnaît alors que « si les actes de nature sexuelle doivent assurément relever de la liberté et des choix personnels, la frontière entre la libre intimité et l'intimité contrôlée par le droit de trouble lorsqu'aux liens entre les corps, s'ajoute un prix »[17].

Cette attitude amène la plupart des États à laisser les individus libres de leurs comportements sexuels tout en refusant que le corps humain soit considéré comme un bien, un objet de patrimoine. En ce sens, la plupart des législateurs ont mis en place des obstacles à la conclusion de contrats commerciaux de prostitution à travers le délit de racolage. Abrogé par la loi du 13 avril 2016[18], l'article 225-10-1 du Code pénal français disposait : « Le fait, par tout moyen, y compris par une attitude même passive, de procéder publiquement au racolage d'autrui en vue de l'inciter à des relations sexuelles en échange d'une rémunération ou d'une promesse de rémunération ».

3. En troisième lieu, le désintérêt pour de telles problématiques s'attache surtout à la complexité du concept même de « prostitution » du point de vue notionnel et sociohistorique et son amalgamation fréquente avec le concept de traite

Comme le révèlent les terminologies usitées en la matière, il s'agit d'une notion protéiforme controversée, reçue, analysée et interprétée de multiples façons. La « personne prostituée », connotation moins péjorative utilisée par la plupart des organisations des droits humains, définit indifféremment les femmes ou les hommes et transgenres en situation prostitutionnelle.

En revanche, la prostituée inspire certaines terminologies argotiques et griveleuses. Jean-Jacques Goldman, le célèbre parolier français a chanté sa tendresse pour les hospitalières, les dociles, celles qu'on appelle les filles faciles[19]. Dans le langage populaire camerounais, la prostituée est désignée

16 S. Bell, Reading, *Writing and Rewriting the Prostitute Body*, Bloomington, Indiana University Press, 1994, p. 1

17 A. MAZOUZ, *Le prix du corps humain*, p. 247, n° 522.

18 L'ancien Code pénal de 1810 distinguait le racolage passif, qui constituait alors une contravention de 3e classe et le racolage actif, qui constituait une contravention de 5e classe. Le nouveau Code pénal de 1994, quant à lui, avait abandonné cette distinction et punissait, en son article R625-8, « le fait, par tout moyen, de procéder publiquement au racolage d'autrui en vue de l'inciter à des relations sexuelles ».

19 Chanson, « Filles faciles » de J. J Goldman.

par des vocables bigarrés : *Djandjou*, *panthères*, *mbocks* ou *pirates mami-nianga*, *waka-waka*, *akwara-woman* c'est-à-dire putain, bordelle, fille de rue, fille de joie ; et le fait de se prostituer par des termes comme « bordellerie ».

Souvent signalée comme le plus vieux métier du monde[20], la prostitution, notamment celle réalisée au bénéfice d'autrui, est loin d'être inédite. Hors de toute initiative de trancher sur l'antériorité d'une telle pratique, il s'agit d'indiquer l'état des connaissances dans ce domaine depuis des temps reculés et dans toutes les aires géographiques de la planète. Déjà, en Orient, trois mille ans avant notre ère, la prostitution constituait un phénomène social à part entière. L'ancienne Asie orientale instaura une prostitution légale en inaugurant des établissements d'État destinés à protéger l'ordre public et à fournir des ressources fiscales. Il s'y est d'ailleurs développé un trafic de femmes kidnappées ou achetées dans les régions rurales les plus pauvres du Japon.

Livrées aux souteneurs, on signale les *Karayuki-San* (prostituées japonaises) aussi bien en Extrême-Orient russe, en Malaisie ou Inde britannique, aux Indes néerlandaises qu'en Indochine française. Accessibles aux marchands chinois comme aux colons européens, ces prostituées occupent un rang intermédiaire dans la hiérarchie sexuelle coloniale entre femmes autochtones et européennes[21]. D'après Auberi Salecroix, une sorte de prostitution sacrée liée à la notion d'hospitalité existait dans certaines sociétés primitives européennes[22]. L'histoire occidentale signale des contacts culturels extrêmement diversifiés susceptibles d'aller de cette prostitution hospitalière à la religion-

20 CERF-HOLLENDER, « Libre disposition de son corps et prostitution », *in La libre disposition de son corps*, J.-M LARRALDE (dir.), Bruxelles, Nemesis – Bruylant (Droit et justice ; 88), 2009, p. 309. L'auteure cite M. COSTES-PEPLINSKI, *Nature, culture, guerre et prostitution : le sacrifice institutionnalisé du corps*, Paris – Budapest – Turin, L'Harmattan, 2002, selon laquelle : « La première trace de vie humaine retrouvée à ce jour remonte à 6 millions d'années, le premier outil date de 2,5 millions d'années alors que la prostitution apparaît, comme la guerre, seulement à la fin du Néolithique, soit 5 000 ans avant Jésus-Christ au grand maximum. C'est dire si les hommes et les femmes ont partagé mille autres occupations et préoccupations avant de s'adonner à celle-ci ». Voir aussi, pour une mise en perspective historique, A. MAUGERE, *Les politiques de la prostitution : du Moyen-Âge au XXIe siècle*, Paris, Dalloz (Nouvelle bibliothèque de thèses), 2009.

21 Romain TIQUET, La prostitution en situation coloniale, https://ehne.fr/fr/

22 Aubéri SALECROIX, *Prostitution, proxénétisme et droit pénal*, Master de droit pénal et sciences pénales. Dirigé par Yves Mayaud. 2010.

prostitution notamment l'existence d'une prostitution religieuse organisée par les prêtres de certaines divinités qui en bénéficiaient pleinement[23].

Souvent décrits par Jean Bottero (in Mésopotamie, l'écriture, la raison et les dieux, Gallimard, 1997), les cultes de la déesse-amante, présents dans toutes les sociétés anciennes, ont pour rite essentiel, l'union sexuelle des hommes avec des prostituées sacrées appelées aussi hiérodules. Hérodote les désignait sous le nom d'harots et le Code d'Hammourabi notamment la loi 181 établissait une hiérarchie des prostituées sacrées. La prostitution s'est progressivement réduite à un rituel sexuel prenant son vrai visage durant les Saturnales et autres orgies à caractère religieux.

La République grecque n'exploita pas, quant à elle, cette activité devenue profane, mais mit en place une forme d'échange de rapports sexuels contre certains avantages financiers afin que l'épouse soit entièrement consacrée à l'enfantement et à l'éducation des enfants. Les prostituées y assumaient un rôle de « soupape de sécurité » pour la bonne société. En proliférant, le système devint suffisamment sophistiqué pour différencier les établissements en fonction de la clientèle.

Au VIe siècle avant Jésus-Christ, Solon, à cette époque, fonde à Athènes et au Pirée des établissements municipaux, ancêtres des bordels en y organisant des dicterions où argent et sexe peuvent être échangés. À côté des prostituées classiques appelées pallaques, on trouvait les hétaïres dont le métier consistait à « charmer les hommes » par la musique, le chant et la danse comme désormais le font les « entraîneuses »[24] des temps modernes par les stripteases et le champagne[25]. L'obole des clients était encaissée par les tenanciers, les pornothropos, sans que la société s'en indigne[26].

À Rome, en 180 avant J.-C, Marcus organisa la première « mise en carte » des prostituées. Ce dispositif se révéla similaire à un système d'esclavage légal interdisant aux prostituées porteuses de la *licentia stupri*, indignes et civilement mortes, de quitter leur quartier réservé jusqu'à leur mort. La prostitution des femmes étrangères ou affranchies était libre. Dans le prolongement des conceptions romaines, les pères de l'Église occidentale semblèrent considérer la prostitution organisée comme un mal nécessaire. Selon Saint Augustin (354-430) : « Les lupanars sont semblables

23 J. BOTTERO, *Mésopotamie. L'écriture, la raison et les dieux*, Gallimard/NRF, 1987.

24 Aubéri SALECROIX, *op.cit.*, note 13.

25 *Idem.*

26 C. MOSSÉ, « Splendeurs et misères des courtisanes grecques », *L'Histoire* n° 56, p. 32.

à des cloaques qui, construits dans les plus splendides palais, détournent les miasmes infects et assurent la salubrité de l'air »[27]. Avec l'avènement du christianisme, la doctrine de l'Église changea radicalement de paradigme en interdisant toute relation sexuelle hors mariage. La prostitution fut déclarée illégale et les prostituées pourchassées comme pécheresses[28]. En 1805, en France, Napoléon instaura l'enregistrement, l'inspection et la régularisation des prostituées.

Au vu de ces précédents extras africains, il y a lieu de se demander si cette pratique existait en Afrique : objet de cette étude. De prime abord, le phénomène apparaît à l'antipode des valeurs socioculturelles africaines. L'image d'Épinal de la prostitution apparaît comme un acte immoral et antagonique avec le portrait stéréotypique de la femme africaine. Plus qu'ailleurs, la coutume et l'histoire en font la dépositaire de la vie, pure gardienne des traditions et de la famille. Le sexe des femmes apparaît sacré et toute relation sexuelle tarifée apparaît comme une monstruosité. Ensuite, la reconstitution de la prostitution dans l'ère précoloniale se heurte tantôt à l'absence de documentation tantôt à sa rareté. Cet état de choses a longtemps fait croire que la prostitution ne s'était manifestée sur le continent qu'à partir du XXe siècle. Or, l'absence de documents attestant d'un fait n'implique pas nécessairement son inexistence. Relevant dans une certaine mesure de pratiques sociétales anciennes, la prostitution, notamment celle au bénéfice d'autrui, semble avoir véritablement existé dans l'Afrique ancienne sous diverses formes. Au Royaume du Dahomey, une certaine forme de prostitution officielle et réglementée aurait existé dans la deuxième moitié du XVIIIe siècle. D'origine anglaise, un antiabolitionniste Robert Norris confirme l'existence de ce type de métier soumis à la taxation régalienne[29].

D'autres types de comportements de débauche sexuelle étaient assimilés à une sorte de prostitution. Certes, la prostitution stricto sensu ne va pas sans contrepartie pécuniaire de la personne qui s'y adonne. Les sources écrites et orales africaines attestent néanmoins de ce que les princesses d'Abomey -dussent-elles être mariées- jouissaient d'une grande

---

[27] SAINT AUGUSTIN, *De Ordine*, lib. II, cap. XIII.

[28] A. Félix IROKO AFRIKA, « La prostitution existait-elle déjà en Afrique avant le XXe siècle ? » *Rivista trimestrale di studi e documentazione del l'Istituto italiano per l'Africa e l'Oriente*, Anno 50, n°. 2 (Giugno 1995), pp. 277-280.

[29] Robert NORRIS, *Mémoires du règne de Bossa-Ahadée, roi de Dahomé*, état situé traduit de l'anglais – p. 179.

liberté sexuelle assimilable sur le plan moral à du libertinage sexuel voire à de la prostitution. En outre, la pratique de l'eunuchisme dans cette région autorisait certains eunuques à se marier tout en autorisant leurs épouses à jouir avec des gens de leur entourage du plaisir sexuel que leur état d'eunuque leur interdisait[30].

L'hospitalité aurait joué un rôle dans l'émergence de la pratique prostitutionnelle sur le continent noir. Le voyageur qui frappait à une porte inconnue n'était pas seulement accueilli par un toit et un repas. Les femmes de la maison étaient quelquefois offertes aux hôtes de passage. Le fait de laisser en partant un cadeau donc une sorte de rémunération, l'échange en question ne signalait-il pas l'existence de cette prostitution hospitalière ?

Il ressort des entretiens menés par Jeanne Françoise Vincent dans la société précoloniale fang-béti du sud du Cameroun, ces habitudes – déjà évoquées ailleurs, pour les hommes – de faire don de leurs filles et/ou femmes à un hôte de passage que l'on voulait honorer, celle de prêter son épouse pour une nuit à un ami, celle de la laisser en gage, elle ou une de ses filles, lorsqu'il fallait payer une amende ou compenser une perte. Dans ce même pays, en aire bassa, en cas d'adultère, l'amant offrait un poulet au mari, ce qui officialisait la liaison tout en reconnaissant le préjudice causé par cette polyandrie tacite. Les Ewondo, connus pour une certaine liberté sexuelle dans leurs mœurs allaient carrément plus loin. Un mari polygame et cupide, qui ne pouvait lui-même satisfaire les besoins de ses nombreuses femmes acquises pour leur force de travail, tirait profit le plus régulièrement du monde de leurs aventures. Il pouvait même pratiquer le *mvié* (engagement à trois) en louant temporairement sa femme à l'amant dont elle s'était éprise. Il s'agissait là de l'achat d'un service moyennant un paiement fixé par le propriétaire.

L'usage de prostitution d'autrui fut quasi systématique chez les Douala, qui ne se préoccupaient guère de l'avis de la femme, vendue ou donnée à un frère, parent, ami ou client. Quant aux Fulbés du nord du Cameroun ayant intégré la culture hausa, ils n'exprimaient pas d'opposition de principe à la prostitution. Ce sont, paradoxalement, les tribus montagnardes du nord, les *Mofue* et les *Mafa* ni islamisées ni christianisées qui furent les plus âpres envers la femme adultère[31]. Avec la colonisation

---

[30]Robert NORRIS, *idem.*

[31] Catherine COQUERY-VIDROVITCH, « XI. La prostitution : de la femme libre au Sida », in *Les Africaines. Histoire des femmes d'Afrique subsaharienne du XIXe au XXe siècle*, sous

et l'urbanisation, la prostitution africaine emprunta des traits plus modernes. Au cours des années soixante-dix, elle s'est développée de manière fulgurante sur le continent autant du côté des professionnelles que des amatrices en empruntant des facettes variées dont certaines relèvent de l'exploitation sexuelle.

On s'est progressivement distancié de l'image de détérioration morale, voire de déshumanisation de la femme africaine dans la mesure où le lignage familial de la prostituée tire le plus souvent un profit direct ou indirect de la prostitution. Le fruit de la prostitution profite à tous. Ainsi, de nombreuses prostituées africaines se prostituent pour entretenir leurs familles, sortir leurs parents de la pauvreté ou même les hisser à des positions honorables[32]. Il arrive même quelquefois qu'elles se prostituent pour entretenir un « mari » dont il faut assurer le prestige local. En témoigne l'érection au Cameroun de quartiers entièrement construits par des prostituées expatriées, notamment en Suisse[33].

Cela étant, plus que de « la » prostitution, il faudra parler « des prostitutions ». Car le terme au singulier qu'on utilisera tout au long de cette analyse recouvre des réalités très diverses.

3.1. La prostitution visible :

Cette prostitution, la plus connue, dite de voie publique, que l'on retrouve dans les villes, mais aussi dans leurs périphéries ou sur les routes nationales, est visible dans l'espace public. Plus qu'aux prostituées en vitrine hors d'Afrique (Pays-Bas), on pense ici à la prostitution de rue ou sur le bord des routes, qu'elle soit sédentaire ou mobile (les marcheuses) qui ne restent pas en position statique sur le trottoir, mais se déplacent, allant au-devant des clients potentiels.

---

la direction de Catherine COQUERY-VIDROVITCH, Paris, La Découverte, 2013, pp. 189-206.

32 O. À LADITAN, *La « prostitution » Comme Thème de Révolte Dans La Littérature Contemporaine en Afrique Noire*, Présence Africaine, n° 163/164, 2001, pp. 199 – 207.

33 La Suisse est considérée comme l'eldorado européen de la prostitution africaine. Selon l'inspecteur Sylvain Lienhard de la brigade des mœurs de Lausanne, le Cameroun et le Nigeria sont les deux pays les plus représentés dans le milieu de la prostitution africaine en Suisse.

3.2. La prostitution discrète :

Cette prostitution mondiale ayant pour vecteur internet, car diffusée par des annonces[34], n'épargne pas l'Afrique. Ayant tendance à se développer, elle a lieu dans des appartements, bars, cafés, snacks, hôtels et auberges, salons de massage. Ce ne sont pas les mêmes jeunes femmes que celles qui exercent dans la rue. Cette nomenclature intègre la prostitution occasionnelle, les bordels soft, les agences d'escorte, la prostitution pour l'armée, le tourisme sexuel, la vente de mariage par correspondance, la traite des femmes. Les prostituées font parfois partie des loisirs offerts à des congressistes et à des hommes d'affaires en voyage en Éthiopie ou dans d'autres grandes capitales africaines comme Abuja, Abidjan, Dakar.

3.3. La prostitution cachée :

Il s'agit de la prostitution dite du « miroir aux alouettes », car reposant sur un leurre fondamental : la prostituée y donne l'illusion de faire un métier différent : mannequin, hôtesse, entrepreneure, etc. Une tendance contemporaine aggravée par les réseaux sociaux se signale ainsi, celle des influenceuses ou *call-girls* des temps modernes. C'est une des manifestations les plus ostentatoires de la « normalisation » du phénomène de prostitution pour soi et pour autrui. De jeunes membres de la jet-set, belles, raffinées, mais surtout très influentes du moins pour leurs abonnés sur Internet, sans revenus clairement listés, mènent grand train en parcourant le monde, aveuglées par le stress et les paillettes et en affichant leur mode de vie luxueux notamment au travers de destinations prostitutionnelles prisées telle Dubaï. Dès qu'elles le peuvent, elles quittent les réseaux et repartent dans leurs pays d'origine. D'autres prennent bien vite la relève, toujours attirées par « ce qui brille ». À un moment ou un autre, elles auront affaire à des intermédiaires proxénètes. Cette pratique *bling bling* dévoile une certaine idéologie de l'apparence comme leitmotiv de la pratique de la prostitution dans nos sociétés où la pauvreté aidant, les vraies valeurs sont perverties au profit des frivolités.

Dans la plupart des cas, la prostitution ou son exploitation semble plus immorale lorsqu'elle bénéficie non pas uniquement à celle qui l'exerce, mais à autrui. Prostituer « autrui » revient à commercialiser de façon légale ou illégale des services et/ou des produits sexuels et exploiter le corps humain d'une tierce personne, plus fréquemment celui des femmes et des

---

34 Louis Roger KEMAYOU, François GUEBOU TADJUIDJE, et Marie Sophie MADIBA « Pratique de la prostitution : regards croisés entre régulation socio-économique et rejet des normes », *Pensée plurielle*, vol. 27, 2011, pp. 93-11.

enfants et de plus en plus souvent d'hommes, dans un but lucratif. Ce type de prostitution est souvent amalgamé avec la prostitution forcée, une sorte de variante de l'esclavage sexuel ayant pour finalité de mettre les individus concernés sur le marché de la prostitution forcée et/ou notamment au bénéfice d'autrui. Dans l'un ou l'autre cas, il ne peut y avoir de consentement « éclairé » puisque les prostituées sont manipulées, passives, sous influence, aliénées. L'expression « prostitution forcée » figure dans les traités internationaux et humanitaires, comme le Statut de Rome parmi les crimes contre l'humanité et les crimes de guerre. Si à première vue, la prostitution forcée diffère de l'esclavage sexuel en ce que son auteur obtient ou espère obtenir « un avantage pécuniaire ou autre en échange des actes de nature sexuelle ou en relation avec ceux-ci. L'esclavage sexuel, au contraire, ne requiert aucunement l'existence d'un échange commercial ou l'obtention d'un avantage ».

La prostitution ou le fait prostitutionnel au bénéfice d'autrui est indissociable du proxénétisme. Cette traite des personnes à des fins d'exploitation sexuelle permet à un exploiteur d'obliger, par différents moyens, une personne à offrir des services sexuels en sollicitant une partie ou la totalité de ses gains. Les victimes sont généralement mises en contact avec celui-ci par l'entremise d'amis ou de connaissances communes, entre autres, grâce aux médias sociaux et à Internet. Certains de ces exploiteurs abordent aussi directement les jeunes dans les bars, les centres commerciaux ou à la sortie des écoles ou des centres de jeunesse. Au premier abord, ils se montreront plutôt séduisants, généreux (cadeaux, drogues gratuites, voyages, etc.) et protecteurs comme c'est le cas dc maquerelles-mamas nigérianes chargées d'approvisionner le marché européen de filles venues pour la plupart de l'État de Bénin City.

Dans son analyse des diverses politiques criminelles relatives à la prostitution, Lucile Ouvrard regroupe le proxénétisme en deux catégories radicalement opposées : le proxénétisme de contrainte et le proxénétisme de soutien.

La première frange consiste à favoriser la prostitution d'autrui ou à en tirer profit, dès lors que cette activité contraint la personne prostituée, notamment son consentement, que ce soit pour l'annihiler ou pour l'altérer. Ce type de proxénète a recours à la violence physique, l'intimidation, aux ruses et aux sévices de toute sorte pour forcer une personne à se prostituer ou à continuer de se prostituer. L'exploiteur peut par exemple profiter du statut d'immigrante illégale de la personne prostituée pour la manipuler, confisquer ses pièces d'identité pour limiter ses déplacements, menacer de s'en prendre à sa famille si la personne désobéit, l'obliger à consommer de l'alcool, des drogues ou des médicaments pour la désorienter, la séquestrer et utiliser la violence physique contre elle, l'agresser sexuellement en la déplaçant d'une ville à une autre ou en l'obligeant à couper les liens avec ses proches, l'obliger à se faire tatouer le nom ou le surnom de son exploiteur en signe d'appartenance, etc.

La deuxième frange désigne l'attitude de celui et/ou celle qui « se contente d'aider, de protéger ou de profiter de la prostitution d'autrui, sans exercer ni pression ni violence sur la personne prostituée et sans en organiser l'exploitation[35]. Généralement, le premier type de proxénétisme est interdit par les différentes législations nationales africaines alors que le proxénétisme de soutien fait l'objet de législations plus ou moins tolérantes. La plupart de ces législations distinguent deux formes de proxénétisme :

- Le proxénétisme direct défini comme le fait d'aider, d'assister ou de protéger la prostitution d'autrui ; de tirer profit de la prostitution d'autrui, d'en partager les produits ou de recevoir des subsides d'une personne se livrant habituellement à la prostitution ; d'embaucher, d'entraîner ou de détourner une personne en vue de la prostitution ou d'exercer sur elle une pression pour qu'elle se prostitue ou continue à le faire.
- Le proxénétisme indirect qui consiste à fournir en connaissance de cause des locaux publics ou privés à des personnes se livrant à la prostitution. Le proxénétisme immobilier, incluant le *« pimping, procuring, running of a brothel »*, constitue une part importante du proxénétisme. Il a de multiples facettes : cabarets, restaurants, boîtes de nuit, clubs privés, bars à hôtesses... Même le simple fait de prêter une camionnette destinée à la vente de services sexuels à une personne prostituée, relève du délit de proxénétisme.

Au demeurant, la traite aux fins de prostitution constitue une forme aggravée de proxénétisme et ne peut être séparée de l'exploitation de la prostitution d'autrui. Le problème posé ici est celui de savoir si, à l'échelle du continent, considéré dans son ensemble, il existe un corps de règles de

[35] OUVRARD L., *La prostitution : analyse juridique et choix de politique criminelle*, Paris, L'Harmattan, 2000, pp. 24 et 25.

droit international propres à encadrer la traite des femmes à des fins d'exploitation sexuelle et la prostitution pour autrui, c'est-à-dire en somme le proxénétisme, en particulier, et la traite des femmes, en général. En conséquence, la réflexion doit être centrée sur le champ juridique régional africain. À cet égard, l'existence d'un véritable droit international africain (DIA) doit être attestée.

Selon Jean-François Gonidec, deux conditions paraissent devoir être réunies à cet égard : une exigence de spécificité nécessaire pour différencier le droit international africain du droit international universel ou des autres droits internationaux régionaux, ainsi qu'une exigence d'effectivité.

L'idée de spécificité peut être envisagée à différents niveaux ou moments de la vie du droit international : au moment de son élaboration; au moment du choix du domaine destiné à être saisi par la règle de droit international ; et au moment où le juriste cherche à théoriser à partir des règles créées[36]. Cette approche suggère par ailleurs une « autonomie des droits africains » chère à Magloire Ondoa[37] consistant pour les États africains à faire une importation sélective des règles qui paraissent leur convenir même en matière d'encadrement de la traite des femmes et prostitution pour autrui[38]. Le sujet impose de rechercher les particularismes africains du traitement par le droit de tels phénomènes sociaux.

D'après Jean Carbonnier, le concept d'effectivité renvoie au « degré de réalisation, dans les pratiques sociales (ici la traite et la prostitution

---

[36]Pierre-François GONIDEC, *Existe-t-il un droit international africain* ? Year: 1 993 Periodical: African Journal of International and Comparative Law, volume V, issue 2, pp. 243-259.

[37] Magloire ONDOA, *Le droit de la responsabilité publique dans les États en développement contribution à l'étude de l'originalité des droits africains postcoloniaux*, Paris, L'Harmattan, 2010, p. 940 ; Magloire ONDOA, *Introduction historique au droit camerounais : la formation initiale. Eléments pour une théorie de l'autonomie des droits africains*, Yaoundé, Kilimandjaro, coll, doctrine juridique africaine et malgache, 2013, p. 319.

[38] « L'incorporation des normes étrangères en droit interne ne peut être ni inconditionnelle ni totale. Elle obéit à des mécanismes moins contraignants que ceux du droit international. Elle est effectuée à la fois par les voies législatives, réglementaires et jurisprudentielles ou conventionnelles. Mais quel que soit le mode d'intégration retenu, celui-ci se trouve subordonné aux principes d'unité qui assurent et garantissent la cohérence de l'ordre juridique. Appréciée au double plan externe et interne, elle est l'œuvre conjuguée du contrôle de constitutionnalité des lois et du principe de légalité », *ibid.*, p. 317.

d'autrui), des règles énoncées par le droit africain »[39]. L'identification d'un corpus juridique relatif à la traite des femmes à des fins d'exploitation sexuelle et la prostitution pour autrui en particulier et la traite des femmes en général (I) alimentent la réception par les ordres juridiques internes (II), et la disparité des traitements juridiques (III).

I. L'IDENTIFICATION D'UN CORPUS JURIDIQUE RELATIF À LA TRAITE DES FEMMES À DES FINS D'EXPLOITATION SEXUELLE ET LA PROSTITUTION POUR AUTRUI ET LA TRAITE DES FEMMES

Malgré l'ancienneté du phénomène de traite à des fins d'exploitation sexuelle, ce concept a progressivement fait son apparition dans les textes juridiques. L'exploitation à des fins sexuelles se signale dans les textes conventionnels antérieurs au Protocole de Palerme (A). Quant à sa définition, elle a été élaborée par ce Protocole (B).

A. Les textes conventionnels antérieurs au Protocole de Palerme

Alors qu'il a été démontré que cette pratique remonte à l'âge d'or de l'humanité, notamment en empruntant des formes diverses dont l'esclavage, l'apparition du concept de traitc sera graduelle et visible au prisme de l'évolution du traitement juridique de cette problématique, passant des instruments de la Société des Nations/Nations Unies (1), aux instruments du droit international des droits de l'Homme (2) et ceux de l'Union africaine (3).

1. Société des Nations versus Nations Unies

Plusieurs traités conventionnels ont été rédigés au cours du XXe siècle concernant la traite des êtres humains. Le premier document dans ce domaine, adopté en 1904 et entré en vigueur le 5 juillet 1905, est l'Arrangement international conclu le 18 mai 1904 à Paris pour assurer une protection efficace aux femmes majeures, abusées ou contraintes comme aux femmes et filles mineures, contre le trafic criminel connu sous le nom de « traite des blanches ». L'arrangement ne prévoit pas les infractions. Il contient plutôt des dispositions préventives. La Convention internationale

[39] Jean CARBONNIER, « Effectivité et ineffectivité de la règle de droit », article cité, p. 3 ; id., Flexible droit. *Pour une sociologie du droit sans rigueur*, Paris : LGDJ, 9e éd., 1998, p. 133.

relative à la répression de la traite des blanches, la Convention internationale pour la suppression de la traite des femmes et des enfants de 1904 et la Convention relative à la répression de la traite des femmes majeures qui a élargi la notion en englobant la traite des enfants depuis 1921.

En élargissant successivement le champ d'application en genre et en âge de ces traités, les rédacteurs ont principalement souhaité améliorer la gestion de la prostitution étrangère et les flux migratoires, sans contraindre les États parties à protéger les victimes de traite. Il s'agissait ainsi essentiellement de traités de coopération.

La **Convention relative à l'abolition de l'esclavage (1926)** et la Convention supplémentaire relative à l'abolition de l'esclavage, de la traite des esclaves et des institutions et pratiques analogues à l'esclavage (1956) interdisent la traite des êtres humains destinés à l'esclavage. Ces textes posent tous l'interdiction de la traite des femmes et des enfants, mais demeurent sommaires. Ils ne prennent en compte que les formes traditionnelles de l'esclavage et non celles spécifiques de l'esclavage sexuel. Adoptée un an après la Déclaration Universelle des Droits de l'Homme (1948) dont l'article 4 interdit l'esclavage et la traite sous toutes ses formes[40], la Convention pour la Répression de la Traite des Êtres Humains et de l'Exploitation de la Prostitution d'Autrui (1949) criminalise la traite des êtres humains, sans précision relative au genre ou à l'âge pour la première fois. Aucune définition n'y est donnée des expressions « traite », « exploitation » et « prostitution ». En outre, les mesures dites de protection que cet instrument renferme correspondent en réalité à des mesures de gestion des flux migratoires. En revanche, il s'agit du premier instrument juridiquement contraignant à considérer la question de la traite à des fins d'exploitation sexuelle comme incompatible avec la dignité et la valeur de la personne[41].

---

[40] Article 4 de la Déclaration universelle des droits de l'homme : Nul ne sera tenu en esclavage ni en servitude ; l'esclavage et la traite des esclaves sont interdits sous toutes leurs formes.

[41] Guide de la Convention de l'ONU du 2 décembre 1949 pour la répression de la traite des êtres humains et de l'exploitation de la prostitution d'autrui par Malka Marcovich, Présidente du MAPP, (Mouvement pour l'Abolition de la Prostitution et de la Pornographie, et de toutes formes de violence sexuelle et discrimination sexiste), fondé à Paris en France, 28 p.,www.fondationscelles.org.

Synthèse des instruments relatifs à la traite des blanches et à la traite des femmes et des enfants adoptés antérieurement[42], cette convention pose plusieurs principes cardinaux : L'État ne peut pas organiser la prostitution, y compris sous forme de fichiers administratifs, sanitaires ou autres. Ainsi, l'article 6 oblige les États à abroger ou abolir toute loi, tout règlement, ou toute pratique administrative, qui inscrivent les femmes en situation de prostitution. Il interdit qu'elles soient inscrites dans des registres, papiers spéciaux, conditions exceptionnelles de surveillance ou déclaration ; les personnes en situation de prostitution sont considérées comme des victimes. La charge de la preuve ne peut en aucun cas être portée par les victimes. La responsabilité de l'acte criminel ne peut pas se poser sur les personnes en situation de prostitution. Que les personnes soient consentantes ou non, on doit réprimer ceux qui organisent la prostitution, c'est-à-dire les trafiquants, les proxénètes, les recruteurs et tous les autres exploiteurs qui embauchent, entraînent ou détournent autrui en vue de la prostitution.

La Convention reconnaît l'existence d'un lien entre la prostitution d'autrui (proxénétisme) et la traite aux fins de l'exploitation sexuelle et définit le champ de l'obligation faite aux États de condamner toute forme d'exploitation de la prostitution d'autrui. D'ailleurs, il s'agit du seul traité international portant spécifiquement sur l'exploitation de la prostitution d'autrui et donnant un contenu à son interdiction. Son préambule considère que : « La prostitution et le mal qui l'accompagne à savoir la traite des êtres humains en vue de la prostitution sont incompatibles avec la dignité et la valeur de la personne humaine et mettent en danger le bien-être de l'individu, de la famille et de la communauté ».

En dehors de l'affirmation du préambule, seule l'exploitation de la prostitution est condamnée. Elle n'évoque que l'aspect d'exploitation sexuelle de la traite. Elle considère la traite comme une conséquence de la

[42] Arrangement international du 18 mai 1904 pour la répression de la traite des blanches, amendé par le Protocole approuvé par l'Assemblée générale des Nations Unies, le 3 décembre 1948 ; · Convention internationale du 4 mai 1910 relative à la répression de la traite des blanches ; Convention internationale du 30 septembre 1921 pour la répression de la traite des femmes et des enfants115, amendée par le Protocole approuvé par l'Assemblée générale des Nations Unies, le 20 octobre 1947 ; Convention internationale du 11 octobre 1933 pour la répression de la traite des femmes majeures116. David Weissbrodt et la Société anti-esclavagiste internationale, Abolir l'esclavage et ses formes contemporaines, *op.cit.*, 20 pp.

prostitution et sanctionne, dans son article premier à quatre, le proxénétisme.

La Convention stipule dans son article premier que la traite des êtres humains à des fins prostitutionnelles est interdite. Ses articles 1 et 2 disposent explicitement que l'élimination de l'exploitation de la prostitution d'autrui inclut l'interdiction du proxénétisme sous toutes ses formes[43]. Ce faisant, la Convention ne condamne pas la prostitution proprement dite, mais l'exploitation de la prostitution d'autrui. Ainsi, elle appelle à punir toute personne qui « embauche, entraîne ou détourne en vue de la prostitution une autre personne » qui « exploite la prostitution d'une autre personne », ou qui tient ou dirige sciemment une maison de prostitution ou un autre lieu aux fins de la prostitution d'autrui.

L'article premier de la Convention dispose que la femme ou l'homme objet de la traite doit avoir été embauché « pour satisfaire les passions d'autrui » et « en vue de la prostitution ». Étant donné que les instruments internationaux ne définissent pas la prostitution, elle est dans la plupart des cas interprétée suivant son sens ordinaire, c'est-à-dire n'importe quel acte sexuel offert en échange d'une récompense ou à des fins lucratives[44]. Les articles 1 et 2 susvisés de la Convention de 1949 prévoient les infractions relatives au commerce clandestin du sexe. La définition de l'infraction se trouve dans l'article 1 de la Convention. Il s'agit du fait

[43] Article premier : Les Parties à la présente Convention conviennent de punir toute personne qui, pour satisfaire les passions d'autrui :
1. Embauche, entraîne ou détourne en vue de la prostitution une autre personne, même consentante ; 2) Exploite la prostitution d'une autre personne, même consentante. L'article 1 de cette Convention interdit l'exploitation de la prostitution sous toutes ses formes. Les États parties ont l'obligation de punir toute personne qui facilite ou tire profit de la prostitution d'une autre personne, même avec son consentement. Article 2 : Les Parties à la présente Convention conviennent également de punir toute personne qui : 1) Tient, dirige ou, sciemment, finance ou contribue à financer une maison de prostitution ; 2) Donne ou prend sciemment en location, en tout ou en partie, un immeuble ou un autre lieu aux fins de la prostitution d'autrui.

[44] Aspects juridiques du trafic et de la traite des travailleurs migrants. Etude réalisée par le Programme des migrations internationales (Secteur de la Protection Sociale) du Bureau International du Travail à Genève, préparée initialement par Eduardo Geronimi pour sa présentation à la Conférence Hémisphérique sur les Migrations Internationales dans les Amériques : Droits de l'homme et Traite de Personnes, qui a eu lieu à Santiago du Chili, du 20 au 22 novembre 2002, 55p.

d'embaucher, d'entraîner ou de détourner en vue de la prostitution ou de l'exploitation de la prostitution, une autre personne, même consentante[45].

Le statut des personnes prostituées est plus ambigu. En réalité, elles sont, soit considérées, comme des objets de l'exploitation d'autrui (article 1), soit comme se livrant à la prostitution (article 6). Ceci dépeint un rôle plus ou moins actif selon la perception. La Convention prévoit néanmoins le droit théorique des travailleurs sexuels adultes d'exercer leur métier. Toutefois, l'idée principale est que le travail sexuel soit éliminé, et les travailleurs sexuels adultes sauvés et réhabilités. En tout cas, il est difficile d'affirmer que la Convention reconnaît « le droit de se prostituer ». Cela est incohérent au jugement politique de condamnation de la prostitution qu'elle établit dans son préambule, ainsi qu'avec la pénalisation de certaines modalités du proxénétisme qu'elle formule[46].

Sont également signalées, l'incitation à la prostitution d'autrui, l'ouverture, l'exploitation ou le financement des maisons closes. L'article 2 établit le principe de la répression de certaines modalités du proxénétisme, surtout hôtelier. Parmi ces actes, l'embauche ou le fait d'entraîner autrui à la prostitution sont des actes d'organisation de la prostitution d'autrui, alors que le fait d'ouvrir, de financer ou louer en connaissance de cause une maison close constitue des actes de participation à l'organisation de la prostitution d'autrui, des actes qui facilitent et aident les proxénètes ; or, l'embauche est à elle seule l'acte de prostitution d'autrui. Même si l'exploitation a plusieurs significations, dans toutes ses interprétations, ce terme confirme le fait que le sexe d'une personne puisse être un objet de « mise en valeur ». Et si la Convention établit le principe de la condamnation de certaines modalités du proxénétisme, elle ne remet pas en cause le principe selon lequel, sous certaines réserves, cette « activité » puisse générer un profit. Elle n'évoque pas le profit tiré par les trafiquants.

Par conséquent, cette condamnation de « la prostitution », liée au terme d'exploitation, qui n'était pas employé dans les titres des conventions internationales antérieures sur la question, légitime la possibilité de réprimer certaines modalités du proxénétisme. La Convention de 1949, en

---

45 YAO AGBETSE, *Manuel sur la traite des êtres humains,* op.cit., 14pp. http://www.franciscansinternational.org/resources/pub/ManuelHumains.pdf

46 Marie-Victoire Louis - Chargée de recherches au Centre d'analyse et d'intervention sociologique (CADIS), « Pour construire l'abolitionnisme du XXIe siècle », http://www.marievictoirelouis.net/document.php?id=510&themeid, mise en ligne : 2 septembre 2006, consulté le 20 novembre 2021.

condamnant le principe même de l'exploitation prostitutionnelle, constitue - parce qu'elle pose ce (quasi) interdit symbolique - une avancée historique dans l'évolution du concept de droits de l'Homme : l'être humain n'est pas une marchandise et ne peut donc faire l'objet d'échanges et de commerce. Ici sont visés aussi bien les hommes que les femmes et les enfants âgés de moins de 18 ans ; lorsque ceux qui s'y livrent sont des adultes âgés de plus de 18 ans, la prostitution n'est pas explicitement interdite par les normes internationales, mais la Convention la décourage vivement. La Convention de 1949 réclame que ceux qui exploitent la prostitution d'autrui soient punis par des mesures criminelles ou civiles. Dans son protocole de clôture, elle stipule que les États parties peuvent adopter des mesures plus rigoureuses pour lutter contre la traite et l'exploitation d'autrui aux fins de prostitution. Par contre, les femmes prostituées ou trafiquées ne doivent pas être punies, car la prostitution est considérée comme étant une des formes d'exploitation sexuelle des femmes. En établissant une définition très claire du proxénétisme, elle ne criminalise en aucun cas les personnes en situation de prostitution.

Au demeurant, les obligations établies par la Convention paraissent insuffisantes. Les États doivent punir celui qui exploite la prostitution d'une autre personne, donc le proxénète qui se nourrit de la prostitution. Ces actes sont considérés comme des causes d'extradition (article 8). On criminalise le commerce du sexe et les intermédiaires, mais pas les prostituées, parce qu'elles sont toutes considérées comme des victimes à protéger. Il faut ajouter que la participation intentionnelle à ces actes (article 4) ainsi que la tentative d'accomplissement de ces actes (article 3) sont aussi réprimées. La Convention prône également l'élimination de toute forme de légalisation de la prostitution. Elle prévoit la suppression du fichage de certaines prostituées par l'État réglementariste (article 6). La Convention prévoit que toute réglementation qui oblige les personnes prostituées à se conformer à des dispositions spécifiques de surveillance ou de déclaration doit être abolie (art. 6). Les États ratifiant la Convention ou y adhérant s'engagent à supprimer toute loi, tout règlement, toute inscription sur un registre spécial et toute autre condition imposée aux personnes qui se livrent ou sont soupçonnées de se livrer à la prostitution.

La Convention fait obligation aux États parties de créer ou maintenir un service avec des tâches spécifiques, chargé de coordonner et de centraliser les résultats des recherches relatives aux infractions prévues par la Convention (article 14) et des mesures propres à prévenir la prostitution.

Par ailleurs, tous les États s'engagent à prendre des mesures pertinentes afin de combattre la traite des personnes de l'un ou de l'autre sexe aux fins de prostitution (article 17). Une autre idée importante de la Convention est que, les étrangers, tout comme les nationaux, ont la possibilité de se porter partie civile dans les poursuites.

La Convention de 1949 indique que les États parties peuvent adopter des mesures plus rigoureuses pour lutter contre la traite et l'exploitation de la prostitution d'autrui. Pour cela, on peut dire que la répression des acheteurs de services sexuels ne s'oppose pas à la Convention de 1949. Dès lors, on peut aller plus loin et criminaliser le client ou l'acheteur complice du proxénète. Toutefois, la Convention ne mentionne pas la question de "l'acheteur". Elle ne contient aucun article réprimant "les acheteurs" dans le cadre de la traite, aucune disposition spécifique contre le trafic humain ou elles ne sont pas bien définies. Par conséquent, la traite peut être assimilée à l'exploitation à des fins de prostitution.

Plusieurs conventions de l'OIT vont progressivement incriminer des phénomènes similaires à la traite : la Convention n° 29 sur le travail forcé ou obligatoire en 1930 et la Convention n° 105 concernant l'abolition du travail forcé en 1957, puis en 1999 la Convention n° 182 concernant l'interdiction des pires formes de travail des enfants et l'action immédiate en vue de leur élimination. Cette dernière vise l'abolition de toutes formes d'esclavage et ses pratiques analogues, dont la vente et la traite des enfants, la servitude pour dette, le servage, le travail forcé ou obligatoire. La Convention n° 189 concernant le travail décent pour les travailleuses et travailleurs domestiques réitère ces différents engagements, précisément au bénéfice des travailleurs et travailleuses domestiques[47]. L'approche est ici distincte puisque les États parties à ces conventions se sont engagés à supprimer le travail forcé, non à le réprimer ou le sanctionner, comme ils le font sous l'égide de la Convention pour la répression de la prostitution et de la traite des êtres humains ou le Protocole de Palerme. De plus, s'il peut y avoir traite des êtres humains, concrétisée par une exploitation dans le travail, l'inverse n'est pas soutenu par l'OIT, le travail forcé n'étant pas automatiquement qualifié de traite des êtres humains.

[47] C29 de l'OIT : Convention sur le travail forcé, 1930, C105 de l'OIT : Convention sur l'abolition du travail forcé, 1957, C138 de l'OIT : Convention sur l'âge minimum, 1973, Convention n° 97 de l'Organisation internationale du travail sur les travailleurs migrants (révisée) adoptée le 1er juillet 1949.http://www.ilo.org/ilolex/french/convdisp1.htm

En somme, l'inventaire des conventions ici réalisé met en exergue l'absence de toute définition de la traite et/ou de la prostitution pour autrui, la seule convention relative à la traite des personnes ayant pour but de réprimer la prostitution date de 1949. La définition de la traite y est donc très restrictive, car elle comprend seulement l'exploitation de la prostitution d'autrui. Ces conventions dites « classiques » n'ont pas donné une définition explicite de la traite des femmes et des enfants, d'où la nécessité d'instaurer de nouveaux instruments internationaux reconnaissant clairement l'existence du droit fondamental de ces êtres, objet d'une exploitation sexuelle.

2. Droit international des droits de l'Homme

Le droit international des droits de l'Homme a également contribué à l'édification de normes en matière de lutte contre la traite des êtres humains à des fins d'exploitation sexuelle. L'interdiction de l'esclavage, de la traite ainsi que du travail forcé est rappelée à l'article 8 du Pacte international relatif aux droits civils et politiques. Pour autant, cet instrument ne mentionne ni la traite ni l'exploitation sexuelle ou l'exploitation de la prostitution d'autrui. Toutefois, l'interdiction de la traite des êtres humains se concrétise principalement dans le corpus normatif dédié à la protection des femmes, par la Convention sur l'élimination de toutes les formes de discrimination à l'égard des femmes (CEDEF) (1979) souvent décrite comme une Déclaration internationale des droits de la femme.

L'article 6 de la CEDEF stipule clairement que « les États parties prennent toutes les mesures appropriées, y compris des dispositions législatives, pour réprimer, sous toutes leurs formes, le trafic des femmes et l'exploitation de la prostitution des femmes ». La Convention contre la torture et autres peines ou traitements cruels, inhumains ou dégradants (CAT) et son protocole facultatif (1986) reprennent la posture de l'article 7 du Pacte international relatif aux droits civils et politiques sur l'interdiction de la torture. Dans la filiation de la Convention de 1949, les articles 34 et 35 de la Convention relative aux Droits de l'enfant (1989) incriminent plusieurs formes d'exploitation comme la pornographie[48]. Elle

[48] La CDE appelle les États parties à prendre toutes les mesures appropriées pour protéger l'enfant contre toutes les formes d'exploitation sexuelle, y compris leur exploitation à des fins de prostitution ou autres pratiques sexuelles illégales et leur utilisation dans la pornographie.

exhorte les États parties à prendre toutes les mesures appropriées pour protéger l'enfant contre toutes les formes d'exploitation sexuelle, y compris leur exploitation à des fins de prostitution ou autres pratiques sexuelles illégales et leur utilisation dans la pornographie.

La violence et l'exploitation sexuelles comprennent l'exploitation sexuelle à des fins commerciales, la prostitution des enfants et la pornographie mettant en scène des enfants. Il s'agit des formes de violence qui sont « psychologiquement intrusives et traumatisantes et [qui] constituent une exploitation », même si elles ne s'accompagnent pas de la force ou de la contrainte physique.

La Déclaration sur l'élimination de la violence à l'égard des femmes (DEVAW) (1 993) ne possède pas le caractère juridiquement contraignant d'une convention ou d'un traité. Elle constitue une déclaration de principes forte vis-à-vis de la communauté internationale. Les articles 1 et 2 de la DEVAW fournissent la définition la plus communément acceptée de la violence à l'égard des femmes. L'article premier de la Déclaration sur l'élimination de la violence à l'égard des femmes (DEVAW) de 1993[49] précise que les termes « violences à l'égard des femmes » désignent « tous les actes de violence dirigés contre le sexe féminin, et causant ou pouvant causer aux femmes un préjudice ou des souffrances physiques, sexuelles ou psychologiques, y compris la menace de tels actes, la contrainte ou la privation arbitraire de liberté, que ce soit dans la vie publique ou dans la vie privée ». En incluant la violence sexuelle, ce texte marque une avancée, même si la problématique de la traite de la femme et/ou de la prostitution n'y est pas spécifiquement traitée.

La Déclaration et le programme d'action de Beijing (1995) prônent également l'émancipation des femmes. Fort de la volonté internationale d'éradiquer la traite des femmes et des jeunes filles à des fins de commerce sexuel, le programme d'action inclut un objectif stratégique destiné à éliminer la traite des femmes et à aider les femmes victimes de violences liées à la prostitution et à la traite, qui appelle les gouvernements à prendre les mesures voulues pour s'attaquer aux facteurs qui favorisent la traite des femmes et des petites filles à des fins de prostitution et d'autres formes de

---

[49] La DEVAW a été adoptée par l'Assemblée générale des Nations unies en 1993. Si elle ne possède pas le caractère juridiquement contraignant d'une convention ou d'un traité, elle constitue une déclaration de principe forte vis-à-vis de la communauté internationale. Les articles 1 et 2 de la DEVAW fournissent la définition la plus communément acceptée de la violence à l'égard des femmes.

commercialisation du sexe. Ce n'est que récemment que la traite des personnes est ajoutée au Statut de Rome de la Cour pénale internationale (1998), organe international pour la répression des crimes de guerre et d'autres crimes, comme une forme d'esclavage et un crime contre l'humanité. Cet instrument vise la réduction en esclavage (alinéa c), par 1 de l'article 7 au nombre des crimes considérés comme constituant des crimes contre l'humanité. Le Statut de Rome inclut la prostitution forcée dans les crimes contre l'humanité (article 7) et les crimes de guerre (article 8).

De ce fait, une avancée importante a été réalisée en ce qui concerne des actes constitutifs de crimes contre l'humanité : le viol, l'esclavage sexuel, la prostitution forcée, la grossesse forcée, la stérilisation forcée et les autres formes de violence sexuelle de gravité comparable dorénavant sont des actes susceptibles, par leur contexte, de constituer des crimes contre l'humanité[50].

En outre : « Aux fins du Statut, on entend par « crimes de guerre » : xxii) le viol, l'esclavage sexuel, la prostitution forcée, la grossesse forcée, telle que définie à l'article 7, paragraphe 2, alinéa f), la stérilisation forcée ou toute autre forme de violence sexuelle constituant une infraction grave aux Conventions de Genève ».

La Convention portant sur l'interdiction et l'action immédiate pour l'élimination des pires formes de travail des enfants (1999), connue en abrégé sous le nom de Convention sur les pires formes de travail des enfants a été adoptée par l'Organisation internationale du travail (OIT) en tant que convention de l'OIT n° 182. Dans la même veine, le Protocole facultatif à la Convention relative aux droits de l'enfant, concernant la vente d'enfants, la prostitution des enfants et la pornographie mettant en scène des enfants (2000), vise à garantir la protection des enfants contre l'exploitation sexuelle. Le protocole souligne la vulnérabilité spéciale des petites filles à l'exploitation sexuelle, en reconnaissant leur représentation disproportionnée parmi les victimes d'exploitation sexuelle.

---

[50] Dans le cadre des conflits de caractère national ou international, les mêmes crimes sont cités comme crimes de guerre (article 8). La Cour a compétence pour les crimes de guerre « en particulier lorsque ceux-ci s'inscrivent dans le cadre d'un plan ou d'une politique ou font partie d'une série de crimes analogues commis sur une grande échelle ». D'après l'article 8 du Statut, le viol, l'esclavage sexuel, la prostitution forcée, les grossesses forcées, et la stérilisation forcée, le fait d'enrôler ou de faire participer des enfants de moins de quinze ans aux hostilités sont aussi considérés comme des crimes de guerre.

Enfin, selon le Principe 11 des Principes de Jogjakarta (2006), chacun peut se prévaloir d'une protection contre la traite, le commerce et toute forme d'exploitation, y compris, mais pas uniquement, l'exploitation sexuelle, pour des raisons d'orientation sexuelle ou d'identité de genre, réelle ou perçue. Il insiste également sur la nécessité d'« instaurer des mesures, services et des programmes judiciaires, éducatifs et sociaux afin d'agir sur les facteurs qui augmentent la vulnérabilité à la traite, au commerce et à toute forme d'exploitation, y compris, mais pas uniquement, l'exploitation sexuelle, en lien avec l'orientation sexuelle ou l'identité de genre, réelle ou perçue, y compris des facteurs tels que l'exclusion sociale, la discrimination, le rejet par la famille ou la communauté culturelle, le manque d'indépendance financière, le fait de ne pas avoir de logis, les comportements sociaux discriminatoires qui entraînent une estime de soi diminuée et le manque de protection contre la discrimination dans l'accès au logement, à l'emploi et aux services sociaux » pour la protection contre les trafics d'êtres humains[51]. Finalement, l'identification des crimes de traite à des fins sexuelles au niveau international a été accompagnée d'un encadrement juridique au niveau africain.

3. Les instruments de l'Union africaine

Plusieurs initiatives gouvernementales intéressantes ont été lancées aussi en Afrique, aux niveaux national et régional, pour lutter contre la traite des êtres humains. La Charte africaine des droits de l'homme et des peuples (1981)[52], la Charte africaine des droits et du bien-être de l'enfant (1990)[53] et le Protocole à la Charte africaine des droits de l'homme et des

---

[51] Les Principes de Jogjakarta sont une série de principes sur l'application du droit international des droits de l'Homme en matière d'orientation sexuelle et d'identité de genre. Les Principes affirment lier les normes juridiques internationales auxquelles les États doivent se conformer. Le Principe 11 : Le droit à la protection contre toute forme d'exploitation, de commerce et de traite d'êtres humains.

[52] La Charte africaine des droits de l'homme et des peuples (1981) - adoptée le 27 juin 1981 à Nairobi, Kenya, lors de la 18e Conférence de l'Organisation de l'Unité Africaine (OUA), et entrée en vigueur le 21 octobre 1986 après ratification de la Charte par 25 États. Cette Charte crée une Commission africaine des droits de l'homme et des peuples, chargée de surveiller la mise en œuvre de la Charte par les États parties. Pourtant, si cette Commission dispose, au titre de la Charte africaine, d'un mandat détaillé en termes de promotion, elle n'a pas de pouvoirs de protection suffisants pour garantir le respect de la Charte par les États parties. http://www.africa-union.org/home/bienvenue.htm

[53] La Charte africaine sur les droits et le bien-être de l'enfant de l'OUA, adoptée en juillet 1990, lors de la 26e Conférence des Chefs d'État et de Gouvernement de

peuples, relatif aux droits de la femme en Afrique[54] sont les initiatives les plus essentielles qui se préoccupent directement du problème de la traite sur ce continent.

La Charte africaine des droits de l'homme et des peuples reconnaît le principe de la non-discrimination et affirme que tous les êtres humains naissent libres et égaux en dignité et en droits, et que chacun peut se prévaloir de tous les droits et toutes les libertés qui y sont énoncés sans distinction aucune, notamment de sexe[55].

L'article 5 de la Charte africaine des droits de l'homme et des peuples dispose que : « Tout individu a droit au respect de la dignité inhérente à la personne humaine et à la reconnaissance de sa personnalité juridique. Toutes formes d'exploitation et d'avilissement de l'homme, notamment l'esclavage, la traite des personnes, la torture physique ou morale, et les peines ou les traitements cruels, inhumains ou dégradants sont interdites ». Ce faisant, cette disposition traite d'une série de droits et d'obligations qui font partie de l'obligation plus large de respecter la dignité inhérente à chaque être humain et de reconnaître la personnalité juridique de chaque individu. La Charte ne définit pas l'esclavage et la traite des personnes ni l'exploitation de la prostitution d'autrui. Néanmoins, en reconnaissant l'existence d'un lien de complémentarité entre le droit à la dignité, il est possible d'en déduire l'interdiction de la traite des personnes à laquelle la prostitution forcée est assimilée.

Par ailleurs, l'article 18 de la Charte se limite à recommander à l'État partie de « veiller à l'élimination de toute discrimination contre la femme ». L'Union africaine se penche plus pleinement sur les droits des femmes par le biais du Protocole à la Charte Africaine des Droits de l'Homme et des Peuples relatif aux Droits de la Femme en Afrique (2003). Se reposant sur les principes de l'égalité et de la non- discrimination contenus à l'article 2 de la Charte, cet instrument édicte : l'interdiction de toutes formes de violence à l'égard des femmes, y compris les rapports sexuels non désirés ou forcés ; des expériences médicales ou scientifiques sur les

---

l'Organisation de l'unité africaine (OUA) et entrée en vigueur le 21 novembre 1999 http://www.africa-union.org/home/bienvenue.htm

54 Protocole à la charte africaine des droits de l'homme et des peuples, relatif aux droits de la femme en Afrique (adopté le juillet 2003, le protocole n'est pas entré en vigueur, la date de dernière signature/ratification est 22 juillet 2010).

55 L'article 2 de la Charte interdit toutes les formes de discrimination fondée sur la race, l'ethnie, la couleur, le sexe, la langue, la religion, l'opinion politique ou toute autre opinion, l'origine nationale et sociale, la fortune, la naissance ou toute autre situation.

femmes ; l'élimination par tous les moyens des pratiques qui portent atteinte à l'intégrité physique des femmes et des filles (mutilations génitales, etc.) ; la protection des femmes contre les viols, toutes formes de violence et toutes autres formes d'exploitation sexuelle et leur répression comme crimes de guerre, de génocide et/ou de crimes contre l'humanité ; la prévention et la condamnation du trafic des femmes ; l'interdiction du mariage forcé ; l'interdiction de faire subir à la veuve des traitements inhumains, humiliants et dégradants.

Le Protocole réclame des gouvernements africains de supprimer toutes les formes de discrimination et de violence à l'égard des femmes en Afrique et la mise en place d'une politique d'égalité entre hommes et femmes. Les gouvernements doivent aussi prendre l'initiative de programmes d'éducation, de sensibilisation et autres pour supprimer les pratiques atroces héritées de la culture ou de la tradition, basées sur la conviction de l'infériorité ou de la supériorité d'un des deux sexes. Ils doivent aussi veiller au bien-être général des femmes. Elles ne peuvent être exploitées ; le trafic des femmes doit être combattu et les trafiquants traduits en justice.

L'article 3 du Protocole de Maputo à la Charte africaine des droits de l'homme et des peuples (Protocole de Maputo) consacre lui aussi le droit à la dignité de la femme africaine : « 1. Toute femme a droit au respect de la dignité inhérente à l'être humain, à la reconnaissance et à la protection de ses droits humains et légaux. 2. Toute femme a droit au respect de sa personne et au libre développement de sa personnalité. 3. Les États adoptent et mettent en œuvre les mesures appropriées en vue d'interdire toute exploitation des femmes ou tout traitement dégradant à leur égard. 4. Les États adoptent et mettent en œuvre les mesures appropriées afin d'assurer la protection du droit de la femme au respect de sa dignité et sa protection contre toutes formes de violence, notamment la violence sexuelle et verbale ».

Dans la même veine, l'article 4 relatif au Droit à la vie, à l'intégrité et à la sécurité énonce que « 1. Toute femme a droit au respect de sa vie, de son intégrité physique et à la sécurité de sa personne. Toutes formes d'exploitation, de punition et de traitement inhumain ou dégradant doivent être interdites. (…) g) prévenir et condamner le trafic de femmes, poursuivre les auteurs de ce trafic et protéger les femmes les plus exposées à ce risque ».

Quant à la Charte africaine sur les droits et le bien-être de l'enfant de l'OUA, adoptée en juillet 1990 par l'Organisation de l'Unité Africaine (OUA), inspirée de la Convention des Nations unies relative aux droits de l'enfant (CDE), elle garantit à toute personne âgée de moins de dix-huit ans le droit de ne pas être soumise à une quelconque forme d'exploitation économique.

Dans le même sens et si l'on considère le chiffre de près de 10 millions d'enfants impliqués dans la prostitution dans le monde entier[56], les articles 34 et 36 de la Charte africaine des droits et du bien-être de l'enfant (ACRWC) obligent les États à protéger les enfants contre toutes les formes d'exploitation et d'abus sexuels, telles que définies dans ses principes relatifs au statut des enfants[57].

Ainsi, « Les États parties à la présente Charte s'engagent à protéger l'enfant contre toute forme d'exploitation ou de mauvais traitements sexuels et s'engagent en particulier à prendre des mesures pour empêcher : a) l'incitation, la coercition ou l'encouragement d'un enfant à s'engager dans toute activité sexuelle ; b) l'utilisation d'enfants à des fins de prostitution ou toute autre pratique sexuelle ; c) l'utilisation d'enfants dans des activités et des scènes ou publications pornographiques »[58] (articles 15, 26, 27, 29). Par ailleurs, la Charte aborde la traite à des fins à la fois d'exploitation et d'adoption. En effet, l'article 27 de l'ACRWC protège les enfants contre toutes les formes d'exploitation et d'abus

---

56 Selon le Fonds des Nations unies pour l'enfance (Unicef) et l'organisation internationale du travail), entre 200 000 et 300 000 enfants seraient chaque année victimes de la traite en Afrique occidentale » Wilfried RELWENDE SAWADOGO, *The Challenges of Transnational Human Trafficking* in West African Studies Quarterly, volume XIII, issues1-2, printemps 2012, pp. 77-99, voir aussi Anatole AYISSI, Catherine MAIA et Joseph AYISSI, « Droits et misères de l'enfant en Afrique. Enquête au cœur d'une « invisible » tragédie », *Études*, vol. 397, n°. 10, 2002, pp. 297-309.

57 Charte africaine des droits et du bien-être de l'enfant. https://au.int/en/treaties/african-charter-rights-and-welfare-child

58 La Charte africaine des droits et du bien-être de l'enfant a été adoptée lors de la 26e conférence des chefs d'État et de gouvernement de l'Organisation de l'unité africaine en juillet 1990. Elle est entrée en vigueur le 29 novembre 1999, après avoir reçu la ratification de 15 États, conformément à son article 47. Elle s'inspire de la Convention des Nations unies sur les droits de l'enfant et sur la Déclaration sur les droits et le bien-être de l'enfant africain, adoptée par l'OUA en juillet 1979, ainsi que de la Déclaration universelle des droits de l'homme, de la Charte africaine des droits de l'homme et des peuples et de la Charte de l'Organisation de l'Unité Africaine. Charte africaine des droits et du bien-être de l'enfant. https://au.int/en/treaties/african-charter-rights-and-welfare-child.

sexuels[59]. L'article 15 appelle à la protection des enfants contre toutes les formes d'exploitation économique et contre l'exécution de « tout travail comportant des risques ou susceptible de nuire à leur développement physique, mental, spirituel, moral ou social ». L'article 29 exige des gouvernements qu'ils empêchent les enfants d'être victimes de « vente, trafic et enlèvement » et l'utilisation d'enfants pour toute forme de mendicité. Par ailleurs, l'exploitation sexuelle affectant le continent africain est également celle des enfants y compris en ligne[60].

Le statut des Chambres africaines extraordinaires (CAE), composées de la Chambre extraordinaire d'instruction, de la Chambre africaine extraordinaire d'accusation, de la Chambre africaine extraordinaire d'assises (premières instances) et de la Chambre africaine d'assises d'appel (arrêt), a été créé au sein des juridictions sénégalaises pour la poursuite des crimes internationaux commis au Tchad durant la période du 7 juin 1982 au 1er décembre 1990. Son article 6 intitulé « Crimes contre l'humanité » dispose que : « on entend par crime contre l'humanité, l'un des actes ci-après commis à l'occasion d'une attaque généralisée ou systématique lancée contre toute population civile : le viol, l'esclavage sexuel, la prostitution forcée, la stérilisation forcée ou toute autre forme de violence sexuelle de gravité comparable, la déportation ».

Les chambres africaines extraordinaires sont compétentes pour juger les personnes ayant commis des violations graves de l'article 3, commun aux conventions de Genève du 12 août 1949 pour la protection des victimes et du Protocole additionnel II auxdites conventions du 8 juin 1977. Ces violations comprennent : les atteintes à la dignité de la personne, notamment les traitements humiliants et dégradants, le viol, la prostitution forcée et tout attentat à la pudeur. Les chambres africaines extraordinaires ont été dissoutes le 30 juin 2017. L'Afrique bénéficie également d'un cadre régional et sous régional qui exhorte les États membres à honorer d'éliminer toute forme de traite des femmes et d'exploitation de la

---

59 En vertu de l'article 27 de la Convention, les États parties doivent non seulement s'engager à protéger les enfants contre toutes les formes d'exploitation et de violence sexuelles, mais aussi, et surtout, prendre des mesures afin d'empêcher qu'un enfant soit incité, contraint ou encouragé à se livrer à une activité sexuelle, à la prostitution ou à d'autres pratiques sexuelles, y compris des activités, des spectacles et des matériels pornographiques.

60 L'alliance mondiale WePROTECT est un mouvement international composé de 84 pays qui se sont engagés à prendre des mesures nationales et mondiales pour mettre fin à l'exploitation sexuelle des enfants en ligne.

prostitution d'autrui. Le Plan d'action continental quinquennal (2021- 2025) vise à déployer un effort global et coordonné et à renforcer mutuellement un ensemble d'activités pour inciter les États membres, les principales parties prenantes et les partenaires à accélérer les actions de lutte contre l'exploitation et les abus sexuels des enfants en ligne (OCSEA), notamment la prévention, la protection et les poursuites.

Au niveau sous régional, une Déclaration et un Plan d'action contre la traite des personnes (2002-2003) adoptés lors du sommet annuel de la Communauté économique des États de l'Afrique de l'Ouest (CEDEAO) tenu à Dakar en décembre 2001 stipulent des mesures spécifiques, notamment la constitution en délit de la traite des personnes, la création d'une Unité de coordination de la CEDEAO en contact avec les commissions nationales, la protection des victimes, la sensibilisation du public, la coopération entre les services de contrôle des frontières, et le recueil des données par les pays de la CEDEAO et les Nations Unies, le Plan d'action UA/UE de Ouagadougou adopté en 2006 sur la lutte contre la traite des êtres humains, en particulier des femmes et des enfants et le Cadre de l'UA sur la migration en Afrique.

Par ailleurs, d'après la Décision sur le renforcement de la coopération entre les Nations Unies et l'Union africaine dans la lutte contre la traite des êtres humains, il incombe aux représentants permanents des États membres de l'Union africaine auprès des Nations Unies à New York d'entamer, sous les auspices du président de l'Assemblée générale des Nations Unies, les négociations en vue de l'élaboration d'un plan d'action mondial de lutte contre la traite des êtres humains, sur la base du Plan d'action de Ouagadougou de 2006 et d'autres plans d'action régionaux, en particulier le Plan d'action initial de la CEDEAO contre la traite des êtres humains, qui doit servir de base pour l'adoption d'une position africaine commune sur la question. Dans tous ces instruments, l'Union africaine ne prévoit pas de règles contraignantes ni des sanctions en cas de non-respect des dispositions relatives à la traite, y compris à des fins sexuelles. Par ailleurs, ils ne définissent ni la traite ni la prostitution au contraire du droit européen très favorable à la liberté sexuelle[61].

---

[61] C'est Ainsi que dans l'affaire *Tremblay c. œuvrer*, la juridiction européenne a d'abord constaté « qu'il est manifeste qu'il n'y a pas de consensus européen quant à la qualification de la prostitution en elle-même » cour EDH, 11 décembre 2007, *Tremblay c. France*, § 24. Avant de préciser « qu'elle juge la prostitution incompatible avec les droits et la dignité de la personne humaine dès lors qu'elle est contrainte ».

B. Le Protocole de Palerme, point d'ancrage de l'incrimination

En novembre 2000, le Protocole de Palerme devient le premier instrument incriminant la traite et l'exploitation de la prostitution d'autrui et autres formes d'exploitation sexuelle. Point d'ancrage de l'incrimination, il a précisé les éléments constitutifs du crime de traite dont celui à des fins sexuelles (1) tout en innovant par une approche intégrée traitant l'exploitation de la prostitution d'autrui (proxénétisme) et TEH (Traite des êtres humains) comme deux infractions distinctes, mais complémentaires (2).

1. Les éléments constitutifs de la traite à des fins d'exploitation sexuelle précisés

Pour être caractérisé, un crime requiert entre autres, un élément matériel (*actus reus*) et un élément moral (*mens rea*). Selon l'article 3 du Protocole de Palerme, *l'actus reus* du délit, la commission de l'acte également défini par l'article 225-4-1 du Code pénal français, consiste à recruter, transporter, transférer, héberger ou accueillir une personne.

Les conditions de l'infraction, un « moyen » par lequel cet acte est accompli. Les faits doivent en outre avoir été commis dans certaines circonstances particulières : emploi de menace, de contrainte, de violence ou de manœuvre dolosive visant la victime, sa famille ou une personne en relation habituelle avec la victime ; commission des faits par un ascendant ou par une personne ayant ou abusant de son autorité ; abus de la situation de vulnérabilité de la victime ; octroi d'une rémunération ou de tout autre avantage ou d'une promesse de rémunération ou d'avantages pour obtenir le consentement d'une personne ayant autorité sur une autre aux fins d'exploitation.

Le *mens rea*, une infraction intentionnelle qui consiste pour l'auteur des faits d'avoir pour objectif en recrutant, transportant, transférant, hébergeant ou accueillant cette personne de l'exploiter ou la faire exploiter. Elle requiert, en plus du dol général (volonté et conscience de l'acte), un dol spécial pour être constituée. Ainsi, l'exploitation est définie comme étant le fait de « mettre la victime à sa disposition ou à la disposition d'un tiers, même non identifié, afin de permettre la commission contre la victime des infractions de proxénétisme, d'agression ou d'atteintes sexuelles, de réduction en esclavage, de soumission à du travail ou à des services forcés, de réduction en servitude, de prélèvement de l'un de ses organes, d'exploitation de la mendicité, de conditions de travail ou d'hébergement contraires à sa dignité, soit de contraindre la victime à commettre tout crime ou délit »[62].

Le caractère tentaculaire de la traite est un atout en termes de poursuites et de répression[63]. Lorsque la victime est un enfant, l'infraction est constituée même en l'absence du « moyen »[64]. Quoi qu'il en soit, la traite ne peut être dissociée de l'exploitation, de la prostitution et des autres formes d'exploitation sexuelle interdites par le Protocole de Palerme même si elles restent des infractions distinctes.

2. Une approche intégrée innovante de l'exploitation de la prostitution d'autrui (proxénétisme) et traite des femmes (TF) : deux infractions distinctes et complémentaires

Ce concept repose sur trois aspects : la répression du crime à l'article 5, la protection de l'article 6 à 8 et, finalement, la prévention de l'article 9 à 13. Cette approche intégrée - également intitulée l'approche par les 3 P fonde la lutte contre la traite sur trois piliers autonomes, mais interdépendants. En matière d'exploitation de la prostitution d'autrui, il ne peut exister de TF sans proxénétisme démontré. En revanche, le proxénétisme est une infraction qui peut être relevée sans la démonstration de la TF. En effet, l'infraction de TF se situe en amont du proxénétisme. En général, les procureurs de la République préfèrent retenir, dans un premier temps, l'infraction de proxénétisme aggravé quitte, en fonction des éléments d'enquête recueillis, à la compléter par la qualification de TEH aggravée (225-4-2 à 225-4-7 CP français).

Cependant, à pénalités identiques, la qualification de proxénétisme aggravé (225-7 à 225-12 CP français) est actuellement privilégiée compte tenu de la simplicité de la démonstration juridique et de la nombreuse jurisprudence. Néanmoins, la qualification de TEH (à des fins de proxénétisme) commence à être prise davantage en compte, mais toujours en complément de l'infraction de proxénétisme aggravé. Ces deux

---

62 Protocole additionnel à la Convention des Nations unies contre la criminalité transnationale organisée visant à prévenir, réprimer et punir la traite des personnes, en particulier des femmes et des enfants (Protocole sur la traite), 2000, article 3 (a).

63 Voir ONUDC, Issue paper: *The concept of "exploitation" in the Trafficking in Persons* Protocol, 2015, p. 5.

64 La définition reconnue de la traite des personnes affirme par ailleurs que le consentement d'une victime à l'exploitation envisagée est indifférent lorsque l'un quelconque des moyens de la traite a été utilisé.

infractions peuvent entraîner quatre jours de garde à vue puisqu'il s'agit de criminalité organisée. Cependant, la qualification de la TEH facilite la poursuite des investigations au niveau international dans la mesure où il existe une équivalence de texte dans les pays qui ont ratifié la Convention de Palerme (15 novembre 2000). Cette situation atteste d'une certaine difficulté à transposer le droit international en droit interne.

II. LE PARADIGME DE LA RÉCEPTION PAR LES ORDRES JURIDIQUES NATIONAUX INTERNES

Les modalités, l'étendue et l'intensité de l'accomplissement concret par les États africains de leurs obligations internationales au regard de la traite des femmes y compris à des fins sexuelles, subissent l'influence de différents facteurs : les spécificités normatives et notamment constitutionnelles caractérisant chaque système juridique national et, enfin, la tradition juridique et le contexte sociopolitique dans lesquels s'inscrivent de graves atteintes aux droits des femmes constitutives de traite et de prostitution d'autrui. Au-delà des convergences et des divergences nombreuses apparaissent des dynamiques d'interaction entre normes internationales et droits internes qui autorisent à dégager certains paradigmes gouvernant l'incrimination en droit interne du crime de traite et de prostitution d'autrui[65]. Ils ont trait à une sorte de contextualisation normative (A), la contextualisation cosmétologique, l'intégration mimétique du Protocole (B).

A. La contextualisation normative, une intégration parcellaire

Le premier paradigme concerne les pays ayant intégré les crimes de traite ou prostitution d'autrui en leur sein au travers d'une contextualisation qui peut être qualifiée de normative. Elle regroupe les hypothèses d'écart par rapport à la norme internationale qui témoignent d'une prise de distance vis-à-vis de l'incrimination conventionnelle et permettent, le cas échéant, de corriger les lacunes la caractérisant. L'introduction de l'incrimination s'est réalisée en interaction avec la norme internationale, modifiant celle-ci dans le but de respecter des contraintes

---

65 Cette catégorisation est inspirée en partie par DELMAS-MARTY Mireille, FOUCHARD Isabelle, FRONZA Emanuela et *al.*, *« La réception des crimes contre l'humanité en droit interne, par Emanuela Fronza »*, dans : Mireille Delmas-Marty éd., Le crime contre l'humanité. Paris CEDEX 14, Presses Universitaires de France, « Que sais-je ? », 2009, p. 44-80. URL : https://www.cairn.info/--9782130566038-page-44.htm

spécifiques et fondatrices du système juridique interne, telles que la légalité des incriminations en matière pénale (1) puis celle des peines (2). En ce sens, le législateur national ne se contente pas de reconnaître l'importance de cette incrimination et donc de l'intégrer en droit interne, mais essaie, au travers d'un parcours critique, de la reformuler en la conformant aux standards éthiques, juridiques et formels propres à sa tradition juridico-culturelle.

1. ***Nullum crimen, nulla poena sine lege***[66] **: la légalité des incriminations**

La défense de certaines valeurs sociales constitue effectivement le socle de la répression en ce qu'elle rend l'incrimination conforme au principe de nécessité exigeant que chaque incrimination réponde à un besoin objectif de pénalisation en contexte africain. Selon R. Garraud, l'intervention de la loi pénale, en matière de sexualité peut être considérée « soit comme un moyen de moraliser l'individu et de le contraindre à vivre d'une manière conforme à la dignité humaine en réprimant ses propres passions, soit comme un moyen de préserver la moralité publique qui est la base et la garantie de toute civilisation »[67]. En cela, la norme interne de certains pays africains s'inspire de la norme internationale en matière d'incrimination tout en la contextualisant. Attachés à la défense de l'acception stricte du principe de légalité, ils se sont distingués par la description différenciée des incriminations.

Ainsi, le Burkina Faso a introduit le crime de traite et pratiques assimilées inspiré du protocole de Palerme dans une loi n°029-008/AN Portant Lutte Contre La Traite Des Personnes Et Les Pratiques Assimilées du 15 mai 2008[68].

La loi d'adaptation sénégalaise n° 2005 -06 relative à la lutte contre la traite des personnes et pratiques assimilées ne reprend pas entièrement ce choix. Cet instrument modifie la définition contenue dans l'article 3 du protocole de Palerme et mentionne, en son premier article : « une personne

---

[66] Le principe de légalité des crimes et des peines signifie que la règle de droit pénal doit être encadrée et déterminée pour pouvoir appliquer la peine qui lui correspond. En outre, cela suppose aussi qu'aucune incrimination, aucune peine ne peut exister sans avoir été prévue par un texte.

[67] R. GARRAUD, *Traité théorique et pratique du droit pénal français*, Paris, Recueil Sirey, 3e éd., 1913 – 1935.

[68] Articles 1 et 2 de la *l*oi n°029-2008/AN Portant Lutte Contre La Traite Des Personnes Et Les Pratiques Assimilées du 15 mai 2008.

ayant l'autorité sur une autre, aux fins d'exploitation sexuelle, de travail ou de services forcés, d'esclavage ou de pratiques analogues à l'esclavage, de servitude »[69]. La contextualisation sénégalaise apparaît notamment à travers l'introduction de dispositions relatives à « l'exploitation de la mendicité d'autrui », inexistantes dans le protocole de Palerme[70]. En République centrafricaine, l'incrimination des diverses formes de la traite des êtres humains est opérée par la loi du 06 janvier 2010 portant Code pénal de la République centrafricaine. Il en a fait une infraction prévue et punie par les dispositions de l'article 151. Il a également élaboré le projet de code de protection de l'enfant qui est en cours d'adoption par l'Assemblée nationale. À l'inverse, certains pays n'ont introduit ni dans leur Code pénal ni au sein d'une loi spéciale les crimes de traite des êtres humains et/ou de prostitution d'autrui, mais tiennent compte de problématiques particulières comme la traite des enfants.

Jusqu'au début de l'année 2005, le Togo ne disposait pas de législation nationale complète pour combattre le problème de la traite des personnes. Le Parlement a en revanche adopté le 3 août 2005, la loi sur la traite des enfants. D'autres infractions constitutives de traite se retrouvent incidemment dans certaines dispositions de la loi du 17 novembre 1998 portant interdiction des Mutilations génitales féminines au Togo. C'est également la posture adoptée par le parlement béninois en janvier 2006 ; une loi sur les conditions de déplacement des mineurs et la répression de

---

[69] Article premier : Le recrutement, le transport, l'hébergement, l'accueil de personnes par menace ou recours à la violence, enlèvement, fraude, tromperie, abus d'autorité ou de situation de vulnérabilité ou par l'offre ou l'acceptation de paiement d'avantages pour obtenir le consentement d'une personne ayant l'autorité sur une autre, aux fins d'exploitation sexuelle, de travail ou de services forcés, d'esclavage ou de pratiques analogues à l'esclavage, de servitude sont punis d'un emprisonnement de 5 à 10 ans et d'une amende de 5 à 20 millions de francs.
L'infraction est constituée lorsque le recrutement, le transport, le transfert, l'hébergement ou l'accueil concerne un mineur, même si aucun des moyens énumérés à l'alinéa précédent n'est utilisé. La détention criminelle de 10 à 30 ans est encourue lorsque l'infraction est commise en recourant à des actes de torture ou de barbarie ou en vue de prélèvements d'organes humains ou qu'elle expose la victime à un risque immédiat de mort ou de blessures de nature à entraîner une infirmité permanente.

[70] Article 3 : Quiconque organise la mendicité d'autrui en vue d'en tirer profit, embauche, entraîne ou détourne une personne en vue de la livrer à la mendicité ou d'exercer sur elle une pression pour qu'elle mendie ou continue de le faire est puni d'un emprisonnement de 2 à 5 ans et d'une amende de 500 000 francs à 2 000 000 de francs.

la traite d'enfants au Bénin réprime la traite à des fins d'exploitation sexuelle (articles 372 et suivants portant au prisme du proxénétisme).

2. La légalité des peines

L'obligation de réprimer pénalement n'est pas inscrite *expressis verbis* dans le Protocole de Palerme. Cet aspect dudit protocole a soulevé d'importants problèmes d'antinomie au regard du principe de légalité. Il s'agit de l'imprévision, par le texte international, de peines déterminées. L'action pénale commence par l'établissement de la compétence de l'État. Chaque État a la responsabilité d'adopter et de mettre en œuvre des mesures législatives et réglementaires appropriées pour réprimer et donc sanctionner le crime de traite et protéger les victimes. À ce titre, la plupart des pays détaillent la typologie des peines applicables et les critères de leur détermination. Par exemple, le Protocole facultatif à la Convention relative aux droits de l'enfant requiert entre autres la compétence territoriale[71] ou la compétence personnelle active et passive[72].

Afin de respecter le principe général du droit de précision et de certitude de la loi pénale, le législateur burkinabé a souhaité préciser la répression. Selon l'article 4 de la loi Portant Lutte Contre La Traite Des Personnes Et Les Pratiques Assimilées : « Est coupable de traite des personnes et puni d'un emprisonnement de cinq à dix ans quiconque commet l'un des actes prévus aux articles 1, 2, et 3 de la présente loi ». L'article 5 précise certaines circonstances pour lesquelles la réclusion criminelle de dix à vingt ans est encourue lorsque l'infraction a été commise[73].

---

71 Art. 4 al. 1 du Protocole facultatif à la Convention relative aux droits de l'enfant concernant la vente d'enfants, la prostitution des enfants et la pornographie mettant en scène des enfants.

72 Art. 4 al. 2.

73 - Si la victime est un mineur d'au plus quinze ans ; - si la personne est particulièrement vulnérable en raison d'une déficience physique ou psychique due à son état de grossesse, de son âge avancé ou de son état de santé ; si l'acte a été commis par fraude ou violence, par usage de fausse qualité, faux titre ou des documents falsifiés ou altérés ou de fausse autorisation ; - si l'auteur fait usage de stupéfiants ou de toute autre substance de nature à altérer la volonté de la victime ; - si l'auteur est porteur d'une arme apparente ou cachée ; - si l'auteur est un ascendant ou une personne ayant autorité sur la victime ; - si la victime a été séquestrée, privée d'aliments ou exposée dans un endroit public ou privé de recrutement ; si la victime est exposée à des travaux dangereux, pénibles ou aux pires formes du travail des enfants ; - si l'auteur a commis des abus sexuels sur la victime.

Au Cameroun, le Code pénal réprime les pratiques connexes au tourisme sexuel à savoir le proxénétisme[74], la prostitution[75], le viol[76] ou encore la corruption de la jeunesse[77]. Une loi spéciale régit la répression pénale des infractions sexuelles sur mineurs[78]. À Madagascar, l'obligation de réprimer l'exploitation sexuelle s'est traduite par un élargissement du champ de la répression en matière de sexualité[79]. En Tunisie, la loi pénale réprime la prostitution[80] et le proxénétisme[81]. Il n'en est pas de même au Sénégal où le législateur réprime surtout le proxénétisme, la pédophilie et même l'exploitation sexuelle d'autrui[82]. Une loi de protection entrée en vigueur en 2017[83] assure la suppression d'une disposition du Code pénal qui permettait aux violeurs d'échapper à une punition dans l'hypothèse où l'auteur de l'infraction épouse sa victime, même si c'est un enfant[84]. Désormais, ceux-ci sont pénalement responsables.

---

74 Art. 294 de la loi portant Code pénal.

75 Art. 343 (c).

76 Art. 296 (4).

77 Art. 344 (2).

78 Selon la loi camerounaise réprimant le trafic et la traite des enfants, les peines vont de dix (10) à vingt (20) ans d'emprisonnement et d'une amende de cinquante (50) mille à un million de francs pour toute personne qui se livre à des pratiques d'exploitation sexuelle. Toute personne qui se livre à une telle activité, même occasionnellement, est punie d'un emprisonnement de dix à vingt ans et d'une amende de 50 000 à un million de francs. Art. 4 de la loi n° 2005 / 015 du 29 décembre 2005 relative à la lutte contre le trafic et la traite des enfants [*Law no. 2005-2015 of December 29, 2005 on the fight against trafficking and child trafficking*].

79 L'exploitation sexuelle est punie d'un emprisonnement de cinq (05) à dix (10) ans d'emprisonnement et d'une amende de 4 000 000 Ar à 20 000 000 Ar. Art. 334 quarter du Code pénal de Madagascar modifié par la loi n° 2007-038 du 14 janvier 2007 sur les aspects concernant la lutte contre la traite des personnes et le tourisme sexuel. Elle est punie de travaux forcés à temps si elle a été commise sur la personne d'un enfant, de l'un ou de l'autre sexe, au-dessous de l'âge de quinze ans accomplis. Si elle a été commise à des fins commerciales sur un enfant de dix-huit (18) ans, l'auteur est puni de travaux forcés à temps.

80 Art. 231 du décret du 9 juillet 1913 portant Code pénal de la République de Tunisie.

81 Art. 232.

82 Art. 326 ; art. 324 pour la prostitution pour mineurs.

83 Loi organique n° 2017-58 du 11 août 2017 relative à l'élimination de la violence à l'égard des femmes.

84 Art. 15 de la loi organique n° 2017-58 du 11 août 2017 relative à l'élimination de la violence à l'égard des femmes.

B. La contextualisation cosmétologique, l'intégration mimétique du Protocole

Ce type de contextualisation consiste à reproduire fidèlement la norme pénale internationale telle qu'elle est rédigée dans les textes internationaux. Dans ce contexte, le dispositif interne est calqué sur le dispositif international, la réception de l'incrimination contenue dans le Protocole de Palerme s'opérant sans réelle modification ou intégration « nationalisante ». L'impression qui domine est que l'incrimination n'est reçue que pour montrer qu'elle a été intégrée, pour respecter un standard, mais elle n'a pas été assimilée par le pays de réception. Dans ce cas, l'incrimination est assez vide de sens dans le contexte national. Et il est permis de se demander si l'on peut réellement parler de droit interne au sens structurel du terme, surtout si aucune jurisprudence ne s'est encore formée en matière de traite des êtres humains et/ou de prostitution d'autrui.

En Afrique australe, le Mozambique est le premier pays qui ait adopté en 2008 un dispositif législatif pour lutter contre la traite des personnes prônant une approche intégrée similaire au Protocole de Palerme. Cette loi sur la traite des personnes, en particulier des femmes et des enfants, prévoit une approche globale et intégrée, touchant à la fois à la prévention, aux poursuites judiciaires, mais aussi à la protection et la réinsertion des victimes, la formation des acteurs chargés d'appliquer la loi et la création de mécanismes et institutions adéquats pour lutter contre la traite des personnes[85]. L'exemple du Burkina Faso, pays ayant ratifié le Protocole additionnel des Nations Unies visant à prévenir, réprimer et punir la traite des personnes, paraît significatif : l'article 1 à 3 de la loi n° 029-2008/AN Portant Lutte Contre La Traite Des Personnes Et Les Pratiques Assimilées du 15 mai 2008, la définition de la traite et de l'exploitation de la prostitution d'autrui ou d'autres formes d'exploitation sexuelle reprennent presque intégralement la définition de la traite contenue dans le Protocole de Palerme.

L'article 2 de la loi camerounaise n° 2011/024 du 14 décembre 2011 relative à la lutte contre le trafic et la traite des personnes reprend une définition similaire de la traite en explicitant des notions voisines telles que

---

[85] Le Mozambique est le 25e pays à ratifier le Protocole sur le travail forcé qui avait été adopté à une écrasante majorité en 2014 par les gouvernements, les organisations d'employeurs et de travailleurs du monde entier.

la mise en gage, le trafic des personnes. Elle prévoit des poursuites judiciaires et des peines d'emprisonnement allant de 10 à 20 ans pour les trafiquants selon le contexte. L'article 4 prévoit une peine d'emprisonnement de 10 à 20 ans et d'une amende allant de 50 000 à 1 million de francs CFA pour toute personne se livrant à la traite. L'article 5 prévoit des peines allant de 15 à 20 ans d'emprisonnement si la victime est âgée de 15 ans ou moins, si la violence a été utilisée pour contraindre la victime, ou si la victime a subi des blessures graves à la suite du trafic. L'article 3 prévoit des peines pour servitude pour dette allant de 5 à 10 ans d'emprisonnement. Le Code pénal camerounais de 2016 interdit la traite et la mise en esclavage des personnes. Selon son article 342-1 relatif au trafic et traite des personnes, « Est puni d'un emprisonnement de dix à vingt ans et d'une amende de 50 000 au 1 000 000 de francs, celui qui se livre, même occasionnellement, au trafic ou à la traite des personnes ». Cette posture est également perceptible à travers la loi sénégalaise n° 2005-06 du 10 mai 2005 relative à la lutte contre la traite des personnes et pratiques assimilées et à la protection des victimes.

III. LA DISPARITÉ DES VARIANTES NATIONALES

La répression de la traite à des fins d'exploitation sexuelle et de la prostitution pour autrui est indispensable tant à la prévention pour endiguer ce phénomène qu'à la protection des victimes. Pour ce faire, les États sont liés par des conventions internationales en la matière, et adoptent indépendamment des dispositions de la lutte contre la traite des êtres humains à des fins sexuelles, en les définissant conformément au droit international. À cet égard, il semblerait que les modifications apportées aux droits nationaux reflètent tant une pluralité du traitement juridique (A) de ces questions qu'une insuffisante répression de ce crime par les juridictions pénales internationales africaines (B).

A. La pléthore de traitements juridiques

La répression de la traite à des fins d'exploitation sexuelle : la prostitution pour autrui dépend de son incrimination. Une juridiction nationale ne pourra réprimer ce crime que s'il est incriminé dans le droit interne de l'État. Or, plusieurs grands régimes juridiques coexistent en Afrique. Ils reflètent les divergences d'appréciation de ce phénomène et, de ce fait, rendent difficile la coopération policière.

1. Le prohibitionnisme ou l'interdiction inefficace de la prostitution

Le prohibitionnisme correspond à la mouvance la plus classique, celle de l'interdiction pénale de la prostitution, dans la plupart des États d'Afrique et de l'incrimination en conséquence des personnes qui s'y livrent, l'organisent ou l'exploitent. Ainsi, tout acteur de service prostitutionnel commet une infraction et s'expose de ce fait à des sanctions. Que cette pénalisation soit influencée par une morale d'inspiration religieuse ou par la condamnation marxiste de la marchandisation de l'être humain, c'est en toute hypothèse au nom d'une conception du bien en matière de sexualité qu'on justifie l'interdiction de la prostitution et sa pénalisation complète. Ce système se fonde sur le postulat que nul n'est prêt à accepter toutes les implications d'une compréhension de la prostitution comme acte consenti encadré par la libre entreprise. La sexualité et le corps participent de l'identité et de la compréhension qu'un individu a de lui-même. Il est donc impossible de dissocier totalement la prostitution d'un questionnement moral. La criminalisation de la prostitution ne fait qu'entériner sa condamnation morale.

Tant les personnes se livrant à la prostitution que les acheteurs de services sexuels comme celles qui exploitent la prostitution sont considérés comme des délinquants. Nombreux sont les États africains ayant choisi d'adopter cette démarche. C'est le cas de l'Angola, São Tomé et Príncipe, Ghana, Togo[86], Burundi, la Guinée Conakry, l'Égypte, la Libye, Maroc, la Tunisie[87] et la Gambie.

En Afrique du Sud, la prostitution est illégale depuis le *Sexual Offence Act* de 1957 ainsi que l'achat de services sexuels depuis 2007. Le proxénétisme est réprimé et la propriété d'établissement de prostitution interdite. La traite à des fins d'exploitation sexuelle est passible de peines d'emprisonnement jusqu'à 20 ans (*Sexual Offence Act*) et, de 5 ans à la réclusion criminelle à perpétuité lorsque les victimes sont mineures (*Children's Amendment Act*). Signataire du Protocole des Nations Unies de 2000 visant à prévenir, réprimer et punir la traite des personnes, en particulier des femmes et des enfants, le Nigeria sanctionne la prostitution

---

86 Au Togo, la prostitution est illégale et passible de 5 à 10 ans de prison.

87 Le Code pénal interdit la prostitution avec des peines allant jusqu'à deux ans, mais très peu de gens ont été condamnés pour avoir violé cette obligation.

dans tous les États du nord à travers son Code pénal islamique. À l'inverse, dans le sud du pays, elle n'est pas vraiment réprimée[88]. Cependant, les activités des proxénètes ou des maquerelles, la prostitution des mineurs et l'exploitation ou la propriété de bordels sont sanctionnées en vertu des articles 223, 224 et 225 du Code pénal nigérian…

Même si la loi nigériane ne légalise pas le travail du sexe à des fins commerciales, il est vague de savoir si ce travail est effectué par une personne indépendante qui opère de son propre gré sans recourir à des proxénètes ou à un bordel 246. Le Nigeria est devenu un important exportateur de femmes pour la prostitution, 247, 248, 249, 250. Le vice-président du Sénat Ike Ekweremadu (en) a proposé un projet de loi pour légaliser la prostitution.

Cette conception qui fut finalement abandonnée a démontré son inefficacité à supprimer toute activité prostitutionnelle. Si en principe proxénètes, clients et prostituées tombent sous le coup de la loi, dans la pratique, ce sont surtout les personnes prostituées qui sont pénalisées. D'ailleurs, des nuances de prohibitionnisme existent. Dans un système juridique libéral, il est de coutume de considérer que « tout ce qui n'est pas interdit est permis ». Partant de là, il serait possible de considérer que, puisque la prostitution n'est pas interdite, elle est permise.

Au Cameroun, la prostitution n'est pas expressément interdite par la loi. Les dispositions des articles 343-4 et 343-2 du Code pénal camerounais interdisent et répriment les rapports sexuels moyennant rémunération soit en argent, en nature ou toute forme de promotion sociale[89]. Les articles 344 et 345 et notamment 294 du code pénal camerounais répriment le proxénétisme, lequel dispose : « est puni d'un emprisonnement de six mois à cinq ans et d'une amende de 20 000 à 1 000 000 de francs celui qui provoque, aide ou facilite la prostitution d'autrui ou qui partage même occasionnellement le produit de la prostitution d'autrui ou reçoit les subsides d'une personne se livrant à la prostitution ».

---

88 Par une décision de décembre 2019, dans une affaire impliquant 16 femmes qui ont été arrêtées pour prostitution, la juge BINTA NYAKO de la Haute Cour d'Abuja a déclaré qu'il n'y avait pas de loi criminalisant le travail du sexe dans le pays.

89 Article 343. – Prostitution (1). – Est punie d'un emprisonnement de six (6) mois à cinq (5) ans et d'une amende de vingt mille (20 000) à cinq cent mille (500 000) francs, toute personne de l'un ou de l'autre sexe qui se livre habituellement, moyennant rémunération, à des actes sexuels avec autrui. (2). – Est puni des mêmes peines celui qui, en vue de la prostitution ou de la débauche, procède publiquement par des gestes, paroles, écrits ou par tous autres moyens, au racolage de personnes de l'un ou de l'autre sexe.

L'alinéa 2 du même article dispose : « est présumé recevoir des subsides celui qui, vivant avec une personne se livrant à la prostitution, ne peut justifier de ressources suffisantes pour lui permettre de subvenir seul à sa propre existence ». L'alinéa 3 (3) énonce que : « les peines sont doublées si le délit est accompagné de contrainte ou de fraude ou si l'auteur est armé ; ou s'il est propriétaire, le gérant ou le préposé d'un établissement où se pratique la prostitution »[90].

Au Burkina Faso, la prostitution n'est pas expressément interdite par la loi. Selon l'article 423 du Code pénal, la prostitution est définie comme étant « le fait pour une personne de l'un ou de l'autre sexe de se livrer habituellement à des actes sexuels avec autrui moyennant rémunération. Est puni d'un emprisonnement de 15 jours à deux mois et d'une amende de 50 000 à 100 000 FCFA ou de l'une de ces deux peines seulement quiconque se livre habituellement à la prostitution par racolage sur la voie publique ».

La loi du 13 avril 1946 toujours en vigueur, en son article 3, stipule que : « seront punis d'un emprisonnement de 6 mois et d'une amende de 200 000 F CFA ceux qui, par gestes, paroles, écrits ou par tout autre moyen, procéderaient publiquement ou tenteraient de procéder au racolage de personnes de l'un ou de l'autre sexe en vue de provoquer la débauche ». L'induction du proxénétisme, qu'il soit exercé par un individu, un hôtel, ou un pourvoyeur de local privé, c'est-à-dire le gérant ou propriétaire de chambres de passe, de maisons closes ou d'hôtels est poursuivie en justice.

Sans interdire expressément la prostitution, la constitution malienne stipule que : « La personne humaine est sacrée et inviolable. Tout individu a droit à l'intégrité physique de sa personne, en revanche, le fait de pousser une personne à se prostituer, ou par exemple à recevoir l'argent de la

---

[90] Article 344. – Corruption de la jeunesse (1). – Est puni d'un emprisonnement d'un (1) à cinq (05) ans et d'une amende de vingt mille (20 000) à un million (1 000 000) de francs, celui qui excite, favorise ou facilite la débauche ou la corruption d'une personne mineure de vingt et un (21) ans. (2). – Les peines sont doublées si la victime est âgée de moins de seize (16) ans. (3). – La juridiction peut, en outre, prononcer les déchéances de l'article 30 du présent Code et priver le condamné pendant la même durée de l'autorité parentale, de toute tutelle ou curatelle.
Article 345. – Danger moral. Est puni d'un emprisonnement de quinze (15) jours à six (6) mois et d'une amende de dix mille (10 000) à cent mille (100 000) francs, celui qui, ayant la garde légale ou coutumière d'un enfant de moins de dix-huit (18) ans, lui permet de résider dans une maison ou établissement où se pratique la prostitution ou d'y travailler ou de travailler chez une prostituée.

prostituée, est sanctionné par la loi »[91]. Le Code pénal instaure néanmoins des sanctions contre les coups et blessures volontaires (articles 207 et 226), la répudiation, la traite, le gage et la servitude des personnes, le trafic d'enfants, le viol, l'esclavage sexuel, la prostitution forcée et la grossesse forcée.

En Zambie, le racolage et le proxénétisme sont interdits. En Côte d'Ivoire, la prostitution elle-même (échange de faveurs sexuelles en échange d'argent entre les adultes) n'est pas interdite, mais toutes les activités liées à l'exploitation sexuelle, le racolage ou l'induction le sont[92]. La prostitution en Mauritanie est illégale. On estime qu'il y a 315 prostituées dans le pays. Dans la capitale, Nouakchott, il existe un quartier chaud dans le quartier El Mina. Les forces de l'ordre sont inefficaces et corrompues. La prostitution au Niger est illégale, mais courante dans les villes, près des mines et autour des bases militaires. L'ONUSIDA estime qu'il y a 46 630 professionnels (le) s du sexe dans le pays. Beaucoup se sont tournés vers la prostitution à cause de la pauvreté.

2. Le réglementarisme ou l'acceptation douteuse du système prostitutionnel

Au cœur même de l'Afrique, certains États ont opté pour la réglementation de la prostitution en tant qu'activité légale qui doit être encadrée, pratiquée dans des lieux dédiés accompagnés de droits et s'apparentant à un métier comme un autre. Guidé notamment par une perspective hygiéniste, ce type de prostitution constitue un mal nécessaire inhérent à toute société qu'il convient de réglementer afin d'en limiter les nuisances[93]. Seul le proxénétisme par coercition et l'exploitation sexuelle des mineurs seront réprimés. De nombreux contrôles, policiers et sanitaires, font l'objet de lois et ordonnances restrictives dont l'objectif est de garantir le bien de la société[94]. Selon cette approche, réglementer la prostitution permettrait aux femmes de se prostituer dans de meilleures conditions. Elle peut certes être l'objet d'une réprobation sociale fondée sur une morale majoritaire, mais est juridiquement reconnue et protégée

---

91 Bassala TOURE, *La Nouvelle Patrie* du 24 déc. 2014.

92 Le racolage est une forme de prostitution qui consiste à arpenter les artères des grandes villes à la recherche d'un partenaire sexuel.

93 M-D. PORTES, *Prostitution et politiques européennes : pour une approche anthropologique du droit*, Paris, L'Harmattan, 2007, p. 24.

94 L. OUVRARD, *La prostitution, analyse juridique et choix de politique criminelle*, Paris, L'Harmattan, 2000, p. 27.

au nom des principes de libre disposition de son corps et de libre entreprise. La majorité d'entre eux ne nie d'ailleurs pas la relation entre la prostitution et la traite des êtres humains à des fins d'exploitation sexuelle. Davantage, elle admet ce lien, mais estime que rendre la prostitution licite entraverait possiblement cette forme de traite.

Par conséquent, la prostitution est un métier réglementé comme un autre. Les prostituées sont assimilées à des travailleurs du sexe. L'État doit simplement s'assurer que la prostitution n'est pas réalisée sous la contrainte, mais en contrepartie d'une rétribution équitable. À partir du moment où la prostitution est volontaire, la personne s'y livrant et celle y recourant agissent dans leur intérêt propre, voire conformément à leur conception de la sexualité. À l'instar des pays européens comme les Pays- Bas[95], l'Allemagne, l'Autriche ou encore la Grèce allant plus loin que le réglementarisme en revendiquant la reconnaissance de la prostitution comme un métier à part entière, c'est ce qui prévaut au Sénégal, destination populaire pour le tourisme sexuel, l'un des rares pays africains dont la loi n° 66-21 du 1er février 1966 légalise et réglemente la prostitution (article 318 à 327). La seule condition est que ce soit fait discrètement. La prostitution au Sénégal est légale depuis 1969 et réglementée. Les prostituées doivent être âgées d'au moins 21 ans, s'enregistrer auprès de la police, être en possession d'une carte sanitaire valide et avoir un test négatif pour les infections sexuellement transmissibles. Elles n'en doivent pas moins être contrôlées et leur exercice être réglementé, car elles représentent une menace morale, sociale et sanitaire. Différents procédés ont été employés à cette fin.

Le décret n°69-616 du 20 mai 1969, portant application de la loi n°66- 21 du 1er février 1966 relative à la lutte contre les maladies vénériennes et la prostitution institue un fichier sanitaire et social tenu par le ministère chargé de la santé publique dont l'objet est de dépister les personnes prostituées atteintes de maladies vénériennes ; de reconstituer le carnet sanitaire égaré par son titulaire ; rassembler des informations complètes et précises ayant un intérêt statistique, épidémiologique et

---

[95] Le terme « prostitution » lui-même ne figure pas dans le Code pénal néerlandais : il ne s'agit pas d'une infraction. La nouvelle loi réglementant la prostitution est entrée en vigueur aux Pays-Bas le 1er octobre 2000. Elle supprime l'infraction de proxénétisme, mais alourdit les peines pour « proxénétisme par coercition » et l'exploitation des mineures. Objectifs avoués de la nouvelle législation : mieux contrôler la prostitution, empêcher la prostitution involontaire, protéger les jeunes femmes mineures, améliorer le statut des prostituées.

sociologique. La prostitution au Cap-Vert est légale et courante. Il n'y a pas de lois sur la prostitution dans les îles, à l'exception de celles concernant la traite et la prostitution des enfants. La prostitution au Bénin est légale, mais les activités connexes telles que la tenue d'un bordel et le fait de profiter de la prostitution d'autrui sont illégales.

La prostitution en Sierra Leone est légale. La sollicitation et l'implication de tiers sont interdites par la loi de 2012 sur les délits sexuels. La prostitution au Togo est légale. Les activités connexes telles que le racolage, vivre des revenus de la prostitution ou le proxénétisme sont interdites. La peine peut aller jusqu'à 10 ans d'emprisonnement s'il s'agit de mineurs ou de violence. La prostitution en Tunisie est réglementée et confinée à deux petites zones, l'une à Sfax et l'autre, Sidi Abdallah Guech à Tunis. En dehors de ces deux zones, la prostitution est illégale. La prostitution en Éthiopie est légale, mais le proxénétisme (exploitation de bordels, profit de la prostitution, etc.) est illégal selon l'article 634 du Code pénal éthiopien, tel que révisé en mai 2005.

Ce système a révélé d'autres insuffisances. Le tourisme sexuel et donc la demande y sont en expansion, l'absence d'augmentation corrélative du nombre de prostituées volontaires implique que la traite à des fins d'exploitation a encore un certain avenir. En outre, dès lors que l'on admet la prostitution comme prestation de services acceptable, la personne devient une simple marchandise.

3. L'abolitionnisme (de la réglementation), une chimère ?

L'autre posture correspond à l'abolitionnisme visant, originellement, l'abolition de toute réglementation relative à la prostitution et tend désormais à l'abolition du phénomène prostitutionnel tout entier dans tous ses cycles, acteurs et adjuvants (en supprimant notamment les maisons closes, le fichage, les obligations sanitaires) dès lors que la réglementation n'est rien d'autre qu'une reconnaissance sociale de l'esclavage de la femme. Peu de pays africains revendiquent une adhésion à un tel paradigme. Ce mouvement prit naissance en Angleterre à la fin du XIXe siècle, où fut fondée en 1875 la Fédération abolitionniste internationale groupant plusieurs pays d'Europe occidentale. À l'origine de ce mouvement, une féministe anglaise, Joséphine Butler, qui luttait tant contre les mauvais traitements faits aux prostituées et leur stigmatisation que contre l'immoralité étatique consistant à encourager leur activité. Elle considérait que le système de la prostitution constituait une forme contemporaine d'esclavage qui opprimait les femmes et portait atteinte à l'humanité.

Ainsi, si l'objet de la lutte est bien l'abolition de la réglementation, la prostitution reste immorale. L'argument le plus fréquemment utilisé pour justifier la politique abolitionniste de la France en matière de prostitution et le refus de sa reconnaissance juridique est le principe de dignité de la personne. Ces travaux furent finalisés par la Convention des Nations Unies du 2 décembre 1949 pour la répression de la traite des êtres humains et de l'exploitation de la prostitution d'autrui, selon laquelle « la prostitution et le mal qui l'accompagne, à savoir la traite des êtres humains en vue de la prostitution, sont incompatibles avec la dignité et la valeur de la personne humaine et mettent en danger le bien-être de l'individu, de la famille et de la communauté »[96]. Les principes en sont l'abolition de toute réglementation et de fichage des prostituées, une répression sévère à l'égard des trafiquants et la prévention de la prostitution.

En Suède, la prostitution est interdite depuis le 11 janvier 1999. Les clients sont menacés du paiement d'une amende, voire d'une peine d'emprisonnement pouvant aller jusqu'à six mois.

La France prône un « abolitionnisme à tendances inversées » On y constate en effet d'un côté, en matière pénale, une forme de prohibitionnisme, et de l'autre, en matières fiscale et sociale, une forme de néo réglementarisme. Finalement, la différence idéologique entre l'abolitionnisme et le réglementarisme se situe essentiellement dans l'appréhension de la victime. Dans le cas du réglementarisme, les victimes sont la société, et plus particulièrement les « honnêtes femmes », dans le cas de l'abolitionnisme, ce sont les femmes, et plus particulièrement, les prostituées. Il s'agit néanmoins d'un système ambigu dans le sens où les prostituées sont perçues et traitées comme des victimes sans que les clients soient eux-mêmes réellement assimilés à des criminels. La prostitution n'est plus représentée comme un crime partagé dont les différents auteurs devraient être punis, mais comme l'empiétement de la liberté d'un individu sur celle d'un autre individu par l'appropriation de son corps. Ce système peut amener aux situations les plus problématiques puisqu'il prolonge la réprobation morale de la prostitution sans y mettre un terme et ne fait pas

[96] Préambule de la Convention des Nations Unies du 2 décembre 1949 pour la répression de la traite des êtres humains et de l'exploitation de la prostitution d'autrui, approuvée par l'Assemblée générale dans sa résolution 317 (IV) du 2 décembre 1949, entrée en vigueur le 25 juillet 1951.

progresser le sort des personnes prostituées. Il a pour conséquence une dépénalisation implicite de la prostitution sans qu'il soit pour autant possible de différencier la prostitution volontaire et celle qui s'exerce sous la contrainte.

B. Une répression jurisprudentielle contrastée

L'obligation d'incriminer les crimes de traite à des fins sexuelles trouve ses origines dans les textes internationaux. Le protocole de Palerme exhorte les États membres à prendre des mesures pour décourager la demande qui favorise l'exploitation des personnes. Or, ces dispositions restent lettre morte, car éloignées de l'esprit de la Convention de 1949 ; les États ont peu à peu négligé la question de la prostitution y compris pour autrui. Inspirée du primat de la dignité humaine (1), cette situation est retranscrite par une insuffisante répression de ce crime par les juridictions internationales africaines (2).

1. Le primat de la dignité humaine

La première phrase de la Déclaration Universelle des Droits de l'Homme (DUDH) de 1948 stipule que « La reconnaissance de la dignité inhérente à tous les membres de la famille humaine et de leurs droits égaux et inaliénables constitue le fondement de la liberté, de la justice et de la paix dans le monde ».

Apparu dans les textes juridiques au lendemain de la Seconde Guerre mondiale en réaction aux atrocités commises, ce concept correspond à « l'essence de l'homme qui permet de distinguer l'homme de l'animal et des choses en général »[97]. Dans une conception universaliste, la dignité représente un « impératif universel permettant d'assurer la protection minimale à laquelle toute personne a droit en tant qu'être humain »[98]. Elle doit être envisagée en tant que composante de l'humanité qui se situe, comme le corps humain, hors commerce. C'est en ce sens que cette acception « fait de la dignité une qualité opposable à l'homme par des tiers »[99]. La matrice du système juridique[100] permettant une incrimination

---

97 E. DREYER, « La dignité opposée à la personne », *Recueil Dalloz*, 2008, p. 2730.

98 *Idem*

99 *Ibidem*

100 Voir notamment B. MATHIEU, « La dignité de la personne humaine : du bon (et du mauvais ?) Usage en droit positif français d'un principe universel », *in Le droit, la médecine et l'être humain. Propos hétérodoxes sur quelques enjeux vitaux du XXIe siècle*, A. SERIAUX et *al.* (dir.), Aix-en-Provence, Presses universitaires d'Aix-Marseille, 1996, p. 213-236 ; *La*

de la traite et de la prostitution pour autrui repose sur le principe de la dignité humaine intégré dans la plupart des ordres constitutionnels africains.

Cette posture du droit international est reprise par divers ordres juridiques nationaux ayant inspiré nombre de pays d'Afrique francophone. Ainsi, une décision prise par les juges administratifs français dans la célèbre jurisprudence commune de Morsang-sur-Orge[101] consacre la dignité de la personne comme principe à valeur constitutionnelle[102]. L'affaire est amplement connue puisqu'il s'agit de celle relative au « lancer de nain ». En l'espèce, les juges ont considéré que la dignité humaine était une composante de l'ordre public, ce qui rendait légale l'interdiction par le maire de la commune de procéder à l'activité de « lancer de nain », et ce même en l'absence de circonstances locales particulières. Alors même que l'intéressé avait consenti à ce qu'on l'utilise comme un projectile, que cette activité était dépourvue de risque pour sa santé puisqu'il bénéficiait d'un harnachement spécifique destiné à prévenir d'éventuelles lésions corporelles, et que cette activité était importante pour lui, car elle lui permettait de subvenir à ses besoins, une telle activité a été déclarée illicite, car contraire à la dignité de la personne humaine[103].

La simple invocation du principe de dignité de la personne suffit à circonscrire la liberté d'une personne en invalidant d'une certaine manière son consentement à sa propre exploitation sexuelle. Dans ce sens, le consentement de la personne qui se prostitue, à sa propre prostitution, pour son propre compte ou celle d'autrui, serait intrinsèquement vicié. Il n'est pas toujours suffisant pour rendre licite cet acte contraire à sa dignité humaine. Cette tendance est consolidée par l'interdiction expresse de

---

dignité de la personne humaine, M.-L. PAVIA, T. REVET (dir.), Paris, Economica (Études juridiques ; 7), 1999 ; *Éthique, droit et dignité de la personne humaine. Mélanges Christian Bolze*, P. PEDROT (dir.), Paris, Economica, 1999 ; X. BIOY, *Le concept de personne humaine en droit public. Recherche sur le sujet des droits fondamentaux*, Paris, Dalloz (Nouvelle bibliothèque de thèses ; 22), 2003 ; M. FABRE-MAGNAN, « La dignité en droit : un axiome », *Revue interdisciplinaire d'études juridiques*, n° 58, 2007, p. 1-30 ; J.-P. FELDMANN, « Faut-il protéger l'homme contre lui-même ? La dignité de l'individu et la personne humaine », *Droits* n° 48, 2009, p. 87-108. Pour un exposé des « origines du principe de respect de la dignité de la personne humaine », voir M. MEKKI, *L'intérêt général et le contrat : contribution à une étude de la hiérarchie des intérêts en droit privé*, Paris, LGDJ (Bibliothèque de droit privé), 2004, spéc. N° 426 sq.

101 CE, 27 octobre 1995, *Commune de Morsang-sur-Orge*, Recueil Lebon, p. 372.

102 Décision n° 94-343/344 DC du 27 juillet 1994.

103

l'exploitation de la prostitution volontaire d'autrui, y compris le proxénétisme sous toutes ses formes.

2. La jurisprudence africaine

L'obligation d'incriminer renvoie à la situation dans laquelle les juges africains imposent à un État membre de l'Union africaine ou de juridictions communautaires de recourir à la voie pénale pour sanctionner des comportements constitutifs de TF ou d'exploitation de la prostitution d'autrui. Cette jurisprudence est surtout féconde sur des thématiques ayant un lien direct ou indirect avec l'esclavage. Dans un arrêt du 27 octobre 2008, la Cour de la Communauté Économique des États d'Afrique de l'Ouest (CEDEAO) tranchait un différend mettant en cause Dame Hadijatou Mani Koraou de nationalité nigérienne, citoyenne de la Communauté CEDEAO et la République du Niger, un État membre de la Communauté CEDEAO.

La requérante faisait grief à la défenderesse d'avoir violé ses droits fondamentaux de l'Homme, car elle était tenue en esclavage en violation de l'article 5 de la Charte Africaine des Droits de l'Homme et des Peuples ainsi que d'autres instruments internationaux relatifs aux droits de l'Homme édictant une interdiction absolue de l'esclavage. La défenderesse quant à elle a réfuté le motif d'esclavage en faisant valoir le fait que la requérante, de condition servile certes, était l'épouse de El Hadj Souleymane Naroua, avec qui elle a vécu avec plus ou moins de bonheur comme dans tous les couples.

Il apparaissait constant que Dame Hadijatou Mani Koraou avait été cédée à l'âge de douze (12) ans à titre onéreux pour la somme de deux cent quarante mille (240 000) F CFA à El Hadj Souleymane Naroua. Conduite au domicile de son acquéreur, elle a subi pendant près d'une décennie de nombreuses pressions psychologiques caractérisées par la soumission, l'exploitation sexuelle, les corvées ménagères et champêtres, les violences physiques, les insultes, les humiliations et le contrôle permanent de ses mouvements par son acquéreur. Ce dernier lui délivra, le 18 août 2005, un document libellé « certificat d'affranchissement (d'esclave) ».

La Cour a retenu dans le cas d'espèce qu'au-delà des actes matériels bien constitués, l'élément moral de la réduction en esclavage réside, en outre, dans l'intention de El Hadj Souleymane Naroua d'exercer sur la requérante les attributs du droit de propriété, et ce, même après le Pacte d'affranchissement. Par conséquent, il ne fait aucun doute que la requérante, Dame Hadijatou Mani Koraou, a été tenue en esclavage pendant près de neuf (9) ans en violation de l'interdiction légale de cette pratique.

La haute juridiction statuant publiquement, contradictoirement, en matière de violation des droits de l'Homme, en premier et dernier ressort, a par conséquent condamné la République du Niger du fait de l'inaction de ses autorités administratives et judiciaires en l'espèce.

Quant au Tribunal pénal international pour le Rwanda (TPIR), il a rendu un jugement qualifié d'historique en date du 2 septembre 1998 dans l'affaire Le Procureur c. Jean Paul Akayesu. Cette décision consacre une définition étendue du viol et des autres formes de violence sexuelle et condamne l'accusé comme s'étant rendu coupable de viol, constitutif du crime de génocide et de crime contre l'humanité. En l'occurrence, la notion de consentement de la victime de viol, lorsque le crime s'inscrit dans un contexte de génocide, de crimes contre l'humanité ou de conflit armé, se retrouvait vidée de tout sens. Il apparaissait inconcevable que dans de tels contextes, de nature coercitive, il puisse être requis que les victimes de viols démontrent qu'elles n'y avaient pas consenti.

Le 15 juin 2017, suite à la saisine de huit requérants adultes, la Haute Cour de Johannesburg est allée très loin en déclarant l'article 18 de la loi sur la procédure pénale *(Criminal Procedure Act - CPA)*, inconstitutionnelle. D'après cette disposition, la poursuite d'infractions de violences sexuelles, autres que le viol et le viol forcé, y compris notamment l'agression sexuelle et l'inceste était prescrite après une période de 20 ans. Les infractions incriminées s'étaient déroulées entre 1970 et 1989, et du fait de l'article 18 de la CPA, et parce que plus de 20 années s'étaient écoulées depuis la perpétration des infractions par Fränkel, l'Autorité nationale chargée des poursuites (*National Prosecuting Authority – NPA*) n'était pas autorisée par la loi à déclencher des poursuites pénales prescrites contre l'accusé. Les requérants ont donc adressé une requête auprès de la Haute Cour en contestant la constitutionnalité de l'article 18 non seulement en leur intérêt propre, mais aussi dans l'intérêt public. La Cour a adopté une disposition transitoire modifiant la loi querellée qui deviendra définitive, si le Parlement ne la révise pas dans une période de 24 mois pendant laquelle l'invalidation sera considérée comme suspendue.

L'histoire tunisienne récente atteste d'un verdict sans précédent pour une affaire de viol. Le 20 novembre 2014, la Cour d'appel de Tunis a condamné deux policiers à 15 ans de prison pour le viol, deux ans plus tôt, de Meriem Ben Mohamed, perpétré dans le cadre de leurs fonctions. Rapidement, les victimes, dont le copain de la plaignante, avaient porté plainte et les trois officiers avaient été arrêtés. Mais les affirmations de ces derniers avaient conduit le procureur de la République à ouvrir des poursuites pour « atteinte aux bonnes mœurs et à la pudeur » contre le couple. Cette affaire s'est soldée par un non-lieu. Elle finira par inspirer le législateur tunisien avec l'adoption, en 2017, d'une loi intégrale sur les violences faites aux femmes, en faveur de laquelle les organisations de défense des droits des femmes plaidaient depuis 30 ans. Cette conception jurisprudentielle, quoiqu'étiolée sur l'ensemble du continent, a permis de parvenir à une définition plus affermie du phénomène de traite à des fins sexuelles par le Protocole de Palerme.

Conclusion

La traite des êtres humains constitue une violation des droits fondamentaux des personnes et une atteinte à l'intégrité et à la dignité humaines. Difficilement considérée comme un métier ou une activité commerciale comme une autre, l'exploitation sexuelle commerciale résultant de la prostitution pour autrui se situe entre le déni et l'invisibilité. Les deux conventions internationales les plus récentes en la matière : le Protocole de Palerme et le Statut de Rome ont donné un nouvel élan à la lutte contre la traite notamment en Afrique. En introduisant une définition internationale de la traite par le biais du protocole de 2000, le droit international a reconnu légalement l'existence du phénomène et pris en considération tous ses aspects, dont celui de l'exploitation sexuelle commerciale d'autrui. Le droit international a influencé les législateurs nationaux, y compris ceux africains. Néanmoins, le flou juridique sur le statut de la prostitution constitue un frein à l'incrimination de la traite prostitutionnelle africaine. De plus, il complexifie la compréhension du problème.

Dans la plupart des pays africains comme ailleurs, la prostitution n'est pas interdite en tant que telle. Elle n'est pas non plus permise au sens juridique du terme. Transportée hors de la sphère juridique, en son sein, elle fait l'objet, soit d'une neutralité juridique (la loi ne dit rien) qui n'est pas neutre, soit d'autres formes de traitement juridique défavorable tels les délits-obstacles, l'interdiction de racolage ou le proxénétisme. Finalement, ce régime de clair-obscur est préjudiciable aux femmes, principal sujet de cette analyse troublée par la conciliation entre le « difficile consentement » et « le libre choix » qui impriment les « logiques politiques » réglementaristes et abolitionnistes en la matière.

On voit bien dans le traitement juridique de la prostitution, le paroxysme des rapports délicats qu'entretiennent le droit et la morale, dans des sociétés africaines conservatrices. Au demeurant, doit-on comprendre la prostitution comme une façon quelconque qu'utilisent les femmes pour assurer leur subsistance ? Certaines jeunes femmes choisissent-elles volontairement de devenir prostituées comme d'autres décident de devenir avocates, ingénieures, serveuses ou secrétaires ? Une légion d'entre elles rêve tout de même de devenir des stars ou influenceuses : titres qui cachent peu ou prou des formes contemporaines de prostitutions masquées.

Certains mouvements veulent naïvement faire accroire qu'il s'agit d'un métier comme un autre. Le déni étatique à cet égard est si robuste que la plupart des politiques juridiques en la matière régressent ou sont inexistantes sur le continent africain. Cette zone de tensions nécessite de faire appel à des justifications autres que celles de la morale ou même de l'ordre public. Faut-il interpréter l'acte de la prostitution comme un corollaire de la liberté d'entreprendre au moyen de ses parties génitales ou comme l'expression extrême de la violence masculine où le corps des femmes est réduit à l'état d'objet servant à procurer du plaisir aux hommes ?

À l'instar de Marie-Victoire Louis, cette dernière approche est privilégiée : « Le système prostitutionnel est un système de domination sur les sexes, les corps et donc sur les êtres humains. Il met en relation des « clients » à qui des proxénètes (qui sont des personnes physiques et morales) garantissent, contre rémunération, la possibilité d'un accès marchand aux corps et aux sexes d'autres personnes, de sexe féminin dans l'immense majorité des cas ». Il s'agit là d'une question d'éthique, de moralité : encadrer l'exercice de la prostitution revient à reconnaître socialement ce phénomène et, d'une certaine manière, asseoir la domination de l'homme sur le corps de la femme.

Or, au titre de l'impératif de sécurité humaine, le principe général de protection des femmes et des enfants, assurés par les dispositions générales protégeant leurs droits fondamentaux milite pour l'adoption d'une convention africaine uniforme sur le sujet et de traités sous régionaux dédiés à des problématiques similaires. Conséquence des inégalités existantes entre riches et pauvres, la lutte contre l'exploitation sexuelle commerciale d'autrui incarne le combat contre la pauvreté, pour la démocratie et l'État de droit.

Références bibliographiques

1. Aloïse QUESNE, « Le contrat de prostitution : entre ombre et lumière », Cahiers de la recherche sur les droits fondamentaux, 2017, pp. 65-75.
2. Anatole AYISSI, Catherine MAIA et Joseph AYISSI « Droits et misères de l'enfant en Afrique. Enquête au cœur d'une « invisible » tragédie », Études, vol. 397, n°. 10, 2002, pp. 297-309.
3. Aubéri SALECROIX, Prostitution, proxénétisme et droit pénal, Master de droit pénal et sciences pénales. Dirigé par Yves Mayaud. 2010, 345 p.
4. Bassala TOURE, Source : La Nouvelle Patrie du 24 déc. 2014, Plus de données : http://maliactu.net/mali-la-prostitution-feminine-un-phenomene-qui-prend-de-lampleur/#sthash.8htGCErl.dpuf.
5. C29 de l'OIT : Convention sur le travail forcé, 1930, C105 de l'OIT : Convention sur l'abolition du travail forcé, 1957, C138 de l'OIT : Convention sur l'âge minimum, 1973 : Convention n° 97 de l'Organisation internationale du travail sur les travailleurs migrants (révisée) adoptée le 1er juillet 1949.http://www.ilo.org/ilolex/french/convdisp1.htm
6. Catherine COQUERY-VIDROVITCH, « XI. La prostitution : de la femme libre au Sida », dans : Les Africaines. Histoire des femmes d'Afrique subsaharienne du XIXe au XXe siècle, sous la direction de Catherine COQUERY-VIDROVITCH, Paris, La Découverte, « Poche / Sciences humaines et sociales », 2013, pp. 189-206.
7. CE, 27 octobre 1995, Commune de Morsang-sur-Orge, Recueil Lebon, p. 372.
8. CERF-HOLLENDER, « Libre disposition de son corps et prostitution », in La libre disposition de son corps, J.-M LARRALDE (dir.), Bruxelles, Nemesis – Bruylant (Droit et justice ; 88), 2009, p. 309. L'auteure cite M. COSTES-PEPLINSKI, Nature, culture, guerre et prostitution : le sacrifice institutionnalisé du corps, Paris-Budapest-Turin, L'Harmattan, 2002, pp.23-24.
9. Charte africaine des droits et du bien-être de l'enfant. https://au.int/en/treaties/african-charter-rights-and-welfare-child

10. Christelle BOURRET, *La question de l'existence d'un contrat de travail ou d'entreprise relatif à la prostitution : sous la direction de Olivier Sautel*, École doctorale Droit et science politique (Montpellier ; 2 011), 423 p.

11. DELMAS-MARTY Mireille, FOUCHARD Isabelle, FRONZA Emanuela et al., « La réception des crimes contre l'humanité en droit interne, par Emanuela Fronza », dans : Mireille Delmas-Marty éd., Le crime contre l'humanité. Paris CEDEX 14, Presses Universitaires de France, « Que sais-je ? », 2009, p. 44-80.

12. E. DREYER, « La dignité opposée à la personne », Recueil Dalloz, 2008, p. 2730.

13. Félix IROKO AFRIKA, « La prostitution existait-elle déjà en Afrique avant le XXe siècle ? » in Rivista trimestrale di studi e documentazione dell'Istituto italiano per l'Africa e l'Oriente, Anno 50, N°. 2 (Giugno 1995), pp. 277-280.

14. Françoise GUILLEMAULT, « Femmes africaines, migration et travail du sexe », Sociétés, vol. 99, n°. 1, 2008, pp. 91-106.

15. GONIDEC, Existe-t-il un droit international africain ? Year: 1 993 Periodical: African Journal of International and Comparative Law, volume V, issue, pp.243-259.

16. https://www.parismatch.com/Actu/Faits-divers/Meriem-Ben-Mohamed-va-enfin-pouvoir-tourner-la-page-viol-655294, consulte le 01er octobre 2022.

17. J.-P. FELDMANN, « Faut-il protéger l'homme contre lui-même ? La dignité de l'individu et la personne humaine », Droits, n° 48, 2009, p. 87-108.

18. Julie ROUX, L'esclavage sexuel en droit international pénal, Droit, 2016, 332 p.

19. L. OUVRARD, La prostitution : analyse juridique et choix de politique criminelle, Paris, L'Harmattan, 2000, pp. 24-25.

20. Louis Roger KEMAYOU, François GUEBOU TADJUIDJE, et Marie Sophie MADIBA, « Pratique de la prostitution : regards croisés entre régulation socio-économique et rejet des normes », Pensée plurielle, vol. 27, no. 2, 2011, pp. 93-11.

21. M. FABRE-MAGNAN, « La dignité en droit : un axiome », Revue interdisciplinaire d'études juridiques, n° 58, 2007, pp. 1-30.

22. M. MEKKI, L'intérêt général et le contrat : contribution à une étude de la hiérarchie des intérêts en droit privé, Paris, LGDJ (Bibliothèque de droit privé), 2004, spéc. n° 426 sq.

23. M.-V. Louis, « Vers la marchandisation légale du corps humain ? Non à l'Europe proxénète », Femmes Info, n° 89, hiver 2000, p. 8.

24. MATHIEU, « La dignité de la personne humaine : du bon (et du mauvais ?) usage en droit positif français d'un principe universel », in Le droit, la médecine et l'être humain. Propos hétérodoxes sur quelques enjeux vitaux du XXIe siècle, A. SERIAUX et al. (dir.), Aix-en-Provence, Presses universitaires d'Aix-Marseille, 1996, pp. 213-236.

25. MAUGERE, Les politiques de la prostitution : du Moyen-Âge au XXIe siècle, Paris, Dalloz (Nouvelle bibliothèque de thèses), En ligne], 4 | Automne 2010, mis en ligne le 05 décembre 2010, consulté le 09 juin 2024. URL : http://journals.openedition.org/gss/1556 ; DOI : https://doi.org/10.4000/gss.1556

26. A. MAZOUZ, Le prix du corps humain, Paris, L'Harmattan, 2007,

27. M-D. PORTES, Prostitution et politiques européennes : pour une approche anthropologique du droit, Paris, L'Harmattan, 2007, p. 24.

28. O. À LADITAN, « La « prostitution » Comme Thème de Révolte Dans La Littérature Contemporaine En Afrique Noire », Présence Africaine n° 163/164, 2001, pp. 199 – 207.

29. Olivier CAYLA, « Le coup d'État de droit ? », Le Débat,, n° 100, 1998, pp. 108-133.

30. ONUDC, Issue paper: The concept of "exploitation" in the Trafficking in Persons Protocol, 2015, p. 5.

31. P. PEDROT (dir.), Éthique, droit et dignité de la personne humaine. Mélanges Christian Bolze, Paris, Economica, 1999.

32. R. GARRAUD, Traité théorique et pratique du droit pénal français, Paris, Recueil Sirey, 3e éd., 1913 – 1935.

33. Romain TIQUET, La prostitution en situation coloniale, https ://ehne. fr/fr/

34. S. Bell, Reading, Writing and Rewriting the Prostitute Body, Bloomington, Indiana University Press, 1994, p. 1.

35. Wilfried RELWENDE SAWADOGO, The Challenges of Transnational Human Trafficking in West African Studies Quarterly, volume XIII, printemps 2012 http ://www.africa.ufl.edu/asq/v13/v13i1-2a5.pdf, p. 3 ».

36. X. BIOY, Le concept de personne humaine en droit public. Recherche sur le sujet des droits fondamentaux, Paris, Dalloz (Nouvelle bibliothèque de thèses ; 22), 2003.

37. Yao Agbetse Droits de l'homme et Traite de Personnes, qui a eu lieu à Santiago du Chili, du 20 au 22 novembre 2002, 55 p., 39 pp. http://www.ilo.org/public/english/protection/migrant/download/pom/pom2f.pd

LE « TOURISME SEXUEL », UN HANDICAP DU DROIT INTERNATIONAL ? RÉFLEXION À PARTIR DU CAS AFRICAIN

Charles Stéphane OYONO

Ph. D en droit public

Chargé de cours à l'Université de Bertoua II-Cameroun

ch.stephaneoyono@gmail.com.

Résumé

Le tourisme, activité récréative, est de plus en plus instrumentalisé à d'autres fins pernicieuses. Tel est le cas du tourisme sexuel. Ce phénomène prend de l'ampleur au regard de son envergure transnationale et internationale et masque mal une pratique criminelle d'exploitation sexuelle. Les pays d'Asie du Sud-Est, notamment la Thaïlande et les Philippines, sont considérés comme les premières destinations des touristes sexuels. Alors qu'on croyait l'Afrique à l'abri au regard de sa culture, de ses us et coutumes, elle tend à en devenir une des destinations privilégiées. L'objet de cette étude consiste à analyser l'emprise du droit international sur le tourisme sexuel. Elle ambitionne d'analyser une situation qui lui échappe. Le non-droit n'étant pas concevable, l'ordre juridique international prévoit des mécanismes permettant d'encadrer les situations d'exploitation sexuelle dans lesquelles on pourrait intégrer le tourisme sexuel. Cette étude suggère que le droit international n'a pas d'emprise réelle sur le tourisme sexuel. Toutefois, ce dernier y est qualifié de manière incidente. L'absence d'un régime juridique y afférant n'annihile tout de même pas les efforts de codification qui permettent de s'en saisir de manière incidente.

Mots-clés : Tourisme sexuel, exploitation sexuelle, droit international, internationalisation, incrimination.

Abstract

Traditionaly seen as entertaining activity, tourism is nowdays turned away from its goals. One of that deflection is sexuel tourism. It's an international and transnational phenomenon that is growing up. Tourism is taken as springboard of criminal act that consists in human sexuel exploitation. Initially emphasized in Southwest Asian Countries, particularly in Thailand and philippines, that malpractice has gained land in Africa. The study ains to analyse the regard of international law on sexuel tourism. That phenomenon doesn't have a real sway international law. The act is being treated incidentaly, that shows that a codification as a whole crime against human being is necessary.

Keywords: ***sexualtourism, sexual exploitation, international law, internationalization, incrimination.***

Introduction

Le tourisme est issu de la villégiature de riches oisifs qui, cultivés et curieux, parcouraient les sites les plus remarquables de la planète pour leur plaisir[1]. Mais avec la mondialisation, il n'est plus un simple besoin d'accès aux loisirs et aux vacances. Il a investi le terrain de la jouissance sexuelle par le biais du tourisme sexuel. En effet, le tourisme est considéré soit comme « l'activité des visiteurs, qu'ils soient des touristes ou des excursionnistes »[2], soit comme un méta marché[3]. Dans ce méta marché, il met en relief l'existence de besoins différents ainsi que des activités diverses qui pourraient être considérées comme des produits élaborés pour répondre à la demande[4]. Le tourisme sexuel est l'un des besoins de ce méta marché.

---

[1]Ruiz (Gérard), « Le tourisme durable : jouissance et protection de la nature », Vraiment durable, 2014, n° 5/6, pp. 71-81, p. 71.

[2]Au titre de la Convention-cadre relative à l'éthique du tourisme, dans son article 1 (c), « un touriste est une personne qui fait un voyage comprenant un séjour d'une nuit vers une destination principale située en dehors de son environnement habituel, pour une durée inférieure à un an et pour un motif principal (affaires, loisirs ou autre motif personnel) non lié à l'emploi par une entité résidente dans le pays ou le lieu visité ». Convention adoptée par la résolution A/RES/722 (XXIII) de l'Assemblée générale de l'Organisation mondiale du tourisme adoptée en 2016. L'alinéa (d) du même article définit l'excursionniste comme « une personne qui fait un voyage ne comprenant pas de séjour d'une nuit vers une destination principale située en dehors de son environnement habituel ». De manière générale, le déplacement dans le cadre touristique est motivé par le désir de jouissance. D'après Luce Proulx, les premiers touristes se déplaçaient pour « recréer leur société et rechercher du plaisir à travers diverses activités mondaines (bals, repas gastronomiques, sport, casino, etc.) [...] Des espaces-temps différents de la vie ordinaire basés sur un univers ludique où la rencontre et le divertissement se vivent dans un état de surstimulation ». Proulx (Luce), « Tourisme, santé et bien-être », *Teros,* 2005, pp. 5-11,

[3]Cette approche du tourisme a été élaborée par Christine Demen Mayer *in* Demen Mayer (Christine), « Le tourisme : essai de définition », *Management et Avenir,* 2005/1, n° 3, pp. 7-25, p. 19.

[4] *Idem.*

Cette forme nouvelle de tourisme est en pleine expansion dans le monde[5]. Si les États d'Asie du Sud-Est, notamment la Thaïlande[6] et les Philippines ont longtemps été considérées comme les premières destinations du monde pour le tourisme sexuel, l'Afrique en est désormais devenue une destination privilégiée. Ces dernières années, le phénomène s'y est amplifié. Le Maroc, la Tunisie, l'Égypte, le Cameroun, la Gambie, le Sénégal, l'Afrique du Sud, la Zambie, le Kenya et Madagascar sont les destinations de première importance. Les voyageurs y exploitent les effets secondaires de la pauvreté, des conflits interminables et de la corruption[7] pour jouir de l'offre sexuelle.

Le choix de l'Afrique comme cadre d'étude se justifie par deux raisons : la première raison tient à ce qu'on observe au sein de certains États des développements législatifs susceptibles de cristalliser une coutume internationale. Cette évolution impulsée par Madagascar et le Cameroun dans une moindre mesure pourrait inspirer d'autres législations au point de se cristalliser en coutume internationale sur le tourisme sexuel. Comme le précise la sentence arbitrale le 17 juillet 1965 relative à l'interprétation de l'accord aérien entre les États Unis et l'Italie, « seule une pratique constante, effectivement suivie et sans changement peut devenir génératrice d'une règle de droit international coutumier ».

La seconde raison a trait aux proportions inquiétantes que prend le phénomène en Afrique. Les États Africains sont devenus la destination privilégiée des touristes sexuels qui exploitent les conditions de vie exécrables des populations. En conséquence, une prise de conscience et un engagement au plan africain pourrait déboucher sur l'adoption d'un cadre juridique universel spécifique au tourisme sexuel.

---

[5] Selon Lepaul-Picolet (Jade) Rivier (Cristina), « Le tourisme sexuel », *in Postcolonial studies et genre,* Semestre d'Automne, 2012-2013, pp. 1-12, p. 1. Sur un milliard de touristes internationaux en 2012, 10 % environ choisissent leur destination en fonction de l'offre sexuelle locale selon Michel Franck. Michel (Franck), « Faits, effets et méfaits du tourisme sexuel dans le monde », *Revue internationale et stratégique*, 2013/2, n° 90, pp. 145-152, p. 146. En 2015, les chiffres relatifs à l'offre sexuelle touristique sont à la hausse. Sur 1,2 milliard de touristes en 2015 (soit 38 arrivées par seconde), 13 % choisissent leur destination en fonction de l'offre en matière de sexe, certaines agences peu scrupuleuses se spécialisant même dans les « prestations » touristiques.
Voir https://plus.lesoir.be//art/1294133/article/soirmag/meilleur-du-soir-mag/2016-08-18/tourisme-sexuel-en-voyage-ne-fermez-pas-yeux (Consulté le 20 septembre 2021).

[6] Lepaul-Picolet (Jade) Rivier (Cristina), « Le tourisme sexuel », *op.cit.*, p. 1.

[7] Michel (Franck), « Faits, effets et méfaits du tourisme sexuel dans le monde », *op.cit.*, p. 147.

Le tourisme sexuel n'a pas reçu la qualification d'infraction en droit international. Le régime juridique y afférent est absent. Le droit conventionnel[8] en fait parfois mention, mais de manière furtive sans en faire une infraction autonome. Il reste muet sur la définition du tourisme sexuel. En revanche, il définit des infractions connexes telles que la traite des êtres humains, l'esclavage, les institutions et pratiques analogues[9] tout en condamnant toutes formes d'exploitation et d'avilissement de l'homme[10] et l'exploitation sexuelle[11]. L'analyse du droit conventionnel montre qu'il y a une carence juridique en matière de tourisme sexuel. C'est un phénomène malaisé à concevoir et à construire juridiquement. De fait, certaines conventions à l'instar de la convention-cadre relative à l'éthique du tourisme[12], font référence à cette notion.

---

[8]C'est le cas du protocole facultatif à la Convention relative aux droits de l'enfant, la prostitution des enfants et la pornographie mettant en scène les enfants adoptés le 25 mai 2000 à New York.

[9] La Déclaration Universelle des droits de l'homme du 10 décembre 1948 interdit l'esclavage et la traite des esclaves dans son article 4 ; l'article 8 du Pacte international relatif aux droits civils et politiques du 19 décembre 1966 prohibe l'esclavage et la traite des esclaves, la servitude et le travail forcé ; l'article 4 de la Convention européenne des droits de l'homme du 4 novembre 1950 reprend mot pour mot les dispositions de l'article 4 du Pacte sur les droits civils et politiques ; la Convention américaine relative aux droits de l'homme du 22 novembre 1969 prohibe également dans son article 6 l'esclavage, la servitude ainsi que le travail forcé. Voir également l'article 5 de la Charte africaine des droits de l'homme et des peuples du 28 juin 1981.

[10] D'après l'article 5 de la Charte africaine des droits de l'homme et des peuples adoptée le 27 juin 1981 à Nairobi par la conférence des chefs d'État et de gouvernement de l'OUA, et entrée en vigueur le 21 octobre 1986, « tout individu a droit au respect de la dignité inhérente à la personne humaine et à la reconnaissance de sa personnalité juridique. Toutes formes d'exploitation et d'avilissement de l'homme, notamment l'esclavage, la traite des personnes, la torture physique ou morale, et les peines ou les traitements cruels, inhumains ou dégradants sont interdites ». Au sujet de la formule employée par cet article, Pierre Klein pense qu'elle « marque un renforcement et une extension de la protection » et « permet de couvrir diverses situations non explicitement visées par l'article 5 ». Klein (Pierre), « Article 5 », *in La Charte africaine des droits de l'homme et des peuples et le protocole y relatif portant création de la cour africaine des droits de l'homme, commentaire article par article,* Kamto (Maurice) (dir., Bruylant, 2011, pp. 140-166, p. 163. On pourrait donc par déduction inclure le tourisme sexuel parmi les situations non explicitement visées par l'article 5.

[11] Art. 27 de la Charte africaine des droits et du bien-être de l'enfant adoptée à Addis Abeba en Éthiopie, le 11 juillet 1990 et entrée en vigueur le 29 novembre 1999.

[12]Art. 9 (6) de la Convention-cadre relative à l'éthique du tourisme, *op.cit.*, « La presse, notamment la presse touristique spécialisée, et les autres médias, y compris les moyens modernes de communication électronique, devraient fournir une information honnête et équilibrée sur les événements et situations susceptibles d'influer sur la fréquentation

C'est dans le droit déclaratoire de l'Organisation Mondiale du Tourisme qu'une définition du tourisme sexuel est formulée. Il consiste en des « voyages organisés de l'intérieur ou de l'extérieur du secteur touristique, mais en se servant de ses structures et de ses réseaux, avec pour objet essentiel la réalisation d'une relation sexuelle à caractère commercial entre le touriste et des habitants au lieu de destination »[13]. Le tourisme sexuel est ainsi exprimé dans une déclaration dont la portée juridique n'a pas la rigueur d'une norme établie. Cette consécration traduit toutefois un consensus politique qui engage les États, à défaut de les lier juridiquement. Aussi peut-elle participer d'un processus coutumier en gestation[14].

Le tourisme sexuel est une pratique d'exploitation basée sur le genre. Par genre, il faut entendre ici une « catégorie d'analyse » des rapports de groupes ou de classes et « des valeurs et représentations qui leur sont associées ». Il met en relief les différences entre hommes et femmes, enfants et adultes et même pauvres et nantis. Il inclut une hiérarchisation entre l'homme et la femme ou entre le riche et le pauvre. Le rapport de domination au cœur de l'usage du genre est loin d'être « la conséquence d'un déterminisme biologique, mais d'avantage d'une construction sociale ».

Le tourisme sexuel grâce à son pouvoir financier exerce sa domination particulièrement sur les femmes et les enfants dont la pauvreté, la recherche d'opportunité et la fragilité exposent à l'exploitation sexuelle. L'analyse du phénomène permet d'inférer qu'il existe une relation de

touristique : ils devraient également apporter des indications précises et fiables aux consommateurs de services touristiques : les nouvelles technologies de la communication et du commerce électronique devraient également être développées et utilisées à cette fin : *de même que les médias, elles ne devraient en aucune manière favoriser l'exploitation sexuelle dans le tourisme* ». (Nous soulignons).

13 Déclaration de l'OMT sur la prévention du tourisme sexuel organisé adoptée par l'Assemblée générale de l'Organisation mondiale du tourisme, lors de sa onzième session – Le Caire (Égypte), 17 au 22 octobre 1995 (Résolution A/RES/338 (XI).

14 On peut d'ores et déjà parler d'une coutume sauvage. Celle-ci est le plus souvent exprimée dans les déclarations qui la feront passer du plan d'action conjointe à l'affirmation collective. Dupuy (Réné-Jean), « Droit déclaratoire et droit programmatoire : de la coutume sauvage et la soft law », *SFDI*, 1974, pp. 132-148, p. 137. Patrick Dallier, Mathias Forteau et Alain Pellet estiment dans ce sens que les « recommandations des organisations internationales, bien que n'exprimant pas réellement une véritable *opiniojuris*, leur fonction se limite souvent au rôle de « ferment » du processus coutumier ». Patrick Dallier, Mathias Forteau et Alain Pellet, *Droit international public*, 8e éd. L.G.D.J, 2 009,1709 p, p. 419.

pouvoir entre le touriste sexuel et les locaux caractérisée par l'exploitation des locaux par les touristes sexuels, d'où son caractère infractionnel.

Le droit international quant à lui est le droit applicable à la société internationale[15]. Cette dernière est constituée à la fois par les États, les organisations internationales et les personnes privées parmi lesquelles les individus. Les États et les organisations internationales sont des sujets incontestés du droit international, tandis que la personnalité juridique des personnes privées reste incertaine. Elles sont néanmoins titulaires de droits et bénéficient somme toute du *jus standi*, c'est-à-dire de la capacité juridique à participer aux mécanismes de la responsabilité internationale[16]. Cette dernière fait naître un faisceau de droits et d'obligations obligeant les États. Il s'agit de l'obligation de réparer et du droit à l'obtenir[17]. C'est à ce titre qu'un régime juridique de protection contre les infractions sexuelles a été institué.

La littérature juridique internationale s'est très peu intéressée à la question du tourisme sexuel. Véronique Williams[18] y décèle une pratique qui cache plusieurs situations d'exploitation sexuelle. Pour l'auteure, son versant le plus abject est l'exploitation sexuelle des enfants[19]. Michele Cavallo étudiant les formes contemporaines d'esclavages fait un constat implacable. Le tourisme sexuel, ainsi que d'autres formes dites contemporaines d'esclavages, est resté dans l'ordre du discours politique sans trouver au niveau du droit international de consécration juridique[20].

---

15 *Ibidem.*, p. 43.

16 Sur la relativisation de cette capacité d'agir reconnue à l'individu en droit international, lire Distefano (Giovanni), « Observations éparses sur les caractères de la personnalité juridique internationale », *A.F.D.I*, 2007, vol 53, pp. 105-128, pp. 120-121.

17 *Ibid.*, p. 122.

18 Williams (Véronique), *La lutte contre la traite des personnes à des fins d'exploitation sexuelle au Canada : une étude à la lumière du droit international,* Mémoire de Maîtrise en droit international, Université de Montréal, 2017, 268p.

19 *Ibid.*, p. 168.

20Cavallo (Michele), « Formes contemporaines d'esclavage, servitude et travail forcé : le TPIY et la CEDH entre passé et avenir », *Droits fondamentaux*, n° 6, janvier-décembre 2006, pp. 1-16, p. 2.

Pierre d'Argent[21] et Renate Winter[22] abordent la question sous l'angle de son internationalisation à travers des législations à portée extraterritoriale. Ces études ont le mérite de susciter une prise de conscience sur le caractère criminel du tourisme sexuel et sa saisie par les droits nationaux ayant parfois une portée extraterritoriale. Cependant, aucune n'attaque la question sous l'angle du droit international pénal. Une telle approche aura pourtant l'avantage d'aboutir sur une incrimination du tourisme sexuel par le droit international. En d'autres termes, l'analyse du tourisme sexuel sous le prisme du droit international pénal suggère une internationalisation des normes et des moyens de protection y afférents. C'est la proposition faite par cette étude.

Certains États se sont souvent montrés plus tolérants et plus permissifs que d'autres devant le tourisme sexuel. C'est le cas des États d'Asie du Sud-Est tels que la Thaïlande et les Philippines. Ceux-ci ont à ce titre été qualifiés de *« pornocraties »*[23] mondiales en matière de tourisme. Le tourisme sexuel dans ces régions « se nourrit de la montée des inégalités, de la misère des plus démunis, et surtout des affres d'une mondialisation devenue incontrôlable »[24]. En ces temps de mondialisation, le phénomène est galopant en Afrique[25] plus qu'ailleurs. Pourtant, on croyait le continent à l'abri au regard de sa culture, et de ses us et coutumes. La pratique est

---

21 D'Argent (Pierre), « Aspects juridiques du tourisme sexuel pédophile. Rapport intermédiaire du groupe de recherche », *in Jacques-Yvan Morin*, *Les droits fondamentaux*, Actes des premières journées scientifiques du Réseau Droits fondamentaux de l'AUPELF-UREF, tenues à Tunis du 9 au 12 octobre 1996, Bruxelles, Bruylant, 1997, pp. 389-409.

22 Winter (Renate), « Legal aspects of sexuel tourism concerning childrens », *in Tourisme sexuel impliquant les enfants : prévention, protection, interdiction et soins aux victimes*, Actes du 18e Séminaire international de l'Institut international des Droits de l'Enfant, du 15 au 18 octobre 2013, pp. 33-44.

23 Manderson (Lenore), « Public Sex Performance in Patpong and explorations of the Edge of imagination », *Journal of Sex Research*, vol. 29, n° 4, 1992, pp. 451-475.

24 Michel (Franck), « Pouvoir et sexualité en Asie du Sud Est : le cas du tourisme sexuel », *Bulletin d'histoire politique*, vol. 15, n° 1, 2006, pp. 93-1000, p. 1.

25 Les pays d'Afrique les plus concernés par le tourisme sexuel sont : le Sénégal, en particulier à Saly, une station balnéaire qui est un lieu de prostitution clandestine, la Gambie, le Cameroun dans la ville de Kribi, Grand Baie à l'Île Maurice, le Maroc à Marrakech, le Kenya à Mombasa, etc. https://fr.africanews.com/2017/11/09/le-tourisme-sexuel-en-Afrique-Traval-tmc (consulté le 21 septembre 2021). Les touristes font leur « shopping en Tunisie, au Maroc et au Sénégal », rapporte le journal le monde. In Le tourisme sexuel fait des ravages en Afrique https://www.slate.fr/story/12335/sexe-sans-frontières?amp (consulté le 20 septembre 2021).

devenue une réalité inquiétante pour les droits humains, ce qui illustre la dégradation de l'exploitation de la misère du monde[26].

Le tourisme sexuel est diversement perçu : source de revenus pour certains et activité de nature criminelle pour d'autres[27]. Au regard de l'ambiguïté et de la complexité qui caractérisent cette activité sexuelle marchande, le tropisme général de l'étude nous oriente vers une question centrale : prenant appui sur le cas africain, le tourisme sexuel est-il saisi par le droit international ? À l'analyse, le droit international n'y a pas d'emprise réelle.

L'enjeu de cette étude est double. D'une part, le phénomène de tourisme sexuel a une incidence sur la société et sa culture[28]. Il contribue à changer le système de valeurs, le comportement individuel, les relations familiales, le style de vie propre au groupe, les agissements moraux[29]. Il a aussi un impact sur la santé, l'éducation ainsi que sur la famille. De manière certaine, la société africaine repose sur un noyau dur de valeurs culturelles constituées de tabous moraux, sociaux et culturels inviolables, d'une éthique de la sexualité garantissant la dignité de la personne. Aussi l'implication des enfants participe-t-elle d'une fragilisation de la famille et rend compte d'une société qui n'a plus de limites, notamment avec les réseaux sociaux et toutes les nouvelles formes de communication. Le tourisme sexuel met ainsi en lumière le côté néfaste de la mondialisation qui se traduit par la facilitation de la mobilité et une globalisation des

---

26Michel (Franck), « Faits, effets et méfaits du tourisme sexuel dans le monde », *op.cit.*, p. 145.

27 Le débat oppose ici les prohibitionnistes et les réformistes. Pour les premiers, il s'agit d'une atteinte fondamentale et intolérable aux droits de la personne, remettant en question la dignité humaine. Les conditions d'exploitation et les conséquences psychologiques qui en découlent, souvent basées sur un ordre patriarcal fondé sur la subordination de l'autre, militent pour le démantèlement de cette institution. À l'opposé, les réformistes pensent qu'il s'agit d'un travail ou d'un service renvoyant au droit humain de maîtriser et de disposer de son corps. Sur les termes du débat, lire avec intérêt Lévy (Joseph-J) et Frigault (Louis-Rober), « Le tourisme sexuel : enjeux éthiques », *op.cit.*,

28 D'après le préambule de la Charte de la renaissance culturelle africaine adoptée le 24 janvier 2006 à Khartoum au Soudan, la culture est *« un ensemble de caractéristiques linguistiques, spirituelles, matérielles, intellectuelles et émotionnelles de la société ou d'un groupe social et qu'elle englobe, outre l'art et la littérature, les modes de vie, les manières de vivre ensemble, les systèmes de valeur, les traditions et les croyances ».*

29 Bertrand (Julie) et Okanga-Guay (Morjolaine), « Tourisme sexuel : pour que l'exploitation cesse », *Teoros*, n° 16, 1997, pp. 12-18, p. 14.

valeurs et contre- valeurs mettant en péril les piliers de la société[30]. C'est tout ce système qui est bouleversé et remis en question par le tourisme sexuel.

D'autre part, le cadre normatif existant se caractérise par une permissivité passive à l'égard du tourisme sexuel eu égard à sa non- incrimination au plan international, y compris au plan interne. Le phénomène pose un problème de répression. En effet, les auteurs du tourisme sexuel sont, soit des nationaux, soit des étrangers. Et l'obligation d'assurer les poursuites incombe à l'État[31] au regard de sa compétence territoriale, elle-même corollaire du principe de souveraineté[32]. Lorsque l'auteur est un national, la question ne pose pas de problèmes majeurs. En revanche, s'il est un étranger, l'État aura à choisir entre l'extrader ou le juger en application du principe *aut dedere, aut judicare*[33]. En outre, cette poursuite peut être rendue difficile lorsque l'auteur bénéficie d'une immunité personnelle de juridiction et d'une immunité d'exécution[34]. Parallèlement, un enfant mineur, dont la réalité du consentement fait

---

[30] Selon Géraud de la Pradelle, la « globalisation est réputée pour sa « dérégulation » ». De la Pradelle (Géraud), « Juridicisation de la société et globalisation », *in* Chemillier-Gendreau et Moulier-Boutang, *Le droit dans la mondialisation*, PUF, 2001, pp. 21-26, p. 21. Elle dérégule toutes les normes de socialisation, qu'elles soient juridiques ou simplement comportementales.

[31] Cette obligation découle de la plupart des conventions internationales relatives aux droits de l'Homme. Art. 32 al. 1 de la convention internationale relative aux droits de l'enfant ; art. 1er du Protocole facultatif à la Convention relative aux droits de l'enfant, concernant la vente d'enfants, la prostitution des enfants et la pornographie mettant en scène des enfants ; art. 5 de la Charte africaine des droits de l'homme et des peuples ; art. 3 al. 3 du Protocole à la Charte africaine des droits de l'homme et des peuples relatif aux droits des femmes ; art. 27 de la Charte africaine des droits et du bien-être de l'enfant.

[32] Il s'agit d'une souveraineté fonctionnelle consistant en une compétence exercée au nom de l'intérêt général de la population nationale, mais aussi des intérêts de la communauté internationale. Dupuy (Pierre-Marie) et Kerbrat (Yann), *Droit international public*, Dalloz, 10e éd, 2010, 919p, p. 90.

[33] Le principe *autdedere, autjudicare*. Ce principe est considéré comme la version moderne de la maxime *autdedere, autpunire* dégagée par Hugo Grotius en son temps. Il permet d'assurer l'effet utile des conventions internationales. Pour cela, les États parties s'engagent, dans l'hypothèse où l'auteur d'un tel crime se trouverait sur leur territoire, soit à l'extrader vers un État partie plus directement intéressé par les poursuites (État territorial ou de nationalité de l'auteur ou des victimes notamment), soit à le poursuivre eux-mêmes. Fouchard (Isabelle), « De l'utilité de la distinction entre les crimes supranationaux et transnationaux : traduire les processus d'incrimination complexes alliant droit international et droits pénaux internes », *R.I.E.J*, vol. 71, n° 2, 2013, pp. 49-81, p. 59.

[34] Cf. Convention de Vienne de 1961 sur les relations diplomatiques.

problème, peut-il engager sa responsabilité pénale pour s'être laissé aller à la pratique du tourisme sexuel ? Un autre enjeu est que le droit international n'a pas prévu de régime juridique spécifique au tourisme sexuel qui n'est incriminé que de manière incidente.

L'étude va prudemment arpenter le terrain du positivisme[35] sociologique. Ce dernier permettra d'analyser la norme juridique comme un fait social, un phénomène, la compréhension « des comportements, c'est-à-dire l'agir des hommes rapporté aux normes, les représentations que l'homme se fait » de ces normes[36]. Cela permettra de ressortir les propriétés sociales du droit[37]. Prenant appui sur cette approche méthodologique, la présente réflexion révèle qu'il y a une absence de détermination du tourisme sexuel en droit international (I) et une responsabilité du touriste sexuel par ricochet (II).

I. UNE ABSENCE DE DÉTERMINATION DU TOURISME SEXUEL EN DROIT INTERNATIONAL

Le tourisme sexuel est une forme moderne de traite des êtres humains, une violation des droits de l'Homme et une atteinte à la dignité humaine sans cesse préoccupante. Il n'a pas bénéficié d'un régime juridique autonome en droit international pénal. Sa prise en compte juridique se fait à partir de certaines infractions juridiquement établies comme la prostitution ou la pornographie infantile[38]. Le phénomène étant devenu préoccupant, notamment en Afrique, des moyens normatifs et opérationnels clairs et fiables sont nécessaires. En dépit de la gravité du phénomène, sa qualification par le droit international pénal ne s'est faite que de manière incidente (A) d'où son indispensable encadrement (B).

A. La qualification incidente du tourisme sexuel par le droit international

35 Champeil-Desplats (Véronique), *Méthodologies du droit et des sciences du droit*, Paris, Dalloz, coll. Méthodes du droit, 2014, p. 111.

36 *Ibidem.*, p. 239.

37 Israël (Liora), « Question(s) de méthodes. Se saisir du droit en sociologie », *Droit et société*, 2008/2, n° 69-70, pp. 381-395.

38 *« La pornographie infantile est la reproduction sexuellement explicite de l'image d'un enfant. C'est une forme d'exploitation sexuelle des enfants à des fins commerciales. On encourage, force ou convainc les enfants à poser pour des photographies ou à prendre part à des vidéos pornographiques. »*, Dusch (Sabine), *Le trafic d'êtres humains*, Paris, PUF, 2002, 317 p, p. 199.

Qualifier, c'est nommer, c'est conceptualiser comme le suggère la phénoménologie juridique[39]. La qualification est une opération qui commence par mettre un nom sur un fait empirique afin de lui donner une empreinte juridique et de l'intégrer dans une catégorie juridique. Et c'est elle qui déclenche ou non l'application des normes[40]. En cela, le tourisme sexuel en tant que fait empirique mérite d'être qualifié juridiquement afin de l'inclure dans une catégorie juridique identifiée. L'enjeu est important et semble n'avoir pas été parfaitement saisi au plan international. L'absence de conceptualisation du phénomène en témoigne à suffisance. Le droit international n'en a pas fait une infraction. Les conventions y afférentes le rattachent soit à l'exploitation sexuelle, soit à l'esclavage.

L'exploitation sexuelle est la qualification retenue par le droit international pour les crimes sexuels commis en période normale. Un cadre conventionnel composé de normes universelles[41] et régionales[42] lui donne une étiquette juridique dans ses formes les plus variées[43]. Sur le plan régional africain, sont visées, toutes formes d'exploitation[44] et

[39] Bioy (Xavier), « Quelles lectures théoriques de la qualification ? », *DirittoPubblico, Il Mulino*, n° 2, 2015, pp. 9-26, pp. 20-21.

[40] *Ibid.*, p. 10.

[41] D'après l'art. 34 de la convention relative aux droits de l'enfant adoptée par l'Assemblée générale des Nations Unies dans sa résolution 44/25 du 20 novembre 1989 et entrée en vigueur le 2 septembre 1990 conformément à son article 49, « Les États parties s'engagent à protéger l'enfant contre toutes les formes d'exploitation sexuelle et de violence sexuelle. À cette fin, les États prennent en particulier toutes les mesures appropriées sur les plans national, bilatéral et multilatéral pour empêcher… ». Préambule du Protocole facultatif à la convention relative aux droits de l'enfant, concernant la vente d'enfants, la prostitution des enfants et la pornographie mettant en scène des enfants conclu à New York le 25 mai 2000.

[42] En Europe, la Convention du Conseil de l'Europe sur la protection des enfants contre l'exploitation et les abus sexuels (Convention de Lanzarote), entrée en vigueur le 1er juillet 2010, incrimine toutes formes d'exploitation sexuelle à l'égard des mineurs, notamment l'abus sexuel sur enfant, l'exploitation sexuelle des enfants à des fins de prostitution, la sollicitation d'enfants à des fins sexuelles et la corruption d'enfants en les exposant à des contenus et des activités à caractère sexuel

[43] L'exploitation sexuelle regroupe entre autres les activités sexuelles illégales, le proxénétisme, la prostitution, notamment infantile ainsi que la pornographie mettant en scène ceux-ci.

[44] Pour l'Union africaine, « l'exploitation sexuelle est l'encouragement, l'incitation, la coercition et/ou la contrainte d'une autre personne à entreprendre une activité sexuelle par abus de position de vulnérabilité, de pouvoir différentiel, de dépendance ou de confiance ». On retrouve parmi ses éléments constitutifs, l'exploitation réelle ou la tentative d'exploitation des avantages matériels, monétaires, sociaux, psychologiques et politiques pour inciter une personne à se livrer à une activité sexuelle. Politique de l'UA

d'avilissement de l'homme eu égard à sa dignité inhérente à la personne[45], « toute exploitation des femmes ou tout traitement dégradant à leur égard »[46] et « toute forme d'exploitation ou de mauvais traitements sexuels »[47] à l'égard des enfants. Aucun instrument juridique n'attribue une qualification juridique autonome au tourisme sexuel. Néanmoins, le protocole facultatif à la convention relative aux droits de l'enfant en fait une mention sommaire. Il ne le qualifie pas d'infraction internationale, mais plutôt de vecteur direct de « la vente d'enfants, la prostitution des enfants et la pornographie mettant en scène des enfants »[48].

Cette inscription dans un instrument conventionnel traduit une prise de conscience du caractère subversif du tourisme sexuel et non une consécration en tant qu'infraction internationale. Dans toutes ces conventions, la qualification juridique du tourisme sexuel se fait de manière incidente. Elle se fait par allusion à l'exploitation sexuelle, elle se

---

sur la prévention et la réponse à l'exploitation et les abus sexuels dans les opérations de soutien à la paix, 813e réunion du Conseil de paix et de sécurité de l'Union africaine sur la conduite et la discipline pour les opérations de soutien à la paix, ainsi que la politique de l'Union africaine pour la prévention et la réponse à l'exploitation sexuelle dans les opérations de soutien à la paix, 29 novembre 2018. C'est donc la situation de vulnérabilité qui est exploitée, et elle-même est liée soit à la précarité financière ou matérielle, soit à l'âge qui ne permet pas de résister. Le tourisme sexuel emprunte ainsi à ces éléments constitutifs, car il suppose un voyage dans l'optique d'avoir une ou des relations sexuelles marchandes avec ou sans le consentement de la victime. Le touriste sexuel surfe donc sur son hégémonie matérielle et la situation d'extrême fragilité de la victime.

45 Art. 5 de la Charte africaine des droits de l'homme et des peuples du 28 juin 1981. « Tout individu a droit au respect de la dignité inhérente à la personne humaine et à la reconnaissance de sa personnalité juridique. Toutes formes d'exploitation et d'avilissement de l'homme, notamment l'esclavage, la traite des personnes, la torture physique ou morale, et les peines ou les traitements cruels, inhumains ou dégradants sont interdites ».

46 Art. 3 (1) et (3) et art. 4 (1) de la Charte africaine des droits de l'homme et des peuples relative aux droits des femmes, adoptée à Maputo au Mozambique, le 11 juillet 2003, et entrée en vigueur le 25 novembre 2005.

47 Art. 27 de la Charte africaine des droits et du bien-être de l'enfant adoptée à Addis Abeba en Éthiopie, le 11 juillet 1990 et entrée en vigueur le 29 novembre 1999.

48 Préambule du Protocole facultatif à la convention relative aux droits de l'enfant, concernant la vente d'enfants, la prostitution des enfants et la pornographie mettant en scène des enfants conclu à New York le 25 mai 2000.

déduit de cette dernière dont il est la manifestation[49] ou la cause[50]. Cette qualification incidente repose sur l'idée que le tourisme sexuel constitue une forme d'exploitation commerciale.

L'autre qualification retenue en droit international pour les crimes sexuels est l'esclavage. Ce dernier désigne « l'état ou la condition d'un individu sur lequel s'exercent les attributs du droit de propriété ou certains d'entre eux »[51]. Selon Michel Masset, l'esclavage revêt deux principales formes à savoir la transaction (la traite) et l'exploitation[52]. En tant que forme d'exploitation marchande du corps, le tourisme sexuel s'apparente à une forme d'esclavage. Il relève de ce qu'un groupe d'experts a qualifié de « formes contemporaines d'esclavages »[53]. Seulement, cette formulation n'a pas reçu de consécration juridique en droit international[54].

La doctrine pense que le tourisme sexuel est une pratique analogue à l'esclavage. D'après Véronique William, les conditions dans lesquelles sont pratiquées les activités sexuelles en la matière, le consentement douteux des personnes prostituées, les traitements violents et inhumains auxquels elles sont soumises font d'elles des victimes d'un système s'apparentant à

---

49 William (Véronique), *La lutte contre la traite des personnes à des fins d'exploitation sexuelle au Canada : une étude à la lumière du droit international*, Mémoire de Maîtrise en droit international, Université de Montréal, 2017, 268p, p. 150.

50 Préambule du Protocole facultatif à la convention relative aux droits de l'enfant, concernant la vente d'enfants, la prostitution des enfants et la pornographie mettant en scène des enfants, *op.cit.*,

51 Article 1er de la Convention du 25 septembre 1956 relative à l'esclavage.

52 *Idem.*,

53 Sont considérés comme formes contemporaines d'esclavages : la servitude pour dettes ; la vente ou la cession de femmes ; le mariage forcé ; le mariage précoce ; la vente ou la cession de mineurs ; le travail des enfants et son exploitation ; la prostitution des enfants et son exploitation ; la pornographie mettant en scène des enfants ; le travail forcé ; l'esclavage domestique et l'exploitation des travailleurs étrangers – en particulier par la privation du passeport et des documents, la menace d'être dénoncés et expulsés, la privation de liberté, la ségrégation ; l'emploi des mineurs dans les conflits armés ; l'exploitation de la prostitution d'autrui ; la prostitution forcée et l'esclavage sexuel ; la traite d'êtres humains ; certaines pratiques existantes dans des régimes coloniaux et/ou d'*apartheid ;* l'esclavage pour des raisons ou des pratiques religieuses ; le tourisme sexuel ; la violence domestique ; l'inceste avec un mineur ; la mutilation des organes sexuels des jeunes filles ; l'explantation, le transfert illégal et la vente d'organes humains. Voir Cavallo (Michele), « Formes contemporaines d'esclavage, servitude et travail forcé : le TPIY et la CEDH entre passé et avenir », *Droits fondamentaux*, n° 6, Janvier – décembre 2006, pp. 1-16, p. 2. Belaidi (Nadia), « L'esclavage : de l'atteinte à la personne à la mise en jeu du système social », *Droit et Culture*, 2015, pp. 65-86, p. 65.

54 *Idem.*,

de l'esclavage sexuel[55]. La jurisprudence étend la définition classique de l'esclavage aux pratiques telles que l'utilisation sexuelle, la prostitution et la traite des êtres humains[56] tout en y intégrant ses manifestations contemporaines[57]. Cet *obiter dictum* fait suite à la conceptualisation de la notion par le groupe de travail. On pourrait dès lors incriminer les pratiques masquées d'esclavage sur le fondement des « formes contemporaines » de ce fléau[58]. Malgré cette référence, les formes contemporaines d'esclavages n'ont pas encore valeur de norme coutumière.

Il ressort de l'analyse du droit international que le tourisme sexuel n'a pas reçu de qualification autonome. Il s'agit d'une carence qui cache mal la faiblesse du dispositif juridique international de lutte. Plus symptomatique est la non-prise en compte de cette pratique dans le dispositif juridique africain. Au regard de ses conséquences sociales, son encadrement juridique apparaît comme une nécessité.

B. L'indispensable encadrement du tourisme sexuel par le droit international

Les droits de l'Homme ne sont pas seulement bafoués lors des conflits armés internationaux et autres situations de crises internes. Ils le sont aussi en temps normal, à travers des pratiques tel le tourisme sexuel. Ce dernier constitue une forme d'exploitation sexuelle non établie en droit positif[59]. Pourtant, il s'agit d'un phénomène ayant des conséquences notables.

---

55 William (Véronique), *La lutte contre la traite des personnes à des fins d'exploitation sexuelle au Canada : une étude à la lumière du droit international*, *op.cit.*, pp. 67-68

56 Affaire n° IT-96-23-T & IT-96-23/1-T, § 541-542, Le Procureur c. DragoljubKunarac, Radomir Kovac et Zoran Zukovic, arrêt de la Chambre de première instance du 22 février 2001. Pour des développements à ce sujet, *v.* ASCENSIO H., MAISON R., « L'activité des tribunaux pénaux internationaux (2001) », *Annuaire français de droit international*, XLVII, 2001, pp. 241-281.

57 Affaire n° IT-96-23 & IT-96-23/1-A, arrêt du 12 juin 2002, § 112.

58 Cavallo (Michele), « Formes contemporaines d'esclavage, servitude et travail forcé : le TPIY et la CEDH entre passé et avenir », *op.cit.*, p. 9.

59 Le Groupe de travail sur les formes contemporaines d'esclavages qualifie de formes contemporaines d'esclavages les pratiques suivantes : la servitude pour dettes ; la vente ou la cession de femmes ; le mariage forcé ; le mariage précoce ; la vente ou la cession de mineurs ; le travail des enfants et son exploitation ; la prostitution des enfants et son exploitation ; la pornographie mettant en scène des enfants ; le travail forcé ; l'esclavage domestique et l'exploitation des travailleurs étrangers – en particulier par la privation du passeport et des documents, la menace d'être dénoncés et expulsés, la privation de liberté, la ségrégation ; l'emploi des mineurs dans les conflits armés ; l'exploitation de la

Il a des impacts tant sociologiques, sanitaires que culturels et éthiques. En effet, le tourisme sexuel contribue à une violation superficielle des tabous moraux, sociaux et culturels de la population. La prostitution qui y est attachée entraîne le décrochage scolaire et la criminalité. Il est vecteur de consommation de drogues et autres stupéfiants, de maladies sexuellement transmissibles, de discrimination et d'exploitation sexuelle, surtout féminine et infantile[60].

Ces dérives interpellent le droit qui a une fonction de régulation et de juridicisation. En tant que phénomène transnational, le tourisme sexuel intéresse l'ordre juridique international. En effet, il est désormais acquis que les États acceptent de renoncer à une partie de leur souveraineté[61] dès lors qu'il existe des menaces contre la paix ; menaces qui elles-mêmes constituent les fondements de la prohibition universelle des « attentats contre l'humanité » que sont les crimes internationaux[62]. Les crimes sexuels bénéficient désormais d'un régime juridique international. Le droit

---

prostitution d'autrui ; la prostitution forcée et l'esclavage sexuel ; la traite d'êtres humains ; certaines pratiques existantes dans des régimes coloniaux et/ou d'*apartheid ;* l'esclavage pour des raisons ou des pratiques religieuses ; le tourisme sexuel ; la violence domestique ; l'inceste avec un mineur ; la mutilation des organes sexuels des jeunes filles ; l'explantation, le transfert illégal et la vente d'organes humains.

60 Bertrand (Julie) et Okanga-Guay (Morjolaine), « Tourisme sexuel : pour que l'exploitation cesse », *op. cit.*, p. 14.

61 Inscrite dans l'article 2 de la Charte des Nations Unies de 1945 d'après lequel « l'intégrité territoriale des États et leur indépendance politique doivent être respectées par les membres de l'ONU en vertu du principe de l'égalité souveraine », la souveraineté permet à l'État d'exercer les compétences que le droit international lui reconnaît. Dans l'affaire de l'île de Palmas, l'arbitre Max Hubert pose que « la souveraineté, dans les relations entre États, signifie l'indépendance. L'indépendance, relativement à une partie du globe, est le droit d'y exercer à l'exclusion de tout autre État, les fonctions étatiques ». *CPA, 4 avril 1928* (sentence), Affaire de l'île de Palmas (ou miangas) (États-Unis d'Amérique c/Pays-Bas). Avec les menaces qui pèsent sur les droits de l'Homme en ce XXIe siècle, il était impératif de prévoir des garanties nécessaires afin d'assurer leur respect. Les violations insidieuses, mais graves des droits de l'Homme commandent d'étendre les garanties internationales de protection transcendant les seules règles de droit interne.

62 Bourdon (William), « Un ordre international au-delà des États : ombres et lumière », *Revue internationale et stratégique*, n° 49, 2003, pp. 189-196, p. 189. Les États ont consenti à un abandon partiel de leur souveraineté pour la criminalisation des crimes graves de droit international en acceptant que ceux-ci soient soumis non pas à un régime juridique de droit interne, mais plutôt à un régime juridique de droit international. La manifestation la plus éclatante de cette internationalisation est la création de juridictions pénales *ad hoc* ainsi que de la cour pénale internationale.

international humanitaire[63] offre à cet égard des normes spécifiques de protection. L'incrimination des infractions sexuelles repose sur l'atteinte à la dignité humaine. Les violences sexuelles y sont classées au rang d'un crime violent et grave[64]. Mais à côté de ces crimes qui heurtent la conscience universelle, il en existe d'autres, plus insidieux, mais non moins négateurs des droits fondamentaux, à l'instar du tourisme sexuel.

Seulement, le droit international ne réprime de façon directe les violences sexuelles qu'au titre du droit international humanitaire, c'est à dire lorsqu'elles sont commises dans des situations de crises humanitaires graves ou de conflits armés[65]. Pourtant, il existe d'autres formes de violence sexuelle perpétrée en temps de paix. Bénignes, celles-ci imposent une extension des garanties internationales de protection. C'est le cas du tourisme sexuel. La demande de droit tenant à l'internationalisation de la pénalisation du tourisme sexuel répond à un besoin de règles afin d'« encadrer les comportements et assurer leur prévisibilité »[66]. En réalité, le tourisme sexuel fait partie des menaces transnationales contemporaines, constituant pour l'ordre social établi un risque certain. Il prend de l'ampleur grâce à l'évolution des technologies de l'information et de la communication. Par le canal de ces dernières, se développent des réseaux spécialisés dans l'offre des services sexuels aux touristes. Excepté la promotion des destinations touristiques et la planification des voyages,

---

63 Selon l'art. 27 § 2 de la quatrième Convention de Genève du 12 août 1949, « les femmes seront spécialement protégées contre toute atteinte à leur honneur et notamment contre le viol, la contrainte à la prostitution et tout attentat à leur pudeur ». L'article 14 de la troisième Convention dispose que les femmes doivent « être traitées avec tous les égards dus à leur sexe ». Les articles 75 § 2 lit (b) et 76 § 1 du Protocole additionnel I de 1977 prévoient eux aussi la protection contre « les atteintes à la dignité de la personne, notamment les traitements humiliants et dégradants, la prostitution forcée et toute forme d'attentat à la pudeur ». Les quatre conventions insistent sur la protection contre « les atteintes graves à l'intégrité physique ou à la santé », respectivement dans leurs articles 50, 51 et 130. Et l'article 4 § 2 lits (e) du Protocole additionnel II prohibe « les atteintes à la dignité de la personne, notamment les traitements humiliants et dégradants, le viol et la contrainte à la prostitution et tout attentat à la pudeur ».

64 Bideri (Diogène), *Les crimes sexuels face au droit international pénal : recherche sur l'établissement d'une infraction autonome en droit international pénal*, Thèse en droit, Université de Strasbourg, 2017, 342p, p. 22.

65 Fourçant (Claire), « La répression par les juridictions internationales des violences sexuelles commises pendant les conflits armés », *Archives de politique criminelle*, 2012/1, n° 34, pp. 155-166.

66 Chevalier (Jacques), *L'État postmoderne*, L.G.D.J, Droit et Société, 3e éd, 2008, 266p, p. 111.

Internet est utilisé pour véhiculer l'information sur les pays dont les législations sont laxistes, voire permissives en matière de régulation du commerce sexuel[67]. Il se crée alors des communautés virtuelles de communication regroupées autour de forums de discussion riches d'informations sur les constructions du tourisme sexuel[68].

Ce besoin d'encadrement normatif n'occulte pas les efforts de lutte aux plans international et national. Le tourisme sexuel fait déjà l'objet de dénonciation et de condamnation. Cependant, il ne s'agit pas d'une action normative, mais plutôt politique et diplomatique. Elle se traduit par l'organisation de congrès[69] et colloques internationaux ainsi que la prévention du tourisme sexuel impliquant les enfants[70]. Des organismes non gouvernementaux à l'instar d'ECPAT[71] et bien d'autres mènent diverses actions auprès de la société civile dans le but d'éliminer toute forme d'exploitation sexuelle des enfants à des fins commerciales. Ces actions comprennent : la sensibilisation sur les différentes formes d'exploitation sexuelle marchandes, le développement des politiques efficaces en collaboration avec des agences nationales et internationales, la dispensation des services de soins et de protection des victimes, des études

---

67 Lire dans ce sens Frigault (Louis-Robert), « Tourisme sexuel et virtualité : le voyage dans le cyberespace », *Téoros*, Vol 22, n° 1, 2003, pp. 10-14.

68 *Ibid.*, p. 12.

69 L'Unicef a co-organisé avec l'ONG ECPAT (End Child Prostitution, Child Pornography and Trafficking in Children for Sexuel Purpose) trois conférences mondiales tenues à Stockholm, Yokohama et Rio de Janeiro.

70 La prévention du tourisme sexuel, notamment infantile, consiste en une série de mesures destinées à mobiliser l'industrie du tourisme autour de cette question, soutenir et améliorer la coopération entre les différents acteurs liés à la problématique (ONG, administrations en charge du tourisme, etc.) et sensibiliser l'opinion publique, plus particulièrement les touristes et les professionnels de l'enfance. De manière générale, les mesures de prévention doivent être prises d'une part dans les pays d'origine des touristes sexuels (information des voyageurs sur les conséquences juridiques et sociales liées à toutes formes d'exploitation sexuelle des enfants, la lutte contre les préjugés, l'empêchement des délinquants sexuels de se déplacer vers l'étranger, le contrôle de l'usage d'internet, l'encouragement de la vigilance et la dénonciation des cas d'abus sexuels sur mineurs) et d'autre part dans les pays de destination (la sensibilisation des communautés locales, la prise de mesures appropriées contre les facteurs à risque que constituent la pauvreté, l'exclusion, la maltraitance, les dysfonctionnements familiaux, la non-scolarisation, la refondation des systèmes judiciaires). Rapport de l'Assemblée parlementaire du Conseil de l'Europe du 27 mars 2013. https://assembly.coe.int/nw/xml/XRef/Xref-XML2HTLM-FR.asp?=1953&lang=FR (consulté le 28 avril 2022).

71 End Child Prostitution, Child Pornography and Trafficking in Children for Sexuel Purpose.

de recherche, la mise en place de dispositifs de signalement, la collaboration avec le secteur touristique[72]. Toutefois, son impact demeure mineur. Il s'agit néanmoins d'une amorce pouvant aboutir à la mise en place d'un cadre juridique autonome de lutte.

Au-delà de la dénonciation accompagnée de la prévention, la réglementation du tourisme sexuel doit aboutir à l'adoption de règles contraignantes d'origine internationale. Il s'agirait d'une évolution par rapport au cadre juridique existant. Un tel dispositif permettrait une meilleure mise en œuvre de la responsabilité. En attendant, la responsabilité du touriste sexuel est mise en œuvre par ricochet.

II. UNE RESPONSABILITÉ DU TOURISTE SEXUEL PAR RICOCHET EN DROIT INTERNATIONAL

Le touriste sexuel est toute personne qui voyage dans le dessein de satisfaire ses désirs sexuels hors de son pays de provenance ou de sa localité de résidence[73]. Le tourisme sexuel n'étant pas incriminé de manière autonome par le droit international, sa responsabilité ne peut être établie qu'à travers d'autres infractions[74] (A). L'absence d'un régime juridique propre y afférant donne compétence aux États pour la répression qui apparaît de ce fait fort variée (B).

A. L'établissement de la responsabilité du touriste sexuel à travers d'autres infractions

Si la qualification du tourisme sexuel se fait, soit à partir de l'exploitation sexuelle, soit à partir de l'esclavage, ce sont ces mêmes infractions qui servent de fondement à l'établissement de la responsabilité du touriste sexuel. Ce procédé est indirect parce qu'il découle d'une

---

[72] CPAT, Le tourisme sexuel impliquant des enfants : questions – réponses, Bangkok, 2008, p. 4 http://www.ecpat.net/sites/default/files/cst_faq_fre.pdf, (consulté le 28 avril 2022).

[73] La loi pénale malgache désigne comme touristes sexuels les nationaux et les étrangers voyageant pour avoir des relations sexuelles tarifées. Loi n° 2007-038 du 14 janvier 2008.

[74] Le tourisme sexuel est considéré comme une pratique répandue et persistante à laquelle les enfants sont particulièrement exposés, dans la mesure où il favorise directement la vente d'enfants, la prostitution des enfants et la pornographie mettant en scène des enfants. Préambule du protocole visant à prévenir, réprimer et punir la traite des personnes, en particulier des femmes et des enfants, additionnel à la Convention des Nations Unies contre la criminalité transnationale organisée, adoptée par la résolution 55/25 de l'Assemblée générale le 15 novembre 2000.

obligation internationale[75], mais aussi parce qu'il est en rapport avec d'autres infractions. En règle générale, le droit international, lorsqu'il n'incrimine pas directement une infraction internationale, en pose une obligation conventionnelle d'incrimination interne[76]. Cela revient à assurer aux personnes relevant de leur juridiction une garantie effective des droits énoncés dans les textes conventionnels. Claudia Sciotti-Lam écrit à propos que « la véritable raison d'être des traités des droits de l'homme réside dans leur mise en œuvre interne »[77].

Dans le cas du tourisme sexuel, la responsabilité de ses auteurs ne peut être établie que par rapport aux infractions dont il est la conséquence. Celles-ci sont incriminées par le droit pénal interne des États. Il s'agit entre autres de la prostitution[78], de l'exploitation sexuelle d'autrui[79], l'exploitation sexuelle des enfants[80], du proxénétisme[81], du viol[82] et de la

75 Yokaris (Angelos), « Les critères de compétence des juridictions nationales », *in* Hervé Ascensio, Emmanuel Décaux et Alain Pellet (Dir.), *Droit international Pénal*, Pedone, 2e édition, 2012, pp. 997-1006, p. 997.

76 Art. 1 de la Charte africaine des droits de l'homme et des peuples ; art. 2 et 32 al. 2 c de la Convention internationale relative aux droits de l'enfant ; art. 4 al. 2 du Protocole de la Charte africaine des droits de l'homme et des peuples relatif aux droits des femmes ; art. 1 al. 1 de la Charte africaine des droits et du bien-être de l'enfant ; art. 3 du Protocole facultatif à la Convention relative aux droits de l'enfant, concernant la vente d'enfants, la prostitution des enfants et la pornographie mettant en scène des enfants.

77 Sciotti-Lam (Claudia), *L'applicabilité des traités internationaux relatifs aux droits de l'homme en droit interne*, Bruylant, Bruxelles, Publication de l'Institut international des droits de l'homme, 2004, XVIII, 704p, p. 43.

78 Art. 343 (c) de la loi n° 2016-07 du 12 juillet 2016 portant Code pénal du Cameroun ; art. 231 du décret du 9 juillet 1913 (5 chaâbane 1 331) portant Code pénal de la République de Tunisie ; art. 323 de la loi de base du Sénégal n° 65-60 du 21 juillet 1965 portant Code pénal.

79 Art. 326 du décret du 9 juillet 1913 (5 chaâbane 1 331) portant Code pénal de la République de Tunisie ; art. 324 pour la prostitution pour mineurs.

80 Art. 4 de la loi n° 2005 / 015 du 29 décembre 2005 relative à la lutte contre le trafic et la traite des enfants [Law no. 2005-2015 of December 29, 2005 on the fight against trafficking and child trafficking].

81 Art. 294 de la loi portant Code pénal du Cameroun ; art. 232 du Code pénal tunisien ; art. 326 du Code pénal sénégalais.

82 Art. 296 du Code pénal du Cameroun. Le viol est la forme la plus grave d'agression sexuelle. Il porte atteinte à la dignité et à la souveraineté de la personne sur son corps. Il s'agit « de tout acte de pénétration sexuelle, de quelque nature qu'il soit, commis sur la personne d'autrui par violence, contrainte, menace ou surprise ». Pradel (Jean) et Danti-Juan (Michel), *Droit pénal spécial*, CUJAS, 3e éd, 2004, 838p, pp. 516-527. Lorsque cet acte est commis par un tourisme dans une relation sexuelle tarifiée tant sur un adulte que sur mineur, sa responsabilité au titre de tourisme sexuel peut être retenue.

pédophilie[83]. Sur la base de ces infractions connexes, la responsabilité des auteurs de tourisme sexuel peut être retenue. Le fondement juridique international de cette responsabilité par ricochet pourrait se déduire des dispositions du préambule du protocole facultatif à la Convention relative aux droits de l'enfant, concernant la vente d'enfants, la prostitution des enfants et la pornographie mettant en scène des enfants d'après lesquels le tourisme sexuel favorise « directement la vente d'enfants, la prostitution des enfants et la pornographie mettant en scène des enfants »[84]. Cette mention sommaire relève tout de même d'une ambiguïté. En effet, si le tourisme sexuel facilite la réalisation d'infractions de vente d'enfants, de prostitution et de pornographie, en tant que comportement périphérique, il n'en constitue pas moins une infraction. Il aurait dû, pour cela, faire l'objet d'une incrimination, même au titre d'infraction connexe.

Il convient en revanche de remarquer que le Cameroun et le Madagascar ont fait un pas décisif par rapport au droit international pénal et au droit pénal de tous les États. Ils incriminent de manière autonome le touriste sexuel indépendamment de la commission de toute autre infraction d'exploitation sexuelle[85]. En référence à la loi malgache, le touriste pouvant répondre des actes de tourisme sexuel est toute personne, nationale ou étrangère, qui voyage avec pour motif, d'avoir des rapports sexuels marchands, avec des prostitués ou des enfants cherchant eux-mêmes à avoir des rapports sexuels marchands[86]. Sont à cet effet, pénalement responsable, ceux qui voyagent dans le but d'avoir des rapports sexuels marchands et les « touristes sexuels situationnels » qui recourent à l'offre prostitutionnelle locale sans planification préalable[87].

---

83 Art. 326 du Code pénal du Sénégal. Le proxénétisme constitue ce que les conventions internationales qualifient d'exploitation de la prostitution d'autrui et qui peut être occasionné par le tourisme sexuel.

84 Conclu à New York le 25 mai 2000.

85 Art. (4) et (28) de la loi n° 2016/006du 18 avril 2016 régissant l'activité touristique et de loisirs au Cameroun ; loi n° 2007-038 du 14 janvier 2008 modifiant et complétant certaines dispositions du Code pénal de la République de Madagascar sur la lutte contre la traite des personnes et le tourisme sexuel.

86 Art. 333ter de la loi n° 2007-038 du 14 janvier 2008 modifiant et complétant certaines dispositions du Code pénal de la République de Madagascar sur la lutte contre la traite des personnes et le tourisme sexuel.

87 Staszak (Jean-François), Gravari Barbas (Maria) et Graburn (Nelson), « Tout ce que vous voulez savoir sur les sexualités touristiques. Ce qu'on a su, ce qu'on en sait et ce qui reste à savoir », *Téoros, revue de recherche en tourisme*, 2018, vol. 37, n° 2, pp. 1-20, p. 2.

Leur responsabilité résulte de « la mise entre parenthèses des normes sociales habituelles, liées au contexte ludique et liminoïde du séjour »[88].

La loi pénale malgache ajoute dans la catégorie des personnes pénalement responsables, les prostitués qui cherchent à avoir des relations sexuelles tarifées avec les touristes. Le caractère criminel de telles relations peut être difficile à établir s'il s'agit de rapports supposés consentis entre adultes. Car la prostitution touristique est parfois un choix de vie ou un moyen de subsistance. Malgré cela, le consentement donné paraît très souvent illusoire eu égard aux rapports de type patriarcal entretenus[89].

Quant aux enfants, leur consentement est davantage illusoire, voire impossible en matière de tourisme sexuel. L'autonomisation de la responsabilité pénale pour tourisme sexuel amorcée par le Cameroun et Madagascar permet de renforcer la répression pénale en matière de sexualité. Ce mouvement de normalisation des pratiques sexuelles est salutaire, parce qu'il met hors la loi l'idée d'une sexualité « libérée »[90] véhiculée par les thuriféraires du tourisme sexuel.

Établir la responsabilité du touriste sexuel suppose au préalable de l'identifier. À partir des modes de participation au tourisme sexuel, il est possible de constituer la chaîne de responsabilités. En effet, le tourisme sexuel donne lieu à une pluralité de participations. Si aucun texte ne fait référence aux personnes pénalement responsables, c'est à la lumière de la doctrine et des études indépendantes qu'il convient de s'en référer. L'auteur principal est le touriste qui voyage dans le but d'avoir des rapports

---

[88]Lévy (Joseph), Laporte (Stéphanie) et El Feki (Mansour), « Tourisme et sexualité en Tunisie : note de recherche », *Anthropologie et Sociétés*, 2001, vol. 25, n° 2, pp. 143-150, p. 143

[89] Le débat sur la prostitution en général, et la prostitution touristique de manière singulière est polarisé. D'un côté, il y a les prohibitionnistes qui voient en elle l'exercice ultime d'une violence patriarcale. Il convient de l'interdire et les prostituées qui revendiquent leur choix sont des victimes qui s'ignorent. De l'autre côté, il y a les réformistes qui se refusent à stigmatiser les travailleuses du sexe, respectant leur libre choix et l'inscrivant comme une option (extrême) dans l'éventail des rapports d'échanges plus ou moins marchands qui régissent la sexualité. La configuration particulière du tourisme sexuel conduit les premiers à mettre l'accent sur les inégalités économiques qui redoublent l'exploitation et la coercition subies par les prostituées, et les seconds à interpréter le travail du sexe comme une stratégie de celles-ci pour sortir de la misère économique et sociale. Staszak (Jean-François), « L'imaginaire géographique du tourisme sexuel », *op.cit.*, p. 18.

[90] Chevalier (Jacques), *L'État postmoderne*, LGDJ, 3e éd, 2008, 266p, p. 121.

sexuels marchands. Il peut être exogène et endogène[91], orienté vers les adultes ou les enfants. C'est donc le touriste qui commet l'infraction à titre principal et de manière active. Il peut être indistinctement un homme ou une femme, la personne qui fournit le service sexuel étant généralement une femme[92].

Cette perception doit cependant être nuancée dans la mesure où, l'offre prostitutionnelle en Afrique est de plus en plus le fait des hommes[93]. Mais il s'agit d'une forme de tourisme sexuel qui emporte une grande violence symbolique[94]. Il existe aussi des modes passifs de participation à l'infraction auxquels s'étend la responsabilité. Une étude range dans la chaîne, les trafiquants[95], les exploitants[96] et les complices[97]. Ceux-ci engagent leur responsabilité parce qu'ils facilitent la commission de

---

[91] La loi pénale malgache désigne comme touristes sexuels les nationaux et les étrangers voyageant pour avoir des relations sexuelles tarifées. Loi n° 2007-038 du 14 janvier 2008, *op.cit.*,

[92] Staszak (Jean-François), Gravari Barbas (Maria) et Graburn (Nelson), « Tout ce que vous voulez savoir sur les sexualités touristiques. Ce qu'on a su, ce qu'on en sait et ce qui reste à savoir », *Téoros, revue de recherche en tourisme*, 2018, vol. 37, n° 2, pp. 1-20, p. 4.

[93] *Ibidem.*,

[94] À titre d'exemples, la Gambie est connue pour son offre touristique masculine jeune dont les bénéficiaires sont des européennes plus âgées. https://wwwwRtbf.be/info/monde/detail_tourisme_sexuel-pour-femme-occidentales-la-gambie-veut-tourner-la-page? id. = 9 615 624 (consulté le 5 octobre 2021).
À Kribi au Cameroun, des femmes européennes quinquagénaires y arrivent chaque année pour trouver des petits jeunes. https://www.africanouvelles.com/tourisme-sexuel-en-afrique-1-cameroun-kribi-la-libertine/ (consulté le 2 octobre 2021).
Saly au Sénégal est le point de ralliement des occidentales vieillissantes qui souhaitent goûter aux charmes des jeunes sénégalais, rapporte le journal l'Express. https://www.lexpress.fr/actualite/monde/afrique/saly-et-et-le-tourisme sexuel_495789.html (consulté le 5 octobre 2021). C'est parfois le « petit tunisien » qui est exhibé à l'aéroport et dont le corps est tripoté par une occidentale sexagénaire. http://www.slate.fr/story/12335/sexe-sans-frontières (consulté le 3 octobre 2021).

[95] Les trafiquants sont des individus qui ont pour activités, le recrutement, le déplacement des enfants de leurs localités d'origine ou de leurs résidences vers d'autres lieux, aux fins d'exploitation, soit directement ou indirectement. *In Les abus sexuels sur les enfants au Cameroun, état des lieux et actions à mener.* Étude menée par l'Association Mondiale pour l'École Instrument de Paix (EIP-Cameroun) avec l'appui du Haut-Commissariat du Canada au Cameroun. Fonds Gouvernance et Société Civile, 2011, 116p, pp. 67.

[96] L'exploitant est une personne qui impose aux enfants placés sous sa protection des travaux qui dépassent parfois leurs capacités physiques et psychiques. Il en tire des avantages directs ou indirects, sans trop se soucier du devenir de ces derniers. *Idem.*,

[97] Est considérée comme complice encore appelé « attaquant » ou « passeur », toute personne qui favorise le recrutement ou le placement des enfants, par aide, assistance, moyens fournis ou instructions données. *Ibid.*, pp. 67-68.

l'infraction. La responsabilité ainsi établie permet d'envisager la répression.

B. La variété de la répression

La répression du tourisme sexuel relève de la juridiction pénale de chaque État. Cette compétence a pour fondement l'obligation conventionnelle d'assurer la répression des infractions internationales. Le but d'une telle obligation est de limiter l'impunité. En effet, le tourisme sexuel ne bénéficie pas d'un régime de répression autonome. En l'absence d'une convergence vers la mise hors la loi de cette pratique criminelle, elle est réprimée sous la bannière d'autres infractions sexuelles et selon le régime établi par chaque législation pénale. Sa répression consiste en un double mouvement d'établissement de la peine et des poursuites des délinquants et se fait, soit dans les États de commission de l'infraction, soit dans les États de résidence de leurs auteurs.

À Madagascar, l'obligation de réprimer s'est traduite par un élargissement du champ de la répression en matière de sexualité. Celui-ci est attesté par l'augmentation dans le dispositif pénal de l'infraction de tourisme sexuel indépendante de l'exploitation sexuelle[98]. Corrélativement, les sanctions semblent à la hauteur de la gravité des infractions[99]. Parallèlement, il y a eu au Cameroun un renforcement de la répression pénale des infractions sexuelles sur mineurs par une loi spéciale[100]. Les sanctions qui en résultent se veulent dissuasives, mais aussi plus protectrices des victimes. Le Code pénal quant à lui réprime les pratiques

---

[98] Selon la loi camerounaise réprimant le trafic et la traite des enfants, les peines vont de dix (10) à vingt (20) ans d'emprisonnement et d'une amende de cinquante (50) mille à un million de francs pour toute personne qui se livre à des pratiques d'exploitation sexuelle. Toute personne qui se livre à une telle activité, même occasionnellement, est punie d'un emprisonnement de dix à vingt ans et d'une amende de 50 000 à un million de francs. Art. 4 de la loi n° 2005 / 015 du 29 décembre 2005 relative à la lutte contre le trafic et la traite des enfants [Law no. 2005-2015 of December 29, 2005 on the fightagainsttrafficking and childtrafficking].

[99] Art. 294 de la loi portant Code pénal.

[100] Art. 343 (c).

connexes au tourisme sexuel à savoir le proxénétisme[101], la prostitution[102], le viol[103] ou encore la corruption de la jeunesse[104].

En Tunisie, une loi de protection des enfants est entrée en vigueur en 2017[105]. Celle-ci prévoit notamment la suppression d'une disposition du Code pénal qui permettait aux violeurs d'échapper à une punition dans l'hypothèse où l'auteur de l'infraction épouse sa victime, même si c'est un enfant[106]. Désormais, ceux-ci sont pénalement responsables. La loi pénale réprime également la prostitution[107] et le proxénétisme[108]. Il en est de même au Sénégal où le législateur réprime la prostitution[109], le proxénétisme, la pédophilie et même l'exploitation sexuelle d'autrui[110]. L'existence de ce dispositif juridique montre que le tourisme sexuel, en dépit de la carence du droit international, tombe néanmoins sous le coup de la loi pénale. Mais l'effectivité des poursuites demeure contrastée. L'obligation de poursuivre est inscrite *expressis verbis* dans les conventions internationales[111]. Les poursuites pénales sont exercées à l'égard des auteurs de tourisme sexuel en garantissant l'impartialité dans toutes les phases de la procédure, de même que le droit à un procès équitable[112]. L'action pénale commence par l'établissement de la compétence de l'État. À cet effet, les conventions relatives à l'exploitation sexuelle des enfants

---

101 Art. 296 (4).

102 Art. 344 (2).

103 Loi organique n° 2017-58 du 11 août 2017 relative à l'élimination de la violence à l'égard des femmes.

104 Art. 15 de la loi organique n° 2017-58 du 11 août 2017 relative à l'élimination de la violence à l'égard des femmes.

105 Art. 231 du décret du 9 juillet 1913 (5 chaâbane 1 331) portant Code pénal de la République de Tunisie.

106 Art. 232.

107 Art. 323 de la loi de base du Sénégal n° 65-60 du 21 juillet 1965 portant Code pénal.

108 Art. 326 ; art. 324 pour la prostitution pour mineurs.

109 Voir articles 3 et 4 du Protocole facultatif à la Convention relative aux droits de l'enfant, concernant la vente d'enfants, la prostitution des enfants et la pornographie mettant en scène des enfants.

110 Le droit à un procès équitable figure dans le Pacte international relatif aux droits civils et politiques de 1966, art. 14, dans la Convention relative aux droits de l'enfant (1989), art. 40, dans la Convention européenne des droits de l'homme (1950), art. 6, dans la Charte africaine des droits de l'homme et des peuples (1981), art. 7, dans la Convention américaine relative aux droits de l'homme (1969), art. 8.

111 Art. 4 al. 1 du Protocole facultatif à la Convention relative aux droits de l'enfant, concernant la vente d'enfants, la prostitution des enfants et la pornographie mettant en scène des enfants.

112 Art. 4 al. 2

requièrent entre autres la compétence territoriale ou la compétence personnelle active et passive[113].

La répression des infractions sexuelles demeure difficile en raison d'obstacles juridiques et pratiques. Sur le plan juridique, les immunités[114] dont bénéficieraient certains auteurs du tourisme sexuel pourraient faire obstacle à leur responsabilité pénale. Elles agissent comme un moyen procédural empêchant la mise en œuvre des actions judiciaires de l'État, sans que cela ne signifie que leur titulaire échappe définitivement aux poursuites pénales[115]. C'est dire qu'un agent de l'État ou d'une organisation internationale, impliqué dans une infraction de tourisme sexuel, n'est pas pénalement irresponsable, car l'immunité ne protège que la fonction[116]. Après la cessation de la fonction ou en cas de levée de l'immunité, sa responsabilité pénale pourrait être engagée pour les actes détachables de cette fonction. Les immunités empêchent qu'une juridiction pénale ouvre une procédure et prenne à cet effet des mesures coercitives durant l'exercice de ses fonctions pour de tels actes[117]. Bénéficient de ce régime d'immunités pénales, les agents de l'État et des organisations internationales officiant dans un État tiers. Elles peuvent être de juridiction ou d'exécution.

Une autre difficulté juridique réside dans l'application de la loi extraterritoriale lorsque le touriste sexuel est un étranger. S'il est indéniable que la règle traditionnelle de la compétence territoriale reste le référentiel de base, « encourager et aider les pays à poursuivre chez eux les touristes

---

113 Selon le préambule de la Convention de Vienne de 1961 sur les relations diplomatiques, « le but desdits privilèges et immunités est non pas d'avantager les individus, mais d'assurer l'accomplissement efficace des fonctions des missions diplomatiques en tant que représentants des États ». Le principe des immunités a été érigé en coutume internationale. CIJ, affaire du *Personnel diplomatique et consulaire des États-Unis à Téhéran (États-Unis d'Amérique c. Iran)*, ordonnance du 15 décembre 1979, *Recueil CIJ*, § 38, et arrêt du 24 mai 1980 *Recueil CIJ* 1980, § 91.

114 Décaux (Emmanuel) et Trigeaud (Laurent), « Les immunités pénales des agents de l'État et des organisations internationales », *in* Hervé Ascensio, Emmanuel Décaux et Alain Pellet (Dir.), *Droit international pénal*, *op.cit.*, pp. 545-564, p. 554.

115 Il est important de distinguer les immunités fonctionnelles des immunités personnelles. Les premières ont un caractère substantiel. Elles ont trait aux actes de la fonction. Les secondes en revanche sont liées à la personne de l'agent, et s'étendent à tous les types d'actes qu'il peut accomplir, même les actes privés. Dupuy (Pierre-Marie) et Kerbrat (Yann), *Droit international public*, Dalloz, 10e éd, 2010, 919p, p. 152.

116 *Ibidem.*, p. 556.

117 D'Argent (Pierre), « Aspects juridiques du tourisme sexuel pédophile. Rapport intermédiaire du groupe de recherche », *op.cit.*, p. 409.

sexuels, tout en prévenant leurs projets de voyage dans leurs pays de résidence, devraient être les axes principaux d'une politique répressive efficace »[118]. Dans cette veine, il est prévu dans le dispositif juridique existant la possibilité d'entraide judiciaire[119] et d'extradition[120] vers un État directement intéressé par les poursuites. Une difficulté analogue est la détermination de la preuve. Elle rend l'issue des poursuites improbable, ce d'autant plus qu'on est devant une criminalité organisée forçant parfois au silence les victimes.

Sur le plan pratique, la répression du tourisme sexuel est entravée par la corruption rampante et l'importance des intérêts[121]. À titre d'illustration, en Gambie, malgré des cas présumés de pédophilie, aucun touriste n'a été poursuivi pour de tels faits, rapporte un journal[122]. Des mesures de prévention ont été prises dans l'industrie hôtelière et des jugements en comparution immédiate institués pour les affaires de mœurs impliquant des touristes, mais jusqu'à présent seuls des Gambiens ont été poursuivis[123]. Les familles des victimes préfèrent recourir aux arrangements à l'amiable.

Conclusion

Les considérations qui précèdent montrent qu'au regard du cas africain, le droit international n'a qu'une très faible emprise sur le tourisme sexuel. Si sa répression est souhaitée[124], le dispositif juridique international

---

118 Art. 6 *Ibidem.*,

119 Art. 5 du Protocole facultatif à la Convention relative aux droits de l'enfant, concernant la vente d'enfants, la prostitution des enfants et la pornographie mettant en scène des enfants.

120 Pierre D'Argent, « Aspects juridiques du tourisme sexuel pédophile. Rapport intermédiaire du groupe de recherche », *op.cit.*, p. 405.

121 Michel (Franck), « Faits, effets et méfaits du tourisme sexuel dans le monde », *op.cit.*, p. 149.

122https://wwwwRtbf.be/info/monde/detail_tourisme_sexuel-pour-femme-occidentales-la-gambie-veut-tourner-la-page? id. = 9 615 624 (consulté le 5 octobre 2021), *op.cit.*,

123 *Idem.*,

124 Congrès mondial contre l'exploitation sexuelle des enfants à des fins commerciales tenu à Stockholm en 1996 ; Congrès mondial contre l'exploitation sexuelle des enfants à des fins commerciales de Yokohama (Japon) en 2001 ; 3e Congrès mondial contre l'exploitation sexuelle des enfants à des fins commerciales de Rio en 2008 ; première conférence régionale arabo-africaine contre l'exploitation, la violence et l'abus sexuels des

existant reste assez vague sur cette forme d'exploitation sexuelle qui ne cesse de prendre de l'ampleur dans le monde et en Afrique en particulier. Les systèmes juridiques nationaux semblent, pour l'heure, répondre plus ou moins aux préoccupations liées au tourisme sexuel. Mais les dispositifs juridiques qu'ils proposent restent lacunaires.

La dignité humaine est au centre des préoccupations en matière de tourisme sexuel. Ainsi, la communauté internationale doit orienter sans cesse le droit vers sa réalisation. Cela participerait de la mise en place des fondements de la vie en société. La réalisation de ce vœu passe par l'émancipation des règles juridiques internationales. Toutefois, le changement sera graduel en fonction du niveau de prise de conscience accompagné de la volonté politique. Avec la mondialisation, le tourisme sexuel est devenu un phénomène transnational. Ce qui impose une internationalisation des normes, voire des moyens de répression. Il doit pour cela être inscrit dans une convention internationale qui oblige les États parties à établir en droit interne leur compétence aux fins d'en réprimer ou extrader les auteurs. L'internationalisation du tourisme sexuel va favoriser une harmonisation des droits pénaux. Celle-ci faciliterait la répression commune tout en garantissant son efficacité. Son absence d'encadrement par le droit international rend la tâche difficile aux États dans l'établissement des modalités des poursuites et des sanctions.

L'évolution normative ainsi souhaitée va sans aucun doute rencontrer des réticences. Il y aura d'une part des réticences culturelles. En effet, certaines cultures sont plus tolérantes à l'égard du tourisme sexuel, y compris infantile. Il constitue une valeur ajoutée économique pour les États tout en étant la principale source de revenus pour certaines familles. Il y aura d'autre part des réticences politiques, les États ne voulant pas noircir l'industrie du tourisme en reconnaissant formellement la pratique du tourisme sexuel comme étant constitutive d'infraction.

Les événements récents relatifs à la circulation d'une vidéo dans les réseaux sociaux faisant état d'un tourisme sexuel ascendant du Sud vers le Nord, notamment vers les Émirats arabes unis aux fins d'esclavage sexuel à Dubaï, rendent compte de la gravité du phénomène. Ils montrent que le tourisme sexuel est une atteinte grave aux valeurs fondatrices de toute

---

enfants tenue à Rabat en 2001 ; deuxième conférence régionale arabo-africaine contre l'exploitation sexuelle des enfants de Rabat 2004.

société, ainsi qu'à la dignité de la personne. Ils interpellent surtout sur la nécessité d'une coopération interétatique renforcée en matière de prévention et de répression du tourisme sexuel.

Bibliographie indicative

Ouvrages généraux

1. Claudia Sciotti-Lam, L'applicabilité des traités internationaux relatifs aux droits de l'homme en droit interne, Bruylant, Bruxelles, Publication de l'Institut international des droits de l'homme, 2004, XVIII, 704p.
2. Hervé Ascensio, Emmanuel Décaux et Alain Pellet (Dir.), Droit international Pénal, Pedone, 2e édition, 2012, 1280p.
3. Patrick Dallier, Mathias Forteau et Alain Pellet, Droit international public, 8e éd. L.G.D.J, 2009, 1709 p.
4. Pierre-Marie Dupuy et Yann Kerbrat, Droit international public, Dalloz, 10e éd, 2010, 919p.

Ouvrages spécialisés

1. Chris Ryan et Michael. Hall Colin, Sex Tourism: Marginal People and Liminalities, 2001, Londres, Routledge, 172p.
2. Pierre Py, Droit du tourisme, Dalloz, 3e éd, 1993, 447p.

Thèses et mémoires

1. Diogène Bideri, Les crimes sexuels face au droit international pénal : recherche sur l'établissement d'une infraction autonome en droit international pénal, Thèse en droit, Université de Strasbourg, 2017, 342p.
2. Karen Tahiana Rakotonirina, La vulnérabilité particulière de l'enfant comme socle de sa protection juridique à l'encontre de l'exploitation aux fins de prostitution. Études de cas : Canada et Madagascar, Thèse de doctorat en droit, 2020, 277p.
3. Véronique William, La lutte contre la traite des personnes à des fins d'exploitation sexuelle au Canada : une étude à la lumière du droit international, Mémoire de Maîtrise en droit international, Université de Montréal, 2017, 268p.

Articles

1. Angelos Yokaris, « Les critères de compétence des juridictions nationales », in Hervé Ascensio, Emmanuel Décaux et Alain Pellet (Dir.), Droit international Pénal, Pedone, 2e édition, 2012, pp. 997-1006.

2. Christine Demen Mayer, « Le tourisme : essai de définition », Management et Avenir, 2005/1, n° 3, pp. 7-25.

3. Claire Fourçant, « La répression par les juridictions internationales des violences sexuelles commises pendant les conflits armés », Archives de politique criminelle, 2 012/1, n° 34, pp. 155-166.

4. Emmanuel Décaux et Laurent Trigeaud, « Les immunités pénales des agents de l'État et des organisations internationales », in Hervé Ascensio, Emmanuel Décaux et Alain Pellet (Dir.), Droit international Pénal, Pedone, 2e édition, 2012, pp. 545-564.

5. Franck Michel, « Faits, effets et méfaits du tourisme sexuel dans le monde », Revue internationale et stratégique, 2013/2, n° 90, pp. 145-152.

6. Franck Michel, « Pouvoir et sexualité en Asie du Sud-Est : le cas du tourisme sexuel », Bulletin d'histoire politique, vol. 15, n° 1, 2006, pp. 93-1000.

7. Frédéric Thomas, « Aspects économiques du tourisme sexuel impliquant les enfants », in Tourisme sexuel impliquant les enfants : prévention, protection, interdiction et soins aux victimes, Actes du 18e Séminaire international de l'Institut international des Droits de l'Enfant, du 15 au 18 octobre 2013.

8. Hervé Ascensio et, Emmanuel Décaux et Alain Pellet, « Présentation de la première partie : Essai de classification et principe de légalité », in Hervé Ascensio et, Emmanuel Décaux et Alain Pellet (Dir.), Droit international Pénal, Pedone, 2e édition, 2012, pp. 93-100.

9. Géraud De la Pradelle, « Juridicisation de la société et globalisation », in Chemillier-Gendreau et Moulier-Boutang, Le droit dans la mondialisation, PUF, 2001, pp. 21-26.

10. Isabelle Fouchard, « De l'utilité de la distinction entre les crimes supranationaux et transnationaux : traduire les processus d'incrimination complexes alliant droit international et droits pénaux internes », RIEJ, 2013, vol. 71, pp. 49-81.

11. Jacques Chevalier, L'État postmoderne, L.G.D.J, Droit et Société, 3e éd, 2008, 266p.

12. Jade Lepaul-Picolet et Cristina Rivier, « Le tourisme sexuel », in Postcolonial studies et genre, Semestre d'Automne, 2012-2013, pp. 1-12.

13. Jean-Français Staszak, Maria Gravari Barbas et Nelson Graburn, « Tout ce que vous voulez savoir sur les sexualités touristiques. Ce qu'on a su, ce qu'on en sait et ce qui reste à savoir », Téoros, revue de recherche en tourisme, 2018, vol. 37, n° 2, pp. 1-20.

14. Jean-françoisStaszak, « L'imaginaire géographique du tourisme sexuel », L'information géographique, 2 012/2, vol. 76, pp. 16-39.

15. Joseph Lévy, Stephanie Laporte et Mansour El Feki, « Tourisme et sexualité en Tunisie : note de recherche », Anthropologie et Sociétés, 2001, vol. 25, n° 2, pp. 143-150.

16. Joseph. J Lévy et Elysabette Lacombe, « Le tourisme sexuel : ses plaisirs et ses dangers », Téoros, 2003, n° 22-1, pp. 4-9.

17. Julie Bertrand et Morjolaine Okanga-Guay, « Tourisme sexuel : pour que l'exploitation cesse », Teoros, n° 16, 1997, pp. 12-18.

18. Karine Geoffrion, « Femmes blanches en Afrique subsaharienne. De la coopération internationale à la mixité conjugale », Cahiers d'études africaines, 2016, LVI (1-2), n° 221-222, pp. 127-152.

19. Liora Israel, « Question(s) de méthodes. Se saisir du droit en sociologie », Droit et société, 2008/2, n° 69-70, pp. 381-395.

20. Louis-Robert Frigault, « Tourisme sexuel et virtualité : le voyage dans le cyberespace », Téoros, n° 22, 2003, pp. 10-14.

21. Marc Schreiber et Georges Fischer, « Convention supplémentaire relative à l'abolition de l'esclavage », AFDI, vol 2, 1956, pp. 547-557.

22. Michel Massé, « Droit pénal international », Revue de science criminelle et de droit pénal comparé, 2014, n° 1, pp. 185-192.

23. Michele Cavallo, « Formes contemporaines d'esclavage, servitude et travail forcé : le TPIY et la CEDH entre passé et avenir », Droits fondamentaux, n° 6, janvier-décembre 2006, pp. 1-16.

24. Pierre D'Argent, « Aspects juridiques du tourisme sexuel pédophile. Rapport intermédiaire du groupe de recherche », in J.-Y Morin, Les droits fondamentaux, Actes des premières journées scientifiques du Réseau Droits fondamentaux de l'AUPELF-UREF, tenues à Tunis du 09 au 12 octobre 1996, Bruxelles, Bruylant, 1997, pp. 389-409.

25. Pierre Klein, « article 5 », in La Charte africaine des droits de l'homme et des peuples et le protocole y relatif portant création de la cour africaine des droits de l'homme, commentaire article par article, Maurice Kamto (dir.), Bruylant, 2011, pp. 140-166.

26. Renater Winter, « Legal aspects of sexuel tourism concerning children », in Tourisme sexuel impliquant les enfants : prévention,

protection, interdiction et soins aux victimes, Actes du 18e Séminaire international de l'Institut international des Droits de l'Enfant, du 15 au 18 octobre 2013, pp. 33-44.

27. René-Jean Dupuy, « Droit déclaratoire et droit programmatoire : de la coutume sauvage et la soft law », SFDI, 1974, pp. 132-148.

28. Sabine Dusch, Le trafic d'êtres humains, Paris, PUF, 2002, 317 p.

29. William Bourdon, « Un ordre international au-delà des États : ombres et lumière », Revue internationale et stratégique, n° 49, 2003, pp. 189-196.

30. Xavier Bioy, « Quelles lectures théoriques de la qualification ? », DirittoPubblico, Il Mulino, n° 2, 2015, pp. 9-26, pp. 20-21.

Références électroniques

1. https://plus.lesoir.be//art/1294133/article/soirmag/meilleur-du-soir-mag/2016-08-18/tourisme-sexuel-en-voyage-ne-fermez-pas-yeux (Consulté le 20 septembre 2021).

2. https://fr.africanews.com/2017/11/09/le-tourisme-sexuel-en-Afrique-Traval-tmc (consulté le 21 septembre 2021).

3. https://www.slate.fr/story/12335/sexe-sans-frontières?amp (consulté le 20 septembre 2021).

4. https://wwwwRtbf.be/info/monde/detail_tourisme_sexuel-pour-femme-occidentales-la-gambie-veut-tourner-la-page? id. = 9 615 624 (consulté le 5 octobre 2021).

5. https://www.africanouvelles.com/tourisme-sexuel-en-afrique-1-cameroun-kribi-la-libertine/ (consulté le 2 octobre 2021).

6. https://www.lexpress.fr/actualite/monde/afrique/saly-et-et-le-tourisme-sexuel_495789.html (consulté le 5 octobre 2021).

7. http://www.slate.fr/story/12335/sexe-sans-frontières (consulté le 3 octobre 2021).

LA TRAITE DES ENFANTS ALMAJIRI EN AFRIQUE : QUELLE RÉPONSE DU DROIT INTERNATIONAL FACE À UNE PRATIQUE SUI GENERIS ?

Spécial Valère AFA'A

Doctorant en droit public à l'Université de Yaoundé II

Diplômé de l'Institut des Relations Internationales du Cameroun-IRIC

valereafaa608@gmail.com.

Résumé

Depuis la progressive pénétration de l'Islam au sud du désert du Sahara à partir du XIe siècle, les écoles coraniques traditionnelles sont devenues des voies fondamentales pour la diffusion et l'enseignement de la doctrine islamique, développant ainsi le phénomène des enfants *almajiri*. En Afrique de l'Ouest, notamment dans les pays comme le Nigeria, le Niger, le Mali et même le Sénégal, l'on observe la recrudescence de ce phénomène avec pour conséquences, la précarité des droits de ces enfants et leur exploitation multiforme. L'évidence que cette pratique est constitutive d'une forme singulière de traite des êtres humains ne souffre guère de contestation, eu égard aux risques d'abus sexuels, aux formes de violence, d'enrôlement dans les groupes criminels auxquels ces talibés sont livrés. Dès lors, face à cette pratique aux allures de traite des enfants, il s'est trouvé opportun de s'interroger sur la réponse du droit international. À l'analyse, de multiples conventions contribuant à la lutte contre la traite des Êtres humains renseignent sur les efforts du droit international de répondre au problème des enfants « *almajiri* » notamment les conventions internationales relatives à la protection des enfants et celles traitant des problèmes des enfants victimes d'abus. Toutefois, la mise en œuvre des mesures prises par le droit international se heurte à des conjonctures systémiques fortement caractéristiques des pays africains. Dès lors, la réalité de cette pratique sui generis de traite des êtres humains reste une préoccupation qui interpelle le droit international. Ce dernier devant rationaliser le cadre de protection spécifique des enfants a*lmajiri* dans la lutte contre la traite des êtres humains.

Mots-clés : Traite des êtres humains, enfants *almajiri*, droit international, doctrine islamique, droits des enfants.

Abstract

Since the gradual penetration of Islam in south of the Sahara Desert from the 11th century, traditional Koranic schools have become fundamental channels for the dissemination and teaching of Islamic doctrine, thus developing the phenomenon of Almajiri children. In West Africa, particularly in countries such as Nigeria, Niger, Mali and even Senegal, we observe the resurgence of this phenomenon with the consequence of the precariousness of the rights of these children and the multifaceted exploitation of these children. The evidence that this practice is constitutive of a singular form of trafficking in human beings hardly suffers from dispute about the risks of sexual abuse, forms of violence, enrollment in criminal groups, etc. to which these talibés are delivered. Therefore, faced with this practice that looks like child trafficking, it was appropriate to wonder about the response of international law. On analysis, multiple conventions contributing to the fight against trafficking in human beings provide information on the efforts of international law to respond to the problem of "Almajiri" children, in particular the international conventions relating to the protection of children and those dealing with the problems of children victims of abuse. However, the implementation of the measures taken by international law comes up against systemic circumstances that are highly characteristic of African countries. Therefore, the reality of this sui generis practice of trafficking in human beings remains a concern that challenges international law. The latter should streamline the Almajiri child protection specific framework in the fight against human trafficking.

***Keywords:* Human trafficking, Almajiri children, international law, Islamic doctrine, children's rights.**

Introduction

Le XXIe siècle marque un tournant décisif dans la reconfiguration idéologique des centres d'intérêt géopolitiques et géostratégiques dans le monde[125]. De la même façon, les religions semblent aussi refaire figure d'objet dominant des sociétés contemporaines. Alors qu'elles avaient été reléguées au second plan par le phénomène de la laïcité des États[126], le retour du divin semble marquer de son empreinte le premier siècle de ce nouveau millénaire. Si le christianisme fait toujours écho et se présente comme une religion incontournable, même dans la résolution de certains conflits d'ordre international, c'est vraisemblablement vers la religion islamique que tous les regards sont tournés, parfois suscitant une certaine haine et indignation de la part de certains observateurs. Avec elle, l'on présente bien souvent, de façon fallacieuse, le terrorisme mondial[127]. En Afrique, particulièrement, la religion islamique s'est implantée au fil du temps. Seulement, la relation qu'entretient l'Islam avec les droits humains est l'objet d'une certaine réflexion, notamment quand on met au premier plan les enfants.

Depuis la progressive pénétration de l'islam au sud du désert du Sahara à partir du XIe siècle, les écoles coraniques traditionnelles sont devenues des voies fondamentales pour la diffusion et l'enseignement de la doctrine islamique. Actuellement en Afrique, plus précisément en Afrique de l'Ouest, dans les pays comme le Nigeria, on note l'existence d'un amalgame varié d'écoles coraniques avec des formes distinctes d'organisation et d'enseignement ainsi que différents degrés d'acceptation sociale. Ces centres et les élèves reçoivent différents noms selon les pays, et selon leur appartenance aux différentes cultures prédominantes dans chaque zone. S'agissant des noms, nous avons par exemple au Nigeria les enfants *almajiri* (de l'arabe *almuhajirum*), qui littéralement veut dire « celui qui abandonne la maison à la recherche des connaissances ». Malheureusement, force est de constater que beaucoup de ces centres sont devenus de « fausses » écoles coraniques. Ces écoles sont assurées par des

125 L'ancien premier ministre britannique, Tony BLAIR, disait d'ailleurs à ce sujet que le XXIe siècle serait sensiblement marqué par une guerre d'idéologie. Le contexte contemporain semble lui donner raison à l'observation de la montée en puissance d'un terrorisme sous fond religieux ou encore de la montée en puissance partout en Europe de factions politiques d'extrême droite.

126 L'on pense d'ailleurs à l'ensemble des prises de position du pape François dans différents conflits. L'on peut citer ici à titre d'illustration l'actuel conflit russo-ukrainien. La montée en puissance de mouvements tels al-Qaïda, l'État islamique, etc.

127 La montée en puissance de mouvements tels al-Qaïda, l'État islamique, etc.

maîtres usurpateurs de titres[128] qui, sous le prétexte d'enseigner l'islam aux enfants, les soumettent aux plus infâmes abus tout en permettant et en facilitant quelques fois leur recrutement dans des groupes de violence, de délinquance et même djihadistes. La montée en puissance de ce phénomène en Afrique, ainsi que les conséquences qui en découlent nous amènent à nous interroger sur la capacité du droit international à être opérant face à cette pratique. Dès lors, la question qui effleure l'esprit est la suivante : le droit international peut-il avec l'implication du pouvoir politique, des leaders religieux et traditionnels, faire face à cette tragédie qui touche directement des milliards d'enfants dans le monde, mais aussi le progrès et la sécurité dans ces vastes régions d'Afrique ?

Traiter de la question sous le versant du droit international nécessite tout d'abord une conceptualisation de la notion de droit international. L'entreprise n'est pas simple tant la tendance à vouloir définir les concepts « droit » et « international » pourrait aisément faire l'objet d'un ouvrage[129]. Seulement, à s'arrêter à l'acception générique, le droit international apparaît comme la « branche du droit ayant pour objet le règlement des relations, quelles qu'elles soient, qui présentent des liens avec plusieurs États »[130]. Même si cette définition semble pour le coup, assez imprécise, elle a quand même le mérite de faire ressortir certains caractères importants de cette branche du droit public ou privé, selon le versant. Ici, les questions relatives aux enfants font l'objet de nombreuses appréhensions dans divers instruments juridiques. Les premiers mettant en avant une protection des droits fondamentaux[131], et les seconds l'interdiction de la commercialisation des enfants[132].

---

128 Dans l'ensemble des pays africains, à l'exemple du Cameroun, l'ouverture d'établissements confessionnels est souvent subordonnée à la technique de l'autorisation. Celle-ci rentrant dans la perspective de l'agrément. Lire utilement BERTRAND Christine, *L'agrément en Droit public*, Presses Universitaires de la Faculté de droit – Université de Lauvergne & LGDJ, 1999.

129 La question de la définition du droit ou encore celle du caractère international du droit fait l'objet d'études diverses et diversifiées tant par les juristes que les philosophes et autres érudits de science. Voir dans une perspective synthétique : *Droit, Revue française de Théorie juridique*, n° 10 & 11, *Définir le droit*, Paris, PUF, 1989 & 1990.

130 CORNU Gérard (dir.), *Vocabulaire juridique*, Association Henri Capitant, Paris, Puf & Quadrige, 2007, 508.

131 Sans être exhaustif, convention du 2 décembre 1949 pour la répression de la traite des êtres humains et de l'exploitation de la prostitution d'autrui.

132 Convention n°138 de l'OIT concernant l'âge minimum d'admission à l'emploi.

Aujourd'hui, dans la perspective d'assurer les droits humains des enfants, le regard pouvant être porté ici peut faire l'objet d'une double analyse. D'abord, le droit international est rudement mis à l'épreuve de cette recrudescence hétérodoxe fondée sur la tradition (I). De la même façon, le droit international semble plus que jamais à l'œuvre afin d'endiguer le traitement quelque peu singulier des enfants *almajiri* (II).

I. LE DROIT INTERNATIONAL À L'ÉPREUVE D'UNE PRATIQUE HÉTÉRODOXE FONDÉE SUR LA TRADITION

Le droit est sans cesse à l'épreuve des faits. Il doit même encadrer ces faits pour pouvoir rester au contrôle de l'action humaine. Seulement, certaines situations amènent à penser que le droit est dépassé par les évènements qu'il doit encadrer. C'est bien souvent la raison invoquée par les penseurs du réalisme pour qui la norme effective doit se substituer à la norme valide[133] quand on veut rechercher la véritable norme en place. En l'espèce, le droit international, qu'il soit humanitaire ou autre, semble a priori dépassé dans l'appréhension du phénomène des enfants *Almajiri* (A). Cela semble tout aussi se prolonger dans un déficit de réglementation internationale de la situation particulière de ces enfants dans le cadre des actes juridiques internationaux (B).

A. La difficile appréhension du phénomène des enfants almajiri en droit international

L'éducation coranique désigne ici les diverses formes d'éducation non formelle qui visent essentiellement à l'apprentissage du Coran. Pascal MUKENE soulignait déjà le rôle capital de la société dans l'éducation de sa composante. Selon lui : « L'éducation est pour toute société la pierre angulaire de la construction de son avenir. L'éducation traduit les tendances et les options présentes dans la société et en même temps elle constitue un processus de projection dans le futur »[134]. Ce qui explique pourquoi le phénomène des enfants a*lmajiri* est essentiellement encadré par la religion musulmane, car il foisonne dans la recherche d'un cadre d'éducation en marge avec la conception occidentale de l'éducation. Ainsi,

---

133 Voir en ce sens Boris BARRAUD, *Le pragmatisme juridique*, Bibliothèque de droit, Paris, L'Harmattan, 2017.

134 MUKENE Pascal, *L'ouverture entre l'école et le milieu en Afrique noire. Pour la gestion pertinente des connaissances*, Éditions universitaires de Fribourg, Suisse, 1988, p. 253.

la grande implication de la religion crée une sorte de fossé entre le secteur non formel de l'enseignement coranique traditionnel et le droit international. L'enfant qui est au centre reste « un être humain qui doit pouvoir se développer physiquement, intellectuellement, socialement, moralement, spirituellement, dans la liberté et la dignité »[135]. Pourtant, il est à la merci d'un phénomène aux allures d'une cause religieuse (1) et à la merci d'une pratique qui connaît une dérive (2).

1. Un phénomène ayant un ancrage foncièrement religieux

Fernando ARLETTAZ, dans son ouvrage portant principalement sur la religion et le statut des minorités, s'interroge sur la façon dont les groupes religieux sont appréhendés par le droit international[136]. Concernant ainsi la religion, l'auteur remarque qu'il n'existe pas une règle juridique universellement contraignante ou un consensus généralisé sur la manière d'utiliser le mot religion dans les discours juridiques[137]. On trouve ainsi une diversité de définitions juridiques dans le champ du droit international. De ce point de vue, l'on comprend aisément pourquoi le droit international a une difficile appréhension du phénomène des enfants *almajiri*. Le droit international repose sur une approche libérale et protège même la liberté religieuse auprès des États. Ce qui expliquerait l'inexistence des textes spécifiques consacrés à la protection des enfants *almajiri* qui vivent des horreurs sous le couvert d'une pratique religieuse. Trois catégories de pays où les populations les plus touchées par le phénomène pratiquent ces religions peuvent être dégagées :

- Des pays où l'islam est une religion très majoritaire (plus de 80 % de la population) : Gambie, Guinée, Mali, Mauritanie, Niger, Sénégal[138];
- Des pays dans lesquels l'islam est majoritaire, mais dans un contexte de plus grande diversité (50 à 80% de musulmans) : Burkina Faso, Tchad ;
- Des pays dans lesquels l'islam est minoritaire : Bénin, Cameroun, Côte d'Ivoire, Ghana, Guinée Bissau, Nigeria.

135 Déclaration des droits de l'enfant de 1959.

136 Fernando ARLETTAZ, Les groupes religieux, objet du droit international, Aix-en-Provence, Presses universitaires d'Aix-Marseille, 2018 (Droit et religions), 327 p.

137 *Ibid.* p. 44.

138 Rapport d'éducation coranique et à l'enseignement islamique dans les pays d'Afrique de l'Ouest et du Centre, étude menée au cours du second trimestre 2017 dans 14 pays d'Afrique de l'Ouest et du Centre.

Parmi les 14 pays considérés, un seul a adopté l'islam comme religion d'État[139], tous les autres ont le principe de laïcité, pour les pays francophones. Ainsi, en faisant de la laïcité une religion d'État, le secteur de l'éducation coranique et de l'enseignement islamique est hors de portée du droit international. En outre, le caractère laïc de certains États constitue un obstacle dans la définition des modalités d'intervention du droit international. Assurément, la contemporanéité n'envisage plus dans son sens le plus formaliste les associations entre l'Église et l'État, qui de par l'histoire ont fait montre d'une véritable certitude. L'on sait d'ailleurs que pour le cas des pays occidentaux, les systèmes féodaux se constituant en État ne se distinguaient guère des religions[140] et même sur la scène internationale, à différentes reprises, les religions ont joué un rôle majeur dans la reconfiguration des territoires[141]. Seulement, avec la séparation de l'Église et de l'État prononcée dans de nombreuses constitutions, la religion a longtemps été écartée de la gestion des affaires de la cité. Mais en tenant compte aujourd'hui de cette redynamisation des États religieux, notamment sur le continent africain, certaines traditions demeurent ici et semblent à l'abri d'une possible éradication par le biais du droit.

L'association État-Islam ne permet pas ainsi une traçabilité saine des droits des enfants almajiri au sein de nombreux États africains et moins encore l'application du droit international relatif à cette catégorie de personnes. Cet argument peut se défendre en prenant appui sur une théorie juridique. Celle de la hiérarchie des normes[142]. Les États religieux en effet consacrent généralement la reconnaissance religieuse dans leurs constitutions. Or, du fait de cette hiérarchie posée, bien souvent l'on considère le droit international comme inférieur au principe constitutionnel d'acceptation des phénomènes religieux. Ainsi, des conventions importantes[143], celles garantissant les droits fondamentaux et donc les droits des enfants, sont reléguées au second plan de la hiérarchie des normes.

---

139 La République islamique de Mauritanie. Il faudrait également mentionner certains États du nord de la fédération du Nigeria. Fernando ARLETTAZ, « Droits de l'homme et sécularisation des rapports religions-États : quel rôle pour la jurisprudence de Strasbourg ? », *FMSH-WP-2017-127*, mars 2017, p. 6/21.

140Elisabeth ZOLLER, *Introduction au Droit public*, Paris, Dalloz, coll. « Précis », 2006, p. 4.

141 *Ibid.*

142 Théorie dont on doit l'aboutissement juridique au juriste autrichien Hans KELSEN, *Théorie pure du droit*, Paris, Dalloz, 1962.

143 Hans KELSEN, *Théorie pure du droit*, 2e éd., Paris, Dalloz, 1962.

L'ancrage foncièrement religieux du phénomène des enfants *almajiri* le met hors de portée du champ classique d'application du droit international. Au-delà d'être un phénomène religieux, sa pratique est fondée sur des traditions qui se traduisent sous diverses formes et qui créent des confusions.

2. Une pratique développée de manière dévoyée

La pratique du phénomène des enfants *almajiri* s'avère difficile à cerner en droit international en raison de son développement sous diverses formes en Afrique. En effet, les écoles coraniques reçoivent des noms selon les pays et les différentes cultures. Le mode d'appellation des enfants et des maîtres varie en fonction des zones. Les enfants dits *almajiri* sont identifiés par millions d'enfants à travers le monde en général et plus particulièrement en Afrique centrale et en Afrique de l'Ouest[144]. Les enfants fréquentant les écoles coraniques sont désignés par différentes appellations : *Talibés (Wolof)*[145] ; *Garibous (Dioula)*[146] ; *Almajiri (Hausa)*[147] ; *Almudos (Fulbe)*[148] » , « les enfants talibés appelés communément *« Mouhadjirine »* au Tchad sont des enfants envoyés par leurs parents à un maître d'école coranique, appelé en arabe local « Cheikh », « Marabout » ou *« Séïdna »,* pour qu'ils puissent apprendre le Saint Coran et les traditions (*Hadisse*) prophétiques »[149]. Ces centres sont aussi éloignés de par le type de formation qu'ils rassurent et de par le traitement humain qu'ils infligent à leurs élèves. Au Nigeria, ces enfants sont appelés *Almajiri* qui signifie « celui qui abandonne la maison à la recherche des

144 Le magazine *Voix d'Afrique* à son numéro 91, rubrique société « la grande souffrance des talibés ». Juin 2019.

145Le **wolof** est parlé non seulement au Sénégal, mais aussi en Gambie et en Mauritanie. C'est l'une des 1500 langues de la plus grande famille des langues au monde appelée Niger-Congo.

146 Le **dioula** est une langue mandingue (sous-groupe des langues mandées) parlée ou comprise par environ 20 millions de personnes au Mali, en Côte d'Ivoire et au Burkina Faso, pays dans lequel le **dioula** a le statut de langue nationale.

147 Le haoussa, hausa ou hawsa est une langue africaine parlée en Afrique de l'Ouest, principalement au Niger et au Nigeria, mais aussi au Cameroun, au Soudan, au Tchad, au Bénin, au Ghana et au Togo.

148 Dorte Thorsen, *Les enfants mendiants pour les maîtres des écoles coraniques : Résultats d'une étude menée en Afrique de l'Ouest et centrale*, Unicef, *document d'information n° 5*, avril 2012, p. 1.

149 Adam Ramadane Ibrahim « Tchad : Les « Mouhadjirines » fondent espoir sur la mendicité », novembre 7, 2021, Toumaï Web Médias/https://www.toumaiwebmedias.com/2021/11/07/tchad-ages-de-moins-de-10-ans-les-enfants-mouhadjirines-fondent-espoir-sur-la-mendicite/

connaissances ». Tandis qu'au Burkina Faso et dans certains lieux du Mali, on les appelle *Garibou.*

S'agissant des maîtres qui dirigent ces écoles et qui ont la responsabilité totale sur la formation et la vie des enfants à leur charge, ils ont comme nom courant « Marabout ». Actuellement, beaucoup préfèrent des noms plus prestigieux comme : Alpha au Bénin et en Guinée, Sériŋ au Sénégal, Mabbo au Mali, Karassamba au Burkina Faso, Mallam au Nigeria, Karamoko en Sierra Leone ou en général « Cheikh » en langue arabe. Toutes ces appellations renvoient à maître, leader ou guide spirituel. De ce fait, certains faux maîtres coraniques utilisent de façon illégitime ces noms et forcent les élèves à la mendicité et à d'autres formes d'esclavage ; une pratique ici grandement interdite par de nombreux instruments internationaux notamment ceux interdisant la traite humaine ainsi que la torture ou autre domination de la part des personnes sur les autres.

Indépendamment du fait que la façon d'éduquer les élèves est distincte, ces maîtres reçoivent les mêmes titres et cela prête à confusion et empêche de faire la différence entre ceux qui exercent un enseignement honnête et ceux qui maltraitent les enfants. Le caractère distinct de fonctionnement et l'inégale pratique sur l'ensemble du territoire d'Afrique occidentale et centrale, rendent encore plus difficile l'identification « des fausses écoles coraniques ». Aujourd'hui, l'on retrouve, dans une grande partie de l'Afrique subsaharienne, centrale et occidentale, un amalgame d'enseignements islamiques qui varient selon le devenir historique du pays ou de l'insertion de l'islam dans sa population. Aussi la majorité des foyers coraniques évolue-t-elle dans un système informel et n'est pas prise en compte dans les statistiques scolaires officielles, pas même celles du non- formel, car les foyers coraniques ne font pas partie des priorités nationales, comme le souligne le Dr Dorte Thorsen : « Étant donné la rareté des données statistiques sur l'éducation des enfants dans des institutions religieuses et l'accent mis sur l'une des diverses formes d'éducation islamique, l'efficacité ne peut être mesurée en nombre d'élèves »[150]. Les apprenants de ces foyers vivent dans des conditions difficiles, car leur nombre est souvent élevé chez le maître, qui n'arrive plus à bien les loger, les nourrir, les soigner.

150 DorteThorsen, *Les enfants mendiants pour les maîtres des écoles coraniques : Résultats d'une étude menée en Afrique de l'Ouest et centrale*, Unicef, *document d'information n° 5*, avril 2012, p. 13.

Dès lors, le droit international face à cette situation est mis à l'épreuve, car il lui incombe de disposer de mesures adaptées à des pratiques qui se font dans des écoles coraniques afin de les encadrer sans que cela soit une forme d'ingérence de la part de la communauté internationale dans la pratique religieuse et que l'on accuse le droit international d'être détracteur de la religion musulmane. Néanmoins, la frontière entre le droit international et les pratiques coraniques aujourd'hui n'est plus justifiée dans de nombreux États dits islamiques au risque de laisser se pérenniser une utilisation abusive des enfants par l'argument religieux tel que le renseigne le phénomène des enfants *almajiri* en Afrique. Cependant, l'ambition de rendre opérant le droit international dans la lutte contre le phénomène des enfants *almajiri* tient compte de son déficit en matière de réglementation relative à la traite des enfants *almajiri.*

B. Le droit international desservi en matière de réglementation relative à la traite des enfants almajiri

Le droit international est fondamentalement un droit volontariste. Cet état de fait se conjugue par la priorisation de certaines préoccupations au détriment d'autres dans l'élaboration de l'agenda international. La conséquence apparente est alors le délaissement de certaines situations de fait constatées par les États dans le cadre de la défense de certains droits. Pour le cas des enfants *almajiri,* plusieurs facteurs explicatifs peuvent être avancés pour étayer le déficit du droit international en la matière. D'une part, il s'agit du défaut de coopération entre les États touchés par ce phénomène et leurs communautés traditionnelles (1), et la minimisation de la gravité des conséquences de ce phénomène au niveau international (2).

1. Le défaut de coopération entre les États confrontés au phénomène des enfants almajiri et leurs communautés traditionnelles

L'éducation religieuse occupe une place centrale au sein de la société nigérienne. De nombreuses familles perpétuent la tradition des écoles coraniques en y inscrivant leurs enfants[151]. La grande majorité de ces écoles sont résidentielles, fonctionnant essentiellement comme des pensionnats gratuits. Aujourd'hui, les effectifs des écoles coraniques augmentent à un

[151] C'est d'ailleurs une tradition qui se perpétue et qui révèle l'importance de la religion au sein des familles de cet État. Une chose d'ailleurs qui démontre l'ampleur du dispositif.

rythme effréné, sans qu'il y ait une synergie d'actions entre l'État et les communautés traditionnelles en vue d'une réglementation.

Au Niger, les leaders religieux, garants des principes islamiques, tiennent une place centrale. Appelés marabouts du pays, ils sont organisés en plusieurs associations islamiques présidées par l'Association Islamique du Niger (AIN). Ces associations exercent une forte influence au sein de la société nigérienne. Le positionnement des marabouts sur certaines réformes sociétales au Niger a mené à l'abandon d'un certain nombre de projets de loi par les pouvoirs publics notamment le nouveau code de la famille qui aurait accru l'âge minimum légal pour le mariage des jeunes filles à 18 ans[152]. Pareillement, les marabouts disposent d'un droit de parole quasi souverain sur les questions relatives aux talibés au Niger. Ceci explique d'une certaine manière pourquoi l'action menée par les gouvernements et la communauté internationale pour la lutte du phénomène des enfants *almajiri* reste assez limitée. La tradition occupe une place centrale dans ces sociétés. Certaines familles, conscientes du calvaire dans lequel vivent leurs enfants dans ces écoles, optent pour le mutisme et la non-dénonciation au profit de certains bénéfices versés par ces maîtres d'école[153] tandis que d'autres se débarrassent tout simplement de leurs enfants par manque de moyens pour pallier leurs besoins.

Ce mutisme des populations et des communautés traditionnelles, suivi d'un attentisme du gouvernement, entraîne le manque d'information sur les motivations et mécanismes qui conduisent à l'exploitation des talibés, l'ampleur[154] et la nature de la mendicité forcée ; les profils et vécus des talibés ; ou encore, sur l'impact socio-économique du trafic et de ses implications géopolitiques sur le long terme, rendant ainsi difficile l'action du gouvernement concerné et de la communauté internationale qui disposent de peu d'informations.

En outre, un dangereux silence causé, entre autres, par la gêne ou réticence de certains maîtres coraniques à la discussion, la peur des représailles des talibés, le tabou social concernant les méfaits de certaines pratiques islamiques détournées et la méfiance des marabouts quant aux

---

152 Voir le code de la famille du Niger et plus particulièrement les dispositions légales relatives au mariage.

153 Souvent la peur du rejet d'une société pratiquante est souvent la cause profonde d'application de telles mesures au sein de la société au mépris des lois et règlements.

154 Les estimations varient selon les zones ciblées dans diverses recherches effectuées sur le sujet.

influences perçues comme « Occidentales », maintient l'exploitation des talibés dans l'ombre, marginalisant davantage l'expérience de ces derniers dans l'opinion publique et l'agenda politique aussi bien national qu'international.

Face à cette situation, il peut alors être tiré d'un ensemble de conséquences face à cet ensemble de silences et de faits vis-à-vis des droits des enfants. D'abord, l'application du droit international au sein des ordres juridiques internes semble aujourd'hui complètement biaisée[155] quant à garantir la dignité et la préservation de la vie de l'enfant. D'ailleurs, dans une perspective générale, l'on dénonce très souvent, dans les systèmes juridiques africains[156], un manque de prise en compte du droit relevant d'institutions autres que celles étatiques. Ensuite, l'on note ici une absence grande de collaboration communautaire dans le cadre de l'éradication d'un phénomène vicieux des droits humains. Enfin, la perspective généraliste pourrait aussi faire penser à un avenir sombre pour les droits des enfants dans cette société postmoderne[157].

2. L'écho minimisé de la gravité des conséquences du phénomène des enfants almajiri au niveau international

« Le système *almajiri* est une couverture pour les individus à l'esprit criminel, qui abusent des enfants nigérians, mineurs, innocents et les exposent à des comportements antisociaux, et qui enfin les utilisent comme esclaves sexuels »[158]. Tels sont les propos transcrits par un média dénommé le Guardian. Ce système manque de bons enseignants et d'un environnement assez sain, écrit le professeur Idris Abdulqadir. Les enfants des rues sont devenus une norme culturelle dans le nord du Nigeria. Selon les statistiques, les jeunes concernés sont âgés de 4 à 15 ans, souvent fruits d'unions polygames, premières victimes des difficultés financières de la famille. Sous couvert de leur donner un enseignement coranique, les parents se débarrassent de leurs enfants, les confient à ces instituts islamiques. Les autorités estiment à plus de neuf millions le nombre d'élèves présents dans ces écoles. À titre illustratif, au Nigeria, à la date du

[155] Jean COMBACAU, « Le droit international : bric-à-brac ou système ? », *APD*, Paris, Sirey, 1986, p. 85.
[156] DIJON Xavier, « Les masques du droit en Afrique, une lecture européenne des sources de la norme », *RIDC,* n° 4, 2009, p. 567-601.
[157] CHEVALLIER Jacques, *L'État postmoderne*, Paris, LGDJ, 2017.
[158] www.francetvinfo.fr/monde/afrique/societe-africaine/les-ecoles-coraniques-au-nigeria-bien-plus-enfer-que-paradis, consulté le 13 février 2022 à 17 h 19

26 septembre 2019, plus précisément dans l'État de Kaduna, 300 étudiants ont été libérés de l'école coranique. Les sévices subis par ces étudiants étaient entre autres des viols, des maltraitances et ils étaient forcés à la mendicité[159]. De même, dans un autre État voisin de Katsina, un établissement de 300 élèves victimes d'abus, de viols, torture, enfermement a été découvert le 12 octobre 2019 par la police locale. La précarité des conditions de vie de ces enfants ainsi que leur vulnérabilité à des pratiques néfastes renseignent à suffisance sur la gravité des conséquences du phénomène des enfants *almajiri*, qui semble encore être minimisée.

En effet, les conséquences de ce phénomène s'étendent sur divers plans, notamment social, économique, politique, sécuritaire. La communauté internationale semble minimiser l'ampleur des conséquences de ce phénomène qui monte en puissance. Beaucoup d'enfants de ces écoles sont introduits de force dans des groupes de délinquants ou de terroristes et tout ceci renforce et amplifie le terrorisme dans ces pays. Le Secrétaire général des Nations Unies a souligné que dans les pays où règnent et s'étendent les « insurgences » rebelles et le terrorisme djihadiste, des familles, des imams et des notables locaux auraient facilité le recrutement d'enfants dans des groupes armés. Les enfants confiés à des marabouts par leurs parents étaient particulièrement vulnérables et les écoles religieuses servaient souvent de lieux d'endoctrinement et de recrutement[160].

Dans certains cas, comme il ressort des informations des médias de Bamako et de Dakar, des parents quelquefois trompés par de fausses promesses se retrouvent impliqués dans le recrutement forcé[161] ou même rentrent dans une spirale de dégradation humaine. Les plus vulnérables sont les jeunes filles exposées à de pires dangers. Elles peuvent être violées, vendues à des proxénètes pour exercer la prostitution. Certains de ces enfants sont vendus aux marchés noirs par leurs maîtres.

---

159 ADAM RAMADANE Ibrahim « Tchad : Les « Mouhadjirines » fondent espoir sur la mendicité », novembre 7, 2021, Toumaï Web Médias/https://www.toumaiwebmedias.com/2021/11/07/tchad-ages-de-moins-de-10-ans-les-enfants-mouhadjirines-fondent-espoir-sur-la-mendicite/

160 Le sort des enfants en temps de conflit armé. *Rapport du Secrétaire général de Nations Unies* S/2 014/339, 15 mai 2014.

161 Une chose d'ailleurs qu'ils dénoncent avec beaucoup de peur du fait de possibles représailles juridictionnelles, notamment avec des poursuites pénales.

D'autres en revanche se déplacent d'un pays à un autre fuyant les mauvais traitements qu'ils subissent dans ces centres conduisant à la montée en puissance de l'immigration clandestine[162]. Au demeurant, les conséquences de ce phénomène présentent une gravité faisant apparaître un système de traite des enfants atypique. Ainsi, l'opérationnalisation du droit international dans la lutte contre cette pratique néfaste consisterait en une rationalisation de la protection des enfants *almajiri* dans ces zones où les valeurs et les droits des enfants sont bafoués au quotidien au profit de la pratique d'un trafic sous couvert de la religion et de la tradition[163].

II. LE DROIT INTERNATIONAL A L'ŒUVRE D'UNE RATIONALISATION DE LA PROTECTION DES ENFANTS ALMAJIRI

Dans l'analyse contemporaine, il convient toutefois de faire preuve de prudence. D'abord dans le cadre de l'existence même du droit international et a fortiori du droit international humanitaire, car si celui-ci agit lentement, force est de constater qu'il agit quand même. À ce niveau, l'œuvre du droit international pour la protection des enfants *almajiri* peut se ressentir au travers de l'inclusion de ces enfants dans la lutte contre la traite des êtres humains (A) et par une amélioration de son apport dans la lutte contre les enfants *almajiri* (B). Ces deux déterminants permettent alors à suffire de tracer la voie d'un combat légitime pour sortir les mineurs des traitements inhumains.

A. L'inclusion des enfants almajiri dans la lutte contre la traite des êtres humains

Le droit international fait aujourd'hui face aux traitements inhumains subis par les enfants. Et plus encore à ceux subis par les enfants *almajiri*. Il met donc en exergue une conception non discriminatoire de la protection des enfants. Cela signifie que les enfants *almajiri* sont pris en compte dans le cadre de la protection de tous les enfants (1) et la ratification du traité de protection des enfants sans toutefois possibilité d'émettre un certain nombre de réserves (2).

---

162 Sur ce sujet, le phénomène de migration que l'on observe dans le monde contemporain peut faire ici office d'exemple de personnes qui, fuyant des travaux forcés, s'enrôlent dans des traversées suicidaires pour rejoindre l'Europe.

163 Une tradition qui voile ici les infractions pénales.

1. La conception non discriminatoire de la protection des enfants en droit international

L'ensemble des textes et des lignes directrices internationaux qui protègent les enfants est vaste et complexe. Il est composé d'instruments juridiques, de normes, de lignes directrices et de politiques internationales. Ceux-ci peuvent être classés en trois grands cadres à savoir :

1.1. Le cadre légal et normatif international, comprenant le droit international humanitaire et le droit international des droits de la personne.

Il inclut de nombreuses conventions qui sont juridiquement contraignantes pour les États qui les ont ratifiées ainsi que des normes et des lignes directrices internationales qui ne sont pas juridiquement contraignantes. La contrainte de ces normes est un élément fondamental pour la prise en compte de ces instruments dans la sphère juridique interne[164]. Pour le cas du Cameroun, à titre d'illustration, les traités internationaux et autres instruments dûment ratifiés rentrent dans une hiérarchie établie[165]. En ce sens, le législateur est tenu dans un sens large de se conformer à l'ensemble des prescriptions internationales. D'ailleurs, cela est la conséquence d'un statut très particulier fait au droit international dans le cadre du droit constitutionnel[166].

1.2. Le cadre du Conseil de sécurité de l'ONU, composé d'une série de résolutions traitant de différents enjeux entourant la protection de l'enfant, et les mandats des différentes missions de maintien de la paix de l'ONU. Il inclut des dispositions relatives à la protection de l'enfant.

En plus des instruments internationaux qui sont juridiquement contraignants, la communauté internationale a élaboré une série de lignes directrices qui réglementent la façon dont les États traitent les enfants. Ces lignes directrices s'appliquent aussi bien en temps de paix qu'en temps de conflits armés[167]. De plus, elles traitent de tous les aspects liés aux interactions qu'un enfant pourrait avoir avec le système de justice d'un État. La phrase « justice pour les enfants » reconnaît que les enfants peuvent entrer en contact avec le système de justice et autres systèmes connexes dans une variété de contextes, comme des procédures civiles et

---

164 BERRAMDANE Abdelkhaleq, *La hiérarchie des droits. Droits internes et droits européen et international,* Paris, L'Harmattan, coll. *« Logiques juridiques »*, 2002, p. 20.

165 *Ibid.*

166 Voir les Art. 40 et suiv. de la Constitution du 18 janvier 1996.

167 C'est en ce sens que la doctrine a évoqué dans une perspective universelle les normes de *Jus cogens.*

administratives. Par conséquent, les systèmes de justice doivent être en mesure de se charger de ces enfants peu importe la raison (conflit avec la loi, victime, témoin, etc.). Les filles et les garçons qui entrent en contact avec la loi, peu importe leur statut (victime, témoin, présumé coupable), possèdent des droits spécifiques qui doivent être respectés par tous les intervenants impliqués. Les Nations Unies ont adopté une série de lignes directrices et de règles spécifiques à la justice pour les enfants :

- L'Ensemble des règles minima des Nations Unies concernant l'administration de la justice pour mineurs (Beijing) 1 985 ;
- Les Principes directeurs des Nations Unies pour la prévention de la délinquance juvénile (Riyad) 1990 ;
- Les Règles des Nations Unies pour la protection des mineurs privés de liberté (Havane) 1990.

1.3. Les Directives relatives aux enfants dans le système de justice pénale (Vienne) 1997

Les modèles stratégiques[168] et mesures pratiques de l'ONU relatives à l'élimination de la violence à l'encontre des enfants en matière de prévention du crime et de justice pénale ont été élaborés par l'Office des Nations Unies contre la drogue et le crime (ONUDC) en 2017. Ils comprennent cinq catégories de stratégies et de mesures pratiques :

- Réformes législatives relatives aux droits des enfants et stratégies pour éliminer la violence contre les enfants ;
- Réformes des organismes d'application de la loi et des systèmes de justice afin d'améliorer la détection et les enquêtes sur les violations des droits de l'enfant et les procédures criminelles, selon les normes internationales ;
- Programmes et interventions pour améliorer la coordination entre les différents intervenants du système de protection de l'enfant ;
- Stratégies et mesures de prévention et de répression de la violence à l'encontre des enfants dans le système judiciaire, y compris l'interdiction de la torture et autres traitements cruels ou inhumains envers les enfants détenus ;

[168] Stratégies et mesures concrètes types des Nations Unies relatives à l'élimination de la violence à l'encontre des enfants dans le contexte de la prévention du crime et de la justice pénale, Office des Nations Unies contre la drogue et le crime, 2017. Pour plus de ressources, consultez-le : https://www.unodc.org/documents/justice-and-prison-reform/Child-Victims/16_09569_ebook.pdf ©123 F - Ben Heys

- Stratégies et programmes pour renforcer les mécanismes de responsabilisation et de surveillance.

Le souci de contrecarrer les pratiques des traitements inhumains à l'égard des enfants *almajiri* est manifestement une préoccupation en droit international[169]. L'on sait en effet que la protection des enfants reste un point essentiel des politiques internationales. Ainsi, le problème de la protection des droits de l'enfant reste une préoccupation majeure du Conseil International des ONG sur la violence contre les enfants[170]. Pour y parvenir, ils ont entrepris de chercher la source du mal à la racine et proposeront que la cause principale des violations des droits de l'enfant se trouve dans les pratiques néfastes fondées sur la tradition, la culture, la religion ou la superstition. Pour fonder leur affirmation, ils ont commencé par présenter l'entendement qu'ils ont des pratiques néfastes. Pour ces derniers, « Toutes les violations des droits des enfants peuvent légitimement être décrites comme des pratiques néfastes »[171].

Ces pratiques néfastes reposent sur la tradition, la culture, la religion ou la superstition. L'un des traits caractéristiques de ces pratiques est « qu'elles sont courantes et acceptées dans certaines communautés, États, régions et, dans certains cas, au niveau mondial en raison de l'un ou plusieurs des éléments suivants :

- Tradition : la transmission des coutumes ou des croyances de génération en génération ;
- Culture : les idées, les coutumes et le comportement social d'un peuple ou d'une société particulière ;
- Religion : pratiques requises ou préconisées dans les textes religieux ou d'enseignement, ou supposées comme telles ;
- Superstition : des croyances irrationnelles mais très répandues, non fondées sur la raison ou la connaissance »[172].

---

169 Unicef, *Manuel d'application de la Convention relative aux Droits de l'Enfant*, Unicef 2002, p. 366.

170 « La violation des droits de l'enfant : Pratiques néfastes fondées sur la tradition, la culture, la religion ou la superstition », *Un rapport du Conseil International des ONG sur la Violence contre les Enfants*, octobre 2012.

171 *Ibid.*

172 *Ibidem*

La protection des enfants *almajiri* en droit international entre dans les mêmes plans de protection des êtres humains[173]. En juin 1990, la 29e Conférence des chefs d'État et de gouvernement de l'Organisation de l'Unité Africaine a adopté la Charte africaine des droits et du bien-être de l'Enfant, entrée en vigueur le 29 novembre 1999, après avoir reçu la ratification de 15 États, conformément à son article 47. La Charte africaine des droits et du bien-être de l'enfant s'inspire de la Convention des Nations Unies sur les Droits de l'Enfant ; cependant, si certains des droits déclinés dans cette Charte sont identiques à ceux de la Convention des Nations Unies, la plupart sont interprétés dans le contexte africain. La première disposition de la Charte est consacrée aux droits et protection de l'enfant. La Charte garantit à tous les enfants des droits imprescriptibles : les droits à la vie[174], à l'éducation, aux biens et à la culture, à la protection contre l'exploitation et les mauvais traitements, à la santé. Elle reconnaît à l'enfant le droit d'expression, d'association, la liberté de pensée. Elle le protège en cas de conflits armés. Plusieurs articles sont consacrés aux droits et aux responsabilités de la famille. L'article 31 énonce « la responsabilité de l'enfant envers sa famille, la société, l'État et toute autre communauté reconnue légalement ainsi qu'envers la communauté internationale ». La plupart des pays du continent ont signé et ratifié la Charte africaine des droits et du bien-être de l'enfant.

C'est fort de ces précisions que l'on peut considérer le sort des enfants comme constitutif de traite des êtres humains et donc une préoccupation déduite du droit international.

2. La considération du sort des enfants almajiri comme constitutive de traite des êtres humains

Selon Jean Didier BOKOUNGOU[175], partout en Afrique, les enfants sont victimes de violences et abus multiples qui sont constitutifs de traite des êtres humains. Deux arguments peuvent être mobilisés pour étayer cette considération. Le premier argument est relatif à la précarité des enfants *almajiri* qui les expose à des maux comme les travaux pénibles, la

---

[173] Rémy Bernard NGOMBE, *Les normes juridiques internationales relatives à la protection des droits de la femme et de l'enfant en Afrique : le cas du Sénégal*, Université Le Havre Normandie, Faculté des Affaires Internationales, 29 novembre 2019, 481p.

[174] Cette charte rejoint ainsi la déclaration universelle des Droits de l'homme de 1948 et plus en arrière, la Déclaration française des droits de l'Homme et du citoyen de 1789.

[175] BOKONGO Jean Didier, « Le Système africain de protection des droits de l'enfant », *Cahiers de la recherche sur les droits fondamentaux*, 5, 2006, pp. 97-108.

violence, le trafic, la drogue, la délinquance, les maladies. En effet, dans toutes les villes des pays ouest-africains et certains de l'Afrique centrale, le spectacle des enfants tenant à la main une boîte est devenu familier. Cette situation d'errance est soulignée avec véhémence par Dr Dorte Thorsen en ces termes : « Les Almajirai peuvent subir des sévices à de nombreux niveaux. Plusieurs études indiquent qu'envoyer des enfants dans des écoles coraniques revient à leur faire subir des sévices en raison de la mendicité impliquée, du fait que de nombreux *Almajirai* sont sales et portent des loques lorsqu'ils mendient dans la rue, et du recours par les marabouts au châtiment corporel [13, 15]. De plus, il est indiqué que de nombreux de ces enfants sont victimes de la traite [cf. 17]. De telles généralisations sont inutiles, car elles ignorent la diversité des expériences des enfants. Tandis que certains talibés trouvent les conditions de vie dans la *daara* si déplorables qu'ils rentrent chez eux ou choisissent de vivre dans la rue, (…) [17, 22, 40] »[176].

Le second argument est relatif à l'intrusion de pratiques mercantiles et lucratives de certains maîtres qui ont dénaturé l'essence même des foyers coraniques. Pour l'imam de la mosquée Nour'Al Houda de Goz-attor, « aucun livre de l'islam n'autorise l'exploitation des enfants, le Coran et les traditions prophétiques garantissent à l'enfant un bon traitement et une bonne éducation ». Il va jusqu'à mettre en doute la maîtrise des livres saints par les détenteurs de ces écoles. « Vu comment les marabouts gèrent les écoles coraniques, il est clair qu'ils n'ont pas une bonne connaissance du Coran et des traditions prophétiques », a- t-il insisté. L'imam, dépassé par cette situation qui entache la religion musulmane, sollicite l'implication du Conseil Supérieur des Affaires Islamiques et des autorités concernées afin de moderniser ces centres et faire leur suivi pour assurer un bon traitement aux enfants, avec plus de dignité comme « tout autre enfant de leur âge »[177].

Dès lors, le droit international, au travers des textes de lois internationales, du travail acharné de plusieurs organisations internationales (ONG, Unicef, ONU…) ainsi que de multiples

[176] DorteThorsen, *Les enfants mendiant pour les maîtres des écoles coraniques : Résultats d'une étude menée en Afrique de l'Ouest et centrale*, *op.cit.*, pp. 10-11.

[177] Adam RAMADANE Ibrahim « Tchad : Les « *Mouhadjirines* » fondent espoir sur la mendicité », novembre 2021, p. 7. Toumaï Web Médias/https://www.toumaiwebmedias.com/2021/11/07/tchad-ages-de-moins-de-10-ans-les-enfants-mouhadjirines-fondent-espoir-sur-la-mendicite/ consulté le 13 février 2022

conventions, contribue à la lutte contre la traite des êtres humains. Il ne cesse de multiplier des efforts pour répondre au problème des enfants « almajiri ». Plusieurs conventions internationales luttent de plus en plus pour pallier les problèmes des enfants victimes d'abus. Dans le droit international des droits de la personne, en plus des conventions qui protègent les droits de la personne, il existe certaines conventions qui traitent spécifiquement des droits de l'enfant. La convention relative au droit de l'enfant de l'ONU de 1989[178] est le traité sur les droits de la personne le plus ratifié au monde, lequel se fonde sur le principe directeur de l'intérêt supérieur de l'enfant, ce qui signifie que toute décision pouvant affecter un enfant doit toujours être prise en tenant compte de son intérêt supérieur. Ce principe est aussi lié à trois autres principes : la survie et le développement, la non-discrimination et la participation. La contribution du droit international face à ce phénomène se fait ressentir au travers de ses multiples textes de lois internationales visant la protection de l'enfant dans tous les domaines. Au demeurant, l'application imprécise du droit international à ce phénomène sui generis suggère d'envisager un droit international plus adapté et qui s'induit par une implication plus engagée des États et des entités non étatiques telles que les Organisations internationales et les ONG.

B. L'amélioration nécessaire de l'apport du droit international dans la lutte contre la traite des enfants almajiri

Les efforts déployés par le droit international sont significatifs, mais restent insuffisants au regard de l'ampleur du phénomène et des conséquences grandissantes. Il serait judicieux que des stratégies ou des textes de loi spécifiques soient mis sur pied afin de toucher directement la catégorie d'enfants concernés.

1. La possible réglementation eu égard à la spécificité des enfants almajiri

Le cas des enfants *almajiri* est un phénomène qui nécessite un encadrement spécial du droit international. Le problème que rencontrent ces enfants touche fortement le plan religieux, ce qui nécessite une prise en charge spécifique de la situation[179]. Toutes les mesures prises par le droit

[178] http :// www.ohchr.org/FR/ProfessionalInterest/Pages/CRC.aspx

[179] Cette demande se heurte toutefois à des politiques et pratiques juridiques ultra- conservatrices de la part des États se considérant grandement musulmans. Cela est

international pour la protection des enfants englobent de façon générale tous les enfants du monde sans distinction aucune. Qu'il s'agisse des conventions, des organisations internationales, des textes de lois internationales, ces différentes institutions internationales visent la protection universelle des enfants.

Cependant, la forte présence de la religion musulmane dans ce phénomène rend plus complexe l'idée d'une généralisation du cadre de protection des enfants *almajiri* d'où la nécessité d'une réglementation spécifique. En effet, il est important, voire judicieux, de noter que chaque pays est confronté à ses propres réalités qui nécessitent un encadrement spécifique dans un cas ou un autre. Le cas des enfants *almajiri* touche les pays dont la moitié de la population pratique l'islam. La religion musulmane étant connue comme très conservatrice n'admet pas facilement que les pouvoirs politiques s'immiscent dans leur système de fonctionnement, car très traditionaliste. Ainsi, chaque texte de loi devrait être adapté aux réalités du problème posé, étant donné que de nombreux dirigeants font face à des difficultés pour améliorer la situation des enfants qui fréquentent ces écoles coraniques. Ils sont fréquemment confrontés aux leaders religieux et traditionnels qui, dans certains pays comme le Nigeria (le nord), ont une forte influence.

2. La spécialisation des institutions face aux questions liées aux enfants almajiri

Les constitutions des pays africains reconnaissent la place de l'enfant dans la société[180]. Après avoir signé la Convention internationale de l'ONU sur les droits de l'enfant, beaucoup d'États se sont engagés à retranscrire dans leur droit interne, les engagements de la Convention par la mise en place d'un Code juridique de protection de l'enfant. Là où le code n'est pas prévu, des lois ont été promulguées dans le but de faire avancer le respect des droits de l'enfant. Il est constaté que dans tous les pays, il existe des ministères qui, dans le cadre d'un portefeuille plus large, lié à la Famille, à la Condition féminine ou aux Questions sociales, sont en charge de la

---

d'ailleurs souvent apprécié par le fait qu'on croit former les jeunes garçons dans l'apprentissage de la religion et de l'art de vivre.

180 Cette demande se heurte toutefois à des politiques et pratiques juridiques ultra-conservatrices de la part des États se considérant grandement musulmans. Cela est d'ailleurs souvent apprécié par le fait qu'on croit former les jeunes garçons dans l'apprentissage de la religion et de l'art de vivre.

coordination des politiques de l'enfance[181]. Dans des ministères comme l'Intérieur, l'Éducation, la Justice, les Affaires sociales, le Sport, des départements appropriés, dédiés à l'impact des politiques sur les enfants existent. De plus, des commissions consultatives et des collectifs d'ONG ont été mis en place pour coordonner la voix des acteurs, des actrices responsables et/ou portant la voix des associations, travaillant dans le domaine de l'enfance.

L'environnement africain apparaît ainsi plutôt favorable à l'essor d'une prise de conscience politique des droits de l'enfant. Il est vrai pourtant qu'il existe encore un grand décalage entre la réalité, « de jure », concernant « la loi et le droit » et la réalité « de facto », concernant « la pratique et les faits ». Certes des avancées ont marqué l'ensemble des contextes nationaux, de la plupart des pays de l'Afrique, cependant davantage d'efforts sont à consentir pour traduire de manière effective les droits de l'enfant et de tous les enfants, y compris les enfants en situation de rue ou encore enfants *almajiri* (phénomène qui sévit dans les villes africaines), dans les faits.

Conclusion

Le droit international est amené à jouer un rôle dans le cadre de la gestion de certaines catégories de personnes. Il est amené à jouer un rôle majeur dans la protection des enfants et donc dans la protection des enfants *almajiri*. Ceux-ci sont l'objet d'un commerce adossé à des élans fallacieux du divin. La conséquence directe est une certaine atteinte à leurs droits fondamentaux ainsi qu'à leurs libertés fondamentales. L'intégrité physique ou encore le droit à une véritable éducation apparaissent ici comme de véritables chimères quant au fait de procéder à une observation objective. Et pourtant, au sens des conventions internationales « les États s'engagent à respecter les droits énoncés dans la présente convention et à les garantir à tout enfant relevant de leur juridiction, sans distinction aucune, indépendamment de toute considération de race, de couleur, de sexe, de langue, de religion, d'opinion politique ou autre de l'enfant ou de ses parents ou représentants légaux, de leur origine nationale, ethnique, ou

[181]Cette reconnaissance étant le fait pour la plupart des préambules constitutionnels. Pour le Cameroun par exemple, le préambule fait partie intégrante de la Constitution. La conséquence demeure ainsi une obéissance aveugle des principes contenus dans le préambule.

sociale, de leur situation de fortune, de leur capacité, de leur naissance ou de toute autre situation ». Il s'infère de cette disposition qu'en l'état actuel et conformément au droit international, la contrainte est de rigueur et les enfants *almajiri* doivent ici être protégés compte tenu de l'obligation qui incombe aux États signataires de conventions internationales. Seulement, de nombreux problèmes restent encore à résoudre. Les uns généraux et les autres spécifiques.

D'un point de vue général, les mécanismes de contrainte des États quant à exiger l'application des conventions internationales restent encore dans le domaine de l'imaginaire. La barrière demeurant ici la souveraineté. En raison de cette limite, l'on voit dans le droit international la prévalence du droit mou encore appelé *soft law.* D'un point de vue spécifique, des barrières idéologiques nationales marquées par l'ultra influence de la religion sont un véritable frein à la défense pérenne et certaine des droits des enfants se formant dans des institutions confessionnelles dans le cadre de la religion musulmane. Fort de cette réalité préoccupante, il faut réfléchir à de nouvelles façons de protéger l'enfant dans une société qui prend de plus en plus des mesures d'adaptation du droit international.

Références bibliographiques

1. ADAM RAMADANE Ibrahim, « Tchad : Les « Mouhadjirines » fondent espoir sur la mendicité », novembre 7, 2021.
2. ARLETTAZ Fernando, « Droits de l'homme et sécularisation des rapports religions-États : quel rôle pour la jurisprudence de Strasbourg ? », FMSH-WP-2017-127, mars 2017, p. 6/21.
3. ARLETTAZ Fernando, Les groupes religieux, objet du droit international, Aix-en-Provence, Presses universitaires d'Aix-Marseille, 2018 (Droit et religions), 327 p.
4. BERRAMDANE Abdelkhaleq, La hiérarchie des droits. Droits internes et droits européen et international, Paris, L'Harmattan, coll. « Logiques juridiques », 2002.
5. BOKONGO Jean Didier, « Le Système africain de protection des droits de l'enfant », Cahiers de la recherche sur les droits fondamentaux, 5, 2006, pp 97-108.
6. COMBACAU Jean, « Le droit international : bric-à-brac ou système ? », APD, Paris, Sirey, 1986.

7. DIJON Xavier, « Les masques du droit en Afrique, une lecture européenne des sources de la norme », RIDC, n° 4, 2009.

8. DORTE Thorsen, Les enfants mendiant pour les maîtres des écoles coraniques : Résultats d'une étude menée en Afrique de l'Ouest et centrale, Unicef, document d'information n° 5, avril 2012, pp. 10-11.

9. MUKENE Pascal, L'ouverture entre l'école et le milieu en Afrique noire. Pour la gestion pertinente des connaissances, Éditions universitaires de Fribourg, Suisse, 1988, p. 253.

10. NGOMBE Rémy Bernard, Les normes juridiques internationales relatives à la protection des droits de la femme et de l'enfant en Afrique : le cas du Sénégal, Université Le Havre Normandie, Faculté des Affaires Internationales, 29 novembre 2019, 481p.

11. Rapport du Conseil International des ONG sur la Violence contre les Enfants, « La violation des droits de l'enfant : Pratiques néfastes fondées sur la tradition, la culture, la religion ou la superstition », octobre 2012.

12. Manuel d'application de la Convention relative aux Droits de l'Enfant, Unicef 2002.

13. Rapport du Secrétaire Général des Nations Unies, Le sort des enfants en temps de conflit armé. S/2014/339, 15 mai 2014.

14. https://www.unodc.org/documents/justice-and-prison-reform/Child-Victims/16_09569_ebook.pdf

15. https://www.toumaiwebmedias.com/2021/11/07/tchad-ages-de-moins-de-10-ans-les-enfants-mouhadjirines-fondent-espoir-sur-la-mendicite

16. www.francetvinfo.fr/monde/afrique/societe-africaine/les-ecoles-coraniques-au-nigeria-bien-plus-enfer-que-paradis

L'ESCLAVAGE SEXUEL DES FEMMES ET DES JEUNES FILLES DANS LES NOUVEAUX CONFLITS ARMÉS EN AFRIQUE. L'EXEMPLE DE LA GUERRE CONTRE BOKO HARAM

Marie Thérèse MENGUE
Professeure titulaire
Université Catholique d'Afrique Centrale (UCAC)
mengue_mt@yahoo.fr.

Yvan Hyannick OBAH
Doctorant en sciences sociales (option sociologie politique) à l'Université Catholique d'Afrique Centrale (UCAC)
Doctorant en science politique à l'Université de Yaoundé II.
obahyvan@gmail.com.

Résumé

L'esclavage sexuel des femmes et des jeunes filles, encore connu sous l'euphémisme « femmes de réconfort » ou *« comfortwomen »*, est une pratique réalité dans les nouveaux conflits armés en Afrique. Elle pose le problème de la place de la femme pendant et après le conflit armé et amène à interroger les déterminants de ces formes de violence subies par les femmes. L'idée fondatrice de cette réflexion est que l'esclavage sexuel des femmes et des jeunes filles dans les nouveaux conflits armés en Afrique trouve son origine dans la construction sociale de la différence entre l'homme et la femme. Il se nourrit des idéologies militant en faveur de la subordination de la gent féminine et des largesses de l'économie de la guerre. Pour rendre compte de ce positionnement, nous nous appuyons sur des données collectées moyennant un guide d'entretien semi-structuré, auprès des femmes et jeunes filles ex-otages de Boko Haram à Zamai et des ex-associés de Boko Haram à Mora, dans la région de l'Extrême-nord du Cameroun.

Mots-clés : **Femmes, jeunes filles, esclaves sexuelles, nouveaux conflits armés, Boko Haram.**

Abstract

The sexual slavery of women and young girls, still known by the euphemism "comfort women", is a common practice in the new-armed conflicts in Africa. It poses the problem of the place of women during and after armed conflict and leads us to question the reasons that determine the resurgence of these forms of violence suffered by women. The founding idea of this reflection is that the sexual slavery of women and young girls in the new-armed conflicts in Africa has its origin in the social construction of the difference between men and women, inspired by ideologies that militate in favor of the subordination of the latter and the largesse of the war economy. To account for this positioning, we draw on data collected using a semi-structured interview guide, from women and girls who were formerly Boko Haram hostages in Zamai and ex-Boko Haram associates in Mora, in the Far North region of Cameroon.

Keywords: ***Women, young girls, sexual slaves, new armed conflicts, Boko Haram.***

Introduction

Les guerres qui traversent l'Afrique actuelle rappellent à tous égards que l'époque des amazones est révolue, avec pour témoin l'absence significative des femmes sur la scène des affrontements. Autrefois en première ligne dans les oppositions armées[1], les femmes sont de moins en moins présentes sur les champs de bataille. Lorsqu'elles le sont, elles opèrent différemment aujourd'hui[2]. Au fil des années, les femmes font partie des catégories vulnérables (enfants, personnes âgées, etc.). Une catégorisation qu'elles doivent à la dynamique d'assignation des rôles sociaux, due à la construction des hiérarchies[3]. Les femmes sont donc perçues comme des personnes vulnérables dans le monde. Les cadres

[1] Il y a lieu de se référer ici à la légende des amazones qui, selon la mythologie grecque, étaient des guerrières scythes combattant à cheval, armées de lances, d'arcs, de haches de guerre et vêtues de pantalons. Selon les découvertes des archéologues, ces guerrières ont bel et bien existé dans l'Antiquité. Elles étaient considérées par les Grecs comme étant les égales des hommes.

[2] Dans les conflits idéologiques (radicalisme islamique en l'occurrence), une bonne proportion de femmes, de manière volontaire ou non, est utilisée comme des bombes humaines sur le théâtre des opérations. Le phénomène n'est pas toujours mis en avant bien qu'il persiste.

[3] Pierre Bourdieu 1998. *La domination masculine*, Paris, Seuil, coll. Liber, 134 p.

juridiques et organiques (à l'échelle nationale et internationale) aménagés en faveur de la protection de leurs droits l'attestent[4].

Cependant, ces aménagements s'avèrent sans effets sur la considération qui leur est accordée à l'observation du traitement qu'elles continuent de subir dans des situations spécifiques. En période de conflit armé, elles sont victimes de traitements inhumains (kidnappées, violées, torturées, utilisées comme bombes humaines, vendues en esclavage ou soumises à l'esclavage sexuel)[5]. Tout compte fait, la femme est à la fois un objet et un sujet de violence. Les conflits armés à l'instar de la guerre contre le terrorisme, ont la particularité d'exposer avec plus de véhémence les violences à l'encontre de cette catégorie vulnérable. L'analyse de ces violences est à envisager à partir d'une approche instrumentale considérant qu'elles revêtent des dimensions matérielles et symboliques.

En Afrique, les guerres antiterroristes permettent d'établir le rapport des femmes aux nouveaux conflits armés. Évoquant les violences dont les jeunes filles sont l'objet dans la guerre contre Boko Haram, le Secrétaire général des Nations Unies constate que des milliers de femmes et de jeunes filles sont kidnappées par ce mouvement et soumises à des violences sexuelles, notamment sous la forme d'esclavage sexuel, de mariage forcé aboutissant très souvent à des grossesses indésirées. Boko Haram ne cesse « d'infliger aux femmes et aux filles des sévices physiques et psychologiques, de les soumettre au travail forcé, de les contraindre à participer à des opérations militaires et de priver celles qu'il avait enlevées d'eau et de nourriture, de sorte que certaines n'ont eu d'autre choix que de s'affamer pour nourrir leurs bébés »[6]. Bien plus, dans les localités camerounaises attaquées par la secte islamiste (Kolofata, Amchidé,

---

[4] Il existe au plan national et international tout un arsenal institutionnel mis sur pied pour garantir le respect des femmes et lutter contre toutes les formes de discrimination dont elles sont l'objet. Ce sont notamment des conventions (Convention du 18 décembre 1979 sur l'élimination de toute forme de discrimination faite aux femmes, Convention sur le travail de nuit des femmes adoptée par l'Organisation Internationale du Travail en 1948, Convention sur les droits politiques de la femme adoptée par l'Assemblée générale des Nations Unies en 1952, etc.), des résolutions (Résolutions 1 325 du Conseil de Sécurité sur les Femmes, la Paix et la Sécurité du 10 octobre 2005), mais aussi des organes tels que les ministères dédiés exclusivement à la femme (le ministère de la Promotion de la femme et de la famille au Cameroun), des Organisations gouvernementales (ONU femmes) non gouvernementales (Association de lutte contre les violences faites aux femmes en abrégé ALVF), œuvrant dans la protection des droits de la femme, etc.

[5] Secrétaire Général des Nations Unies, 2017, Rapport.

[6] Secrétaire Général des Nations Unies, 2017, Rapport.

Fotokol, Mora, Kerawa Dabanga, Achigachia, etc.), les déplacements des populations vers les zones de refuge sont à l'origine d'une augmentation des mariages de filles mineures. Cette condition est amplifiée par le contexte socio-économique de ces zones marquées par l'extrême pauvreté dans laquelle reste plongée une bonne partie de la population[7].

Les réflexions sur l'esclavage sexuel des femmes dans les conflits armés en Afrique ne sont pas abondantes. Les études mettant en avant la situation de la femme en société insistent sur les formes de discrimination dont celle-ci fait l'objet. Dans cette optique, on retrouve les travaux abordant notamment les questions d'inégalité hommes- femmes[8], les logiques d'affirmation et d'insertion des femmes en Afrique[9] en dépit des barrières qu'elles rencontrent dans leurs rapports avec leurs homologues de sexe opposé. (Barrer la référence « Voir Communiqué… » qui apparait sur plusieurs pages au niveau de la ligne des notes de bas de page).

Les travaux centrés sur les violences sexistes interrogent les formes de violence touchant les femmes dans des cadres autres que la guerre ou le conflit armé et qui interpellent en général l'État et la société comme source et solution[10]. Les réflexions intéressées par l'esclavage sexuel des femmes questionnent notamment les politiques publiques mises en œuvre à l'échelle internationale[11] ou nationale afin de voir comment elles s'appliquent et évaluer leur contribution à la lutte contre ce phénomène. D'autres se penchent sur les mobiles poussant certains individus à commettre ces actes. Ces études avancent notamment que la plupart de ces individus sont portés par la quête d'une satisfaction sous forme de «

---

[7] Marie Thérèse MENGUE et Jean-Didier BOUKONGOU., (dir.), 2004. *Comprendre la pauvreté au Cameroun,* Yaoundé, Presses de l'UCAC, 386 p.

[8] Alexandre Baumann 2017. *Les inégalités hommes-femmes en question entre choix, éducation et rationalité.* Paris, L'Harmattan coll. « Questions contemporaines », 128 p. ; Alain Bihr et Roland Pfefferkorn, 1996. *Hommes-femmes, l'introuvable égalité : école, travail, couple, espace public.* Paris, Les Éditions Ouvrières, 306 p. ; Amartya Sen 2000. *Repenser l'inégalité*, Paris, Seuil, 320 p.

[9] Catherine Coquery-Vidrovitch 1994. *Les Africaines : Histoire des femmes d'Afrique noire du XIX au XX siècle.* Éditions Desjonqueres, 414 p.

[10] Severin Cécile ABEGA. 2007. *Les violences sexuelles et l'État au Cameroun,* « Les terrains du siècle », Paris, Karthala, 256 p ; Luc Sindjoun, (Dir.), 2000. *La biographie sociale du sexe. Genre, société et politique au Cameroun,* Paris, Karthala, 334 p.

[11] Kathleen Barry et BRIDEL Renee, 1984. « La Politique Internationale et l'esclavage Sexuel des femmes », Nouvelles questions féministes, n°8 : 27-39. http://www.jstor.org/stable/40619281.

liberté sexuelle »[12], comprise comme le besoin d'exercer toutes sortes de pratiques sexuelles sans se soustraire à certaines limites. L'esclavage sexuel constitue aussi un objet d'étude en droit international, où sa qualification juridique reste sujette à débat[13].

La présente réflexion analyse la construction de l'esclavage sexuel dans le cadre de la guerre contre le terrorisme. La particularité de cette étude tient lieu des imprécisions qui s'observent dans la qualification des actions découlant de ces nouvelles guerres. Les moyens et les stratégies employés par les acteurs sur les théâtres des affrontements sont disproportionnés. Dans cette configuration, les acteurs se livrent à diverses pratiques au mépris des principes du droit international des conflits armés *(jus in bello, jus ad bellum et jus post bellum)*. L'esclavage sexuel s'observe à trois niveaux dans la guerre contre Boko Haram. D'abord, autour des mariages forcés des jeunes filles avec les combattants djihadistes. Ensuite, à partir des services sexuels offerts par des femmes et jeunes filles aux forces de défense et de sécurité, et enfin, à travers les mariages des femmes et jeunes filles déplacées internes et réfugiées au sein des communautés sous la contrainte du défaut des services sociaux de base (logement, alimentation, etc.). Tout laisse à penser qu'aussi longtemps que durera cette guerre[14], ce phénomène restera d'actualité si rien n'est fait à l'échelle nationale et internationale. Il sied donc d'analyser de prime abord les ressorts sociaux et les contours théoriques et sémantiques de l'esclavage sexuel dans les nouveaux conflits armés en Afrique (I) et le traitement sociopolitique dont il fait l'objet dans cette partie du monde et spécifiquement au Cameroun (II).

I. RESSORTS SOCIO-HISTORIQUES, CONTOURS THÉORIQUES ET SÉMANTIQUES DE L'ESCLAVAGE SEXUEL

Les violences exercées sur les femmes et diluées sémantiquement dans le terme « femmes de réconfort » ont des origines qui remontent à la Seconde Guerre mondiale et qui en Afrique puisent dans différents

---

[12] Allessandro Stella 1997. Des esclaves pour la liberté sexuelle de leurs maîtres » *Clio. Histoire, femmes et société*, n° 5, http://journals.openedition.org/clio/419.

[13]Roux Julie, 2016. « L'esclavage sexuel en droit international pénal », Mémoire de Master en droit international et de l'Union européenne.

[14] Joseph Vincent NTUDA EBODE et al. 2017. *Le conflit Boko Haram au Cameroun. Pourquoi la paix traine-t-elle ?* Yaoundé, Friedrich Herbert Stiftung, 34 p.

segments de la société (A). Ce phénomène fait également, l'objet de constructions théoriques dont le souci est d'éclairer les intentions des auteurs qui s'y engagent (B).

A. Les ressorts sociohistoriques de l'esclavage sexuel

L'esclavage sexuel dans sa forme actuelle trouve sa source durant la Seconde Guerre mondiale. Selon un rapport de la Commission des Droits de l'Homme lors d'une assise du Conseil Économique et Social des Nations Unies, les militaires japonais auraient créé des « centres de délassement » dans lesquels étaient conduites des femmes et de jeunes filles pour servir de femmes de réconfort aux soldats durant la Seconde Guerre mondiale[15]. Cette pratique a encore été révélée en ex- Yougoslavie où des « camps de viol » auraient été créés par des militaires. En Afrique, le génocide rwandais a permis d'observer la pratique de l'esclavage sexuel avec des femmes et de jeunes filles violées ou sexuellement abusées par des combattants tutsi et hutu. Aussi, des cas d'esclavage sexuel ont été enregistrés au Liberia, au Soudan et dans des pays ayant connu des crises ou des conflits sociopolitiques violents (Congo Kinshasa, Soudan, Côte d'Ivoire, etc.).

En lien avec Boko Haram au sein des États du bassin du lac Tchad, l'esclavage sexuel se trouve structuré par les conjonctures socio- économiques, sociopolitiques et socioculturelles. Cette forme de violence est due au fait que l'État en contexte africain peine à offrir aux populations des services socio-économiques de base (santé, alimentation, logement, etc.) nécessaires à leur épanouissement. Ainsi, l'esclavage sexuel se présente comme étant le miroir des sociétés qui ne parviennent pas à garantir aux populations les conditions minimales pour subvenir à leurs besoins. Certaines femmes et jeunes filles qui s'adonnent de manière consciente ou inconsciente à ces pratiques se trouvent être plongées dans des conditions misérables. Elles n'ont parfois pas de quoi se nourrir ou nourrir leur progéniture. D'autres, acceptent d'offrir leurs corps en échange d'un abri parce que n'ayant pas où loger.

Bien plus, les conflits sociopolitiques en Afrique découlent des questions de gouvernance, d'affirmation des identités et d'instrumentalisation de ces identités à des fins diverses. Ces conflits exacerbent les risques de voir l'esclavage sexuel prendre une plus grande

---

[15] Conseil Économique et Social des Nations Unies, 1996, Rapport, p. 5.

ampleur. Bien que distincts des conflits classiques, les nouveaux conflits armés ont des ressorts socio-politiques profonds. Ces nouvelles guerres[16] aident à interroger à nouveaux frais l'esclavage sexuel au regard des réalités qu'elles recouvrent, et qui se dispensent des règles du droit international. Elles émergent dans les années quatre-vingt-dix avec l'irruption sur la scène internationale des acteurs de la criminalité transnationale. Elles sont véhiculées par la mondialisation, qui induit la circulation des personnes et des biens de toute sorte (armes légères et de petit calibre (ALPC), drogue, etc.). Parmi ces menaces à la sécurité, on retrouve le terrorisme transnational que Philippe Moreau DEFARGES qualifie de « nouveau fauve de la jungle mondiale » (2009). Mais, il faut dire que le nouveau terrorisme n'est que la forme moderne des guerres ayant existé avant l'avènement du droit international des conflits armés. On dénombre à ce jour plusieurs organisations terroristes en Afrique de manière (MUJAO, Al-Shabab, AQMI, ISWAP, Boko Haram, etc.). L'activité de ces organisations est vectrice d'une violence qui se déchaîne et embrase l'Afrique entière.

Dans la zone du bassin du lac Tchad, Boko Haram s'illustre à travers des pratiques et des modes opératoires qui déconcertent l'opinion publique internationale. La dénomination Boko Haram (qui signifie l'éducation occidentale est un péché) n'est pas celle à travers laquelle le mouvement s'identifie. Il se reconnaît plutôt sous le nom Jamaatu- Ahlis Sunna Lidawati-Wal Djihad (les compagnons du prophète pour la propagation de la tradition sunnite et la guerre sainte). Cette secte prend corps dans le nord-est du Nigeria, précisément dans le Borno State à travers des prêches fondamentalistes, et une rébellion organisée par Mohammed Yusuf son fondateur. Ce dernier se donne pour objectif d'imposer la charia dans cette partie du pays. Les villes de Maiduguri, Kano, Bauchi constituent les principaux bastions de l'insurrection armée. La secte se radicalise à la suite de l'exécution extrajudiciaire de son leader Mohammed Yusuf en 2009. À partir de ce moment et porté par la figure d'Aboubakar Shekau[17], le mouvement bascule dans une violence extrême,

---

[16] Herfried Munkler, 2003. *Les guerres nouvelles*, Paris, Alvik, 256 p.

[17] Aboubakar Shekau était le bras droit de Mohammed Yusuf fondateur de la secte Boko Haram. En 2015, une faction dissidente voit le jour (État islamique en Afrique de l'Ouest en abrégé ISWAP), portée par Abou Musab Al Barnawi qui n'était autre que le fils de Mohamed Yusuf.

ciblant les forces de défense et de sécurité nigérianes, mais également ceux qu'il considère comme les faux musulmans[18].

Dans son projet, Boko Haram entreprend d'étendre son action au- delà des frontières nigérianes, notamment au Cameroun, au Tchad et au Niger, des pays ayant en commun l'occupation du bassin du lac Tchad.

Avant de trouver la mort dans des affrontements avec l'armée nigériane en 2012, le porte-parole du groupe djihadiste AbulQaqa prévenait : « Notre objectif est de revenir au Nigeria d'avant la colonisation, quand la charia était la loi appliquée à tous »[19]. Le point culminant de son action est sans conteste l'enlèvement en 2014 de plus de 250 jeunes lycéennes de Chibok. Des témoignages recueillis auprès de certaines de ces jeunes filles ayant réussi à s'échapper font état des sévices, violences physiques et psychologiques subies dans la forêt de Sambissa. Ces jeunes filles sont également contraintes à se marier de force aux combattants. Certaines d'entre elles sont envoyées avec des ceintures explosives dans des lieux populaires avec des garanties d'une meilleure vie dans l'au-delà. D'autres participent à la lutte active en isolant des membres des forces de défense et de sécurité pour les laisser à la merci des djihadistes. Ces réalités traduisent la considération accordée aux femmes et aux jeunes filles dans ces mouvements.

Le terrorisme constitue un conflit politique, un théâtre qui met aux prises les acteurs étatiques ayant le souci de préserver leurs positions d'acteurs majeurs de la scène internationale et les acteurs non étatiques, qui se mobilisent pour contester la domination étatique. À ces conflits d'hier et d'aujourd'hui se greffent d'autres types de conflits tout aussi politiques parce qu'influencés par des logiques de pouvoir et de domination. Il s'agit des conflits de genre, pris ici comme construction de la différence entre les sexes. L'esclavage sexuel des femmes se situe dans cette conflictualité liée aux rapports sociaux de genre. Ces conflits ont une connotation culturelle forte, surtout en contexte africain.

Du point de vue culturel, les perceptions et les représentations de la femme en Afrique sont anciennes et appréhendent cette catégorie

---

[18] Marc-Antoine Perouse De Montclos, 2 014. « Nigeria : Boko Haram, les chrétiens… et les autres », *études,* n° 421, pp. 7-18.

[19] Rémi CARAYOL, « Cartographie — Boko Haram sur les traces du califat de Sokoto ? », Jeune Afrique en ligne du 23 février 2015, http://www.jeuneafrique.com/225434/politique/cartographie-boko-haram-sur-les-traces-du-califat-de-sokoto/, consulté le 8 février 2022.

d'individus comme cadette sociale. Les femmes d'Afrique noire sont limitées aux tâches domestiques. Elles ont pour principal rôle de tenir leur foyer.

Cette représentation (quasi partagée) amène à penser qu'une femme n'étant pas mariée a raté sa vie. Ainsi, le mariage en Afrique constitue un marqueur paradoxal d'identification de la femme. Paradoxal dans la mesure où dans bon nombre de ménages, en l'occurrence en zone sahélienne camerounaise, les femmes sont généralement victimes de violences physiques de la part de leurs conjoints. Dans certaines communautés (les Mbororo et les Kanouri), les femmes ne sont pas permises d'aller à l'école ou de suivre des formations professionnelles. Cette situation est renforcée par la conception rigoriste que certains ont de la religion musulmane. Une vision du monde dans laquelle la femme n'est pas autorisée à accéder à l'éducation moderne. C'est ce qui explique pourquoi la région de l'Extrême-nord du Cameroun, en majorité constituée de musulmans, compte parmi les zones camerounaises ayant les taux les moins élevés de scolarisation de la jeune fille[20]. Ces diverses réalités favorisent le développement et l'enracinement des pratiques d'esclavage sexuel avec en prime la guerre contre Boko Haram qui n'en est qu'un révélateur.

B. Les contours sémantiques et théoriques de l'esclavage sexuel

Les violences que subissent les femmes et qui prennent la forme d'esclavage sexuel peuvent être éclairées à partir des considérations transversales qui leur donnent sens dans des contextes précis. En Afrique et dans le cadre de la guerre contre Boko Haram, l'esclavage sexuel se présente d'une part comme étant une matérialisation du choc des civilisations dont parle Huntington[21]. D'autre part, il constitue une modalité de construction sociale de la différence des sexes. Ces constructions théoriques sont nourries par le flou qui entoure la définition et le sens attribué à l'esclavage sexuel.

Attribuer un sens à l'esclavage sexuel suscite moult controverses liées à la qualification des actes s'y rattachant. Or, sa définition revêt un intérêt

20 Christian SEIGNOBOS et Olivier IYEBI-MANDJEK, (Eds.) 2005. *Atlas de la province Extrême-Nord Cameroun*. IRD Éditions, 171 p.

21 Samuel HUNGTINGTON, 2005. *Le choc des civilisations*, Paris, Éditions Odile Jacob, 544 p.

capital si les sociétés souhaitent véritablement mettre fin à cette pratique. L'objet de ces controverses s'inscrit dans une dualité mettant en avant les divergences de points de vue relatifs aux pratiques pouvant être assimilées à l'esclavage sexuel d'un côté, et de l'autre, l'obligation pour les États de mettre sur pied un certain nombre de mesures coercitives et correctives. Ces éléments posent problème dans la mesure où les États n'arrivent pas toujours à s'accorder sur les stratégies idoines pour éradiquer ce fait. Pour bien définir l'esclavage sexuel, il est important de définir le terme esclavage. Parmi les définitions qui ressortent de ce terme, celles qui revêtent un ancrage juridique sont les plus nombreuses et aident à apprécier la diversité des approches liées à ce phénomène.

La définition juridique initiale de l'esclavage découle de la Convention relative à l'esclavage adoptée par la Société des Nations (SDN) le 25 septembre 1926. Dans ce texte du droit international, l'esclavage est appréhendé comme « l'état ou condition d'un individu sur lequel s'exercent les attributs du droit de propriété ou certains d'entre eux » (art. 1er, paragraphe 1). Il se distingue ainsi de la traite des êtres humains, qui est définie dans le même document comme étant « tout acte de capture, d'acquisition ou de cession d'un individu en vue de le réduire en esclavage » (article 1er, paragraphe 2) et du travail forcé. Évoquant également l'esclavage, la Déclaration Universelle des Droits de l'Homme stipule que « L'esclavage et la traite des esclaves sont interdits sous toutes leurs formes »[22].

L'esclavage sexuel est intimement rattaché aux actes de prostitution forcée. Cependant, il constitue une forme singulière d'exploitation sexuelle. Il s'agit de l'exercice par un individu d'un contrôle ou d'un pouvoir sans limites sur un autre individu. Ce contrôle passe par l'emploi ou la menace de l'emploi de la force. L'esclavage sexuel a été reconnu par les tribunaux nationaux et internationaux à la faveur de la convention de 1929 ratifiée par la quasi-totalité des États dans le monde. Toujours dans le cadre du droit international, l'article 3 commun aux quatre conventions de Genève interdit « les atteintes à la dignité des personnes, notamment les traitements humiliants et dégradants » (article 3 commun aux quatre conventions de Genève de 1949). Au fil des années, on en est venu à

[22] DUDH, 1948, article 4.

considérer que les pratiques visées dans cet article incluaient l'esclavage sexuel[23].

En droit international, l'esclavage sexuel est un crime, une violation des garanties des droits humains énumérées dans la Charte internationale des droits de l'Homme. Il arbore, comme tous crimes, une dimension matérielle et une dimension morale. La dimension matérielle du crime d'esclavage sexuel conduit à l'analyser comme une forme particulière de réduction en esclavage. Pour ce qui est de la dimension morale, elle induit la connaissance ou l'acceptation de la commission du crime de la part de l'auteur. Julie Roux précise à ce niveau que :

« Les éléments des crimes de la CPI identifient deux éléments constitutifs de l'esclavage sexuel, qu'il soit qualifié de crime contre l'humanité ou de crime de guerre. Il s'agit, d'abord, de l'exercice, par l'auteur du crime, de certains attributs du droit de propriété, faisant ainsi de l'esclavage sexuel une forme particulière de réduction en esclavage. Ensuite, le deuxième élément consiste, pour l'auteur du crime, à avoir contraint une ou plusieurs personnes à accomplir un acte de nature sexuelle, privant de fait la ou les victime(s) de leur autonomie sexuelle »[24].

Différents éléments se dégagent implicitement de la qualification juridique internationale des actes d'esclavage sexuel. Il s'agit notamment du droit de propriété sur les victimes, de la privation par les auteurs de l'autonomie sexuelle des victimes, de la restriction de l'autonomie des victimes, de la liberté de circuler ou du pouvoir de décider des questions concernant sa propre vie sexuelle. L'esclavage sexuel ressort dès lors, comme étant une violence exercée sur la personne, la privant de son autonomie sexuelle, du droit de disposer de son corps au détriment de l'accomplissement des désirs sur ce corps par un autre individu. Le terme « sexuel » renvoie davantage ici à un adjectif décrivant un type particulier d'esclavage et moins à une qualification criminelle singulière. L'esclavage sexuel se présente alors comme une forme distincte d'esclavage et son interdiction est une norme de *jus cogens.* Il englobe ainsi toutes les formes de prostitution forcée.

La complexité de ces précédentes définitions est de ne pas spécifier la catégorie, le type ou le sexe de la personne sur qui s'exerce ce type de

---

[23] Linda Chavez, *« Le viol systématique, l'esclavage sexuel et les pratiques analogues à l'esclavage en période de conflit armé »,* document des Nations Unies E/CN.4/Sub.2/1996/2026, p. 4.
[24] Julie Roux, 2016. Op.cit,, p. 53.

violence. Ceci laisse la possibilité de parler d'esclavage sexuel dans le cadre des violences sexuelles exercées sur les femmes, les hommes, les enfants ou les personnes âgées. Toutefois, la présente réflexion choisit de s'intéresser à l'esclavage sexuel touchant exclusivement les femmes et les jeunes filles. Ces catégories de personnes sont les premières victimes de ces actes selon des données fournies par les organisations internationales et les organisations non gouvernementales actives dans la protection des droits des femmes.

Sociologiquement, l'esclavage sexuel est un fait social au sens d'Émile Durkheim. Il met en visibilité des acteurs sociaux qui produisent et reproduisent des dynamiques sociales vectrices d'ordre et de désordre. Ordre dans la mesure où l'esclavage sexuel conduit l'État et les sociétés à opérer des ajustements permettant de repenser les inégalités de sexes. Dans cette perspective de la justification du crime, l'esclavage sexuel est un phénomène normal « parce qu'une société qui en serait exempte est tout à fait impossible ; telle est la première évidence paradoxale que fait surgir la réflexion sociologique ». Il est aussi nécessaire en ce sens que tout crime est « lié aux conditions fondamentales de toute vie sociale, mais par cela même, il est utile, car ces conditions dont il est solidaire sont elles-mêmes indispensables à l'évolution normale de la morale et du droit »[25]. Le crime d'esclavage sexuel est également vecteur de désordre dans l'idée de la destruction des valeurs qui structurent la société, en l'occurrence le respect de la personne et de la dignité humaine. Du point de vue économique, l'esclavage sexuel permet d'observer les dérives de la société capitaliste à travers l'économie de la guerre, du crime ou des conflits armés.

Ces clarifications sont importantes même si les généralisations qui en ressortent ne renseignent pas assez sur les variables d'identification des actes se rattachant à l'esclavage sexuel. Parce qu'il constitue un crime contre la personne, touchant à sa dignité et sa liberté, l'esclavage sexuel se vit dans la soumission de la personne à toutes sortes de pratiques liées à sa sexualité. On ne s'attardera donc pas beaucoup sur les violences psychologiques, les maltraitances ou le travail forcé quand bien même ces formes de violence sont souvent rattachées au phénomène étudié. L'esclavage sexuel se présente ici comme une privation de l'autonomie sexuelle de la personne et varie en fonction de la nature des situations. Il

---

25

peut être analysé à travers deux approches distinctes, mais complémentaires.

Tout d'abord l'esclavage sexuel est à analyser au prisme du choc des civilisations. Cela revient à épouser le regard de Samuel Huntington lorsqu'il traite du rapport entre les puissances étrangères en relations internationales. Il postule en effet que la scène mondiale est le théâtre de luttes opposant les adeptes de l'idéologie capitaliste à ceux de l'idéologie communiste, les États du Proche et du Moyen-Orient, mais aussi de l'Afrique. Dans ces oppositions, l'idéologie capitaliste portée par le grand bloc occidental tend à s'imposer depuis la chute du mur de Berlin à toutes les autres idéologies. Les États faisant partie de ce bloc s'obstinent à dicter aux autres une vision du monde adossée sur le régime des libertés et de l'égalité de tous. Les formes d'organisation du niveau micro au niveau macro s'en trouvent affectées et déséquilibrées. Toutes les catégories sociales revendiquent désormais des droits qui seraient inaliénables. Cette situation n'est pas sans conséquence sur le climat qui règne dans le monde étant donné que les résistances à cette vision sont génératrices de menaces à la sécurité prenant des formes diverses à l'image du terrorisme international.

Analyser l'esclavage sexuel à partir d'une entrée par les guerres civilisationnelles permet de voir comment de tels actes rendent compte de la dynamiquc du rejet des valeurs qui structurent ces guerres. Si dans les sociétés orientales et africaines la femme est souvent reléguée au second rang, la réalité semble avoir évolué dans les sociétés occidentales où les femmes se trouvent avoir tous les droits dans le ménage et même dans des sphères autres que la famille. Le nom Boko Haram signifie « l'éducation occidentale est un péché ». Cette dénomination qui n'est pas propre au mouvement témoigne tout de même de la trajectoire idéologique que suivent ses partisans. Il s'agit de rejeter les valeurs, les manières de faire et de penser structurées autour du désir hégémonique d'occidentalisation du monde. Dans une telle perspective, la femme ne doit prétendre à aucune égalité avec l'homme. Ainsi, le corps de la femme apparaît comme étant le théâtre des luttes culturelles basées sur les valeurs. Pour les djihadistes, la femme doit une obéissance totale à l'égard de l'homme. Elle n'est pas permise d'aller à l'école (des blancs) et le seul enseignement qu'elle est permise de recevoir est tiré des versets coraniques. Lorsqu'elles se montrent insoumises, les femmes subissent des violences physiques visant à leur rappeler l'impératif de la soumission aux hommes.

À côté de la logique des guerres civilisationnelles, l'esclavage sexuel constitue aussi une modalité de construction sociale de la différence. À ce niveau, le phénomène vise à renforcer le préjugé de la domination masculine à travers des actes exposant la fragilité et la vulnérabilité de la femme. L'esclavage sexuel invite à penser la différence entre l'homme et la femme[26] à partir du cadre de la guerre et du conflit armé comme révélateurs.

II. LE TRAITEMENT SOCIOPOLITIQUE DU PHÉNOMÈNE DES « COMFORT WOMEN » EN AFRIQUE

Le conflit lancé par Boko Haram ressuscite des pratiques esclavagistes observées lors des guerres d'hier (interétatiques). L'une de ces pratiques fait de la femme un objet sexuel au service des acteurs au conflit, mais également de ceux qui ne participent pas aux hostilités et qui se trouvent au sein des communautés. Cette réalité amène d'abord à s'intéresser à la situation des violences sexuelles dans le conflit Boko Haram et aux trajectoires de vie de ces femmes victimes d'esclavage sexuel (A). Ensuite, elle permet de voir comment la prise en charge sociopolitique de ce phénomène influence les possibilités de le voir disparaître (B).

A. Situation des violences sexuelles dans le conflit Boko Haram, profil et trajectoires de vie des victimes

La guerre menée par les États de la Commission du Bassin du Lac Tchad (ECBLT) face aux partisans du mouvement Boko Haram entraîne des formes de violence qui se noient dans l'impératif de sauvegarde de la souveraineté des États. Ces violences sont reléguées au second rang quand bien même elles renseignent sur les objectifs réels recherchés par les acteurs du conflit. L'esclavage sexuel des femmes et des jeunes filles fait partie de ces violences sournoises et inaperçues parce qu'elles ne sont pas uniquement le fait des acteurs opposés aux États. Elles sont aussi perpétrées par certains agents des armées régulières et par des individus au sein des communautés. Selon le rapport du Secrétaire général des Nations Unies sur la situation du bassin du lac Tchad en 2017, certains organismes des Nations Unies ont mobilisé des preuves faisant état de l'enrôlement et l'utilisation par Boko Haram de 182 jeunes filles[27]. Ces organismes font

---

[26] Françoise Héritier, 1996, *Masculin-féminin : la pensée de la différence*, Paris, Odile Jacob, 334 p.

[27] Secrétariat Général des Nations Unies, 2017.

également état de ce qu'entre janvier et juin de la même année, 528 enfants avaient été tués ou mutilés et que 67 d'entre eux (47 filles, 19 garçons et 1 enfant de sexe inconnu) avaient perdu la vie en commettant des attentats-suicides pour lesquels Boko Haram les avait enrôlés de force. Comme le mentionne le rapport du Secrétaire général de l'ONU, 76 enfants, dont 44 filles, ont été utilisées comme bombes humaines dans les localités du nord-est du Nigeria et de l'Extrême-nord du Cameroun, touchées par les manœuvres du mouvement Boko Haram. Ces données sont révélatrices du ciblage des femmes et des jeunes filles par les mouvements djihadistes en raison de la liberté sexuelle[28] qu'elles offrent aux combattants et aux leaders. Au-delà des abus sexuels, les jeunes filles sont exploitées pour leur capacité à passer inaperçue avec des bombes pour se faire exploser dans des lieux populaires[29].

Aussi les femmes et les jeunes filles déplacées internes ou réfugiées en provenance du Nigeria sont très souvent exposées à un risque constant de violences sexuelles et sexistes en raison de l'accès limité aux services sociaux de base. La nécessité de survie les réduit parfois à échanger des rapports sexuels contre de la nourriture. En 2017, « les organismes des Nations Unies ont enregistré 43 cas de violences sexuelles qui auraient été perpétrées par des agents de sécurité, des officiers de l'armée, des responsables de camps et des membres de la Force civile mixte et de groupes d'autodéfense au Nigeria, même si le nombre effectif des victimes est probablement beaucoup plus élevé »[30]. Cette situation démontre que les violences subies par les femmes et les jeunes filles dans la guerre contre Boko Haram ne sont pas seulement le fait des acteurs djihadistes même si la tendance leur attribue la part belle dans ces pratiques. On enregistre aussi des cas d'exploitation et d'atteintes sexuelles impliquant les membres des Forces de Défense et de Sécurité (FDS) nationales ou des coalitions armées à l'instar de la Force Multinationale Mixte (FMM).

Cependant, lorsqu'elles sont perpétrées par ces acteurs, les victimes ont du mal à déposer des plaintes. D'autres encore, ne savent pas du tout le faire en raison, soit de leur défaut de connaissance des procédures

[28] Alessandro Stella, 1997. Des esclaves pour la liberté sexuelle de leurs maîtres », *Clio. Histoire, femmes et société*, n° 5, http://journals.openedition.org/clio/419

[29] Christian Seignobos, 2014. « Boko Haram : Innovations guerrières depuis les monts Mandara. Cosaquerie motorisée et islamisation forcée », *Afrique Contemporaine*, n° 252, pp. 149-169.

[30] Secrétariat Général des Nations Unies, 2017.

judiciaires, soit du manque de confiance aux instances judiciaires. De plus, les femmes et jeunes filles réfugiées ou déplacées internes désertent souvent les camps pour rejoindre les grandes agglomérations. Une fois dans ces villes, elles deviennent des cibles faciles pour certains individus. Bon nombre de femmes et de jeunes filles déplacées ou réfugiées se laissent convaincre par des personnes qui leur proposent un toit où loger et des garanties de nutrition, moyennant des services qui privent ces dernières de leur liberté. Les profils et trajectoires de vie de ces victimes d'esclavage sexuel s'en trouvent ainsi définis.

Évoquer les profils et les trajectoires de vie des femmes et des jeunes filles victimes d'esclavage sexuel en situation de guerre contre Boko Haram revient à les situer dans les contextes socio-économique et socioculturel au sein desquels elles sont intégrées. Ces niveaux d'analyse permettent de comprendre les risques auxquels sont exposées ces catégories de personnes qui se livrent parfois à toutes sortes de traitements inhumains. En effet, des observations menées dans la région de l'Extrême-nord du Cameroun[31] dans le cadre d'une étude portant sur le phénomène Boko Haram, ont permis de constater que la situation socio-économique des femmes vivant dans ces zones constitue un vecteur des tendances esclavagistes. La plupart des femmes et des jeunes filles déplacées internes rencontrées dans ces zones exercent des activités qui ne les aident pas toujours à subvenir à leurs besoins. Plusieurs d'entre elles proviennent des localités affectées par les attaques de Boko Haram.

Certaines de ces vulnérables et aventurières ne parviennent pas à disposer d'un petit commerce et récusent la vie dans les camps qui n'offrent pas des moyens de subsistance suffisants. Plusieurs jeunes filles désertent les camps situés dans la localité de Zamai pour rejoindre les villes de Maroua (département du Diamaré) ou Mokolo (département du Mayo Tsanaga) à la recherche des meilleures conditions d'existence. Le danger de ces aventures tient lieu des conditions de vulnérabilité qu'elles créent, et qui exposent ces personnes à toutes sortes de dangers. De jeunes filles déplacées internes rencontrées à Mokolo, Mora, Zamai et Maroua ont affirmé livrer leurs corps pour vivre sous un toit. D'autres acceptent de se marier avec des hommes malgré les souffrances qu'elles endurent dans ces relations. Par ailleurs, certaines de ces jeunes femmes et jeunes filles sans

[31] Ces observations ont précisément été menées dans les localités de Mora (département du Mayo Sava), Zamai (département du Mayo Tsanaga), Mokolo (département du Mayo Tsanaga) et Maroua (département du Diamaré).

issue sont utilisées comme travailleuses de sexe dans des snack-bars renommés et des auberges, moyennant une rémunération.

Ces données issues des observations et entretiens menés avec quelques-unes de ces victimes témoignent de l'influence de leur situation socio-économique dans le choix de se soumettre à l'esclavage sexuel. Cela est également lié au défaut de prise en charge de cette catégorie de personnes qui, une fois insérée dans les camps, est abandonnée à son sort par les ONG et les organisations internationales censées leur garantir un minimum de sécurité.

En outre, la situation socioculturelle amplifie le crime d'esclavage sexuel dans les localités de la région de l'Extrême-nord du Cameroun mentionnées dans l'étude. Dans la zone sahélienne camerounaise, la femme est reléguée au second rang et doit se soumettre parfois aux pires maltraitances. Cette situation est liée au caractère patriarcal de ces sociétés qui n'accordent que très peu de privilèges aux femmes. Les femmes sont appelées à développer le *munyal* (patience) évoqué par Djaili Amadou Amal (2017), en toutes circonstances. Elles ne sont pas permises de tenir tête aux hommes à qui elles doivent un respect absolu. Dans ce contexte, les viols et autres formes de violence qu'elles subissent sont ignorés au profit du respect des valeurs et des normes (informelles) socioculturelles. Pis, ces femmes sont pour la plupart non scolarisées. Certaines d'entre elles n'ont jamais été à l'école et ne savent ni lire ni écrire. Le seul apprentissage qu'elles ont reçu découle des versets coraniques que plusieurs récitent mécaniquement sans trop comprendre de quoi il est question. Cet état de choses s'explique par le fait que le contexte socioculturel des zones du Sahel camerounais n'est pas favorable à l'éducation de la jeune fille, même si quelques cas font figure d'exceptions.

B. Le traitement sociopolitique de la question en Afrique

La conscience sociopolitique du crime d'esclavage sexuel en Afrique n'est plus à interroger compte tenu de la diversité des campagnes visant à dénoncer ce phénomène. Cependant, malgré les nombreuses mobilisations, le défaut d'une véritable prise en charge de cette question au plan politique est avéré et sonne comme un paradoxe. Ajoutée à cela, la prise en charge limitée des victimes de ces violences est notable.

L'esclavage sexuel fait l'objet de débats politiques à l'échelle nationale et internationale suscitant la mise sur pied de programmes et de plans d'action qui engagent les États à lutter contre ce fléau grandissant. Au niveau international, les politiques de lutte contre l'esclavage sexuel sont insérées dans des plans d'action politiques relatifs à la traite des personnes. C'est le cas de la récente Déclaration politique de 2021 sur le plan d'action mondial des Nations Unies pour la lutte contre la traite des personnes. Ce texte compte 29 paragraphes et prend en compte l'esclavage sexuel intégré dans le cadre global de la traite des personnes, qui se définit comme étant « le recrutement, le transport, le transfert, l'hébergement ou l'accueil de personnes, par la menace du recours ou le recours à la force ou à d'autres formes de contrainte, pour la prostitution, d'autres formes d'exploitation sexuelle, le travail forcé, l'esclavage, la servitude ou le prélèvement d'organes »[32]. Il convient encore de souligner la rédaction des documents par les Nations Unies, à l'instar du document thématique de l'ONUDC sur la lutte contre la traite des personnes en situation de conflit[33]. Ce document vise à soutenir les organismes de Nations Unies dans la prise en compte de la traite des êtres dans leurs activités liées aux situations conflictuelles ou post conflictuelles, en référence à la résolution 2331 du Conseil de sécurité de 2016. Cette dernière précise que les victimes de la traite doivent être considérées au même titre que les victimes du terrorisme, l'objectif étant de lutter contre toutes sortes de discriminations. Cependant, l'existence de ces documents adoptés par les États n'induit pas toujours l'effectivité de leur mise en œuvre.

Les femmes et les jeunes filles victimes d'esclavage sexuel dans les nouveaux conflits armés rencontrent des problèmes de réinsertion au sein des communautés. Pour la première catégorie, notamment celles qui sont victimes d'esclavage sexuel de la part des djihadistes Boko Haram, plusieurs ont du mal à considérer cette expérience comme relevant d'une pratique d'esclavage sexuel ou comme l'esclavage tout court. Elles sont convaincues d'avoir été mariées à des hommes qui leur ont été proposés et qu'elles ont « librement choisis ». Une jeune fille ex-associée de Boko Haram, rencontrée dans la ville de Mora (département du Mayo-Sava dans l'Extrême-nord du Cameroun) dans le camp abritant les ex-associés et ex-combattants de Boko Haram, révèle ceci :

« À Sambissa, on était bien gardées par les combattants de Boko Haram qui chaque fois revenaient du combat avec de la nourriture pour nous

[32] Nations Unies, 2021, Déclaration politique sur le plan d'action mondial contre la traite des personnes.

[33] ONUDC, 2018, "Thematic Paper on Countering Trafficking in persons in Conflict Situations", 102 p.

donner. On n'était pas vraiment battues et violentées. Celles qui se comportaient mal n'avaient pas droit à la nourriture jusqu'à ce qu'elles se comportent bien. Le mariage avec les combattants ? Oui la plupart d'entre nous avaient des maris dans les rangs des combattants. Pour nous marier, on venait avec plusieurs combattants et on nous demandait de choisir nos maris »[34].

Dans cette logique, les relations sexuelles et les travaux forcés auxquels elles s'adonnent pour leurs « conjoints » ne sauraient selon elles être assimilés aux abus sexuels ou à l'esclavage du moment où elles consentent à les faire. L'idée du choix des conjoints par les femmes et les jeunes filles dans les mouvements djihadistes tient lieu du respect des recommandations de la sounna du prophète en islam (que les djihadistes disent respecter). Selon ces « prescriptions islamiques », la femme a le droit de choisir son conjoint. Il n'est donc pas permis qu'une femme soit contrainte d'épouser un homme contre son consentement. Il est plutôt important de chercher le consentement de cette dernière et sa permission en référence à la parole du messager Salallahu'alayhi Wa Salam qui dit : « La vierge ne doit pas être épousée avant d'avoir cherché son consentement. Ils dirent : o messager d'Allah ! Quel est son consentement ? Il a répondu : son silence. Et dans une autre formulation : Et quant à la vierge, son père cherche son consentement et son consentement est son silence »[35].

Les données issues de nos entretiens sous forme de focus group avec des femmes et jeunes filles ex-otages et ex-associées de Boko Haram dans les localités camerounaises de Zamai (département du Mayo Tsanaga) et Mora (département du Mayo Sava) sonnent comme un paradoxe. En effet, la plupart des chercheurs considèrent que les femmes et les jeunes filles capturées par les djihadistes sont mariées de force aux combattants. Ces femmes et jeunes filles sont mal perçues au sein des communautés et reçoivent toutes sortes de qualificatifs péjoratifs.

Elles sont pour ainsi dire stigmatisées. Conséquence, certaines d'entre elles en arrivent à se donner la mort. D'autres encore choisissent de rejoindre de nouveau les rangs des djihadistes parce qu'elles se sentent rejetées par leurs communautés. Cette situation invite à questionner la prise en charge psychosociale de ces victimes. Il convient d'observer que

---

[34] Entretien du 18 octobre 2021 à Mora.

[35] Shaikh Ibn Baz, Fatawa al-mar'a, Vol. 2, p. 50

les femmes ayant été victimes d'esclavage sexuel ne reçoivent pas l'accompagnement psychosocial leur permettant de faire la passerelle entre la socialisation reçue durant la période de captivité et ce qu'elles doivent réintégrer.

La deuxième catégorie concerne les femmes et les jeunes filles victimes d'esclavage sexuel de la part des forces de défense et de sécurité, mais aussi au sein des communautés sans que celles-ci ne puissent exprimer ou dénoncer les abus dont elles sont victimes. Dans les zones d'affrontement, certaines jeunes femmes et jeunes filles entretiennent des rapports sexuels avec plusieurs agents des Forces de Défense et de Sécurité moyennant une modique somme d'argent en guise de récompense. Une jeune fille rencontrée dans la ville de Maroua et ayant fui les affrontements armés dans cette zone livre ce témoignage :

« Quand Boko Haram est arrivé à Kolofata, on ne savait pas où partir, on ne connaissait pas quoi faire, même manger était devenu difficile parce que les commerçants fuyaient les marchés, seules les petites boutiques ouvraient par moments. On vivait dans la famine et pour avoir à manger certaines d'entre nous entretenaient des relations avec les militaires qui étaient sur place pour nous protéger. À la fin des rapports sexuels avec deux ou trois hommes en tenue, on pouvait te donner à manger ou un peu d'argent »[36].

Les femmes et les jeunes filles sont encore esclaves sexuelles au sein des communautés. À ce niveau, il s'agit pour la plupart des déplacées internes ou des réfugiées du conflit Boko Haram. En effet, l'État camerounais et ses partenaires internationaux ont aménagé des camps et des sites pour les réfugiés et les déplacés internes de la crise Boko Haram dans la région de l'Extrême-nord. Cependant, plusieurs femmes et jeunes filles issues de ces catégories (réfugiées et déplacées internes) désertent ces lieux pour rejoindre les villes afin de se bâtir une vie hors des camps. Certaines d'entre elles se retrouvent dans des foyers où elles sont traitées comme esclaves sexuelles. Mais, le défaut de scolarisation ne permet pas toujours à ces jeunes filles de dénoncer les violences qu'elles expérimentent dans leurs foyers.

[36] Entretien du 15 octobre 2021 à Maroua.

Conclusion

Au terme de cette réflexion, il est nécessaire de rappeler qu'il s'est agi d'analyser la construction de l'esclavage sexuel dans les nouveaux conflits armés en prenant pour illustration la guerre contre Boko Haram. L'esclavage sexuel des femmes et des jeunes filles, lié aux nouveaux conflits armés en Afrique, constitue un crime qui affecte plusieurs pays. La cristallisation des conflits en Afrique et l'enracinement du terrorisme transnational exacerbent la vulnérabilité des femmes et des jeunes filles, tout comme ils accentuent le risque de voir l'esclavage sexuel prendre plus d'ampleur. À mesure que l'État en Afrique s'affaiblit et présente des limites, laissant les populations à leur propre sort, le risque de voir se développer des sites d'esclavage sexuel s'accroît. Les États, les Organisations internationales, les Organisations non gouvernementales et les communautés dans une dynamique commune devraient jouer un rôle crucial à partir d'une action publique concrète orientée vers la prévention et la lutte contre ce phénomène.

Références bibliographiques

1. Abega, S.- C. 2007. Les violences sexuelles et l'État au Cameroun, « Les terrains du siècle », Paris, Karthala.

2. Amal, D. 2017. Munyal : les larmes de la patience, Proximité.

3. Article 3 commun aux quatre Conventions de Genève de 1949, Recueil des Traités des Nations Unies, vol. 75, p. 31, 85, 135 et 287.

4. Barry, K, et Renee, B. 1 984. « La Politique Internationale et l'esclavage Sexuel des femmes », Nouvelles questions féministes, n° 8 : 27-39. http://www.jstor.org/stable/40619281.

5. Baumann A. 2017. Les inégalités hommes-femmes en question entre choix, éducation et rationalité. Paris, L'Harmattan coll. « Questions contemporaines ».

6. Bihr A. et Pfefferkorn R. 1996. Hommes-femmes, l'introuvable égalité : école, travail, couple, espace public. Paris, Les Éditions Ouvrières.

7. Bourdieu P. 1998. La domination masculine, Paris, Seuil, coll. Liber. ;

8. Carol R. « Cartographie – Boko Haram sur les traces du califat de Sokoto ? », Jeune Afrique en ligne du 23 février 2015,

http://www.jeuneafrique.com/225434/politique/cartographie-boko-haram-sur-les-traces-du-califat-de-sokoto/, consulté le 8 février 2022.

9. Chavez L. « Le viol systématique, l'esclavage sexuel et les pratiques analogues à l'esclavage en période de conflit armé », document des Nations Unies E/CN.4/Sub.2/1996/26.

10. Conseil Économique et Social, E/CN.4/1996/1953/Add. 14 janvier 1996.

11. Convention de 1926 relative à l'abolition de l'esclavage, de la servitude, du travail forcé et des institutions et pratiques analogues (Convention de 1926 relative à l'esclavage), Recueil des Traités de la Société des Nations, vol. 60, p. 253.

12. Convention relative à l'esclavage adoptée par la Société des Nations (SDN) le 25 septembre 1926.

13. Coquery-Vidrovitch C. 1 994. Les Africaines : Histoire des femmes d'Afrique noire du XIX au XX siècle. Éditions Desjonqueres.

14. Déclaration relative à l'abolition universelle de la traite des esclaves, 8 février 1815, ConsolidatedTreatySeries, vol. 63, n° 473 ;

15. Déclaration Universelle des Droits de l'Homme de 1948.

16. Durkheim E. 1894. « Le crime, phénomène normal », In Durkheim E. 1894. Les règles de la méthode sociologique, Paris, PUF, 14e édition, 1960, pp. 65-72.

17. Entretien du 15 octobre 2021 dans la ville de Maroua.

18. Entretien du 18 octobre 2021 dans la localité de Mora.

19. Goofman E. 1975. Stigmates, Les usages sociaux des handicaps, Paris, Éditions de Minuit.

20. Heritier F., 1996, Masculin-féminin : la pensée de la différence, Paris, O. Jacob.

21. Hungtington S. 2005. Le choc des civilisations, Paris, Éditions Odile Jacob,

22. ICG. 2016. Nigeria : les femmes et Boko Haram, Rapport Afrique, n° 242.

23. Mengue M. Th., Boukongou J.-D., (dir.), 2004. Comprendre la pauvreté au Cameroun, Yaoundé, Presses de l'UCAC.

24. Moreau Defarges P. 2009. La guerre ou la paix demain, Paris, Armand Colin.

25. Munkler H. 2003. Les guerres nouvelles, Paris, Alvik.

26. Ntuda Ebode J. V. et al. 2017. Le conflit Boko Haram au Cameroun. Pourquoi la paix traine-t-elle ? Yaoundé, Friedrich Herbert Stiftung.

27. Perouse De Montclos. M-A. 2 014. « Nigeria : Boko Haram, les chrétiens… et les autres », études, n° 421, pp. 7-18.

28. Roux J. 2016. L'esclavage sexuel en droit international pénal, Mémoire de Master en droit international et de l'Union européenne.

29. Seignobos C. 2 014. « Boko Haram : Innovations guerrières depuis les monts Mandara. Cosaquerie motorisée et islamisation forcée », Afrique Contemporaine, n° 252, pp. 149-169.

30. Seignobos C. & Iyebi-Mandjek O. (Eds.) 2005. Atlas de la province Extrême-Nord Cameroun. IRD Éditions.

31. Sen A. 2000. Repenser l'inégalité, Paris, Seuil.

32. Shaikh Ibn Baz, Fatawa al-mar'a, Vol. 2.

33. Sindjoun L., (Dir.), 2000. La biographie sociale du sexe. Genre, société et politique au Cameroun, Paris, Karthala.

34. Stella, A. 1997. Des esclaves pour la liberté sexuelle de leurs maîtres, Clio. Histoire, femmes et société, n° 5, http://journals.openedition.org/clio/419;

35. Thematic Paper on Countering Trafficking in persons in Conflict Situations, 2017.

36. United States c. Sanga, 967 F2d 1332 (9e Cir. 1992).

DE LA COMPLEXITÉ DE LA TRAITE DES ÊTRES HUMAINS AU CAMEROUN. DE SON ESSENCE SOCIO ANTHROPOLOGIQUE À SES IMPLICATIONS SOCIO JURIDIQUES : UNE ANALYSE DE L'ESCLAVAGE MODERNE ET DE LA PROSTITUTION

Pascal Armel ELLA ELLA

Chargé de Cours, Département de politique internationale
Institut des Relations Internationales du Cameroun
Armelela29@gmail.com.

Résumé

L'objectif de cette contribution réside dans le décryptage des fondements socio-anthropologiques et les implications sociojuridiques de deux catégories de traite des hommes au Cameroun. L'esclavage moderne et la prostitution constituent les référentiels de cette grille d'analyse. Le capital de la souffrance humaine en Afrique découle des types de contraintes exercées contre la dignité de l'homme. Dans la nouvelle économie ultralibérale, l'homme fait l'objet de commerce. Malgré l'abondance des textes, il est difficile de fixer de manière objective les réservoirs de traite et les moyens de résolution de telles dynamiques diversement appréciables. La fondation théorique du présent article s'inscrit dans les champs du droit international public, de l'anthropologie et de la sociologie. La question de recherche est posée en ces termes : quels sont les fondements sociojuridiques de l'esclavage moderne et de la prostitution comme sites de la traite des êtres humains au Cameroun ? Dans un contexte de croisade morale contre toutes les poches des victimes de la déshumanisation, il est recommandé d'étudier les chaînes causales et les implications subséquentes. Se référant aux principes universels, le dispositif juridique adopté à Palerme s'attaque à la vente et à l'achat des humains et à l'utilisation de la contrainte aux fins d'exploitation. L'article comporte deux parties : la première traite des trajectoires socio anthropologiques explicatives de la prostitution et de l'esclavage moderne, la deuxième partie, du contenu des implications sociojuridiques de la prostitution et de l'esclavage moderne au Cameroun.

Mots-clés : **Traite, socio anthropologique, sociojuridique esclavage, prostitution.**

Abstract

The objective of this contribution is to decipher the socio-anthropological foundations and the socio-legal implications of two categories of human trafficking in Cameroon. Modern slavery and prostitution constitute the referents of this analysis grid. The capital of human suffering in Africa derives from the types of constraints exercised against human dignity. In the new ultraliberal economy, man is the object of commerce. Despite the abundance of texts, it is difficult to establish objectively the reservoirs of trafficking and the means of resolving such diverse dynamics. The theoretical foundation of the present article lies in the fields of international public law, anthropology and sociology. The research question is posed in these terms: what are the socio-legal foundations of modern slavery and prostitution as sites of human trafficking in Cameroon? In the context of a moral crusade against all pockets of victims of dehumanization, it is recommended to study the causal chains and subsequent implications. Referring to universal principles, the legal framework adopted in Palermo addresses the sale and purchase of humans and the use of coercion for exploitation. The article is divided into two parts: the first deals with the socio-anthropological trajectories that explain prostitution and modern slavery, the second with the content of the socio-legal implications of prostitution and modern slavery in Cameroon.

Keywords: **trafficking, socio-anthropologic, socio-legal, slavery prostitution.**

Introduction

Depuis des lustres, l'Afrique est traversée par un ensemble de pathologies déshumanisantes, organisées autour de la traite des hommes. Face à l'ampleur du phénomène, le Cameroun a été contaminé par le biais de la continentalisation des faits sociaux, au point où la situation de crise interpelle la communauté des États.

La définition de la traite des êtres humains est plurielle. La terminologie qui y est déployée correspond à des trajectoires variées. D'après le Dictionnaire Larousse, la traite des êtres humains est une infraction commise par l'individu qui, pour satisfaire les passions d'autrui, engage ou détourne, en vue de la débauche, des femmes ou des enfants[1]. La traite des personnes est une violation des droits de l'Homme et une forme de

1 Pour plus de détails, consulter https//www. Larousse. frdictionnaires/français/traite/78 976, consulté le 22.09.2021.

conduite criminelle qui affecte des personnes dans le monde entier[2]. Le Conseil de l'Europe utilise le terme « traite des êtres humains » conformément à la Convention du Conseil de l'Europe contre la traite des êtres humains de 2005[3]. Les définitions de la prostitution tournent de nos jours autour de deux grands pôles. Selon les uns, la prostitution constitue un métier comme un autre, une activité génératrice de revenus qui peut être librement choisie. Ainsi, Shannon Bell la définit comme « une forme quelconque d'interaction sexuelle en échange d'une forme quelconque de paiement »[4]. Cette définition est partagée par la représentante du gouvernement allemand, Schewe-Gerigk, qui affirme qu'elle « veut donner à la prostitution le statut de travail comme un autre »[5]. Jo Bindman et Jo Doezema, représentantes de Network of Sex Work Projects et de Anti-Slavery International, proposent une définition similaire : « le travail du sexe consiste à « négocier et offrir des services sexuels contre rémunération, avec ou sans l'intervention d'une tierce partie. Ces services sont publicisés et reconnus comme étant disponibles à certains endroits. Les prix des services s'ajustent en fonction du jeu de l'offre et de la demande »[6]. Pour les autres, en revanche, la prostitution constitue la forme ultime de violence à l'égard des femmes et forme un système d'exploitation à la fois économique et social. Ainsi, pour Kathleen Barry, « quoique souvent présentée comme une libération sexuelle, la prostitution doit s'adapter aux attentes des consommateurs et constitue un acte sexuel réactionnaire et répressif »[7]. Claudine Legardinier complète cette définition en ajoutant que « marquée par l'argent et les rapports de pouvoir, particulièrement entre hommes et femmes, c'est un puzzle [la prostitution] où s'enchevêtrent les malaises sociaux. Lieu de récupération, à des fins financières, de souffrances tues, d'échecs et d'inégalités de tous

---

2 Définir le concept de traite des personnes, La Déclaration de Doha, ONUDC, Vienne, 2019, p. 3.

3 Ibid. p. 5.

4 Shannon Bell., Reading, Writing and Rewriting the Prostitute Body, Bloomington, Indiana University Press, 1994, p. 1.

5Versieux Nathalie, « Prostitution : l'Europe divisée », *L'Express*, 8 mars 2001, P3

6 Bindman Jo etDoezema Jo, Redifining Prostitution as Sex Work on The International Agenda, Anti-Slavery International et Network of Sex Work Projects, 1997, p. 13.

7 Kathleen Barry, The Prostitution of Sexuality, New York, New York University Press, 1995, p. 38.

ordres, elle est devenue un gigantesque système organisé, une industrie internationale d'exploitation de femmes, d'hommes et d'enfants »[8].

Marie-Victoire Louis, quant à elle, propose une définition plus globale : « Le système prostitutionnel est un système de domination sur les sexes, les corps et donc sur les êtres humains. Ce système met en relation des « clients » à qui des proxénètes (qui sont des personnes physiques et morales) garantissent, contre rémunération, la possibilité d'un accès marchand aux corps et aux sexes d'autres personnes, de sexe féminin dans l'immense majorité des cas… ». Le système organisé de commerce d'êtres humains qui a concerné le plus grand nombre de personnes asservies, maltraitées, assassinées, commence par la découverte de l'Amérique par les Espagnols et les Portugais, et devient davantage complexe en fonction de l'évolution de la situation économique, sociale et politique[9].

Le statut juridique réduisant l'homme à un simple bien a été condamné pour la première fois en Europe en 1815[10] et les systèmes normatifs de plusieurs États se sont greffés à cette donne. La convention européenne des droits de l'Homme ou les instruments de l'ONU peuvent par ricochet défendre des mineurs ou des victimes de traitements inhumains et dégradants[11]. La Constitution de l'État camerounais dispose que : « Toute personne a droit à la vie et à l'intégrité physique et morale. Elle doit être traitée en toutes circonstances, avec humanité. En aucun cas elle ne peut être soumise à la torture, à des peines ou traitements cruels, inhumains ou dégradants »[12]. La traite est rapidement devenue une préoccupation majeure pour la communauté internationale, dont l'engagement est motivé par au moins trois raisons : la protection des femmes concernées, la répression des réseaux criminels internationaux qui prospèrent davantage et le contrôle de l'immigration non autorisée[13]. L'appréhension du phénomène de la traite reste tout de même insuffisante.

---

8 Legardinier Claudine, *La prostitution*, Paris, Milan, 1996, p. 3.

9 Tosun Leman, *La traite des êtres humains : étude normative*, Thèse de Droit, Université de Grenoble, 2011, pp. 7-9.

10 Déclaration du Congrès de Vienne relative à l'abolition universelle de la traite des esclaves, adoptée le 8 février 1815 par huit puissances coloniales, ConsolidatedTreatySeries, vol. 63, n° 473, Pp 547 - 557.

11 Cournil Christel, « Traite des êtres humains : une directive « humanitaire » au service de la maîtrise des flux », Hommes et Migrations, 1241, (1), January, 2003, Pp 90-98.

12 Lire la constitution camerounaise du 18 janvier 1996, précisément le préambule.

13 Antoine Pécoud, « Campagnes d'information et traite des êtres humains à l'Est de l'Europe », espace, populations, sociétés, 2008, 2008-2, pp. 319-330.

Ce qui empêche d'avoir une vue d'ensemble sur les questions y relatives en Afrique et même à l'échelle mondiale[14]. Pour son fondement socio-anthropologique, c'est de la nature humaine qu'émane la traite des personnes telle que perçue aujourd'hui. L'histoire de la commercialisation des hommes est liée aux différentes évolutions sociétales. Cela revient à dire que la soumission de l'homme par l'homme est une propriété[15] existentielle fondamentale. Tout se passe comme si la construction permanente des relations avec ses semblables, met en œuvre l'ensemble des capacités humaines[16]. En partant du fait que « l'homme est la mesure de toutes les choses »[17], ce n'est qu'un truisme de conclure qu'il est à la base de sa traite. Les sociétés postindustrielles[18] ont pour ce faire consacré l'idée selon laquelle l'homme est une marchandise[19] que l'on peut vendre dans des réseaux obscurs et informels. On suppose que, dans la société de consommation, l'état le plus intrinsèque est la capacité pour l'homme de fournir l'énergie suffisante à un travail dans la chaîne de la machine de production[20].

Au-delà du dispositif juridique en vigueur et des connaissances partagées, quels sont les fondements socio anthropologiques de l'esclavage moderne et de la prostitution comme sites de la traite des êtres humains au Cameroun, ainsi que les implications sociojuridiques qui en découlent ?

Certes les organisations transnationales décrivent l'histoire de l'exploitation, mais ces producteurs de normes jouent un rôle d'appoint dans la réprobation universelle[21] des pratiques analogues[22]. À travers cette analyse, il ressort que des millions de vies humaines ont été détruites par

---

14 Dias Guilherme Mansur, « La construction contemporaine du problème de la traite des humains au Brésil », Champ Pénal, 16, 2019, 17 P.

15 Huet, Armel, Jean Claude Quentel, « Fondement anthropologique de l'autorité », *Revue Inflexions*, 3, n° 24, 2013, pp. 13-26.

16 *Ibid.*

17 Gagarin, Michael, « Protagoras et l'art de la parole », *Philosophie antique*, 8, 2008, pp. 23-32.

18 Rolo, Duarte, « D. Cohen. Trois leçons sur la société post-industrielle », L'orientation scolaire et prof., 38, 4, 2009, pp. 576-579.

19 Victor, Sandrine, « Introduction au dossier « Le prix de l'homme », *Les cahiers de Framespa*, 17, 2 014, P 10.

20 *Ibid.*

21 Roger, Botte, « Les habits neufs de l'esclavage », *Cahiers d'études africaines*, 179-180, 2005, pp. 651-666.

22 *Ibid.*

les violences et les profits[23] dont les procédés restent difficiles à expliquer. La structure de l'article porte sur les trajectoires socio anthropologiques explicatives de la prostitution et de l'esclavage moderne (I) et du contenu des implications sociojuridiques de la prostitution et de l'esclavage moderne au Cameroun (II).

I. LES TRAJECTOIRES SOCIOANTHROPOLOGIQUES EXPLICATIVES DE LA PROSTITUTION ET DE L'ESCLAVAGE MODERNE

À la simple évocation d'esclavage et de prostitution, il y a en filigrane des pratiques asociales incompatibles avec la valeur de l'homme. La trajectoire socio anthropologique de cette pratique constitue des formes d'aliénation[24] face à la dégradation du respect des droits de la personne. L'entreprise moderne[25] offre désormais des rapports d'exploitation que les sociétés de marché imposent avec la montée de la bourgeoisie. Cette disposition implique que l'esclavage moderne est le résultat de la conflictualité humaine (A) et la prostitution est liée à la déchirure du tissu familial (B).

A. L'esclavage moderne comme le résultat de la conflictualité moderne

En lisant l'esclave, on se rend compte des manœuvres réductionnistes, qui permettent d'appliquer la dimension de l'ennemi[26], dans le cadre des relations humaines. La trace matérielle de l'esclavage moderne pose la problématique du « corps comme instrument »[27], pour accéder au niveau de conflit entre dominants et dominés. Comme dans tous les types de relations sociales, l'esclavage traduit du conflit suivant l'idée d'après laquelle « l'homme est un loup pour l'homme »[28]. La présomption de supériorité donne la latitude à certains hommes d'assujettir les autres à travers un processus de minorisation et de catégorisation sociale, familiale

---

[23] Arsène, Francœur. Nganga, « Routes des captifs pour la traite négrière transatlantique en Afrique centrale : du XVe au XIXe siècle », *Études caribéennes*, 49, août 2021.

[24] Yves-Marie, Abraham, « Réviser les droits de l'homme pour protéger l'humanité », *Éthique publique*, vol. 16, n° 2, 2 014, Pp 201-220.

[25] *Ibid.*

[26] Alain, Marzona, « Pierre Conesa, la fabrication de l'ennemi ou comment tuer avec sa conscience pour soi », *Revue historique des Armées*, 269, 2 012, 346p.

[27] Marco, Saraceno, « Les mesures du corps en activité et la concrétisation de l'homme », e-Phaistos, VII-1, 2019, 13p.

[28] Fadéla, Benzaoui, « Actualité du Léviathan », Insaniyat, 10, 2000, pp. 121-126.

et parfois ravisée[29]. La conflictualité humaine dont il s'agit dans l'esclavage moderne correspond à la vision que les marxistes ont posée pour comprendre le monde, sans doute la description la plus emblématique qui conçoit les rapports sociaux sur la base de la production[30]. La forme des structures sociales et politiques résulte de la domination croissante au sein des échanges d'une rationalité économique[31]. Les partisans de l'esclavage pensent qu'ils ont reçu des prédispositions innées de soumettre les plus petits à la servilité. Ils se posent comme les porteurs d'un message ontologique et d'hégémonie exploitatrice, avec pour finalité d'extraire la matière productrice. La fabrication du conflit issue de l'esclavage moderne exprime le conflit entre les forces esclavagisantes et les démunis voulant bénéficier de certaines faveurs. Cette transposition de la lutte des classes[32] définit les rapports sociaux où les supports conflictuels sont la préoccupation des groupes dominants[33].

Le mouvement général qui se dessine reprend l'idée marxienne de l'oppression bourgeoise[34]. L'esclavage moderne est l'incarnation du non-droit élevant un crime contre l'humanité dans lequel les pratiques identifiées sont la violence et la brutalité des mœurs. Lorsqu'il s'agit de déterminer qu'il y a esclavage, les attributs du phénomène renvoient à la détention, à la captivité, aux pressions psychologiques et à la vulnérabilité des victimes[35]. Explicitement, comme il s'agit de l'esclavage domestique, comme « nouvelle forme d'esclavage »[36], les victimes dépendent de la contrainte des employeurs divinisés jouissant de bénéfices que leur offre le statut social. Les violations de toute sorte sont reconnues dans la mise en service des esclaves pour la sauvegarde des intérêts de la communauté

---

29 Miryam, Giargia et Marie-Claire, Willems, « Du naturel religieux dans la philosophie hobbesienne à l'exclusif religieux en islam », Terrains/Théories, 11, 2020, 24p.

30 Hervé, Touboul, « Le social chez Marx », Le Portique, 32, 2014, document I, 17 p.

31 Vincent, Bontemps, « L'Amérique… selon Marx », *Cahiers d'histoire. Revue d'histoire critique*, 103, 2008, Pp 289-305.

32 Nicolas, Poirier, « La lutte des classes chez Marx : reconnaissance ou dénégation ? », variations, 13, 14, 2010, Pp 74-90.

33 Frédéric, Calas, « Michel Lussault, de la lutte des classes à la lutte des places », *Revue internationale d'éducation de Sèvres*, 53, avril 2021, P 19.

34 Denis, Crowch, « La lutte des classes comme lutte politique : les limites de l'interprétation léninienne », *philosophique*, 11, 2008, pp 55-78.

35 Nadia, Belaidi, « L'esclavage : de l'atteinte à la personne à la mise en jeu du système social », *Droit et Cultures*, 70, 2015, pp. 65-86.

36 *Ibid.*

des privilégiés et bourgeois. L'enlèvement, la vente sont utilisés comme une nécessité, pour prendre possession des biens et des ressources.

Dans sa conception traditionnelle, l'esclavage qui relève, soit de l'enlèvement, soit d'un recrutement, couvre toutes les formes d'abomination. En effet, l'esclavage est une blessure au grand corps qu'est l'humanité. Le mal est tellement profond qu'il touche tous les organes de la constitution anthropologique.

La brutalité avec laquelle les entrepreneurs de l'asservissement se manifestent traduit la sous-estimation de l'espèce humaine, pour des raisons parfois injustifiées au plan axiologique. On ne mesure plus l'homme de par son contenu ontologique inestimable, mais à partir de l'exploitation dont il fait l'objet. Dans certains repères culturels camerounais, les pratiques d'esclavage moderne prennent la forme du « kôn »[37] où, des personnes sont vendues suivant des procédés mystérieux, pour travailler dans des structures de rentabilité incontrôlées.

B. La déchirure du tissu familial comme fondement socio anthropologique de la prostitution

La compréhension de la prostitution est en partie liée à la place de la jeune fille dans les structures familiales. Pour les représentations communes, il est question de poser la fille comme une source de revenus, appelée à vivre dans un mariage, et contribuer aux différentes charges sociales de sa famille. Les fondements sexistes de l'oppression féminine[38] développent des attitudes orientées dans une attitude biologiste du sexe. La prostitution est une activité génératrice de revenus[39], dont l'interaction sexuelle est conditionnée pour une forme de paiement[40]. Dans cette perspective, les jeunes filles sont déjà préparées depuis le bas âge à fournir leur corps en échange de certaines rétributions. La pauvreté dans la

---

37 Le *« kôn »* est un ensemble de procédés mystico-opérationnels reconnus chez les « Beti ». Il s'agit d'opérer une forme de commerce des hommes, pour les utiliser comme des machines de production au service de personnes qui demandent ces types de services.

38 Nadeige Laure Ngo Nlend, « Les études sur le genre en histoire au Cameroun : enjeux et défis d'un savoir en construction », *Revue Interventions économiques*, 64,2020, 22p.

39 Diane Lavallée, « La prostitution : profession ou exploitation ? », *Éthique publique*, vol. 5, n° 2, 2003, 153 P.

40 Bell, Reading, Writing and Rewriting the prostitute body, Bloomington, Indiana University Press, 1994, p. 1.

majorité des cas est à l'origine de ce commerce sexuel, dont il est impossible d'évaluer le nombre de femmes qui s'y livrent[41].

En dehors des maltraitances subies dans le giron familial et l'absence d'instruction[42], la précarité économique des parents[43] explique en grande partie l'ampleur de la prostitution. Face à l'absence de perspectives éducatives et professionnelles, les mères décident de livrer leurs filles à des services sexuels tarifés pour répondre à différents besoins économiques des maisons[44]. Le marché du sexe[45] contribue parfois à stabiliser l'équilibre financier déjà précaire de certaines familles où les filles constituent la ressource humaine et démographique la plus importante. En effet, pour la plupart des familles, la fille est un bien, sa morphologie généreuse et attirante est une source intarissable de revenus capable de combler certains manquements que les parents ont été incapables de satisfaire. La jeune fille, qu'elle soit scolarisée ou non, assure une rentabilité observable dans les dons ; la ration alimentaire ; le paiement des factures ; le support de charges qui nécessitent des contributions financières. Il se dégage le constat selon lequel la jeune fille doit aider sa mère à accomplir les charges familiales. Son corps est une formule magnétique de captation des hommes capables de générer des ressources adéquates.

D'autre part, l'éducation différente des enfants est aussi à l'origine de l'ampleur de la prostitution féminine. La socialisation à géométrie variable est faite de telle manière que les filles sont confinées aux tâches ménagères et aux fonctions de la maternité. Dans certaines familles, le rôle de la fille consiste essentiellement à assouvir les besoins sexuels des hommes. Ce raisonnement insiste sur les contraintes qui pèsent sur les femmes, dans la recherche de la domination d'un homme, pour des raisons de respectabilité et de support économique[46]. Fort de l'urbanisation, la ville a

---

[41] Lire à propos, « Deux grandes causes de la prostitution : la misère et la solitude », *in Le monde*, publié le 22 janvier 1954.

[42] Yvonne Clémence Bambara, « Les facteurs de risque de la prostitution des jeunes filles mineures à Bobo-Dioulasso au Burkina Faso », *Revue Service Social*, vol. 58, n° 1, 2013, pp. 110-124.

[43] *Ibid.*

[44] Erika Schulze et *al*, « L'exploitation sexuelle et la prostitution et leurs conséquences sur l'égalité entre les femmes et les hommes », Etude, Parlement européen, 2014, p. 19.

[45] Cho Seo-young et al, "Does legalized prostitution increase human trafficking? World development, vol. 41, n° 1, 2013, pp. 67-82.

[46] Joel Noret, "Arnfred, S. (ed.)-Re-thinking sexualities in Africa", Cahiers d'études Africaines, 183, 2 006, pp 633-635.

permis aux femmes de monnayer leurs charmes[47] en faisant valoir leur ponction financière dans les réseaux d'affaires dominés par le corps. Économiquement dépendantes des hommes[48], les femmes sont figées à des rapports de force permanents qu'elles détiennent dans les chambres. La fascination exercée par la sexualité de la « femme noire »[49] s'accompagne aussi d'une emphase pour sa beauté jugée exceptionnelle. La constante admiration dont la fille est l'objet aiguise les appétits de la chambre et du « bas-ventre »[50]. Il y a lieu de comprendre que le niveau élevé de prostitution est fonction du niveau de socialisation familiale, susceptible de favoriser le commerce du corps. Les mères sont, dans la plupart des cas, à l'origine de la prostitution des jeunes filles, dans la mesure où elles sont les incitatrices de premier rang. Elles négocient parfois des alliances sexuellement rémunérées à leurs filles pour bénéficier des faveurs des hommes-clients de circonstance.

À certaines occasions, la fille qui ne participe pas aux charges de la maison n'est pas considérée par sa mère. De ce fait, elle devient inutile parce que, ne pouvant pas ramener des provisions pour nourrir sa famille parfois nombreuse. En réalité, la figure du sexe est l'obligation pour la femme d'acquérir cette fonction pour pouvoir exister[51]. Après cette construction duale des fondements de l'esclavage moderne et de la prostitution, il y a lieu d'analyser les implications sociojuridiques au Cameroun.

II. LES IMPLICATIONS SOCIOJURIDIQUES DE LA PROSTITUTION ET DE L'ESCLAVAGE MODERNE AU CAMEROUN

La prostitution et l'esclavage moderne incarnent des phénomènes sociaux de grande ampleur. Les conditions dans lesquelles sont pratiquées

---

47 Didier Gondola, « Unies pour le meilleur et pour le pire. Femmes africaines et villes coloniales : Une histoire du métissage », Clio. Histoire, femmes et sociétés, 6, 1997.

48 *Ibid.*

49 Yann Le Bihan, "L'ambivalence du regard colonial porté sur les femmes d'Afrique noire », *Cahiers d'études africaines*, 183, 2 006, Pp 513-537.

50 L'artiste-musicienne Ngono Adèle Ruffine (Lady Ponce) dans une chanson en 2005 utilisait l'expression « bas-ventre » pour traduire la valeur du sexe de la femme, dans sa relation avec l'homme.

51 Marion Giraldou, *Vierge ou putain ? Processus de marginalisation des prostituées de San José*, Presses Universitaires de Rennes, 2014, pp. 219-246.

ces équations à plusieurs inconnus varient en fonction des enjeux économiques et des contraintes cachées de ces types d'activités. On peut voir dans le terme contrat[52] d'exploitation utilisé par certains auteurs, une crise de considération, qui touche l'homme dans son individualité propre[53]. Dans ce sens, les implications qui y sont attachées tiennent à la désacralisation de l'humaine condition (A) et la fragilité d'un secteur des droits de l'Homme (B).

A. De la désacralisation de l'humaine condition

L'une des implications de la prostitution et de l'esclavage moderne réside dans la désacralisation de l'humaine condition. Le niveau de sous- estimation de l'homme par son semblable a provoqué une déchirure du tissu social, révélatrice de la crise des valeurs accordées à la vie. Le malaise qui s'y fait jour au sujet de toutes les formes d'exploitation dévalorise les personnes dominées et placées sous les injonctions des maîtres financiers. Les pratiques de harcèlement sexuel déployées dans le cadre de la prostitution convoquent largement des niveaux de désacralisation des femmes[54]. Il faut noter que la crise de l'humaine, condition dont il s'agit, favorise la faiblesse de tous les compartiments ontologiques de la vie. Outre les versants d'épargne, d'effort et de calcul déployés par la bourgeoisie montante, certains auteurs déplorent le déclin de la charité[55]. L'engagement mutuel dans des relations d'entraide[56] a disparu. On assiste à la négation du respect, de l'acceptation et de la considération pour l'autre. Dès qu'il est pris sous l'angle d'une marchandise ou d'un objet, le devoir commun d'assurer la dignité de l'homme[57] tombe suivant les obligations de la société capitaliste.

---

52 Aloïse Quesne, « Le contrat de prostitution : entre ombre et lumière », *Cahiers de la recherche sur les droits fondamentaux*, 15, 2017, pp. 65-75.

53 Odile Bourguignon, « L'intime, le corps et la relation de soin », *in* E. Hirsh (dir), *Traité de bioéthique*, t. II, *Soigner la personne, évolutions, innovations thérapeutiques*, Toulouse, Erès (Espace éthique), 2010, p. 84.

54 Cathérine. Capdeville-Zeng, « Discussion autour de la notion de patriarcat, en Chine et en anthropologie », L'homme, 229, 2019, pp. 99-134.

55 Michel Borgetto, « Crise des valeurs et fonctionnement social. Le poids et les limites de la dialectique », in Informations Sociales, 8, n° 136, 2006, pp. 6-15.

56 Shalom H. Schwartz, « Les valeurs de la base de la personne : théorie, mesures et applications », *Revue française de Sociologie*, 4, vol. 47, 2006, pp. 929-968.

57 André Wylleman, « L'élaboration des valeurs morales », *Revue philosophique de Louvain*, 18, 1950, pp. 239-246.

Pour indispensable qu'elle soit, la traite des hommes est une insulte au monde. Le champ sémantique de l'esclavage moderne et de la prostitution est lié à l'insulte, au déshonneur, à la chosification et à la maltraitance. Les différentes résolutions prises par les entrepreneurs de telles formes de traite des hommes concourent à banaliser l'existence humaine. Les propriétés ontologiques de ces machines de la sous- estimation humaine participent de la fabrication de l'industrie du crime contre l'humanité. L'entrée de la traite des hommes dans l'arène publique[58] constitue une véritable irruption d'un système de xénophobie[59] dont l'indignation touche toute l'humanité. L'architecture si massive que certains n'hésitent pas à qualifier de forteresse de la terreur[60] est une implantation brutale des dynamiques de l'ennemi[61] offertes par l'exploitation abusive des hommes et des femmes. La pluralité des univers d'inimitiés met en évidence la philosophie de l'hostilité, symbole de l'agression et du cannibalisme[62] systémique. Toute l'atrocité développée traduit un désaveu international au sujet de cette nature inhumaine. Ces approches voient ainsi dans l'esclavage moderne et la prostitution, une négation de l'humanité de la victime, de sa dignité d'être humain. Il s'agit d'une cruauté envers l'existence[63], dont la finalité est la mort. Bien que durant l'antiquité gréco- romaine l'esclavage ait été normal et fondateur des rapports sociaux[64], il désigne aujourd'hui une abomination. Malgré ce nouveau désintérêt, il n'existe pas encore de conséquences répressives réelles, d'où la fragilité d'un secteur des droits de l'Homme.

B. De la fragilité d'un secteur des droits de l'Homme

Dans l'esclavage moderne et la prostitution, on voit la fragilité d'un couloir des droits de l'Homme. Le niveau d'exploitation dont sont victimes les êtres humains est une atteinte aux droits de la personne. L'esclavage moderne et la prostitution sont des atteintes au droit à la vie,

---

58 Milena Jaksic, « La souffrance fait cause. L'entrée de la traite des êtres humains dans l'arène publique », Genre, Sexualité et Société, 9, Printemps 2013, 24P.

59 *Ibid.*

60 Jean-Michel Deveau, « Traite, esclavage et fortification dans l'Ouest africain », EchoGéo, 1, 2007, 11P.

61 Giulio De Ligio, « La vertu politique : Aron, penseur de l'ami et de l'ennemi », *Études internationales*, 43, (3), 2012, pp. 405-420.

62 Claude Lévi-Strauss, *Paroles données*, Paris, Plon, 1 984.

63 ACDI, 1986 ? vol. II, 2e Partie, p. 46, Paragraphe 83.

64 Jean-Claude Ruano-Borbalan, « L'esclavage, un crime contre l'humanité », *in Sciences Humaines*, n° 135, 2, 2003, p. 34.

à l'intégrité physique et morale[65]. Les personnes victimes subissent des traitements inhumains, avec pour conséquence une atteinte aux droits consubstantiels à la personne. L'aliénation de l'homme structure tous les champs des droits à la dignité, à l'intégrité, à l'honorabilité et à la vie. En dépit de ce coefficient de sanctions pénales, les actes d'esclavage et de prostitution sont des parents pauvres des droits de l'Homme. Le constat est celui d'une crise du droit civil, faisant des exploités des hommes sans personnalité juridique[66]. En effet, la considération qui est accordée à des personnes prises en otage d'esclavage et de prostitution est celle de chose et de bien qui peuvent être vendus. L'extrême des cas est souvent la mort, sans compter les tortures corporelles et morales. Les méfaits commis déterminent suffisamment l'exercice empoisonné des droits et des libertés de l'individu. À ce point de l'observation, il faut bien admettre une insuffisance de réflexions relatives à la prise en compte de tous les droits inhérents à l'existence. On peut tout aussi illustrer les limites de l'action étatique dans la prise en compte de la question sociale[67]. Se fondant dans un système juridico-économique ultralibéral, l'État trouve son intervention biaisée par des dysfonctionnements institutionnels incapables de faire face au système de maltraitance supranational. De l'état de cette crise du droit moderne[68], l'idée dominante est celle de la dévalorisation du corps. Gérard Cornu et Jean Carbonnier partageaient l'analyse selon laquelle « le corps humain est le substratum de la personne »[69]. Mais, les industries du crime ont déconstruit ce volet sacré des normes érigées en valeurs universelles.

À partir du moment où l'homme fait l'objet de commerce et d'exploitation, il perd du coup son droit à l'autodétermination et à la dignité. La chaîne de crimes contre l'humanité qui secoue les pays africains à l'aune du XXIe siècle prend une dimension alarmante quant à la protection juridique des personnes victimes d'exploitation voulue ou

---

[65] Margod de Montfort et Irène Fernandez-Mayoralas Gonzalez, « Chronique des décisions de la cour interaméricaine des droits de l'homme (septembre 2016-Mars 2017) », *La revue des droits de l'homme, Actualités Droits- Libertés*, octobre 2017, 283 p.

[66] Xavier. Bioy (dir), *La personnalité juridique*, Presses de l'Université de Toulouse, LGDJ, 2018, 334 p.

[67] Jacques Commaille, *Les nouveaux enjeux de la question sociale*, Paris, Hachette, 1997, 162 p.

[68] Thibaut Duvillier, « Crise de société et complexification sociétale. Crise du droit et régulation juridique », *Revue interdisciplinaire d'études Juridiques*, 2, vol. 45, 2000, pp. 27-55.

[69] Gérard. Cornu, *Droit Civil-Introduction, les personnes, les biens*, 11e éd. Montchrestien, 2005, p. 211, Jean. Carbonnier, *Droit Civil, introduction, Personnes, famille*, Thémis, 2004, p. 381.

extérieure. La Commission Africaine des Droits de l'Homme et des Peuples manque de pouvoirs[70] véritables, pour assurer des fonctions répressives contre les créateurs de tortures et d'indignation à l'égard des peuples. Il existe encore des poches de résistance enfouies dans les traditions néfastes et les usages lugubres de sous-estimation de l'humanité dans sa portion axiologique.

L'esclavage moderne et la prostitution constituent le quotidien des populations sans que cela fasse l'objet d'une quelconque répression par les institutions pénales. Cette crise et la réprobation juridique[71] se trouvent aux antipodes d'un contexte mondial favorable à l'exploitation des enfants et des femmes, encore plus en Afrique[72] où les normes et institutions semblent dépassées par la persistance de ce phénomène. Dans une configuration protéiforme, l'esclavage peut prendre trois formes selon les lieux et les circonstances : l'esclavage traditionnel, l'exploitation de la main- d'œuvre dans des conditions de servitude extrême et la servitude domestique. En plus de leur valeur en tant qu'objets de vente[73], les esclaves modernes et les prostitués constituent le parent pauvre des politiques sociales. Malgré l'existence d'un cadre juridique international complet, des millions d'enfants, de femmes et d'hommes continuent à être victimes de la traite chaque année dans toutes les régions du monde. Malgré quelques efforts de la France pour condamner la traite dans tous ses compartiments, la Commission Consultative des Droits de l'Homme constatait en 2009 l'échec du dispositif mis en place[74]. Ce degré de gravité[75] est une pulsion malsaine et inhumaine qui pousse à dénier à l'autre son humanité et à l'animaliser. Le regard noirci par la haine et l'idée de suprématie n'est qu'une affaire d'argent, dans la mesure où le corps est une source de revenus. À cet égard, la communauté internationale s'est accordée sur le

---

70 Nisserine, EbaNguema, « La Commission Africaine des Droits de l'Homme et des Peuples et sa mission de protection des Droits de l'Homme », *La Revue des Droits de l'Homme*, 11, 2017, 17 P.

71 Frédéric Foka Taffo, « L'esclavage moderne au Cameroun », *Bulletin d'information du Centre de Recherche a Priori* (CRAP), n° 2, décembre 2017, p. 10.

72 *Ibid.*

73 Issa Saïbou, « Parole d'esclaves au Nord-Cameroun », *Cahiers d'études africaines*, 179-180, 2005, pp. 853-877.

74 CNCDH, Avis sur la traite et l'exploitation des êtres humains en France, adopté le 18 décembre 2009 et présenté dans J. Vernier, *La traite et l'exploitation des êtres humains en France*, Paris, la documentation française (Les études de la CNCDH), 2010.

75 Johanne Vernier, « Traite des êtres humains et traite des migrants », *Cahiers de la recherche sur les droits fondamentaux*, 10, 2012, pp. 49-57.

fait que la traite, de manière générale, est une violation grave des droits de l'Homme[76] vu le nombre croissant de victimes.

Conclusion

L'esclavage moderne et la prostitution sont des facettes de la déshumanisation et du rabais de l'espèce humaine, dont les fondements sont à rechercher au Cameroun dans le socle socio anthropologique, et les implications, au niveau sociojuridique. Depuis des lustres, la communauté internationale s'intéresse à la traite des hommes en raison des drames qu'elle provoque et des pratiques illégales[77] qui y sont associées. Comme un phénomène multiforme, l'exploitation sexuelle et à des fins de travail soulève l'atemporelle problématique de la dignité humaine. Outre l'information préventive sur la dangerosité du phénomène, l'inauguration d'un dispositif répressif tarde encore à s'enraciner au sein des États. Dans diverses résolutions du Conseil de sécurité de l'ONU, certains actes commis dans le contexte de la traite peuvent être graves qu'ils constituent des atrocités criminelles[78]. En 2018, par exemple, le Cameroun présentait déjà un tableau macabre, avec plus de 4 000 enfants en situation de traite à des fins d'exploitation sexuelle[79].

Lorsque l'on aborde ces déformations, l'objectif premier vise à alimenter la réflexion du champ croissant des *contemporary slavery studies*[80] pour éclaircir le débat autour de la discrimination de certaines populations. Ce développement, inscrit dans l'économie globale néolibérale[81], affecte plus directement les relations entre les États, avec en toile de fond, la question de la suprématie de l'argent au détriment de l'homme. Dégradante, la traite des Hommes sous toutes ses formes, est une menace à l'humanité africaine. Le travail forcé par exemple concerne plus d'un

---

[76] Droits de l'Homme et traite des êtres humains, Nations Unies, Droits de l'Homme, Fiche d'information n° 36, New York et Genève, 2014, p. 6.

[77] Christel Cournil, « Traite des êtres humains », *Op.cit*, pp. 90-98.

[78] Lutte contre la traite des personnes en situation de conflit, Office des Nations Unies contre la drogue et le crime, Vienne, Autriche, 2018.

[79] Azize, Mbohou, « Trafic des personnes : plus de 4 000 enfants victimes », Cameroon tribune, sur htm//fr.html/archives-ct, consulté le 3 novembre 2021.

[80] Alexis, Martig et Francine, Saillant, « L'esclavage moderne : une question anthropologique », *Anthropologie et Sociétés*, vol. 41, n° 1, 2017, pp. 9-27.

[81] *Ibid.*

million d'enfants provenant des régions les plus pauvres du continent[82]. C'est en raison de l'ampleur du phénomène que des organisations comme le FMI, la Banque mondiale, mais aussi le BIT, dénoncent aujourd'hui la traite de main-d'œuvre[83] surtout infantile, encouragées par la prolifération des micro-activités de production. L'économie mondiale a contribué à créer des conditions propices à l'exploitation de l'homme par l'homme[84], à travers des lignes de développement de la libéralisation du commerce illicite, encouragé par des entreprises du mal.

Dans une cristallisation qui nourrit encore les préjugés, les circuits économiques d'entretien de la traite des humains couvrent davantage les compartiments métaphysiques de la main-d'œuvre abondante de personnes issues de « *Kôn* » et du « *Famla* », qu'il faut combattre avec toutes les forces étatiques. Bien que l'on ne soit pas en possession des données quantitatives exactes sur la prostitution au Cameroun, les pouvoirs publics ne disposent pas non plus d'armes efficaces, pour réprimer ce fléau contraire aux valeurs socioculturelles. Au regard de la propagation du phénomène, des recommandations d'urgence vont à l'endroit des familles et des acteurs institutionnels pour forger des niveaux complémentaires d'action afin de redonner un sens à la vie des personnes jadis exploitées. Il va falloir compter sur la répression pénale et les mécanismes de contrainte administrative, dans un environnement où l'État perd de son monopole[85] du fait de la prolifération de nouvelles menaces à la stabilité des organisations modernes.

Dans une perspective globale, l'ensemble des États d'Afrique au Sud du Sahara devra implémenter des politiques publiques, orientées vers des programmes de réparation et d'abolition impliquant une condamnation[86] des entreprises de déshumanisation. À l'observation des ressortissants du

---

82 Insight Innocenti, « Les victimes de la traite des êtres humains à des fins d'exploitation pour le travail », Division de l'information, de la documentation et des recherches de l'OFPRA, 18 mars 2019, p. 3..

83 Roger Botte, « Les habits neufs de l'esclavage », *op. cit.*, p. 10

84 Georgina Vaz Cabral, *La traite des êtres humains. Réalités de l'esclavage contemporain*, La Découverte, coll. Cahiers libres, 2006, pp. 21-39.

85 Jérémy Pierre et Pierre-Olaf Schut, « La fin d'un monopole d'État : Ouverture et régulation du marché de l'emploi sportif », Politiques et Management, vol. 29 février, 2012, pp. 233-251.

86 Jacob Festus Adeniyi Ajayi, « La politique de réparation dans le contexte de la mondialisation », *Cahiers d'Études africaines*, 178-174, 2004, pp. 41-63

Cameroun septentrional[87] en campagne d'exploitation à Yaoundé, des conventions pour la répression[88] de toutes les formes de traite des êtres humains[89]. Il est important de « continentaliser » les normes et de leur donner un contenu africain, afin qu'elles s'adaptent au cadre socio- anthropologique de la dignité humaine. Même si l'article 4 de la Déclaration universelle des droits de l'homme pose de façon absolue l'interdiction de la traite et de l'exploitation des êtres humains[90], l'une des missions de la classe dirigeante africaine consiste en l'imposition des instruments pour l'accomplissement des directives politiques de protection des droits de l'Homme pour prévenir la traite et protéger les personnes victimes[91].

Références bibliographiques

1. ACDI, 1986, Vol. II, 2e Partie, p. 46, Paragraphe 83.
2. Alain, Marzona, « Pierre Conesa, la fabrication de l'ennemi ou comment tuer avec sa conscience pour soi », Revue historique des Armées, 279, 2 012.
3. Alexis, Martig et Francine, Saillant, « L'esclavage moderne : une question anthropologique », Anthropologie et Sociétés, Vol. 41, n° 1, 2017, pp. 9-27.
4. Aloïse Quesne, « Le contrat de prostitution : entre ombre et lumière », Cahiers de la recherche sur les droits fondamentaux, 15, 2017, pp. 65-75.
5. André Wylleman, « L'élaboration des valeurs morales », Revue philosophique de Louvain, 18, 1950, pp. 239-246.

[87] Idrissou Alioum, « Le discours sur l'esclavage parmi les résidents du Cameroun septentrional dans la ville de Yaoundé : regard analytique sur la mémoire errante », African Economic History, v. 41, 2013, pp. 33-58.

[88] Aude Pirlot, *Les victimes de la traite des êtres humains. La collaboration à l'enquête et à la procédure pénale*, Mémoire en droit et Criminologie, Université Catholique de Louvain, 2014-2015, 76 P.

[89] Louis Guinamard, *Les nouveaux visages de l'esclavage : ensemble contre la traite des êtres humains*, Ivry-Sur-Seine, Les éditions de l'atelier, 2015, p. 199.

[90] La lutte contre la traite et l'exploitation des êtres humains, Rapport de la Commission Nationale Consultative des Droits de l'Homme, La Documentation française, 2015.

[91] *Ibid.*, p. 26.

6. Antoine Pécoud, « Campagnes d'information et traite des êtres humains à l'Est de l'Europe », Espace, populations, sociétés, 2008, 2008-2, pp. 319-330.

7. Arsène, Francœur. Nganga, « Routes des captifs pour la traite négrière transatlantique en Afrique centrale : du XVe au XIXe siècle », Études caribéennes, 49, août 2021.

8. Aude Pirlot, Les victimes de la traite des êtres humains. La collaboration à l'enquête et à la procédure pénale, Mémoire droit et Criminologie, Université Catholique de Louvain, 2014-2015.

9. Azize, Mbohou, « Trafic des personnes : plus de 4 000 enfants victimes », Cameroun tribune, sur htm//fr.html/archives-ct, consulté le 3 novembre 2021.

10. Bell, Reading, Writing and Rewriting the prostitute body, Bloomington, Indiana University Press, 1 994.

11. Catherine. Capdeville-Zeng, « Discussion autour de la notion de patriarcat, en Chine et en anthropologie », L'homme, 229, 2019, pp. 99-134.

12. Cho. S et al, « Does legalized prostitution increase human trafficking? World development », vol. 41, n° 1, 2013, pp. 67-82.

13. Christel, Cournil, « Traite des êtres humains : une directive humanitaire au service de la maîtrise des flux », Hommes et migrations, 1241, 2003, pp. 90-98.

14. Claude Lévi-Strauss, Paroles données, Paris, Plon, 1 984.

15. CNCDH, Avis sur la traite et l'exploitation des êtres humains en France, adopté le 18 décembre 2009 et présenté dans J. Vernier, La traite et l'exploitation des êtres humains en France, Paris, La documentation française (Les études de la CNCDH), 2010.

16. Cournil Christel, « Traite des êtres humains : une directive « humanitaire » au service de la maîtrise des flux », Hommes et Migrations, 1241 (1), January, 2003.

17. Déclaration du Congrès de Vienne relative à l'abolition universelle de la traite des esclaves, adoptée le 8 février 1815 par huit puissances coloniales, ConsolidatedTreatySeries, Vol. 63, n° 473.

18. Définir le concept de traite des personnes, La Déclaration de Doha, ONUDC, Vienne, 2019, p. 3

19. Denis, Crowch, « La lutte des classes comme lutte politique : les limites de l'interprétation léninienne » philosophique, 11, 2008.

20. Diane Lavallée, « La prostitution : profession ou exploitation ? », Éthique publique, vol. 5, n° 2, 2003.

21. Dias. Guilherme Mansur, « La construction contemporaine du problème de la traite des humains au Brésil », Champ. Pénal, 16, 2019.

22. Didier Gondola, « Unies pour le meilleur et pour le pire. Femmes africaines et villes coloniales : Une histoire du métissage », Clio. Histoire, femmes et sociétés, 6, 1997.

23. Droits de l'Homme et traite des êtres humains, Nations Unies, Droits de l'Homme, Fiche d'information n° 36, New York et Genève, 2014, p. 6.

24. Erika Schulze et al, L'exploitation sexuelle et la prostitution et leurs conséquences sur l'égalité entre les femmes et les hommes, Etude, Parlement Européen, 2014, p. 19.

25. Fadéla, Benzaoui, « Actualité du Léviathan », Insaniyat, 10, 2000, pp. 121-126.

26. Frédéric, Calas, « Michel Lussault, de la lutte des classes à la lutte des places », Revue internationale d'éducation de Sèvres, 53, avril 2021.

27. Frédéric, Foka Taffo, « L'esclavage moderne au Cameroun », Bulletin d'information du Centre de Recherche a Priori (CRAP), n° 2, décembre 2017, p. 10.

28. Gagarin, Michael, « Protagoras et l'art de la parole », Philosophie antique, 8, 2008, pp. 23-32.

29. Georgina Vaz Cabral, La traite des êtres humains. Réalités de l'esclavage contemporain, La Découverte, coll. Cahiers libres, 2 006.

30. Gérard Cornu, Droit Civil-Introduction, les personnes, les biens, 11e éd. Montchrestien, 2005, p. 211, Jean. Carbonnier, Droit Civil, introduction, Personnes, famille, Thémis, 2004.

31. Giulio De Ligio, « La vertu politique : Aron, penseur de l'ami et de l'ennemi », Études internationales, 43, (3), 2012, pp. 405-420.

32. Hervé, Touboul, « Le social chez Marx », Le Portique, 32, 2014, document I.

33. Huet, Armel, Jean Claude Quentel, « Fondement anthropologique de l'autorité », Revue Inflexions, 3, n° 24, 2013, pp. 13-26.

34. Idrissou Alioum, « Le discours sur l'esclavage parmi les résidents du Cameroun septentrional dans la ville de Yaoundé : regard analytique sur la mémoire errante », African Economic History, v. 41, 2013, pp. 33-58.

35. Insight Innocenti, « Les victimes de la traite des êtres humains à des fins d'exploitation pour le travail », Division de l'information, de la documentation et des recherches de l'OFPRA, 18 mars 2019, p. 3.

36. Issa, Saibou, « Parole d'esclaves au Nord-Cameroun », Cahiers d'études africaines, 179-180, 2005, pp. 853-877.

37. Jacob Festus Adeniyi Ajayi, « La politique de réparation dans le contexte de la mondialisation », Cahiers d'Études africaines, 178-174, 2004, pp. 41-63.

38. Jacques Commaille, Les nouveaux enjeux de la question sociale, Paris, Hachette, 1997.

39. Jean-Claude Ruano-Borbalan, « L'esclavage, un crime contre l'humanité », in Sciences Humaines n° 135, 2, 2003, p. 34.

40. Jean-Michel Deveau, « Traite, esclavage et fortification dans l'Ouest africain », EchoGéo, 1, 2007.

41. Jérémy Pierre et Pierre-Olaf Schut, « La fin d'un monopole d'État : Ouverture et régulation du marché de l'emploi sportif », Politiques et Management, vol. 29 février, 2012, pp. 233-251.

42. JOEL NoretArnfred, S. (ed.)-Re-thinking sexualities in Africa, Cahiers d'études Africaines, 183, 2 006.

43. Johanne Vernier, « Traite des êtres humains et traite des migrants », Cahiers de la recherche sur les droits fondamentaux, 10, 2012, pp. 49-57.

44. La lutte contre la traite et l'exploitation des êtres humains, Rapport de la Commission Nationale Consultative des Droits de l'Homme, La Documentation française, 2015.

45. Lire à propos, « Deux grandes causes de la prostitution : la misère et la solitude », in Le monde, publié le 22 janvier 1954.

46. Louis Guinamard, Les nouveaux visages de l'esclavage : ensemble contre la traite des êtres humains, Ivry-Sur-Seine, Les éditions de l'atelier, 2015, p. 199.

47. Lutte contre la traite des personnes en situation de conflit, Office des Nations Unies contre la drogue et le crime, Vienne, Autriche, 2018.

48. Marco, Saraceno, « Les mesures du corps en activité et la concrétisation de l'homme », e-Phaistos, VII-1, 2019.

49. Margod de Montfort et Irène Fernandez-Mayoralas Gonzalez, « Chronique des décisions de la cour interaméricaine des droits de l'homme (septembre 2016-Mars 2017) », La revue des droits de l'homme, Actualités Droits- Libertés, octobre 2017.

50. Marion Giraldou, Vierge ou putain ? Processus de marginalisation des prostituées de San José, Presses Universitaires de Rennes, 2014, pp. 219-246.

51. Michel Borgetto, « Crise des valeurs et fonctionnement social. Le poids et les limites de la dialectique », in Informations Sociales, 8, n° 136, 2006, pp. 6-15.

52. Milena Jaksic, « La souffrance fait cause. L'entrée de la traite des êtres humains dans l'arène publique », Genre, Sexualité et Société, 9, Printemps 2013.

53. Miryam, Giorgia et Marie-Claire, Willems, « Du naturel religieux dans la philosophie hobbesienne à l'exclusif religieux en islam », Terrains/Théories, 11, 2020.

54. Nadeige Laure Ngo Nlend, « Les études sur le genre en histoire au Cameroun : enjeux et défis d'un savoir en construction », Revue Interventions économiques, 64,2020.

55. Nadia, Belaidi, « L'esclavage : de l'atteinte à la personne à la mise en jeu du système social », Droit et Cultures, 70, 2015, pp. 65-86.

56. Nicolas, Poirier, « La lutte des classes chez Marx : reconnaissance ou dénégation ? », variations, 13, 14, 2010.

57. Nisserine, Eba Nguema, « La Commission Africaine des Droits de l'Homme et des Peuples et sa mission de protection des Droits de l'Homme », La Revue des Droits de l'Homme, 11, 2017.

58. Odile Bourguignon, « L'intime, le corps et la relation de soin », in Traité de bioéthique, t. II, Soigner la personne, évolutions, innovations thérapeutiques, E. Hirsh (dir), Toulouse, Erès (Espace éthique), 2010.

59. Roger, Botte, « Les habits neufs de l'esclavage », Cahiers d'études africaines, 179-180, 2005, pp. 651-666.

60. Rolo, Duarte, « D. Cohen. Trois leçons sur la société post-industrielle », L'orientation scolaire et prof., 38, 4, 2009, ppp. 576-579.

61. Shalom H. Schwartz, « Les valeurs de la base de la personne : théorie, mesures et applications », Revue française de Sociologie, 4, vol. 47, 2006, pp. 929-968.

62. Thibaut Duvillier, « Crise de société et complexification sociétale. Crise du droit et régulation juridique », Revue interdisciplinaire d'études Juridiques, 2, vol. 45, 2000, pp. 27-55.

63. Tosun Leman, La traite des êtres humains : étude normative, Thèse de Droit, Université de Grenoble, 2 011.

64. Victor, Sandrine, « Introduction au dossier « Le prix de l'homme » », Les Cahiers de Framespa, 17, 2 014.

65. Vincent, Bontemps, « L'Amérique… selon Marx », Cahiers d'histoire. Revue d'histoire critique, 103, 2008.

66. Xavier. Bioy (dir), La personnalité juridique, Presses de l'Université de Toulouse, LGDJ, 2018.

67. Yann Le Bihan, « L'ambivalence du regard colonial porté sur les femmes d'Afrique noire », Cahiers d'études africaines, 183, 2 006.

68. Yves-Marie, Abraham, « Réviser les droits de l'homme pour protéger l'humanité », Éthique publique, vol. 16, n° 2, 2 014.

69. Yvonne Clémence Bambara, « Les facteurs de risque de la prostitution des jeunes filles mineures à Bobo-Dioulasso au Burkina Faso », Revue Service Social, vol. 58, n° 1, 2013 pp. 110-124

TITRE II

LUTTE CONTRE LA TRAITE DES ÊTRES HUMAINS ET PROTECTION DES VICTIMES : EFFECTIVITÉ ET PERSPECTIVES INTERNATIONALES, RÉGIONALES ET NATIONALES

LA PRÉVENTION ET LA RÉPRESSION DES CRIMES DE TRAITE SUR LES MIGRANTS AFRICAINS AU REGARD DU DROIT INTERNATIONAL

Joseph Francis ZOCK ATARA À NGONN

Ph. D en droit international
Enseignant Associé, IRIC
franciszock22@gmail.com

Résumé

La migration des peuples est aussi vieille que le monde. Le phénomène migratoire est un droit individuel humain reconnu par les instruments juridiques internationaux. Cependant, dans l'histoire de l'humanité, l'Afrique a connu des vagues de migrations tantôt forcées, tantôt apparemment libres. Avec les guerres et les difficultés économiques que notre continent traverse, certains peuples et jeunes Africains sont des milliers à emprunter ces « routes de la Méditerranée » qui furent légales lorsque les Africains se rendaient en Europe pour le travail saisonnier. Depuis l'instauration des visas dans les années soixante-dix, ces candidats sont sujets à divers abus qui ont remis au goût du jour la vente des migrants africains. Au-delà des condamnations politiques et morales, nous démontrons qu'il existe des juridictions nationales et internationales qui connaissent et qui sont à même de connaître de ces affaires.

Mots-clés : migrations, migrants africains, phénomène naturel, droit inaliénable, commerce des migrants, répression juridictions.

Abstract

The migration of peoples is as old as the world. Migration is an individual human right recognized by international legal instruments. However, in the history of humanity, Africa has experienced waves of forced and apparently free migrations. With the wars and economic difficulties that our continent is going through, some African peoples and young people are thousands to take these « Mediterranean roads » which were legal when Africans went to Europe for seasonal work. Since the introduction of visas in the 1970s, these candidates have been subject to various abuses that have brought the sale of African migrants up to date. Beyond political and moral condemnations, we show that there are national and international jurisdictions that know and are able to know about these cases.

Keywords: ***migration, African migrants, natural phenomenon, inalienable law, migrant trade, repression, jurisdictions.***

Introduction

La migration des jeunes Africains à travers le continent africain du Sud du Sahara vers le nord de l'Afrique est une réalité. Mais ces mouvements humains s'opèrent intégralement dans un cadre informel. Aucune convention internationale n'encadre ces flux humains. Par conséquent, ces jeunes migrants sont laissés à la merci des « passeurs » et autres « trafiquants » du désert et des pays d'accueil. Sous d'autres cieux, notamment dans les pays du Moyen-Orient (Liban, Arabie saoudite, Qatar, Émirats arabes unis, etc.), de jeunes Africaines sont abusées par leurs employeurs sous le prétexte d'emplois domestiques aux immigrés. Le même phénomène est observable vis-à-vis de jeunes gens qui, sous le prétexte d'emplois à l'immigration, subissent des abus divers qualifiés de traite par le droit international.

Qu'est-ce qu'une migration ? La migration humaine se caractérise par « le déplacement de groupes de personnes d'un endroit à l'autre, tant à l'intérieur qu'à l'extérieur des frontières d'un pays ». D'après la plupart des scientifiques, et tout au long de l'histoire, les premiers hommes partis du continent africain ont migré toujours plus loin pour finalement se répandre sur la planète tout entière[1].

Les raisons qui poussent les peuples à se déplacer sont aussi nombreuses que les migrants eux-mêmes. Ces raisons sont politiques, professionnelles, économiques, émotionnelles et/ou psychologiques. Elles sont en outre la conséquence de la guerre, la persécution ou le regroupement familial. La migration est perçue de manière négative lorsque ce sont les Africains qui émigrent. En effet, « lorsqu'on se rend compte aujourd'hui combien l'émigration africaine est décriée…, on ne peut que nourrir des sentiments de frustration, d'indignation et de dégoût face à tant d'ingratitudes »[2].

---

[1] Source : Migration, Belgique.

[2] Daniel Abwa, « Émigration africaine et histoire », in (SD) Jean-Emmanuel Pondi, *Immigration et diaspora. Un regard africain*, Maisonneuve- Larose/Afredit, 2007, p. 19 :

L'on assiste à des qualifications telles « l'immigration clandestine ». Pas loin d'un résultat similaire, l'Afrique a plutôt subi des « migrations forcées » qui ont décimé le continent de ses forces productives à travers la « traite négrière ». Bien souvent, ce sont les autres qui « vinrent retrouver les Africains dans leur continent et les forcèrent à émigrer »[3].

S'agissant d'un certain nombre de phénomènes qui relèvent dans la plupart des cas de mouvements humains non encadrés ni par des traités ni par des conventions internationales, il y a lieu d'interroger les sources disponibles de l'OIM (Organisation Internationale de l'Immigration) de certaines associations de défense des droits de l'Homme, et de bien d'autres sources disponibles. La prévention de ces phénomènes tant décriés passe par leur examen sous le prisme du droit international (I), mais davantage, la répression nécessite qu'on détecte les recours judiciaires disponibles ou exploitables pour faire arrêter et juger les auteurs de ce type d'infractions (II). Tant par-devant les instances judiciaires internationales existantes, que les juridictions pénales internationales ; ou encore par devant les tribunaux des États dans lesquels ces droits humains sont violés.

I. L'ENVIRONNEMENT JURIDIQUE DES MIGRATIONS ET DES DIVERSES TRAITES

La migration des peuples africains relève de la liberté naturelle d'aller et de venir. Bien que cette liberté soit sommairement consacrée par le droit (A), l'histoire de l'humanité et l'histoire contemporaine nous enseignent qu'une part des migrations des Africains leur fut imposée (B).

« Lorsqu'on se rend compte aujourd'hui combien l'émigration africaine est décriée, combien d'Africains sont refoulés dans certains aéroports pour défaut de visas ; quand on se rend compte que de nombreux Africains sont obligés de prendre d'énormes risques pour quitter le continent africain à la recherche de terres meilleures au péril de leurs vies ; quand on assiste aux nombreuses humiliations que doivent subir dans leurs propres pays, des Africains candidats à l'émigration et désireux d'obtenir un visa de voyage vers l'extérieur, on ne peut que nourrir des sentiments de frustration, d'indignation et de dégoût face à tant d'ingratitudes ».

[3] ABWA Daniel, « Émigration africaine et histoire », *in* (SD) Jean-Emmanuel Pondi, *Immigration et diaspora. Un regard africain* : « L'histoire de cette émigration forcée des Africains commence par le périple de Vasco de Gama qui, à la recherche de la route des Indes, arrive au Cap de Bonne Espérance en Afrique du Sud. C'est là qu'il entre en contact avec les Africains qui l'émerveillent par la couleur de leur peau. Les premiers Africains sont ainsi transportés au Portugal où ils sont introduits dans de grands palaces comme objets de curiosité », *op.cit.*, p. 20

A. La notion de migration

Sur le plan lexicologique, lorsqu'on parle d'émigration, on retient la sortie des populations hors de leur pays d'origine ; à l'inverse l'immigration concerne le mouvement des populations vers leur pays de destination. Nous allons d'abord cerner la notion de migration (1), afin de comprendre les politiques y afférentes (2).

1. Définition

Le mot migration se décline en plusieurs figures. On désignera les personnes concernées par la migration sous plusieurs termes qui permettent de distinguer diverses étapes de l'émigration. Ainsi, selon qu'on quitte son pays, on est émigrant ; on est émigré lorsqu'on a quitté son pays pour devenir immigrant lorsqu'on rentre dans son pays d'accueil et lorsqu'on y est installé, on devient immigré. La personne qui s'adonne à la migration est un migrant.

La migration est une réalité, un phénomène vécu et identifiable. Sans avoir besoin d'être autorisées par des textes juridiques, les migrations obéissent aux exigences de base de la sortie d'un territoire donné à destination d'un pays d'accueil. De manière générale, les candidats à l'émigration doivent se munir de certains documents de voyage au rang desquels un passeport[4] en cours de validité et surtout un visa d'entrée[5] dans le territoire d'accueil. Les migrations ont des finalités variées ; on note

[4] Suivant la législation du pays de délivrance, le passeport s'accompagne de variantes. Au Cameroun, on distingue le passeport ordinaire délivré à tous les citoyens ordinaires ; le passeport de services délivré aux commis de l'État et autres personnalités ; le passeport diplomatique qui est délivré au personnel diplomatique, membres du gouvernement et autres personnalités. Dans certains cas, un Laissez- passer fera office de document de voyage.

[5] Le visa est cette autorisation qui vous permet de franchir les frontières du pays de départ à destination d'un pays d'accueil.

les migrations de travail[6], les migrations forcées[7], les migrations de contrainte[8].

Sur le plan juridique, nous partirons d'un postulat consacré par l'article 12 (1) du Pacte international relatif aux droits civils et politiques de 1966 suivant lequel « quiconque se trouve légalement sur le territoire d'un État a le droit d'y circuler légalement et d'y choisir librement sa résidence ». L'alinéa 12 (2) de cette Déclaration précise que « toute personne est libre de quitter n'importe quel pays, y compris le sien ». Pris comme tel, ce texte consacre la juste liberté humaine d'aller et de venir. En transposant cette liberté dans le domaine de l'émigration, à bon droit on pourrait affirmer la liberté d'aller et venir sur le plan international sous réserve des règles édictées par divers pays dans le domaine de l'émigration[9]. Comme le disait un auteur[10], « les bases de la réglementation internationale de la question de l'immigration se trouvent d'abord à l'échelle nationale… Mais avant cela, l'État demeure souverain en matière d'immigration sur l'étendue de son territoire ».

2. L'environnement juridique des migrations

La migration est aujourd'hui au centre du discours politique en Afrique, tout comme dans une grande partie du reste du monde. Ces dernières années, la crise migratoire en Méditerranée est devenue l'exemple type de la migration africaine[11]. Or, la migration africaine va au-delà des images de bateaux délabrés sur la Méditerranée ou des déplacements provoqués par des conflits. En effet, l'histoire des migrations comprend des aspirations

---

[6] Les migrations des travailleurs sont des migrations économiques dans la mesure où elles concernent le déplacement des travailleurs. « *La migration de travail est par nature difficile à évaluer compte tenu du manque de chiffres pour le secteur informel et des clandestins* ». Les flux migratoires concernent environ 100 millions de personnes à travers le monde.
Source : migration_ humaine ://fr.wikipedia.org/wiki/migration_humaine, p. 3.

[7] Les migrations forcées sont des migrations non volontaires ; elles concernent des populations chassées de leurs lieux de vie, fuyant les génocides ou déportées. Source : migration_humaine ://fr.wikipedia.org/wiki/migration_humaine, p. 3, op. cit.

[8] Les migrations de contrainte concernent les migrations des réfugiés provoquées par les guerres et autres conflits qui les poussent à l'exil, supra.

[9] Traitements relatifs à la délivrance des passeports et des visas, *op.cit.*

[10] Martial Tchenzette, « Immigration clandestine africaine et droit international : quels défis pour l'humanité ? », *in* (SD) Jean-Emmanuel Pondi *Immigration et diaspora. Un regard africain*, Maisonneuve LAROSE, Afrédit, 2007, p. 160.

[11] Antonio Vitorino, Moussa Faki Mahamat, *Rapport sur la Migration en Afrique, Remettre en question le Récit*, Avant-propos, 2019, p XIV-XV.

sous régionales, régionales et interrégionales pour une intégration renforcée, et avec elle, la reconnaissance que la migration en Afrique aujourd'hui a le potentiel de conduire au développement et à la transformation du continent[12].

Sur le plan juridique, il n'existe pas de manière avérée des textes juridiques qui « obligent un État à accepter l'entrée des étrangers sur son territoire… ». Le droit interne de chaque État classe la réglementation du droit d'entrée des étrangers dans la sphère des questions de souveraineté[13]. Malgré cette carence de textes juridiques, un certain nombre de conventions et traités existent ici et là comme en témoigne l'adoption de deux pactes mondiaux[14], le Pacte mondial pour les réfugiés adopté le 17 décembre 1998 et le Pacte mondial pour des migrations sûres, ordonnées et régulières en abrégé le Pacte mondial des migrations adopté par l'Assemblée générale des Nations Unies le 19 décembre 1998. L'on pourrait invoquer très utilement le Pacte international relatif aux droits civils et politiques de 1966.

B. Les diverses atteintes à la libre circulation des hommes et droits de l'Homme

Bien que la migration obéisse à la liberté d'aller et de venir, à un moment donné de leur histoire, les peuples d'Afrique ont été contraints de quitter leur continent (1) et bien au-delà, les séjours des Africains dans leurs pays d'accueil sont émaillés de nombreuses entorses (2) ; toutes choses qui poussent les Africains à quitter le continent par des voies non conventionnelles exposant ainsi les intéressés à divers abus humains (3).

---

12 Des organisations telles que : la Banque Africaine de Développement (BAD), la Banque des États de l'Afrique Centrale (BEAC), la Banque de Développement des États de l'Afrique Centrale (BDEAC), la Commercial Bank of Cameroon (CBC) avec ses filiales nationales en Centrafrique, au Tchad, en Guinée équatoriale, le Groupe Fokou Foberd avec ses filiales en Afrique de l'Ouest et centrale, MTN South Africa avec ses filiales dans tous les pays africains, etc. Toutes ces multinationales et organisations régionales assurent une mobilisation réelle des migrations africaines sur le continent.

13 Martial TCHENZETTE, « Immigration clandestine africaine et droit international : quels défis pour l'humanité ? », *in* (SD) Jean-Emmanuel PONDI *Immigration et diaspora. Un regard africain*, *op.cit.*

14 Le Pacte mondial pour les réfugiés et le Pacte mondial pour des migrations sures, ordonnées et régulières (en abrégé le Pacte mondial des migrations) ont été respectivement adoptés par l'Assemblée générale des Nations Unies les 17 et 19 décembre 1998.

1. Les migrations forcées, la traite des hommes

La traite séculaire des Noirs (i) avait précédé la participation des Noirs dans les deux grandes guerres mondiales (ii). Ces deux migrations forcées des Noirs ont débouché sur une émigration des Africains souhaitée par les pays d'accueil (iii).

1.1 La traite négrière

Les Africains dans l'Histoire sont réputés s'être très peu déplacés en dehors de leur continent[15] ; et la plupart du temps, ce sont les autres peuples[16] qui vinrent retrouver les Africains et les forcèrent à émigrer. On situe l'histoire de l'émigration forcée des Africains avec le périple de Vasco de Gama qui, en route pour les Indes, arrive au Cap de Bonne Espérance en Afrique du Sud, pays dans lequel il entre en contact avec les Africains qui « l'émerveillent par la couleur de leur peau ». Les Africains sont ainsi « exportés » au Portugal où ils sont exposés comme « objets de curiosité ». Cette histoire se poursuit avec la découverte de l'Amérique et de ses richesses par Christophe Colomb. Pour protéger les Indiens victimes du travail forcé, le missionnaire « Las Casas conseilla d'implanter dans les colonies d'Amérique des travailleurs noirs amenés d'Afrique, et cet homme… fut ainsi à l'origine de la traite des noirs »[17]. Et ce fut le début de l'émigration forcée des Noirs par bateaux négriers qui a vu le continent africain se vider de sa force de travail pour aller exercer comme des esclaves dans les vastes plantations créées par les colons blancs en Amérique et en Europe dans le cadre du commerce triangulaire. Dans ce trafic de l'homme noir, au-delà de son humiliation à l'extrême, c'est l'Europe qui s'est enrichie. L'affranchissement présumé des Noirs en Amérique a cédé la place à la discrimination raciale, une autre hideur à

---

[15] Daniel ABWA, « Émigration Africaine et histoire », *in* (SD) Jean-Emmanuel PONDI, *Immigration et diaspora. Un regard africain : « Si on excepte les pérégrinations des Carthaginois qui, sur les mers du globe sont allés à la connaissance du monde dans l'Antiquité, ou encore le voyage mythique de ce souverain de l'empire du Mali qui aurait le premier atteint les Amériques, bien avant Christophe Colomb »* , *op.cit.*, p. 19.

[16] Les colons portugais, espagnol, anglais et français.

[17] M. Mourre, (1 978), *Dictionnaire encyclopédique d'histoire*, tome V, K. M, Paris, Bordas, p. 2592.

l'endroit des Noirs[18]. On pourrait conclure avec le professeur Daniel ABWA que : « Cette première émigration forcée des Africains a fait le malheur de l'Afrique et les séquelles sont encore visibles aujourd'hui tant elle est dépeuplée, tandis qu'elle faisait le bonheur des Américains et des Européens qui marchandent aujourd'hui leurs aides à ces Noirs qui ont pourtant fait leurs richesses »[19].

1.2. La participation des Noirs dans la Première et la Deuxième Guerre mondiale

La deuxième forme de l'émigration forcée des Africains s'illustre au cours des deux guerres mondiales[20] du vingtième siècle. Dans ces deux cas de guerre, les Américains s'invitèrent pour faire valoir leur volonté d'hégémonie sur l'Europe et le monde, tandis que les Africains furent forcés d'y intervenir comme chairs à canon.

Sur un plan historique, l'Allemagne avait perdu la Première Guerre mondiale. Au moyen du Traité de Versailles signé en 1919, la France et l'Angleterre se virent attribuer des colonies et des territoires sous mandat[21]. Face à une Allemagne conquérante, les puissances coloniales européennes qu'étaient la France et l'Angleterre firent de nouveau appel aux États-Unis et convoquèrent leurs « indigènes et natives » qu'ils colonisaient en Afrique, obligeant ainsi les Africains à quitter le continent et s'engager dans des guerres qui ne les concernaient nullement. Grâce à l'émigration forcée des Africains, l'Europe triompha et put se libérer de l'Allemagne. En guise de reconnaissance, les Africains furent affublés de « désignations grotesques et fantaisistes » comme « tirailleurs » c'est-à-dire « ceux qui ne tiraient jamais à l'endroit et qui tiraient toujours ailleurs ». Après la guerre, les survivants de ces émigrés forcés devinrent des « anciens combattants » et dont les droits par rapport aux soldats européens ont été bafoués[22].

1.3 L'émigration souhaitée par les pays d'accueil

---

[18] Daniel ABWA, « Émigration Africaine et histoire », *in* (SD) Jean-Emmanuel PONDI, *Immigration et diaspora. Un regard africain : « Il a fallu attendre le début du vingtième siècle sous l'impulsion des Africains-Américains bien déterminés pour accéder à leurs droits civiques aux États-Unis »*, , *op.cit.*, p. 22.

[19] ABWA Daniel, *op. cit.*, p. 21.

[20] La Première Guerre mondiale eut lieu de 1914 à 1918 ; et la Seconde Guerre mondiale de 1939 à 1945.

[21]Le Cameroun fut mis sous un double mandat franco-britannique ou condominium.

[22] Le contentieux des soldats émigrés africains, pour mémoire.

La colonisation des peuples africains a débouché sur un phénomène particulier, à savoir l'émigration des Africains colonisés vers les métropoles européennes en vue de les « éblouir pour mieux les dominer…, les utiliser dans des travaux qu'ils ne pouvaient pas faire ou qu'ils considéraient comme peu valorisants[23], et enfin pour leur faire acquérir des rudiments de leur civilisation en vue de mieux leur faire oublier leur propre civilisation pour mieux les arrimer à eux [aux Occidentaux] »[24]. Cette émigration visa également l'exploitation des connaissances locales en vue d'une meilleure connaissance de l'Afrique[25]. À cette émigration, il convient d'ajouter ces Africains qui grossissent la masse de l'intelligentsia en Europe et en Amérique, et qui a débouché sur le phénomène de la « fuite des cerveaux »[26].

En clair, les Occidentaux ont poussé et continuent de pousser par d'autres voies le phénomène colonial avec le recours aux loteries américaines[27] et canadiennes. Émigration souhaitée, ou « voulue », toujours est-il en toile de fond que c'est une « émigration utile »[28] au profit des anciennes puissances coloniales. Certes les pays d'accueil tirent plus de profit que le continent noir, mais c'est par ces migrations qu'est également venu l'éveil[29] de la conscience noire[30]. Sur le plan économique, ce qu'il

---

23Les éboueurs, les balayeurs de rue, la main-d'œuvre bon marché en vue de la reconstruction de l'Europe, etc.

24 Daniel ABWA, « Émigration Africaine et histoire », *in* (SD) Jean-Emmanuel PONDI, *Immigration et diaspora. Un regard africain, op.cit.*, p. 22.

25 *« C'est dans ce cadre que nous pouvons situer le premier voyage en Allemagne de Karl OTTO ATANGANA, devenu plus tard Charles ATANGANA. Il émigra en Allemagne pour une année entière afin d'y enseigner l'éwondo aux Allemands à l'Université de Tübingen »*, ABWA Daniel, *op.cit.*, p. 24.

26 Daniel ABWA, « Émigration Africaine et histoire », *in* (SD) Jean-Emmanuel PONDI, *Immigration et diaspora. Un regard africain : « Ce mouvement commencé sous la colonisation ne s'est guère arrêté avec les indépendances. Si les bourses d'études sont accordées aujourd'hui avec beaucoup de parcimonie par les anciennes puissances coloniales et même les États africains nouvellement indépendants, les parents se sont substitués à ces structures pour payer et les voyages et les séjours de leurs progénitures dans les capitales européennes et américaines, convaincus qu'ils sont que c'est sous ces cieux que leurs enfants auront la meilleure formation »*, *op.cit.*, p. 25.

27 Daniel ABWA, « Émigration Africaine et histoire », *in* (SD) Jean-Emmanuel PONDI, *Immigration et diaspora. Un regard africain :* « *C'est une nouvelle manœuvre subtile pour sortir de l'Afrique ses meilleures valeurs* », *op.cit.*, p. 25.

28 Nicolas Sarkozy, ministre français de l'Intérieur.

29Ahmadou Kourouma, *Le Soleil des indépendances*, Éditions du Seuil, 1970.

30 Les Kwame Nkrumah, Julius Nyerere, Nnamdi Azikiwe, Houphouët-Boigny, Léopold Sedar Senghor, Patrice Emery Lumumba.

convient de désigner par « Diasporas »[31] constitue désormais un pôle de mobilisations diverses[32] pour le continent africain. Malgré ces avancées, les migrations des Africains demeurent source de difficultés.

2. Les difficultés de séjour dans les pays d'accueil des Africains

Dans la partie qui précède, nous avons développé sur les contours de l'émigration voulue par les pays d'accueil ; c'est le côté visible de l'iceberg. À l'opposé, émigrer pour certains Africains revient à franchir des cordées insurmontables (i) ; c'est le côté immergé de l'iceberg qui a provoqué cette rébellion des jeunes Africains qui se lancent à la conquête du monde avec son chapelet de malheurs (ii) et se décline en une émigration non désirée par les pays d'accueil.

2.1 Les difficultés liées à l'émigration volontaire souhaitée

Émigrer hors du continent africain suppose obligatoirement pour l'Africain, l'obtention d'un visa qui, dans la majorité des demandes, est refusé.

- **Les refus de visas**

L'octroi d'un visa d'entrée dans un pays d'accueil est une décision de souveraineté dont le refus offre cependant des voies de recours suivant la réglementation des pays de l'Union européenne[33]. Or, comme le souligne une fois encore l'historien ABWA Daniel, le monde fait face à un paradoxe. Celui d'une Afrique dont la destination fut longtemps prisée du fait de sa capacité de fournir une main-d'œuvre bon marché par voie de coercition[34]. Des Africains prêts à mourir pour quitter leur continent au prix de risques énormes[35]. On les trouve ainsi vivants ou morts, dans des soutes à bagages des avions en partance pour l'Europe, ou encore morts

[31] Une diaspora est la dispersion d'une communauté ethnique ou d'un peuple à travers le monde1. À l'origine, ce terme ne recouvrait que le phénomène de dispersion proprement dit. Aujourd'hui, par extension, il désigne aussi l'ensemble des membres d'une communauté à travers plusieurs pays. Wikipédia.

[32] Sur le plan économique, financier, médical, technique, intellectuel, sportif, etc.

[33] Infra, deuxième partie consacrée aux Recours judiciaires.

[34] La traite des Noirs et tous les autres stratagèmes de l'émigration forcée dont la participation aux deux guerres mondiales, etc.

[35] Daniel ABWA, « Émigration Africaine et histoire », *in* (SD) Jean-Emmanuel PONDI, *Immigration et diaspora. Un regard africain : « Il… existe des Africains qui, au mépris de leur vie, utilisent les moyens les plus fous pour atteindre clandestinement ces « pays de cocagne » de leurs rêves où ils se savent pourtant non désirés »*, p. 27, *op. cit.*

de froid sous des hélices d'avions ou des trains d'atterrissage. D'autres Africains empruntent la mer sur les moyens de transport les plus précaires[36], « sans un retour certain ». L'océan Atlantique est devenu un « cimetière froid » de jeunes Africains, à la merci des requins ou de l'humeur des commandants[37] des bateaux clandestins. D'autres jeunes Africains traversent le désert en voiture, à pied ou à bicyclettes ou motos, à la merci de tous les passeurs du désert[38] s'exposant aux abus et risques divers[39].

- **Les refus de titres de séjour et des reconduites aux frontières**

Comme on peut le constater, on pourra atteindre le pays d'accueil après l'obtention d'un visa ou pas. Toutefois, les Africains qui atteignent le pays d'accueil affrontent une « nouvelle chasse à l'homme » pour les renvoyer dans leur pays de départ. Ainsi, ils font face à des refus des titres de séjour au prix de motifs variés. Une fois le titre de séjour refusé, ils sont confrontés à des expressions telle : la reconduite aux frontières qui est une mesure d'éloignement d'un étranger en situation irrégulière après la délivrance d'une OQT (obligation de quitter le territoire)[40].

2.2 L'immigration « clandestine » et son cortège de malheurs

L'émigration sans titre expose ses auteurs à de nombreux malheurs ; outre les délais de route qui sont anormalement longs, puisqu'incertains pour la destination finale souhaitée, les candidats à l'émigration « administrativement non autorisée » s'exposent à des abus de tous ordres. De l'esclavagisme aux séquestrations et à divers abus de viols.

- **L'esclavagisme**

L'esclavage dont il est question ici est à différencier de la traite négrière comme drame séculaire et acté dans le cadre du commerce triangulaire de la race noire[41]. Dans le cadre des migrations de jeunes Africains à destination du continent européen, l'OIM (Organisation internationale

---

[36] Les canoës pneumatiques, les planches à voiles, les bateaux à voiles, etc.

[37] Infra, deuxième Partie consacrée aux Recours judiciaires.

[38] Daniel ABWA, « Émigration Africaine et histoire », *in* (SD) Jean-Emmanuel PONDI, *Immigration et diaspora. Un regard africain : « Nombreux sont ceux dont les os blanchissent dans ces déserts, foudroyés qu'ils sont par l'ardeur du soleil », op.cit.*

[39] L'esclavagisme, les tortures et sévices, les abus sexuels, les trafics d'organes de drogues, etc.

[40] Infra, deuxième Partie consacrée aux Recours judiciaires.

[41] Voir l'émigration forcée des Noirs, supra.

pour les migrations) avait dénoncé l'existence de « marchés aux esclaves » en Libye[42]. Il s'agit du témoignage d'un Sénégalais de 34 ans qui dit avoir voyagé de Niamey à Sabha en Libye en passant par Agadez et « contre toute attente, il est fait prisonnier par ses propres passeurs et enfermé dans un garage avec des centaines d'autres Africains de l'Ouest, y compris des enfants ». Pis encore, « les gens vous font travailler sans vous payer. On est maltraité comme des esclaves, on vous vend, on vous frappe. Il y a des champs d'oranges et de tomates là-bas, on vous y fait travailler sans être payé, c'est de l'esclavage », ajoute Mamadou, le migrant sénégalais.

Ces faits d'esclavage ont été documentés et dénoncés par de nombreuses sources. En novembre 2017, la chaîne de télévision CNN[43] avait consacré tout un reportage sur « la vente aux enchères de migrants en Libye où l'on voit des hommes cédés à 400 dollars »[44]. Le magazine Paris-Match en avait fait écho en publiant les reportages d'un photographe en 2016. À la suite du rapport de l'OIM sur l'esclavage des migrants, la presse africaine avait pris le relais pour dénoncer cette pratique d'un autre âge. À Bruxelles, Madame Joanne Liu, la présidente de Médecins sans frontières avait lancé un appel devant la Commission européenne en déclarant que « dans leur effort pour endiguer le flux, les gouvernements européens sont-ils prêts à assumer le prix du viol, de la torture et de l'esclavage » ?

- **Les séquestrations**

La séquestration en droit est l'acte de retenir une personne enfermée contre son gré en dehors de toute autorité légale en usant de violence, de ruse ou de la menace. Dans plusieurs pays, la séquestration est un crime puni par la loi. La séquestration est souvent associée à l'enlèvement, le viol, la torture ou à l'association des malfaiteurs. La séquestration porte atteinte à l'un des droits fondamentaux de la personne : la liberté de circulation, d'aller et de venir. Les passeurs séquestrent souvent les jeunes migrants à

---

[42] Léonard Doyle, Réfugiés : *« Il y a des migrants qui sont achetés et vendus »*, Invité Afrique Soir, RFI publié le 16 avril 2017.

[43] Nima Elbagir est une journaliste d'origine soudanaise établie au Royaume-Uni, réputée pour des enquêtes difficiles ; elle avait assisté à la vente d'une douzaine de migrants nigérians. Le Camerounais John Dal Carter, résident en Tunisie, déclare être l'auteur des images vidéo qui avaient poussé CNN à envoyer une équipe de journalistes en Libye, « *Qui est Nima Elbagir, la reporter de CNN qui a filmé la vente des esclaves en Libye* », leparisien.fr, 22.11.2017.

[44] Sabine Cessou, *Esclavage des migrants en Libye : des responsabilités collectives*, Blog Mots d'Afrique du journal Le Monde Diplomatique, 22 novembre 2017.

qui ils offrent l'assurance de les conduire jusqu'à la ville de destination souhaitée. Ainsi, ils demandent à leurs otages d'appeler leurs familles pour exiger le paiement d'une rançon, « on te frappe, on te maltraite, pendant que tu appelles au téléphone, tu es aussi frappé pour que tes parents entendent tes cris. Ils nous frappent pour qu'on envoie de l'argent »[45].

En Grèce, trois passeurs séquestraient des migrants et leur demandaient des rançons en échange d'une libération. Ils enlevaient les migrants après leur arrivée en Grèce via le fleuve Évros, les emmenaient de force à Thessalonique, puis les enfermaient dans le sous-sol d'un entrepôt[46].

- **Les viols**

La Libye sera encore citée, sans constituer la zone exclusive de tels abus[47]. « L'esclavage sexuel, pour Aïcha, ça n'arrivait qu'aux autres, dans les reportages télévisés. Mais quand elle s'est retrouvée en Libye, enfermée dans une chambre après avoir fui une vie difficile en Guinée, elle s'est crue « foutue » : « j'avais quitté un cauchemar pour tomber en enfer »[48]. Pour beaucoup de migrants, depuis 2014, la Libye devenue une plaque tournante vers l'Europe est également synonyme de « racket et de violences, voire torture... mais pour les femmes, c'est aussi un risque majeur de sévices sexuels, viols ou prostitution forcée »[49]. Aïcha témoigne qu'elle n'a même pas vu la Libye : « dès mon arrivée, on m'a enfermée, j'étais esclave »[50]. D'autres migrantes témoignent que « des hommes armés nous ont attrapées, emmenées en prison et abusé de nous en nous menaçant » ; ils appartenaient à des milices gérant des camps de migrants

---

[45] Léonard Doyle, Réfugiés : *« Il y a des migrants qui sont achetés et vendus »*, Invité Afrique Soir, RFI publié le 16 avril 2017, op.cit.

[46]Leslie Carrereo, Grèce : trois passeurs arrêtés pour séquestration de migrants, 4 avril 2019.

[47] Au rang de ces pays, les victimes de viols et abus divers se recrutent au Liban, au Qatar, en Arabie saoudite, etc.

[48] Aïcha, Libye : un « *enfer* » absolu pour les femmes migrantes, TV5MONDE-AFP, 20 juin 2019.

[49] Aïcha, Libye : un « enfer » absolu pour les femmes migrantes, TV5MONDE-AFP, 20 juin 2019, *op.cit.*

[50] Aïcha, Libye : un « enfer » absolu pour les femmes migrantes, TV5MONDE-AFP, 20 juin 2019 : « Détenue dans une chambre équipée d'un sanitaire, elle était forcée d'avoir des rapports sexuels avec des clients, sans rien percevoir, et n'apercevait sa logeuse que lorsque celle-ci posait de la nourriture "comme à un chien ». Aïcha avait pris contact avec une ancienne amie ayant visiblement réussi en Libye ; celle-ci lui avait fait miroiter un succès similaire et lui avait avancé de l'argent pour la rejoindre.

« clandestins »[51] où se pratiquent « extorsion, viols et travail forcé ». Ces centres officiellement sous le contrôle du gouvernement libyen[52], où les garde-côtes financés par l'Union européenne « envoient les candidats à l'exil après les avoir interceptés, sont également gangrenés par la corruption et la violence, y compris sexuelle »[53]. Ainsi, déclare une migrante, « chaque matin, un chef choisissait des filles destinées à des Libyens qui avaient des chambres spécialement louées » pour ces « relations tarifées »[54]. Elle ajoute, « on me donnait du pain, des sardines, de la salade et je restais enfermée là pendant un mois, jusqu'à ce qu'on me change de lieu… ils étaient armés, ils se droguaient, ils payaient le chef, mais pas moi ».

Par ailleurs, les défenseurs des droits humains rapportent que « des hommes et des garçons sont également victimes de sévices sexuels »[55]. Monsieur MONGI Slim, président du Croissant-Rouge du gouvernorat de Médine[56] a avoué que « les femmes, à 100 %, ont été abusées et violées lors de leur passage en Libye » ; il précise que « même les gardiens des centres les violent, y compris les hommes » dans un contexte d'impunité totale.

- **La violation des droits des migrants au travail**

Les circonstances dans lesquelles se trouvent les migrants en situation irrégulière[57] sont en général particulièrement difficiles, puisque les voies dont ils disposent pour accéder à un emploi légal sont, par définition,

51 La notion de clandestinité renvoie à une immigration qui est en cours et dont l'auteur n'est pas arrivé à sa destination finale. En réalité, les autorités des pays traversés gagneraient à faire conformer les intéressés au respect des règles de l'émigration du pays d'accueil. Mariama, une migrante sierra-léonaise, témoigne : pendant des mois, elle a tenté « de régulariser sa situation ». Mais sa demande a été rejetée au motif que « la Sierra Leone n'est pas en guerre et ils n'acceptent pas de demandes de pays qui ne sont pas en guerre ».
Remi Brancato, RFI, 24.07.2019 : Mariama explique pourtant qu'elle ne saurait y retourner parce que sa grand-mère était responsable d'une société qui pratique « les mutilations génitales au village » ; elle a refusé de prendre sa suite et a fui son pays, « Pendant plus d'un mois, ils m'ont violée : des migrants témoignent de l'enfer libyen ».

52 La responsabilité internationale de la Libye pourrait être engagée sur la base de tels agissements sur son sol.

53 Source : ONU, TV5MONDE-RFI, 24.12.2021.

54 C'est-à-dire des relations contre le paiement d'un prix.

55 Source ONU, TV5MONDE-RFI, 24.12.2021, *op.cit*

56 Tunisie.

57 En situation irrégulière c'est-à-dire « *sans papiers* ».

limitées[58]. En effet, en entreprenant une activité génératrice de revenus, quelle qu'elle soit, avant la régularisation de leur situation, ils acquièrent en effet le statut de « travailleurs non déclarés » employés en marge du marché formel de l'emploi, lequel garantit, dans de nombreux pays, l'accès à un salaire minimum, à la sécurité sociale et à d'autres prestations sociales[59].

Le travail clandestin, qui pourrait relever d'une complicité entre employeurs et travailleurs, peut également recouvrir différentes formes d'exploitation et de coercition, comme dans les cas de la traite d'êtres humains.

Dans la plupart des cas, « les migrants décident eux-mêmes ou sont contraints de s'engager dans une activité illégale afin de percevoir un revenu », fût-il minable[60].

Cette enquête révèle par ailleurs « l'insuffisance de voies légales permettant aux migrants africains clandestins de réaliser leurs aspirations une fois arrivés en Europe »[61]. En outre, les résultats de l'enquête montrent que des entreprises de l'économie « officielle » sont prêtes, au même titre que les réseaux criminels, à tirer parti de ce type de main-d'œuvre exclue du marché du travail réglementé.

---

[58] Thomas Azanmasso, Voyage clandestin des Africains : expériences des migrations sur le marché du travail européen, Matin Libre, 02.10.2020: « En règle générale, la vulnérabilité à laquelle sont exposées ces personnes au cours de leur périlleux voyage vers l'Europe se prolonge donc au-delà de leur arrivée dans le pays d'accueil ».

[59] Thomas Azanmasso, Voyage clandestin des Africains : expériences des migrations sur le marché du travail européen, Matin Libre, 02.10.2020, *op.cit.* : « Le Rapport du Programme des Nations Unies pour le développement (PNUD) révèle à cet effet que les migrants travaillant dans les États membres de l'Union européenne (UE) sont plus fortement confrontés au chômage et à la précarité de l'emploi, bénéficient de moins bonnes conditions de travail… », op.cit.

[60] Thomas Azanmasso, Voyage clandestin des Africains : expériences des migrations sur le marché du travail européen, Matin Libre, 02.10.2020, « Si une grande partie de ce travail au noir se rapporte à des activités domestiques classiques, des cas de prostitution, d'exploitation par des groupes criminels organisés et d'engagement dans d'autres activités économiques illégales en guise de tactique de survie sont en outre mentionnés », op.cit.

[61] Thomas Azanmasso, Voyage clandestin des Africains : expériences des migrations sur le marché du travail européen, Matin Libre, 02.10.2020, *op.cit.* : « *Il est très stressant de vivre* en tant qu'immigré clandestin. On peut se faire renvoyer dans notre pays à tout moment. Cela affecte le mental, le sommeil et les compétences sociales. Être immigré clandestin donne le sentiment d'être prisonnier, même sans être enfermé entre quatre murs. Une fois que ma situation a été régularisée, je me suis senti libéré. J'avais la sensation que tout était possible, sans limites. Rempli d'une énergie nouvelle, je savais que je voulais continuer de me battre pour ceux qui se trouvent dans la même situation que celle où j'avais été », affirmait un homme de 34 ans, originaire de la République démocratique du Congo et résidant désormais aux Pays-Bas, op.cit.

Le quotidien des migrants africains est jonché de nombreuses difficultés[62] ; sans être exhaustif sur ces difficultés, il se pose sur le plan juridique le problème de la réparation de tous les préjudices subis par ces migrants.

II. LE RÈGLEMENT JUDICIAIRE DES DIFFÉRENTES ATTEINTES AUX DROITS DES MIGRANTS

Face aux divers abus dont sont victimes les jeunes Africains en quête d'un séjour prétendument meilleur, la question juridique est, au-delà des dénonciations politiques ou officielles (A), devant quelles juridictions peuvent-ils trouver des solutions à leurs différends ? De cette question se dégage l'existence de recours devant les juridictions du for (B), ainsi que les juridictions internationales (C).

A. Les dénonciations politiques et officielles

Le reproche que l'on nous ferait serait d'inscrire des moyens politiques dans un traitement judiciaire des différends ; cela se justifie par la volonté politique des dirigeants d'endiguer des fléaux flagrants. Ceci étant indiqué, une autre précision mérite d'être apportée sur le phénomène des migrations. En effet, durant des décennies, les migrants traversaient l'itinéraire de la Route de la Méditerranée centrale depuis les côtes nord- africaines jusqu'en Italie, et dans une moindre mesure jusqu'à Malte. Tout a basculé avec l'introduction de l'obligation de visa pour les pays d'Europe occidentale dans les années soixante-dix. Avant 1970, « la migration via la Méditerranée était régulière et liée au travail de courte durée dans les pays européens[63] »[64]. Ce rappel historique interpelle la responsabilité politique des dirigeants africains (1) et occidentaux ou des organisations internationales (2).

1. Les dénonciations et la responsabilité des dirigeants africains

[62] La traite, les séquestrations, les viols, l'esclavage, le travail au noir, la prostitution forcée et divers autres abus.

[63] Philippe Farges (dir.), Migrations mérerranéennes2017.

[64] Julia Black (OIM), Molly Highman (Université de Georgetown), « *La question des données : le défi de la mesure de la migration irrégulière en Afrique* », *in* Rapport sur la Migration en Afrique. Remettre en question le Récit, Union Africaine-ONU-OIM-Suisse-USA, 2020, p. 34.

Environ 400 000 à 700 000 migrants africains étaient présents en Libye lorsque le président de la Commission de l'Union africaine Monsieur Moussa Faki Mahamat avait ordonné le rapatriement de 3 800 migrants, le 5e sommet Europe-Afrique s'était achevé à Abidjan sur « l'engagement fort » des dirigeants des deux continents à lutter contre le « drame » de l'immigration clandestine et ses dérives telles que « les marchés des esclaves en Libye »[65]. Pour le président ivoirien Alassane Ouattara, « les réseaux de passeurs[66] doivent être mis hors d'état de nuire » et « une enquête internationale doit être menée[67] ».

En outre, le président Ouattara, tout en exprimant son dégoût, avait réclamé que « les auteurs soient traduits devant la Cour Pénale Internationale »[68]. Réagissant à la traite des migrants africains, l'ancien président de la Guinée Conakry, le professeur Alpha Condé[69] avait préconisé la mise en place des « forces spéciales contre les trafiquants des êtres humains »[70].

Toujours sur le plan politique, le président du Niger ISSOUFOU Mahamadou réagira en déclarant que « la vente aux enchères de migrants comme esclaves en Libye m'indigne profondément. J'en appelle aux autorités libyennes[71] et aux organisations internationales[72], afin que tout soit mis en œuvre pour que cesse cette pratique d'un autre âge, que nous croyions à jamais révolue. Et que le sujet soit inscrit à l'ordre du jour du sommet de l'Union africaine »[73]. Le musicien ivoirien Alpha Blondy avait dénoncé « le silence des autorités africaines et demandé d'assiéger des ambassades libyennes [74] ».

Claudy Siar[75] quant à lui avait exprimé « sa révolte contre les autorités africaines et celles des pays d'origine de ces migrants »[76]. À la suite des

---

65

66 5e Sommet Europe-Afrique du 30 novembre 2017 à Abidjan en Côte d'Ivoire.

67 Sur la responsabilité juridique et la répression des passeurs, infra.

68Ceci est de la responsabilité de l'ONU, de l'OIM ou de l'Union africaine.

69 5e Sommet Europe-Afrique du 30 novembre 2017 à Abidjan en Côte d'Ivoire, *op.cit.*

70 À l'époque des faits, président en exercice de l'Union africaine.

71À la compétence de la Commission paix et sécurité de l'Union africaine.

72 La responsabilité internationale des autorités libyennes est mise en cause, infra

73 La responsabilité de l'ONU, de l'Union africaine, de l'OIM, etc., est mise en cause.

74 *« Esclavage en Libye : Mahamadou Issoufou l'inscrit à l'ordre du jour du sommet UE-UA »*, Le 360 Afrique, 18.11.2017.

75*« Esclavage en Libye : des Camerounais manifestent devant l'ambassade de Libye à Yaoundé »*, Journal du Cameroun, 2011.2017.

76 Animateur radio RFI, chanteur français et descendant d'esclave

récits par Valentin sur l'esclavage des Africains en Libye, Claudy Siar avait décidé de lancer avec Kemi Seba, un autre panafricaniste, le « collectif contre l'esclavage et les camps de concentration en Libye »[77].

2. Les dénonciations et la responsabilité des dirigeants occidentaux et des organisations internationales

Le Secrétaire général de l'ONU Monsieur Antonio GUTERRES s'était dit « horrifié par des images vidéo montrant des migrants africains vendus comme des esclaves ». Il s'est dit « dégouté par ces actes odieux et a invité à traduire les auteurs en justice. J'ai demandé aux acteurs pertinents[78] des Nations Unies de suivre activement cette question » ; tout en dénonçant ces violations flagrantes des droits de l'homme qui « peuvent constituer des crimes contre l'humanité »[79].

À Chypre, le pape François qui est une autorité religieuse de premier rang avait dénoncé « l'esclavage et la torture » des migrants. Il avait appelé à « ouvrir les yeux devant l'esclavage et la torture » dont sont victimes les migrants dans les camps de rétention[80]. Le pape François estime que le sort réservé aux migrants rappelle les « épisodes sombres de l'Histoire, comme ceux des nazis ou de la dictature de Staline ».

À la suite du Secrétaire général de l'ONU, Monsieur Jean-Yves Le Drian déclarera que « la France a décidé… de demander la réunion expresse du Conseil de sécurité des Nations unies pour aborder cette question »[81]. Le président français avait qualifié ces faits de « crimes contre l'humanité[82] tout en appelant une réunion du Conseil de Sécurité »[83].

Réagissant à la découverte des marchés aux esclaves en Libye, Monsieur Richard DANZIGER[84] dira que « ce qui se passe est terrible. Il est

---

[77] Claudy Siar, Facebook, 22.11.2017.

[78] Valentin, « *Des Camerounais témoignent : en Libye, on nous vendait comme des légumes* », Le Monde.fr, 22.11.2017.

[79] Claudy Siar, « Le marché d'esclaves en Libye : le cri de colère de Claudy Siar devient viral », Le Parisien.fr, 17.11.2017.

[80] Les acteurs pertinents : la Cour Internationale de Justice, la Cour pénale internationale, le Procureur de la CPI, etc.

[81] Antonio Guterres, « *Esclavage en Libye : le Secrétaire Général de l'ONU Antonio Guterres se dit horrifié par des images vidéo montrant des migrants africains vendus comme esclaves* », www.cameroon-nfo.net, 22.11.2017.

[82] Pape François, Franc info AFP, 3.12.2012.

[83] Jean-Yves Le Drian, Ministre français des Affaires étrangères, en réponse à Jean-Philippe Nilor (député de la Martinique), Assemblée nationale, 22.11.2017,

[84] Les crimes contre l'humanité sont justiciables devant la Cour Pénale Internationale.

incompréhensible qu'au XXIe siècle, ce type d'abus existe encore. C'est le pire résultat de la migration, et comme toujours sur cette question que ce soit avec des chiffres ou des histoires particulières des migrants, les faits relatés vont être utilisés par ceux qui ont déjà une position sur cette question, afin de renforcer leur point de vue. Ceux qui sont contre l'immigration vont facilement pouvoir justifier le renforcement du contrôle et de la répression, en disant que c'est pour protéger les migrants. Le même argument peut être repris par ceux qui veulent au contraire ouvrir les frontières à tous[85]. Il est plutôt temps de réfléchir rapidement à une politique migratoire qui protège les migrants tout en apportant des avantages aux sociétés d'origine comme de destination, avec plus de voies légales[86] pour les migrations le pilier oublié du plan d'action de La Valette ».

Il se dégage de toutes ces réactions que ces types de comportements ne doivent pas rester impunis. Les différentes atteintes aux droits des migrants africains constituent de graves violations des droits humains dont les faits commis sur un territoire donné appellent la compétence des juridictions nationales de ces pays.

B. Le règlement devant les juridictions du for

Le lieu de commission d'une infraction emporte la compétence de principe des juridictions du lieu où cette infraction a été commise. C'est l'application du principe de la territorialité de la loi pénale. À cet effet, la loi pénale camerounaise par exemple[87] s'applique à tout fait commis sur son territoire[88]. Sont compris dans le territoire de la République « les eaux territoriales et l'espace aérien au-dessus de ce territoire et de ces eaux, ainsi que les navires et aéronefs immatriculés dans la République »[89]. Ainsi, sous certaines conditions, les juridictions nationales d'un État sont

---

85Emmanuel Macron, « *Esclavage en Libye : Emmanuel Macron dénonce des crimes contre l'humanité* », Le Monde.fr, 22.11.2017.

86 Richard Danziger, Responsable de l'OIM pour l'Afrique de l'Ouest et l'Afrique centrale.

87 En référence à la Bible, Dieu créa l'univers avec les terres, les océans, les plantes et les animaux. Nul homme n'en avait la propriété.

88 La migration mérite d'être encadrée juridiquement et libérée au nom du respect de l'humain.

89 Le principe de territorialité de la loi pénale française est également réaffirmé par le législateur pénal français.

compétentes pour connaître de toutes les infractions commises sur son sol y compris des infractions internationales.

1. Les atteintes liées à la traite des hommes

Les atteintes liées à la traite des migrants noirs constituent des infractions reconnues et réprimées par les traités et les conventions internationaux ; y compris les lois pénales de nos États. Sur un double plan, la compétence des juridictions nationales doit être retenue. Premièrement, la loi pénale camerounaise dispose en son article 2 (1) que « les règles de droit international, ainsi que les traités s'imposent aux lois internes ».

À ce titre, tout fait infractionnel, reconnu comme crime par des conventions et traités internationaux, est reçu comme tel dans les lois nationales. Deuxièmement, de manière explicite, l'article 11 du Code pénal camerounais à propos des infractions internationales, dispose que « la loi pénale de la République s'applique au mercenariat, à la discrimination raciale, à la piraterie, au trafic des personnes, à l'esclavage…, commis même en dehors du territoire de la République ».

De manière concrète, pourrait-on retenir la compétence des tribunaux libyens pour traquer et punir les auteurs de la traite des migrants noirs sur le sol libyen ? Il est communément admis que la Libye est un État musulman complètement sunnite et qu'il n'existe que peu de non- musulmans sur son territoire. Ces derniers sont essentiellement des travailleurs étrangers ou des immigrés qui cherchent à émigrer vers l'Europe. C'est cette frange de migrants étrangers qui subit la dure loi des Libyens.

Toutes ces infractions sont commises dans un pays où le système de justice pénale s'est effondré depuis 2014. Les tribunaux civils et militaires dans l'Est et le Sud sont pour la plupart restés fermés, tandis que dans les autres régions, ils ne fonctionnent qu'à leur capacité réduite. Malgré cette réalité, il subsiste dans l'État libyen une organisation judiciaire qui devrait réprimer ces atteintes graves aux droits de l'Homme.

Pourtant en Libye, le pouvoir judiciaire est exercé par les *summary courts*, les cours de première instance, les cours d'appel et la Cour suprême. Jusqu'en 1958, l'organisation judiciaire consistait en des juridictions religieuses et ordinaires. Aujourd'hui, il y a 4 degrés de juridiction dans l'organisation judiciaire libyenne[90] :

- Les *summary courts*, sont compétentes pour traiter des infractions mineures ou des litiges pour lesquels le montant en jeu n'est pas élevé (jusqu'à 100 Libyan dinars – environ 55 €).
- Les cours de première instance, composées de 3 juges, s'occupent des infractions plus graves et des appels formés contre les décisions des *summary courts*. Elles possèdent plusieurs divisions, dont une compétente pour les questions relatives au statut des personnes.
- Les trois cours d'appel (Tripoli, Benghazi et Sabha), composées de 3 juges, comprennent une division spécialisée, avec les juges de la Charia, pour les appels formés contre des décisions impliquant le droit de la Charia.
- La Cour suprême (Tripoli) est le degré ultime de juridiction et se divise en 5 chambres (civile, commerciale, criminelle, administrative, constitutionnelle) et la chambre de la Charia.

Les individus victimes de tels abus sont fondés avec le concours des organisations internationales chargées de la protection des droits des migrants, d'ouvrir ou d'engager des plaintes formelles devant les juridictions nationales concernées.

En Espagne par ailleurs, la police espagnole avait interpellé sept suspects[91] qui sont au cœur d'une « organisation criminelle qui aurait fait entrer clandestinement 350 migrants en Europe avant de les revendre à des réseaux qui les forçaient à mendier[92]. Ce trafic d'êtres humains aurait rapporté plusieurs centaines de milliers d'euros aux responsables ».

D'après Jose Nieto Barroso, « il y a des gens en France, en Grande-Bretagne, en Allemagne, qui vont acheter quatre, cinq, sept personnes africaines et ils les envoient devant les portes des églises, des supermarchés pour mendier ou bien ils les font travailler dans des écuries. On parle vraiment d'esclavage. L'esclavage du XXIe siècle »[93].

Comme on peut le constater, le monde assiste à la perpétuation d'un comportement prétendument aboli ; fort heureusement, les tribunaux des

---

[90] Article 7 (1) du Code pénal camerounais (Loi n° 2016/007 du 11 juillet 2016 portant Code pénal).

[91] Article 7 (2), *op. cit.*

[92] LegiGlobe, 8.02.2013.

[93]Les sept suspects ont été incarcérés et leurs comptes bancaires gelés.

différents pays sont légalement outillés pour arrêter et réprimer les auteurs de ce type d'infraction.

2. Les atteintes aux divers droits

Le séjour des migrants n'est pas de tout repos. Même nanti d'un visa d'entrée régulier, le migrant qui n'est pas rentré dans son pays de départ à l'expiration de son droit légal de séjour tombe dans la clandestinité. C'est le début des démarches administratives interminables auprès des autorités chargées de l'immigration.

En cas de refus du titre de séjour, les intéressés s'exposent par exemple à une « obligation de quitter le territoire » (OQT) française[94]. En France par exemple, l'article L.511-1 du code de l'entrée et du séjour des étrangers et du droit d'asile dispose que « I.- L'autorité administrative qui refuse la délivrance ou le renouvellement d'un titre de séjour à un étranger ou qui lui retire son titre de séjour, son récépissé de demande de carte de séjour ou son autorisation provisoire de séjour, pour un motif autre que l'existence d'une menace à l'ordre public, peut assortir sa décision d'une obligation de quitter le territoire français, laquelle fixe le pays à destination duquel l'étranger sera renvoyé s'il ne respecte pas le délai de départ volontaire prévu… ».

Cette décision prise sous la forme d'un arrêté préfectoral est susceptible d'être contestée devant le juge administratif.

C'est ainsi que le Tribunal administratif de Cergy-Pontoise a eu à examiner le recours d'un plaignant pour contester un arrêté du 9 novembre 2009 par lequel le préfet du Val-d'Oise rejetait sa demande de titre de séjour en tant que salarié et l'obligeait à quitter le territoire français[95].

3. Les atteintes au droit du travailleur

Des migrants sont régulièrement aux prises avec des employeurs véreux, qui les exposent à la sous-tarification de leur emploi, ou encore les asservissent par des conditions de travail inhumaines et dégradantes. Les conditions de travail sont souvent doublées de la séquestration des

---

[94] Jose Nieto Barroso, un inspecteur en charge du renseignement et de l'analyse des risques au sein de l'unité centrale de lutte contre l'immigration illégale.

[95] Jose Nieto Barroso, *op. cit.* Europe 1, 08.08.2018.

employés dont les titres de séjour ne sont pas obtenus[96], ou encore lorsque ce sont les documents de voyage[97] qui sont simplement confisqués pour empêcher toute fuite ou évasion.

En Italie, la justice s'est attaquée au système des ghettos et des caporaux[98]. En 2006, 27 « caporali » de diverses nationalités ont été mis en examen par la justice italienne pour « trafic d'êtres humains » et « réduction en esclavage ». En effet, l'ONG Oxfam estime que le « système du « *caporalato* » est une forme d'esclavage moderne »[99].

Ici, ceux qu'on appelle *« caporali »* [caporaux] ou *« capo nero »* [capos noirs] sont des « Africains ou des Arabes qui ont fait ce métier, mais qui ont réussi. Ils sont en Italie depuis sept ou huit ans, parlent bien la langue et possèdent au moins une fourgonnette. Ils sont les intermédiaires entre nous, les travailleurs, et les Italiens propriétaires des exploitations agricoles »[100].

En 2011, une grève des travailleurs migrants du ghetto de Masseria Boncuri[101] pour « protester contre leurs conditions de vie et de travail » a permis de « faire de la pratique des capos un délit, et non plus une simple infraction administrative » justiciable des tribunaux italiens.

En vertu du principe de la compétence universelle des tribunaux :

La compétence universelle est, en droit, la compétence exercée par un État qui poursuit les auteurs de certains crimes, quel que soit le lieu où le crime est commis, et sans égard à la nationalité des auteurs ou des victimes.

Ce genre de disposition légale sert à empêcher l'impunité de crimes graves, en particulier les crimes de guerre et les crimes contre l'humanité, qui seraient commis dans des régions particulièrement instables, dont les

---

96Pour ce qui est de la France.

97 Tribunal de Cergy-Pontoise, jugement n° 0913583 du 27 mai 2010 (10e chambre).

98 Le travail au noir, des employés non déclarés.

99 Les passeports, cartes nationales d'identité, permis de séjour ou permis de travail.

100Liselotte Mas, « *En Italie, l'esclavage moderne des migrants ramasseurs de tomates* », Observateur de France 24, 16.28.2018 : « Dans le sud de l'Italie, des millions de tonnes de tomates sont produites chaque année. Pour diminuer les couts, les propriétaires terriens font appel à une main-d'œuvre peu onéreuse : les travailleurs migrants. Ces derniers se retrouvent engrainés dans un système qui a tout de l'esclavage moderne : ils vivent dans des camps de fortune, appelés ghettos, où des « caporaux» leur proposent un travail harassant et sous-payé, souvent le seul emploi possible pour eux ».

101 Liselotte Mas, *« Dans le sud de l'Italie, une récolte de tomates « digne » contre l'esclavage des migrants2/2 Comment fonctionne le système des ghettos et des caporaux ?* », Observateur de France 24, 16.02.2018.

habitants, citoyens du monde, ne bénéficieraient pas de protection légale adéquate.

Le principe de la compétence universelle permet ainsi en théorie aux tribunaux d'un État d'exercer leur juridiction sur des personnes et des faits en l'absence de tout lien avec leur propre système juridique.

À cet effet, certains législateurs à l'instar du législateur camerounais[102], français[103] ou belge[104], ont conféré aux tribunaux de leur pays le pouvoir de traquer et de juger les auteurs des crimes de génocide, d'esclavage ou des crimes contre l'humanité.

Sur la base de cette compétence universelle, les tribunaux des États peuvent arrêter et traduire devant la justice les auteurs de telles atteintes.

C. Les actions devant les juridictions internationales

Face aux abus et autres crimes dont sont victimes les migrants africains, la responsabilité internationale des États ou des auteurs de telles infractions peut être interpellée devant des juridictions internationales.

1. La Cour Internationale de Justice

La Cour internationale de Justice (CIJ) est l'organe judiciaire principal de l'Organisation des Nations Unies (ONU)[105]. La Cour est compétente

---

102Liselotte Mas, *« Dans le sud de l'Italie, une récolte de tomates « digne » contre l'esclavage des migrants 2 février Comment fonctionne le système des ghettos et des caporaux ? »*, *op. cit.*

103 Liselotte Mas, *« Dans le sud de l'Italie, une récolte de tomates « digne » contre l'esclavage des migrants2/2 Comment fonctionne le système des ghettos et des caporaux ? »* : cette grève fut à l'initiative d'un migrant camerounais, *op. cit.*

104 Wikipédia.

105 L'article 8 du code pénal camerounais dispose que la loi pénale de la République s'applique : a) « à toute infraction partiellement ou totalement commise à l'étranger dont l'un des éléments constitutifs s'est trouvé réalisé en tout ou partie du territoire ; b) Toutefois, aucun étranger ne peut être jugé par les juridictions de la République en application du paragraphe (b), à moins qu'il n'ait été arrêté sur le territoire de la République ou qu'il n'y ait été extradé ».
L'article 11 qui traite des infractions internationales dispose que « la loi pénale de la République s'applique au mercenariat, à la discrimination raciale, à la piraterie, au trafic des personnes, à la traite des personnes, à l'esclavage…, commis même en dehors du territoire de la République.
Toutefois, aucun étranger ne peut être jugé sur le territoire de la République, pour les faits visés au présent article commis à l'étranger, que s'il a été arrêté sur le territoire de la République et n'a pas été extradé, et à condition que la poursuite soit engagée par le Ministère public ». Il se déduit aisément de ces deux dispositions légales que le juge camerounais saisi pourrait instruire une infraction dont les faits ont été commis partiellement ou entièrement à l'étranger.

pour le « règlement judiciaire des conflits internationaux »[106]. La prolifération des migrants dans l'État de Libye tire sa source directe et compréhensive dans la Résolution 1973 des Nations Unies qui avait ordonné une zone d'exclusion aérienne sur la Libye. L'Organisation du Traité de l'Atlantique Nord (OTAN) avec ses États alliés dont la France[107] et les États-Unis d'Amérique[108], en ont profité pour conduire et mener une guerre totale dans ce pays ; guerre qui a conduit à la déstabilisation et au démantèlement de cet État africain jadis prospère avec en prime l'assassinat du président en fonction MUAMMAR KADHAFI.

Cette guerre a libéré toutes les forces[109] propres à déstabiliser les pays du Maghreb et les pays frontaliers du désert du Sahara (Niger, Mali, Mauritanie, Burkina Faso, Soudan, etc.). Désormais, tous les bancs de départs des migrants africains enregistrés fusionnent vers la poreuse Libye.

Face à ce désordre organisé et entretenu par certains États occidentaux, on voit bien l'Afrique à travers les États concernés et l'Union africaine (UA), ouvrir et soutenir une procédure devant la Cour Internationale de Justice (CIJ) pour mettre en cause ces États occidentaux afin qu'ils répondent des dérives observées contre les migrants africains[110]. Seuls les États ont qualité pour se présenter devant la Cour[111].

Toutefois, la collaboration des organisations internationales publiques[112] pourra être demandée en termes de renseignements relatifs aux affaires portées[113] devant la Cour.

2. La Cour Pénale Internationale

La Cour Pénale Internationale est compétente en matière des personnes pour les crimes les plus graves ayant une portée

---

106 Les juges français ont dans plusieurs affaires arrêté et jugé les présumés auteurs du génocide rwandais qui se cachaient sur leur sol.

107 C'est en application de ce principe de la compétence universelle que les tribunaux belges avaient sollicité l'extradition de l'ancien président de la République du Tchad Monsieur Hissène Habré, pour le juger pour tous les crimes et abus de droits humains commis à la tête du Tchad de 1980 à 1990.

108 Article 1er Statut de la Cour Internationale de Justice.

109 C.P.I.J, ord., 19 août 1929, Zones franches, Série A n° 22, 13 ; C.I.J., 22 déc. 1986, arrêt, Différend frontalier Burkina Faso/Mali, Rec. 1986, 577, & 46.

110 Sous la présidence de Monsieur Sarkozy qui s'était félicité en déclarant que l'OTAN avait mené 1199 campagnes de bombardement sur la Libye.

111 Sous la présidence de Monsieur Barack Hussein OBAMA qui a abouti à l'assassinat du président et panafricaniste Muammar Kadhafi.

112 Les islamistes de tous bords, de l'État islamique dans le Sahel à Boko Haram.

113 La traite des Noirs, l'esclavage des migrants.

internationale ; notamment les crimes contre l'humanité en vertu de l'article 7 du Statut de Rome, les meurtres sur les migrants, la réduction en esclavage des travailleurs migrants ou leur vente, l'esclavage sexuel ou toute autre forme de violence comparable, etc. Ainsi, tout État partie au Traité de Rome peut déférer au procureur une situation dans laquelle un ou plusieurs des crimes relevant de la compétence de la Cour paraissent avoir été commis. Dans le cas d'espèce, le Secrétaire général des Nations Unies (SG-ONU) avait annoncé la saisine de la Cour Pénale Internationale pour enquêter sur l'esclavage des migrants en Libye. Le président Macron[114] pour sa part avait promis de faire inscrire la question sur l'esclavage en Libye à l'ordre du jour du Conseil de sécurité. Sans sacrifier aux détails de la procédure, tout est réuni pour fonder la compétence de la CPI à connaître des crimes contre l'humanité perpétrés sur la personne des migrants africains.

3. Le Tribunal Pénal International

L'histoire de la justice pénale internationale nous enseigne que face aux crimes contre l'humanité perpétrés dans certains pays, le Conseil de sécurité des Nations Unies (CS-NU) a été amené à mettre sur pied un Tribunal Pénal International pour l'ex-Yougoslavie (TPIY)[115], un Tribunal Pénal International pour le Rwanda (TPIR), un Tribunal Pénal International pour la Sierra Leone (TPISL)[116], la Cour Pénale Spéciale en République centrafricaine (CPS-RCA) sous l'égide la Cour Pénale Internationale (CPI).

Fort de ces expériences, il est prévisible qu'à l'appel du Secrétaire général des Nations Unies (SG-NU), un Tribunal Pénal pour la Libye (TPIL) voit le jour pour traquer et juger les auteurs des infamies sur les droits des migrants africains dans le Maghreb.

4. Les cours des droits de l'Homme

Dans la dynamique judiciaire internationale, l'Afrique et l'Europe disposent d'institutions judiciaires dynamiques à même de connaître des

---

114 Article 34 (1) du Statut de la CIJ.

115 La collaboration de l'Organisation Internationale pour les Migrations, du Conseil de sécurité, de l'Organisation Mondiale de la Santé, l'Organisation Internationale du travail, chacun suivant son secteur concerné.

116 La responsabilité internationale de la Libye pourrait être mise en cause par rapport aux agissements des passeurs dans les camps de rétention publics ou privés. Ces activités ayant cours sur le sol libyen.

crimes de tous ordres perpétrés contre les migrants africains. Nous citerons çà et là la Cour Africaine des Droits de l'Homme (CADH), la Commission africaine des droits de l'homme (CADH), la Cour de Justice de la CEDEAO (CJ/CDEAO) et la Cour européenne des Droits de l'Homme (CEDH).

En interrogeant les dispositions des statuts respectifs de ces juridictions, à l'exception de la commission africaine des droits de l'homme, les États africains aux côtés de l'Union africaine (UA) et des organisations des droits de l'Homme, pourront les saisir avec des perspectives judiciaires dignes de marquer et de retourner l'histoire macabre des Africains qui se réécrit en termes d'abus et d'humiliations.

5. La protection diplomatique des États africains à leurs ressortissants

Dans le Dictionnaire de droit international public, la protection diplomatique est définie, « dans son sens originaire », comme étant le « droit pour un État de présenter une réclamation internationale à l'encontre d'un autre État (ou d'une organisation internationale) lorsqu'un de ses ressortissants a été victime d'un fait internationalement illicite de la part de ce dernier »[117].

Un État peut fournir une protection diplomatique et introduire un recours ou une plainte uniquement si la personne concernée a préalablement épuisé à l'étranger toutes les voies de recours internes, dans la mesure où cela était possible et raisonnablement exigible.

Les États africains, en organisant des charters pour ramener dans leurs pays d'origine les migrants « coincés » en Libye, on pourrait l'assimiler à une forme de protection diplomatique.

Plutôt que de réagir aux situations, les États africains devraient mettre en place des stratégies et des politiques de protection de leurs ressortissants migrants à travers une culture du passeport, une culture du consulat et une culture du recours et du rapprochement des ambassades de leurs pays.

Conclusion

[117] Le président de la République française.

Les faits d'esclavage sont suffisamment établis sur la personne des migrants africains.

Au-delà des condamnations politiques et des officiels du monde entier, la justice de certains États traversés par ce phénomène a engagé des poursuites contre les auteurs de telles infractions.

Il reste cependant à espérer une action judiciaire forte au niveau international, afin que les auteurs de ces drames de l'émigration qui se jouent impunément sous nos regards soient arrêtés et traduits devant la justice pénale internationale ; et que la responsabilité internationale des États concernés soit engagée devant la plus haute juridiction de l'ONU.

Références bibliographiques

Dictionnaires

1. M. Mourre, (1978), Dictionnaire encyclopédique d'histoire, tome V, K. M, Paris, Bordas.
2. SALMON dir., Dictionnaire de droit international, Bruxelles, Bruylant, 2001.

Ouvrages – Rapports

1. Antonio Vitorino, Moussa Faki Mahamat, Rapport sur la Migration en Afrique, Remettre en question le Récit, Avant-propos, 2019.
2. Julia Black (OIM), Molly Highman (Université de Georgetown), « La question des données : le défi de la mesure de la migration irrégulière en Afrique », in Rapport sur la Migration en Afrique Remettre en question le Récit, Union Africaine-ONU-OIM-Suisse-USA, 2020.
3. Jean-Emmanuel Pondi (SD), Immigration et diaspora. Un regard africain, Maisonneuve Larose/Afrédit, 2007.
4. Pacte Mondial pour les Réfugiés du 17 décembre 1998.
5. Pacte Mondial pour des migrations sûres, ordonnées et régulières du 19 décembre 1998.
6. Statut de Rome instituant la Cour Pénale Internationale.

Lois

1. Loi n° 2016/007 du 11 juillet 2016 portant Code pénal camerounais.

2. Code de l'entrée et du séjour des étrangers en France.

Journaux

1. Thomas Azanmasso, « Voyage clandestin des Africains : expériences des migrations sur le marché du travail européen », Matin Libre, 02.10.2020.
2. LegiGlobe, 8.02.2013.
3. Libye : un « enfer absolu » pour les femmes migrantes, TV5MONDE-AFP, 20 juin 2019.
4. Léonard Doyle, Réfugiés : « Il y a des migrants qui sont achetés et vendus », Invité Afrique Soir, RFI publié le 16 avril 2017.
5. Liselotte Mas, « Dans le sud de l'Italie, une récolte de tomates « digne » contre l'esclavage des migrants 2 février Comment fonctionne le système des ghettos et des caporaux ? » ; Observateur de France 24, 16.02.2018.
6. Remi Brancato, « Pendant plus d'un mois ils m'ont violée : des migrants témoignent de l'enfer libyen », RFI, 24.07.2019.
7. Sabine Cessou, Esclavage des migrants en Libye : des responsabilités collectives, Blog Mots d'Afrique du journal Le Monde Diplomatique, 22 novembre 2017.
8. Source ONU, TV5MONDE-RFI, 24.12.2021
9. Statut CIJ – Statut CPI – Statut CADH – Statut TPIR – Statut TPIY

Jurisprudence

1. CPIJ, ord. 19 août 1929, Zones franches, Série A n° 22, 13 ; CIJ, 22 déc. 1986, arrêt, Différend frontalier Burkina Faso/Mali, Rec. 1986, 577, & 46.

2. Tribunal de Cergy-Pontoise, jugement n° 0913583 du 27 mai 2010 (10e chambre).

LA LUTTE CONTRE LA TRAITE DES ÊTRES HUMAINS EN EUROPE

Mesmer GUEUYOU
Ph. D en Droit international
Avocat au barreau des Hauts-de-Seine-France.
gueuyou@hotmail.com.

Résumé

La lutte contre la traite des êtres humains en Europe participe de l'effort mondial de mise en place de mécanismes permettant d'éradiquer ce phénomène multiforme. Cette contribution européenne est perceptible à un double niveau : au Conseil de l'Europe qui rassemble l'essentiel des États du vieux continent et dont la CEDH et la Cour éponyme constituent l'architecture de protection des droits humains ; au niveau de l'Union européenne qui est l'organisation interétatique la plus intégrée des organismes régionaux, avec de véritables transferts de compétence des États vers l'Union. L'apport significatif de l'Europe dans cette quête du combat contre la traite se vérifie dans l'amélioration du sort des victimes à laquelle contribue activement la société civile dont les opérations impactent positivement la répression des auteurs de la traite et la réparation des victimes.

Mots-clés : Traites des êtres humains, protection, droits humains, réparation des victimes, Europe.

Abstract

The fight against human trafficking in Europe is part of the global effort to put in place mechanisms to eradicate this multifaceted phenomenon. This European contribution is perceptible on two levels: at the Council of Europe which brings together most of the states of the old continent and of which the ECHR and the eponymous Court constitute the architecture for the protection of human rights; at the level of the European Union which is the most integrated interstate organization of regional bodies, with real transfers of competence from the States to the Union. Europe's significant contribution in this quest to combat trafficking is demonstrated by the improvement in the fate of victims, to which civil society actively contributes, whose operations have a positive impact on the repression of the perpetrators of trafficking and the reparation of victims.

***Keywords:* Human trafficking, protection, human rights, victim reparation, Europe**

Introduction

La lutte contre la traite des êtres humains en Europe comme en Afrique est récente. La Convention relative à l'esclavage du 25 septembre 1926 a certes permis d'identifier juridiquement le phénomène en précisant les notions d'esclavage et de traite. Cependant, cette pratique s'est poursuivie jusqu'à nos jours en prenant des formes diverses. L'article premier de cette convention définit l'esclavage comme « l'état ou condition d'un individu sur lequel s'exercent les attributs du droit de propriété ou certains d'entre eux ». La traite consiste en « tout acte de capture, d'acquisition ou de cession d'un individu en vue de le réduire en esclavage ; tout acte d'acquisition d'un esclave en vue de le vendre ou de l'échanger ; tout acte de cession par vente ou échange d'un esclave acquis en vue d'être vendu ou échangé, ainsi que, en général, tout acte de commerce ou de transport d'esclaves »[1].

En France par exemple, le Comité contre l'esclavage moderne n'a été créé qu'en 1994. La traite des êtres humains et les violations graves des droits fondamentaux qui en découlent étaient totalement ignorées depuis la fin du XXe siècle. Nul n'imaginait que près d'un siècle après l'abolition de l'esclavage, ces pratiques ignobles étaient présentes en France et partout en Europe. Or, il y avait pourtant dans la grande cause de l'abolition de l'esclavage au milieu du XIXe siècle une dimension originale et nouvelle, à savoir qu'il s'agissait pour ceux qui le menaient, « du premier grand combat authentiquement universel »[2].

---

[1]Emmanuel Jos, « La traite des êtres humains et l'esclavage », chapitre XXIV *in Droit International Pénal*, Ascensio (H.), Decaux (E.) et Pellet (A.) dir., Pedone 2000, p. 337

[2] Voir Prelot (P. H.) : « Esclavage et colonisation dans *L'abolition de l'esclavage* d'Augustin Cochin », *in Droit, liberté, paix développement*, Mélanges en l'honneur de Madjid Benchikh, Études réunies par Doumbe-Bille (S), Gherari (H.) et Kherad (R.), Pedone, 2011, p. 146 Voir Conseil de l'Europe : *Impact pratique des travaux de suivi du GRETA,* juin Voir Comité contre l'esclavage moderne : *Actes du séminaire REST* - FIAP du 6 avril 2021 Paris, p. 4 2019, 36 p

Ne générant pas moins de 32 milliards d'euros de chiffre d'affaires annuel, la traite des êtres humains est si dense et si lucrative pour les réseaux criminels après le commerce des armes et de la drogue qu'il a fallu une réponse concertée des États européens, à la suite du protocole de Palerme de 2000.

Ce Protocole à la Convention des Nations Unies contre la criminalité transnationale organisée visant à prévenir, réprimer et punir la traite des personnes et en particulier des femmes et des enfants, engage les États qui l'ont ratifié, à prévenir et combattre la traite des personnes, à protéger et aider les victimes de la traite et à promouvoir la coopération entre les États afin d'atteindre ces objectifs.

La traite des êtres humains prend actuellement deux formes en Europe : la traite traditionnelle qui recouvre l'exploitation des populations particulièrement vulnérables du fait de leur âge, leur appartenance à une minorité, leur situation économique précaire ou encore leur sexe. La seconde qui a pris de l'ampleur ces dernières années consiste en l'exploitation des populations migrantes le long de leur parcours migratoire. En effet, dans l'espace méditerranéen, les flux traditionnels de migrations et d'échanges ont été bouleversés par le contrecoup des crises politiques et des conflits armés depuis le tournant des années 2010. Ainsi, chaque année, environ 500 000 personnes sont recrutées et exploitées en Europe de diverses manières : exploitation sexuelle, travail et mendicité forcés, esclavage domestique ou encore incitation à commettre des délits.

Quel est donc l'apport de l'Europe à la lutte mondiale contre la traite des êtres humains et notamment dans les efforts de l'Afrique à éradiquer ce phénomène qui a radicalement bouleversé la sociologie de ce continent tout comme du Nouveau Monde ? La constante amélioration du droit des victimes de la traite en Europe impacte-t-elle la répression de la traite en Afrique et la réparation des victimes identifiées ? Telles sont les questions à mettre en exergue dans une approche comparative régionale des procédés d'éradication, de sanction de la traite des êtres humains ainsi que de la prise en compte des droits des victimes.

I. LA CONTRIBUTION DE L'EUROPE À LA LUTTE MONDIALE CONTRE LE TRAFIC DES ÊTRES HUMAINS

La mise en place d'instruments juridiques au niveau régional renforce sans nul doute l'action au niveau mondial. C'est pourquoi l'éradication de la traite sur le plan global passe nécessairement par la construction de systèmes régionaux efficaces de réponse contre la traite des êtres humains. En Europe, le cadre juridique de cette lutte s'articule autour du Conseil de l'Europe et de l'Union européenne.

A. L'encadrement juridique du Conseil de l'Europe

La Convention du Conseil de l'Europe a été signée le 16 mai 2005 et ratifiée par la quasi-totalité des 47 États membres dont les 27 de l'Union Européenne. Si la vocation principale de cette organisation est de promouvoir la démocratie et de protéger les droits de l'Homme et l'État de droit en Europe, elle s'est beaucoup impliquée dans l'éradication de la traite des êtres humains, en adoptant des normes et objectifs communs associant les pays d'origine, de destination et de transit.

Au demeurant, tous les États membres ont signé la Convention de sauvegarde des droits de l'Homme et des libertés fondamentales dont la mise en œuvre est contrôlée par la Cour européenne des droits de l'homme créée en 1959. Certains arrêts de cette juridiction ont d'ailleurs grandement contribué à l'effectivité de la lutte contre la traite. En effet, la Convention énonce dans son article 4 que « nul ne peut être tenu en esclavage ni en servitude. Nul ne peut être astreint à accomplir un travail forcé ou obligatoire ».

Ainsi, dans l'affaire Rantsev contre Chypre et Russie du 7 janvier 2010, après avoir constaté que la traite à des fins d'exploitation sexuelle relevait bien de l'article 4 de la CEDH, la Cour a estimé que le principe de cet article, gage des sociétés démocratiques, ne saurait souffrir d'aucune exception. En 2005 et en 2012, la France a été condamnée par la Cour pour violation de ses obligations garanties par l'article 4 de la Convention dans les affaires Saliadin contre France du 26 juillet 2005 et CN & V contre France du 11 octobre 2012. Dans le premier cas, la Cour a conclu que les travailleurs domestiques migrants pouvaient être sujets de servitude, mettant ainsi l'accent sur une forme répandue de traite des êtres humains dans les pays européens, avec des victimes venant des pays sous- développés. Plus récemment en 2017 dans l'affaire Chowdury contre Grèce, la Cour a conclu pour la première fois à une violation de l'article 4 de la CEDH en matière de traite à des fins de travail, estimant qu'une restriction à la libre circulation n'était pas une condition sine qua non pour établir une situation de travail forcé ou de traite.

Le système de protection des droits fondamentaux européens a été renforcé par la Convention de Varsovie de 2005 dont l'article 4 définit la traite à partir de trois éléments constitutifs à savoir un acte, un moyen et un but : l'expression « traite des êtres humains » y désigne le recrutement, le transport, le transfert, l'hébergement ou l'accueil de personnes, par la menace de recours ou le recours à la force ou d'autres formes de contrainte, par enlèvement, fraude, tromperie, abus d'autorité ou d'une situation de vulnérabilité, ou par l'offre ou l'acceptation de paiements ou d'avantages pour obtenir le consentement d'une personne ayant autorité sur une autre aux fins d'exploitation. L'exploitation comprend, au minimum, l'exploitation de la prostitution d'autrui ou d'autres formes d'exploitation sexuelle, le travail ou les services forcés, l'esclavage ou les pratiques analogues à l'esclavage, la servitude ou le prélèvement d'organes. L'acte correspondant au recrutement, au transport, au transfert, à l'accueil ou encore à l'hébergement des victimes. Le moyen correspondant à la façon dont l'acte est réalisé (par la contrainte, la violence, la tromperie ou encore la menace). Le but correspondant à la finalité recherchée à savoir l'exploitation, qu'elle soit à des fins sexuelles, de travail ou encore de mendicité.

Afin de garantir l'effectivité des dispositions de cette convention, il a été instauré un mécanisme de suivi et de contrôle des obligations des États membres, composé notamment d'un groupe d'experts sur la lutte contre la traite des êtres humains, le GRETA, ainsi qu'un comité des parties. Ce mécanisme d'observateurs fonctionne sur la base des rapports d'évaluation ainsi que des recommandations aux États membres quant à l'application de la convention. Ce groupe d'experts indépendants et impartiaux réclame aux États membres des changements juridiques, politiques et pratiques ainsi que des stratégies et plans d'action nationaux pour éradiquer ce phénomène en Europe. C'est justement suite à la première évaluation de la France en 2013 que son gouvernement a créé la Mission interministérielle pour la protection des femmes victimes de violences et la lutte contre la traite des êtres humains.

B. L'encadrement juridique de l'Union européenne

L'article 83 al 1 du Traité sur le fonctionnement de l'Union européenne prévoit que : « le Parlement européen et le Conseil, statuant par voie de directives conformément à la procédure législative ordinaire, peuvent établir des règles minimales relatives à la définition des infractions pénales et des sanctions dans des domaines de criminalité particulièrement graves revêtant une dimension transfrontière résultant du caractère ou des incidences de ces infractions ou d'un besoin particulier de les combattre sur des bases communes ». Ces domaines de criminalité sont les suivants : le terrorisme, la traite des êtres humains et l'exploitation sexuelle des femmes et des enfants, le trafic illicite de drogues, le trafic illicite d'armes, le blanchiment d'argent, la corruption, la contrefaçon de moyens de paiement, la criminalité informatique et la criminalité organisée.

En fonction des développements de la criminalité, le Conseil peut adopter une décision identifiant d'autres domaines de criminalité qui remplissent les critères visés au présent paragraphe. Il statue à l'unanimité, après approbation du Parlement européen. Par ailleurs, l'article 5 de la Charte des droits fondamentaux de l'UE qui reprend les dispositions de l'article 4 de la CEDH interdit formellement en son alinéa 3 la traite des êtres humains. Plus précisément, l'Union s'est penchée sur la question de la traite des êtres humains en 2004 avec sa Directive sur le séjour des victimes étrangères. Cette Directive du 29 avril 2004 relative « au titre de séjour délivré aux ressortissants des pays tiers qui sont victimes de la traite ou ont fait l'objet d'une aide à l'immigration clandestine et qui coopèrent avec les autorités compétentes » incite les États membres à prendre des dispositions assurant aux victimes étrangères coopérant avec les autorités judiciaires, une autorisation de résidence dans les pays où les faits ont été commis pour toute la durée de la procédure.

Cette directive a été complétée par celle du 5 avril 2 011 concernant la prévention de la traite et la lutte contre ce phénomène ainsi que la protection des victimes. Le droit de l'Union européenne privilégie ainsi la protection des victimes en édictant aux États membres la mise en œuvre d'un cadre global de lutte, en passant par la reconnaissance dans le droit national de l'infraction, sa prévention et sa répression. Ainsi, toute une série de recommandations contenues dans cette Directive prend en compte le renforcement des droits des victimes parfois fragilisées par la barrière de la langue et traumatisées par les sévices subis. Le 14 avril 2021, la Commission de l'UE a présenté une nouvelle stratégie visant à « prévenir la traite des êtres humains, à briser les modèles économiques criminels, à protéger les victimes et à leur donner les moyens d'agir ». Partant du constat de l'explosion du phénomène avec le recensement de plus de 14 000 cas dans l'Union européenne, les autorités communautaires envisagent plus sérieusement de parvenir à une Europe qui protège en trois volets.

D'abord le cadre législatif, les politiques et le soutien opérationnel, puis le financement pour réduire la demande et démanteler les activités criminelles et enfin, donner des moyens d'agir aux victimes. S'agissant du renforcement du cadre législatif, l'Union élargit son champ d'intervention en adoptant par exemple une Directive du 18 juin 2009 prévoyant les mesures minimales concernant les sanctions et les mesures à l'encontre des employeurs de ressortissants de pays tiers en séjour irrégulier. En effet, le recours aux travailleurs clandestins est le terreau fertile de la traite, avec des victimes fragilisées par leur situation administrative incertaine. Aussi sont-elles difficiles à identifier puisqu'elles se complaisent dans ce déni de droit leur empêchant toute possibilité de revendication. Sanctionner les employeurs est un des aspects d'une législation efficiente sur la gouvernance d'entreprise, afin de clarifier les responsabilités des entreprises et fournir les orientations sur le devoir de diligence, ceci afin de contribuer à empêcher le travail forcé.

Afin de briser le modèle économique des trafiquants en s'attaquant à leurs sources de revenus, un dialogue est envisagé dans le dessein de réduire l'utilisation des plateformes en ligne pour le recrutement et l'exploitation des victimes. À cet effet, en plus du dialogue avec les entreprises de l'internet et des technologies, il sera question de miser sur la formation des agents de services répressifs et des professionnels de la justice en matière de détection de la traite des êtres humains et de la lutte contre cette infraction. Outre le recours à la coopération internationale, le troisième volet de l'implication de l'Union européenne dans la lutte contre la traite consiste en la protection et le soutien aux victimes dont on perçoit une véritable prise en compte de leurs droits, notamment s'agissant particulièrement des femmes et des enfants.

II. LA CONSTANTE AMÉLIORATION DU DROIT DES VICTIMES DE LA TRAITE DES ÊTRES HUMAINS

Étant donné que plus de la moitié des victimes de la traite des êtres humains en Europe ne sont pas citoyennes de l'Union, le renforcement de leurs droits devient un instrument de lutte contre le phénomène. De nombreuses victimes issues du continent africain notamment ne peuvent revendiquer leurs droits, par crainte de se voir opposer leur situation irrégulière. Dans son troisième rapport sur les progrès réalisés dans cette lutte en 2020, l'UE présente des tendances, les défis et les principaux enjeux de la lutte, notamment le renforcement des droits des victimes. À cet effet, les travaux et recommandations du GRETA et le projet REST confortent l'effectivité de la protection des victimes au regard des obligations européennes et internationales des États européens.

A. Les recommandations du GRETA et le projet REST

Si la Convention du Conseil de l'Europe sur la lutte contre la traite s'appuie sur les instruments internationaux existants, elle va au-delà des normes minimales qu'ils instaurent et surtout renforce la protection des victimes. C'est en effet une véritable valeur ajoutée par rapport aux autres instruments, dans la mesure où elle est véritablement centrée sur les droits humains et sur la protection des victimes. D'ailleurs, la traite est définie dans son préambule comme une violation des droits de la personne et une atteinte à la dignité et à l'intégrité de l'être humain.

Les recommandations du Groupe d'experts sur la lutte contre la traite des êtres humains (GRETA) contribuent fortement à l'amélioration du sort des victimes notamment dans les pays de l'Europe de l'Est. Dans son arrêt Zoletic et autres contre Azerbaïdjan du 7 octobre 2021, la CEDH s'est référée aux conclusions du rapport 2014 du GRETA sur ce pays concernant le fait que les agents chargés de l'application de la loi avaient tendance à considérer les cas potentiels de traite des êtres humains à des fins d'exploitation du travail comme de simples conflits de travail entre travailleurs et employeurs et qu'il semblait y avoir une confusion entre les cas de traite des êtres humains à des fins d'exploitation du travail et les conflits concernant les salaires et d'autres aspects des conditions de travail.

Sur le plan interne des États, les travaux du GRETA ont eu un impact sur l'amélioration des droits des victimes. 31 États membres ont ainsi été évalués dans le cadre du deuxième cycle, au 31 décembre 2018, avec des exemples de situations dans lesquelles les États évalués ont pris des mesures pour améliorer leur législation, leur politique et leur pratique eu égard aux recommandations précédentes du GRETA.

En Belgique par exemple, la circulaire relative à la mise en œuvre d'une coopération multidisciplinaire concernant les victimes de la traite a été révisée par le ministère fédéral de la Justice et publiée le 30 mars 2017. Elle instaure un mécanisme national d'orientation facilitant la prise en compte des besoins des victimes, dont l'identification devient une priorité. Face à la recrudescence de la traite pratiquée à des fins de servitude domestique dans les domiciles des diplomates, un effort a été consenti pour l'information de potentielles victimes.

Aux Pays-Bas, le GRETA a recommandé de renforcer le caractère multidisciplinaire du processus décisionnel conduisant à l'identification des victimes de la traite. C'est ainsi qu'une commission pluridisciplinaire indépendante d'identification des victimes a été mise en place à titre de projet pilote en 2018, chargée d'examiner les cas de victimes potentielles sur la base de critères précis. Dans ce pays, les juges et procureurs ont été formés pour renforcer leur capacité dans la lutte contre ce fléau et un réseau national de coordonnateurs régionaux de prise en charge des victimes de la traite a été institué.

En Espagne, les tribunaux ont accordé un nombre accru d'indemnisations aux victimes et les magistrats du parquet ont été incités à être particulièrement attentifs à leurs obligations de demander une indemnisation lorsqu'ils ont affaire à des victimes de la traite.

Dans de nombreux pays, le Code pénal a été modifié de manière à compléter la liste des moyens et formes d'exploitation, ainsi qu'à renforcer les poursuites et les sanctions visant les trafiquants.

En France, entre les première et deuxième évaluations du GRETA, le cadre législatif de la lutte contre la traite des êtres humains a considérablement évolué. L'article 225-4-1 du Code pénal relatif à la traite des êtres humains a été modifié, selon les recommandations du GRETA. En outre, des changements renforçant les droits des victimes ont été introduits dans la loi du 13 avril 2016 sur le renforcement de la lutte contre la prostitution et l'assistance aux personnes en situation de prostitution. Lors de la deuxième évaluation en septembre 2016, des mesures envisagées dans le plan d'action national français avaient été partiellement, ou pas encore, mises en œuvre. Le GRETA a alors conseillé de procéder à une évaluation indépendante de la mise en œuvre de ce premier plan, de mesurer son impact et de planifier de futures mesures. Ce plan a expiré : la France ne dispose d'aucun document politique pour guider les efforts. Certaines recommandations du GRETA devraient faire l'objet du nouveau plan d'action, notamment l'instauration d'un mécanisme national de référence pour identifier et assister les victimes de la traite, quelle que soit la forme de l'exploitation, impliquant les organisations de la société civile concernées et bénéficiant d'un financement adéquat. Les 11 et 12 février 2019, le GRETA a organisé des entretiens de haut niveau avec les autorités françaises pour stimuler la mise en œuvre de ses recommandations. Il a souligné l'importance de la transparence du processus de préparation du nouveau plan et de la consultation de la société civile.

Les États africains pourraient s'inspirer des mécanismes de garantie des instruments de lutte contre la traite sur le continent européen, avec des recours aux organismes indépendants et le rôle accru de la société civile. Celle-ci est justement en première ligne dans le projet REST soutenu par le Conseil de l'Europe.

Coordonné par l'association autrichienne LEFÖ en collaboration avec des associations situées dans 5 autres pays européens, le projet REST (Residency Status : Strengthening the protection of trafficked persons) a pour objectif d'améliorer l'accès des victimes à une protection administrative, l'accès aux droits qui en découlent tout en examinant les difficultés d'accès et les brèches du système de protection actuel.

Partie du constat de la faible influence de la politique et de la multiplicité des systèmes de régulation et parfois contradictoires dans les efforts de lutte contre la traite des êtres humains tant au niveau national que régional européen, la société civile est actuellement en première ligne dans la formulation des actions visant à la protection des victimes. Conçu pour une période allant d'août 2019 à mars 2021, le projet REST a pour objectif l'établissement d'un état des lieux précis de la protection administrative et de la protection internationale accordée ou non aux victimes de la traite sous toutes ses formes. Ce projet aboutira également à la formulation d'une dizaine de recommandations à destination de l'UE et des États membres dans le but d'améliorer cette protection.

À ce jour, la première étape a consisté en l'élaboration d'un état des lieux des législations nationales et de leur effectivité. Un séminaire européen a réuni les 23 et 24 novembre 2021 une soixantaine d'experts qui ont échangé sur le sujet et le 6 avril 2021, un atelier de présentation du rapport final du projet et du guide des bonnes pratiques a été organisé à Paris. Il s'est agi de renforcer la protection des victimes de la traite par l'accès au séjour et à la protection internationale.

Dans son 5e rapport général, le GRETA soulignait la question de l'accord du statut de résident aux personnes victimes de la traite en ces termes : « Il y a de nombreuses lacunes dans l'information disponible concernant la fréquence à laquelle l'asile est aux endroits où la peur de la persécution est liée à la traite des êtres humains. Ce manque d'information limite notre compréhension en ce qui concerne l'efficacité réelle de l'accès à l'asile pour les victimes de la traite »[3] ; ce qui rend la tâche difficile aux organisations de protection des victimes. Sur cette base, le projet REST vise à renforcer le droit de résidence et la protection des ressortissants des pays tiers victimes de la traite en Europe. Invisibles, ces victimes ne connaissent pas leurs droits et seule une infime partie arrive à se faire identifier. Le projet REST fait montre de ce que les organisations de la société civile peuvent être à l'origine de la prise de conscience de la réalité de la traite des êtres humains, en Europe comme en Afrique et ailleurs. Elles ont parfois mis sur pied des dispositifs de repérage et de prise en charge par l'accompagnement juridique et socio-éducatif permettant d'extraire de manière définitive les victimes de ce milieu.

Comme en Europe, les organisations africaines peuvent ainsi participer à un large éventail d'activités de lutte contre la traite. Il peut s'agir de la sensibilisation, du développement économique communautaire et le renforcement des capacités, de l'identification et des entretiens avec les victimes, de l'aide et le soutien, de l'assistance juridique, des soins médicaux, de la formation et l'éducation, du soutien au rapatriement et de la réinsertion, la collecte et l'analyse des preuves par les autorités chargées de faire respecter la loi[4]. La société civile est donc un partenaire essentiel dans les efforts de prévention, de protection et de poursuite, en particulier dans les pays en développement qui dépendent parfois des ONG pour fournir des services dépassant la capacité de financement de l'État.

B. Conséquences sur la répression de la traite en Afrique et la réparation des victimes

S'il existe un solide cadre normatif international pour empêcher la traite, l'Afrique n'est pas en reste. La Charte africaine des droits humains et des peuples de 1981, la Charte africaine relative aux droits et au bien-être de l'enfant de 1990 ainsi que le protocole facultatif à la Charte africaine relatif aux droits de la femme en constituent le socle au niveau continental.

Au plan sous régional, c'est la CEDEAO qui joue un rôle décisif de leader. Le plan d'action contre la traite des êtres humains adopté à Dakar en 2001 instaure des mesures spécifiques telles que la constitution en délit

[3] Voir Document ONUDC, *Éducation pour la justice, série de modules universitaires, Traite des personnes et trafic illicite de migrants, Module 10* « Rôle de la société civile dans la lutte contre la traite des personnes », 2019, Vienne, p. 2

[4] Voir Document Unicef : *La traite des êtres humains en Afrique, en particulier des femmes et des enfants*, Centre de recherche Innocenti, 2004, p. 37

de traite des personnes, la création d'une entité de coordination de la CEDEAO en contact avec les commissions nationales, la protection et l'aide aux victimes, la sensibilisation du public, la coopération avec les services de contrôle des frontières et le recueil des données par les pays de la CEDEAO et les Nations Unies.

Concrètement, la répression de la traite dans cette région a suscité des actions dans trois domaines principaux : l'établissement de systèmes juridiques plus efficaces ou la révision et la réforme de ceux en vigueur de façon à faciliter la condamnation des trafiquants, ensuite une meilleure compréhension de la situation des victimes, la nécessité absolue de les protéger et de ne pas les traiter en coupables et enfin, des campagnes de sensibilisation de grande envergure dans la sphère publique.

Le renforcement des mesures de droit pénal résulte de la prise de conscience de la nécessité d'actions concertées. D'où l'importance des conventions relatives à l'assistance mutuelle dans le domaine des affaires criminelles et celle relative à l'extradition. La première, adoptée à Dakar le 29 juillet 1992, édicte des mesures bilatérales et multilatérales d'intérêt direct pour la poursuite pénale des trafiquants, tandis que la seconde adoptée à Abuja le 06 août 1994 fournit aux tribunaux un instrument efficace pour arrêter et poursuivre les auteurs réfugiés dans d'autres pays.

Sur le plan politique, les États ont été incités à ratifier le Protocole de Palerme adopté en 2000, afin d'améliorer le cadre normatif réprimant l'infraction de traite des êtres humains. Le droit des victimes est particulièrement enrichi. Comme en Europe, il a été recommandé de coopérer avec les ONG et la société civile en général, et de prévoir les moyens visant à faciliter l'accueil et l'hébergement des victimes des trafiquants. À cet effet, les États sont incités à privilégier une approche inter agence englobant les principaux acteurs engagés dans la répression.

Comme pour le projet REST en Europe, les pouvoirs publics ne sont pas les seuls à pouvoir juguler ce phénomène. Le rôle de la société civile est si primordial qu'elle doit systématiquement être un maillon de toute politique d'éradication de la traite des êtres humains. Ce fut notamment le cas d'une ONG italienne qui a organisé en 2002 un déplacement au Nigeria, suite à un flux massif de traite du Nigeria vers l'Italie. La délégation italienne comprenait des fonctionnaires de police, des services d'immigration, du parquet et de la magistrature ; l'objectif étant de renforcer la coopération entre les parties prenantes pour plus d'efficacité[5].

Conclusion

Si en Europe le sort des victimes connaît une amélioration considérable du fait d'une part de la mobilisation de la société civile comme c'est le cas en France, et d'autre part des décisions de justice assurant l'effectivité des droits, on en est loin en Afrique. L'application des lois est très imparfaite, notamment s'agissant des poursuites pénales. Les sanctions contre les trafiquants et la réparation des victimes s'en trouvent limitées. En cause, l'inefficacité des lois anti- traite, la faible vulgarisation de la législation, des forces de l'ordre peu dotées de ressources pour leurs investigations nationales et transnationales, la peur des victimes de témoigner contre les trafiquants ou encore la corruption du système judiciaire. Un effort doit donc être mis sur le renforcement de l'État de droit dans sa globalité, afin d'impacter positivement la lutte contre la traite des êtres humains.

Références bibliographiques

1. ACP, Observatoire sur les migrations : Un phénomène mondial aux signes invisibles : la traite des êtres humains en Afrique subsaharienne, dans les Caraïbes et dans le Pacifique. Dossier d'information ACPOBS/2 011/DI01, 2011, 28 p.
2. Centre d'études stratégiques de l'Afrique : Les mythes sur la traite des êtres humains en Afrique, 19 août 2019, 12 p.
3. Comité contre l'esclavage moderne : Actes du séminaire REST - FIAP du 6 avril 2021 Paris.
4. Conseil de l'Europe : Impact pratique des travaux de suivi du GRETA, juin 2019, 36 p.
5. ONUDC, Éducation pour la justice, série de modules universitaires, Traite des personnes et trafic illicite de migrants, Module 10 « Rôle de la société civile dans la lutte contre la traite des personnes », 2019.
6. Unicef : La traite des êtres humains en Afrique, en particulier des femmes et des enfants, Centre de recherche Innocenti, 2004.

---

[5] Voir Pearson (E.): *"Human Rights: Redefining victim protection"*, in Anti-Slavery International, 2002, p. 164

7. El Hadj Malick Sow : "La traite des êtres humains depuis l'Afrique, d'hier à aujourd'hui", in Histoire de la justice, 2021/1, N° 31, pp. 279-286.

8. Jos (E.) : "La traite des êtres humains et l'esclavage", chapitre XXIV in Droit International Pénal, Ascensio (H.), Decaux (E.) et Pellet (A.) dir., Pedone 2000, p. 337.

9. Pearson (E.): "Human Rights: Redefining victim protection", in Anti-Slavery International, 2002.

10. Prelot (P. H.) : « Esclavage et colonisation dans l'abolition de l'esclavage d'Augustin Cochin », in Droit, liberté, paix développement, Mélanges en l'honneur de Madjid Benchikh, Études réunies par Doumbe-Bille (S), Gherari (H.) et Kherad (R.), Pedone, 2011, p. 146

LA CONTRIBUTION DE LA SOCIÉTÉ CIVILE AFRICAINE À LA LUTTE CONTRE LA TRAITE DES ÊTRES HUMAINS

Abdouraman Hayatou ABDOULKARIM SEHOU
Doctorant en droit public
Université de Ngaoundéré
Sehouabdoulkarim4@gmail.com

Résumé

La société civile africaine joue un rôle important dans la lutte contre la traite des personnes en Afrique. Aussi participe-t-elle aux campagnes de vulgarisation des droits de l'Homme ainsi qu'aux multiples sensibilisations contre la traite des personnes. De fait, la population est le partenaire incontournable des États dans ce combat, qui, bien souvent, se trouve limité par de nombreuses entraves. Il est donc judicieux de repenser cette contribution afin que l'exploitation de l'homme soit réduite, voire éradiquée en Afrique. Il apparaît ainsi que la société civile est à l'avant- garde de la lutte contre la traite des êtres humains en Afrique. Il y a donc une fructueuse complémentarité entre l'État et les organisations de la société civile dans cette lutte. Cet engagement paraît le fait des organisations non gouvernementales (ONG) et les Organisations internationales et nettement corroboré par les associations et les médias. Néanmoins, en dépit des efforts louables fournis par cette société civile, elle rencontre des obstacles qui visent, soit à empêcher, soit à minimiser, soit à interrompre ou alors à inverser l'impact de ses activités légitimes. Les limites sont d'ordre juridique et extra-juridique, liées aux moyens des acteurs, mais surtout à leur manque de collaboration.

Mots-clés : Contribution, société civile africaine, lutte et traite des êtres humains.

Abstract

Civil African Society plays a decisive role in the fight against human trafficking in Africa. It also participates in human rights popularization campaigns as well as in multiple awareness campaigns against the human trafficking. In fact, the population is states partner in this fight. Which very often is limited by many obstacles. It is therefore judicious point out this contribution so that the exploitation of human being is eradicated or at least reduced in Africa. It is pointed out that the civil society is among the key actor to tackle human trafficking in Africa. À collaboration with the States is therefore on the way in line with the medias. Despite the ongoing involvement of the civil society against human trafficking, she is facing many obstacles who stop, minimize their legal activities. The limits are legal, extralegal, dues to the ability of the actors and especially the lack of collaboration among them.

Keywords: Contribution, African civil society, struggle and human trafficking.

Introduction

L'esclavage[1] comme forme d'appropriation d'un individu et de sa force de travail par un autre a été pratiqué sous de nombreuses formes et dans de nombreuses civilisations depuis l'Antiquité[2]. Légal jusqu'au XIXe siècle, il est une réalité économique et sociale qui ne cesse de perdurer sous d'autres formes et touche de nouvelles victimes. Aujourd'hui, le terme esclave a été banni pour celui de victime de la traite sous toutes ses formes.

La traite des êtres humains est un problème complexe qui change constamment en fonction de l'évolution de la situation économique. Elle constitue une violation plurielle, majeure et écrasante des droits humains[3], car elle heurte ce qu'il y a de plus précieux en l'Homme à savoir sa dignité[4]. La mondialisation, à travers les nouvelles techniques de communication et de l'information, a facilité la commission d'une multitude d'infractions telles que la pédophilie, le trafic des stupéfiants, le trafic d'armes et aussi et surtout la traite des êtres humains. La traite est un phénomène de plus

---

[1] Le système organisé de commerce et d'exploitation d'êtres humains commence par la découverte de l'Amérique par les Espagnols et les Portugais et leur volonté d'exploiter les nombreuses ressources du nouveau continent. Ils réduisent les populations indiennes indigènes en esclavage. Comme ils n'étaient pas assez vigoureux comme les Africains qui ont une force de travail supérieure, la traite transatlantique se met en place et la traite négrière se généralise donc au siècle suivant avec l'Angleterre, la Hollande, la France, ce qui aboutit à la réglementation de l'esclavage par Jean Baptiste Colbert en proclamant le premier Code noir en 1685, qui rend l'esclavage officiel.

[2] Léman (T), *La traite des êtres humains : Études normatives*, Thèse, Université de Grenoble, 2011, p. 46.

[3] Abdouraman Hayatou ABOULKARIM SEHOU, « Réflexions sur l'encadrement juridique africain de lutte contre la traite des personnes », *Revue internationale de droit et science politique*, n° 1, septembre 2021, p. 51.

[4] Abdouraman Hayatou ABDOULAKARIM SEHOU, *Le droit international et la lutte contre la traite des personnes en Afrique*, mémoire de master, Université de Ngaoundéré, 2019, p. 2.

en plus inquiétant, car elle prend des ampleurs considérables depuis plusieurs décennies. Toutes les formes d'exploitation et d'avilissement de l'homme sont interdites.

À l'esclavage traditionnel et au commerce des esclaves, s'ajoutent la vente d'enfants, la prostitution, la pornographie enfantine, l'exploitation de la main-d'œuvre enfantine[5], l'utilisation des enfants dans les conflits armés, la servitude pour dette, le trafic des personnes, la vente d'organes humains, l'exploitation de la prostitution et certaines pratiques des régimes d'apartheid et coloniaux[6] ainsi que le mariage forcé et l'exploitation par le travail notamment dans le secteur de la domesticité[7], de la confection et de la restauration.

Tout individu a droit au respect de la dignité inhérente à la personne et à la reconnaissance de sa personnalité juridique. Toutes les formes

---

[5] « La pornographie enfantine est la reproduction sexuellement explicite de l'image d'un enfant. C'est une forme d'exploitation sexuelle des enfants à des fins commerciales. On encourage, force ou convainc les enfants à poser pour des photographies ou à prendre part à des vidéos pornographiques ». Voir Sabine DUCH, *Le trafic d'êtres humains*, Paris, PUF, 2002, p. 199.

[6] *Formes Contemporaines d'Esclavage*, Fiche d'information n° 14 du Haut-Commissariat des Nations Unies aux droits de l'homme (HCDH), Genève, 1955.

[7] L'esclavage domestique n'a pas de structures professionnelles comme dans l'esclavage sexuel. Il rapporte une seule fois, lors de sa vente initiale. L'intérêt financier n'est en rien comparable à celui émanant d'une prostituée. À l'inverse des mafias qui organisent le commerce sexuel, les filières liées à l'emploi domestique font figure de parents pauvres du trafic des femmes. Pourtant, une part de ce marché se trouve aussi entre les mains de filières organisées. La logistique de ces réseaux se dessine ainsi :
(a) En Asie et/ou en Afrique, des agences de recrutement proposent du travail pour le Moyen-Orient, l'Europe occidentale, l'Amérique du Nord et l'Australie ; (b) les trafiquants promettent un emploi convenablement rémunéré et bénéficiant de jours de congé ; (c) Ils demandent de l'argent afin de prendre en charge les frais de transport et les documents de voyage ; (d) Une fois arrivées à destination, les femmes ont leurs passeports confisqués. Soit-elles travaillent clandestinement, soit leur nouveau patron obtient légalement un permis de séjour (Liban, Koweït, etc.). Dans ce cas, le patron agit comme il l'entend, faute de lois adéquates ; (e) Les femmes sont rarement payées décemment et travaillent souvent comme des esclaves ; (f) et enfin les trafiquants recruteurs bénéficient toujours d'une commission d'agence s'élevant à plusieurs milliers d'euros. Les domestiques recrutées par le biais d'agences spécialisées s'endettent inévitablement. Certaines empruntent de l'argent pour payer les frais d'agence, d'autres obtiennent une avance de la part de l'agence. Elles doivent toujours rembourser cette dette avant d'envoyer de l'argent à leur famille. En Europe, les services domestiques sont de plus en plus associés aux migrants. D'une façon générale, la majorité des domestiques entrent sur le territoire du pays de destination avec un visa de tourisme. Ensuite, l'employeur confisque leur papier afin d'assurer une entière domination sur l'immigrée illégale. Voir sur ce point Sabine DUSCH, Le trafic d'êtres humains, Paris, PUF, 2002.

d'exploitation et d'avilissement de l'homme sont interdites[8]. L'article 3a du protocole relatif à la traite des personnes dispose que « l'expression traite des personnes désigne le recrutement, le transport, le transfert, l'hébergement ou l'accueil des personnes, par la menace de recours ou le recours à la force ou d'autres formes de contrainte par enlèvement, fraude, tromperie, abus d'autorité ou d'une situation de vulnérabilité, ou par l'offre ou l'acceptation de paiement ou d'avantages pour obtenir le consentement d'une personne ayant autorité sur une autre à des fins d'exploitation. L'exploitation comprend au minimum, l'exploitation de la prostitution d'autrui ou d'autres formes d'exploitation sexuelle, le travail ou les services forcés, l'esclavage ou les pratiques analogues à l'esclavage, la servitude ou le prélèvement d'organes »[9]. Combattre cette traite devient ainsi un impératif et au premier plan figure la responsabilité des gouvernements. Ces derniers ne peuvent seuls éradiquer ce fléau qui porte atteinte à la dignité humaine. C'est pourquoi le concours des organisations de la société civile est primordial. D'ailleurs, « Aucun d'entre nous ne peut à lui seul, gouvernements compris, disposer de l'ensemble des faits, de meilleures idées, ou connaître toutes les raisons sous-jacentes aux problèmes que nous tentons de résoudre. Nous ne pouvons que bénéficier de la sagesse collective »[10].

Chaque individu a le droit individuellement ou en association de promouvoir la protection des droits fondamentaux au niveau national et international[11]. La société civile est le partenaire incontournable des États dans la lutte contre la traite des personnes. Le concept même de société civile trouve son origine dans l'antiquité grecque[12]. Il connaît dès lors une

---

[8] Article 5 de la Charte africaine des droits de l'homme et des peuples du 23 juin 1981.

[9] Assemblée générale des Nations Unies, Protocole additionnel à la Convention contre la criminalité transnationale organisée visant à prévenir, réprimer et punir la traite des personnes, en particulier des femmes et des enfants, dit Protocole de Palerme, résolution 55/25 du 15 novembre 2000, entrée en vigueur le 25 décembre 2003.

[10] Propos du professeur Sir Nigel Rodley, Président des droits de l'homme des Nations Unies, octobre 2014.

[11] Article 1er de la résolution de l'Assemblée générale 53/144 communément appelée déclaration sur les défenseurs des droits de l'Homme.

[12] C'est le célèbre Aristote qui le désigne par le nom de « koinoniapolitiké » société citoyenne et plus tard en latin « societas civilis » comme une assemblée sans hiérarchie dominante composée de personnes partageant les mêmes points de vue, ce qu'on appelait alors « polis », c'est-à-dire la société citoyenne ou politique. L'idée donc d'une société civile conçue comme une sphère d'action s'est répandue pendant le siècle des Lumières aux 17e et XVIIIe siècles. Après John Locke et Charles de Montesquieu, Alexis de

évolution fulgurante durant le XXe siècle, avec de nombreux mouvements sociaux et syndicalistes dans des pays comme la Grande-Bretagne et la France. Le terme société civile renvoie donc à un groupement humain qui gère le bien commun.

Grâce à cette idée, la société civile devient de plus en plus une instance politique publique, qui observe et critique les agissements de l'État. Elle est donc perçue comme une arène où se déroulent volontairement des actions collectives autour d'intérêts, d'objectifs et de valeurs communs, distincts de ceux de la famille, de l'État ou d'institutions à but lucratif. C'est dans ce sens que Maurice KAMTO définit la société civile comme « la sphère sociale distincte de celle de l'État et des partis politiques, formée de l'ensemble des organisations et personnalités dont l'action concourt à l'émergence ou à l'affirmation d'une unité sociale collective, à la défense des droits de la personne humaine ainsi que des droits spécifiques attachés à la citoyenneté »[13].

De manière globale et dans le cadre de cette étude, nous considérons les organisations de la société civile (OSC) comme des regroupements structurés d'individus en vue de promouvoir des fins qui ne correspondent pas nécessairement à des intérêts personnels.

Cette notion inclut donc un large nombre d'organisations formelles et informelles créées volontairement par des citoyens. Elles peuvent varier dans leur structure, leur organisation interne et leurs buts. Au sens large, ce concept comprend toutes les organisations et toutes les structures non marchandes et non étatiques. La société civile africaine, qui peut être considérée d'une part comme coalition de sociétés civiles d'origine africaine, d'autre part comme une succession de sociétés civiles nationales (camerounaise, sénégalaise, etc.) et en dernier lieu comme des organisations non africaines opérant sur le sol africain, occupe une place de choix dans la lutte contre la traite des personnes, car « elle apporte une contribution importante à la lutte contre la traite des personnes et à l'assistance et au soutien aux victimes. Souvent, elle complète le rôle joué par le gouvernement et travaille en collaboration avec ce dernier ». Son action est immédiate, directe et importante auprès des États.

Tocqueville a considéré plus tard la société *civile comme le lieu de naissance et d'exercice des vertus citoyennes, telle que la participation* ».

[13] Maurice KAMTO, « Les rapports État-société civile en Afrique », Afrique 2000, 1994, p. 47.

L'intervention de la société civile est donc une condition sine qua non pour que puisse aboutir toute riposte à la traite des personnes. En effet, « les personnes et les groupes de la société civile risquent souvent leur vie pour améliorer la vie des autres. Ils osent parler tout haut en sachant qu'ils pourraient être définitivement réduits au silence. Ils mettent l'accent sur des problèmes que les autres ignorent ou dont ils n'ont même pas la connaissance. Ils protègent nos droits ». Les États ont donc la responsabilité, au regard du droit international, d'agir pour prévenir la traite, d'enquêter sur les trafiquants, de les poursuivre et offrir assistance et protection aux victimes. Cette coopération des États avec la société civile dans la lutte contre la traite des êtres humains est textuellement consacrée dans plusieurs instruments juridiques notamment à l'article 6 alinéa 3 du protocole relatif à la traite des personnes. Il est donc indéniable que pour mieux combattre la traite des êtres humains, les États doivent travailler en concours avec la société civile. Bien plus, pour être efficaces, les ripostes opposées à cette traite appellent une étroite et fructueuse collaboration entre les États et la société civile. Dès lors, quelle appréciation porter sur la contribution de la société civile africaine à la lutte contre la traite des êtres humains ? Il sera question de bâtir notre développement autour de cette question fondamentale. Il convient d'énoncer que la société civile africaine joue un rôle non négligeable dans cette lutte malgré les multiples obstacles auxquels elle fait face. Cet article examine donc le rôle de la société civile africaine dans la lutte contre la traite des êtres humains en Afrique. À la réalité, si l'on peut se réjouir du fait que la société civile africaine soit engagée dans cette lutte (I), il reste que cet engagement demeure relatif (II).

I. UNE CONTRIBUTION SIGNIFICATIVE DE LA SOCIÉTÉ CIVILE AFRICAINE À LA LUTTE CONTRE LA TRAITE DES ÊTRES HUMAINS

La société civile africaine est à l'avant-garde de la lutte contre la traite des êtres humains en Afrique. Il y a donc une fructueuse complémentarité entre l'État et les organisations de la société civile dans cette lutte. Cet engagement est visible par les actions des organisations non gouvernementales (A) accompagnées par les associations et les médias (B).

A. L'action des ONG des droits de l'Homme

Les ONG peuvent être définies comme des associations nationales ou internationales créées par une initiative privée, regroupant des personnes privées ou publiques, physiques ou morales, de nationalités diverses et poursuivant un but non lucratif. Ces dernières jouent un rôle significatif dans la lutte contre la traite des êtres humains en Afrique au même titre que les institutions spécialisées de l'ONU.

1. Les ONG de droits de l'homme

Les ONG des droits de l'Homme semblent ainsi à la pointe de la lutte contre la traite des êtres humains. La défense des droits de l'Homme par les ONG remonte à 1939. Ce mouvement est beaucoup plus ancien dans le monde anglo-saxon. Cette expression « ONG » est entrée dans le langage courant avec la création de l'Organisation des Nations Unies (ONU) en 1945 dans l'article 71 du chapitre X de cette charte qui leur donne un rôle consultatif. Au Sénégal, le Partenariat pour le Retrait et la Réinsertion des Enfants de la Rue (PARRER) a ainsi mené une campagne nationale de plaidoyer pour l'application effective des lois et l'utilisation des instruments juridiques. Il a établi des comités de protection de l'enfant. Il a rencontré les khalifes généraux, les leaders des confréries, et les chefs coutumiers pour comprendre la pratique de la mendicité. Le CAINT a aussi œuvré pour la lutte contre la traite des êtres humains. Il a piloté un projet axé sur le plaidoyer, la communication et la sensibilisation sur la problématique de la traite. Au Cameroun, il y a eu une évolution notable des ONG à travers l'adoption de la loi n° 99/014 du 22 décembre 1999 régissant expressément les « ONG ». L'ONG Plan international, qui intervient dans 56 pays en développement, permet, depuis 1996 au Cameroun, aux enfants d'aborder leur avenir par le biais de l'éducation, de la santé et de la protection contre les abus et la violence.

Si les principales ONG œuvrant en matière des droits de l'Homme sont non africaines (Amnesty International, la Fédération Internationale des Ligues des Droits de l'Homme, Human Rights Watch et la Women's International League for Peace and Freedom), des ONG africaines agissent aussi dans ce domaine. Ainsi, en matière de prévention, l'ONG ESAM du Bénin en partenariat avec Plan International et ECPAT France[14]

[14] Fondée en 1997 et membre du réseau ECPAT International. Le combat principal de cette ONG est que le corps des enfants ne soit pas une marchandise.

(qui lutte contre la prostitution et l'esclavage sexuel des enfants), a produit du matériel d'information des populations sur les droits des enfants. Au regard du Cameroun, citons la COCADE (Coalition des ONG camerounaises pour les droits de l'enfant)[15], laquelle, dans son rapport de décembre 2000 sur la mise en œuvre de la convention relative aux droits de l'enfant camerounais, a émis des recommandations visant à mettre fin à l'exploitation sexuelle des enfants. Ce rapport recommande au gouvernement entre autres d'adopter un plan national de lutte contre l'exploitation sexuelle des enfants, de veiller à l'application des lois régissant l'activité du tourisme et notamment le séjour des mineurs dans les établissements hôteliers. Ce rapport recommande également aux ONG de poursuivre les campagnes d'information et de sensibilisation des communautés sur l'exploitation sexuelle des enfants, mettre en place des programmes d'assistance aux enfants victimes d'exploitation sexuelle notamment.

Dans un rapport du 5 octobre 2017, Human Rights Watch a mis en lumière un recours généralisé aux violences sexuelles en tant qu'arme de guerre en RCA. En effet, l'organisation a fait état de 305 cas d'esclavage sexuel et de viols commis à l'encontre de 296 femmes et filles par des membres des groupes armés depuis le début 2013 jusqu'à la mi-2017[16]. Dans ce sens, les actions de certaines organisations internationales sont d'un apport inestimable dans cette lutte.

2. Les institutions spécialisées de l'ONU

Les institutions spécialisées de l'ONU interviennent avec de nouvelles approches dans ce combat contre la traite des êtres humains. Le HCR par exemple articule ses interventions sur le lien qui existe entre l'asile, l'exploitation des migrants et la traite. En effet, l'intérêt du HCR à cette question réside sur le fait que certaines mesures prises pour lutter contre la traite des êtres humains et le trafic illicite des migrants peuvent avoir des effets négatifs sur la possibilité qu'ont les demandeurs d'asile et

[15] Elle est la résultante de l'émergence de nombreuses organisations nationales ou internationales décidées à œuvrer dans les domaines aussi divers que la santé, l'environnement, les droits humains. Dans le souci d'harmoniser leurs actions, ces ONG ont mis sur pied la COCADE en septembre 1995 à l'occasion d'un séminaire national des ONG sur la convention sur les droits de l'enfant organisé avec l'appui de l'Unicef.

[16] United States Department of State, Bureau of Democracy, Human Rights and Labor Country Reports on Human Rights Practices for 2017, p 11.

les réfugiés de trouver un lieu sécurisé et de bénéficier de la protection internationale accordée à ceux qui ont le statut de réfugié. Par ailleurs, cet organe s'est associé avec d'autres ONG en vue de la création en 2007 de l'UNGIFT destiné à réduire à élaborer des stratégies communes permettant de combattre la traite des personnes aux côtés des Etats. L'UNICEF aussi s'implique dans cette lutte. Conformément à la lettre et l'esprit de la convention relative aux droits de l'enfant, ces derniers doivent être protégés contre toute forme de violence et d'exploitation. Il définit sa stratégie de lutte, sa stratégie de lutte contre le trafic d'enfants sur trois axes à savoir la prévention[17], la protection[18] et la réinsertion[19]. Il ne ménage aucun effort pour mettre un terme à toutes les activités dégradantes commises sur les enfants[20]. L'OIM, autre acteur, quant à elle encadre le retour consenti des victimes de traites dans leur pays d'origine. Elle offre des services consultatifs aux gouvernements, hébergent et apportent aussi des soins médicaux aux victimes de traite en coordination avec les institutions régionales et certaines ONG.

Force est de noter que les initiatives portées par la société civile africaine chapeautées par certains acteurs de la société internationale ont été nombreuses. Globalement orientées vers la mendicité au Sénégal, elles ont permis de pallier le manque d'investissement de l'État. Ces initiatives ont également poussé ce dernier à prendre des engagements et à vulgariser les instruments juridiques relatifs à la traite des personnes ainsi que ses mécanismes de lutte. Ces actions des ONG sont également enclenchées par d'autres acteurs de la société civile.

---

[17] L'UNICEF encourage les gouvernements du monde à légiférer pour prévenir la traite, sensibilise les parents et les enfants sur l'importance de l'éducation des enfants et particulièrement des filles et sur le phénomène de la traite dans le but de les préparer au discernement face à un éventuel trafiquant.

[18] A ce niveau, il sensibilise les milieux policiers et judiciaires sur la question de la traite et appelle les Etats à l'application des lois nationales et internationales relative à la protection contre la traite des êtres humains.

[19] La réinsertion étant délicate, l'organisation collabore avec les ONG pour recenser les enfants victimes et les sortir de cette situation à travers divers programmes de réinsertion sociale.

[20] L'UNICEF exhorte les gouvernements à l'investissement en faveur des enfants afin de prévenir et de lutter contre toutes les formes d'exploitation.

B. Une action nettement accompagnée par les associations et les médias

L'intervention des associations (1) et des médias (2) dans la lutte contre la traite des êtres humains se ressent dans plusieurs domaines. La promotion des droits de l'Homme suppose un ensemble d'actes afin d'empêcher les violations de ces derniers.

1. Les associations de protection des droits de l'Homme

Les associations de protection des droits de l'Homme contribuent de manière significative à la protection des droits fondamentaux en Afrique. Elles jouent le rôle de formation, d'information et même d'éducation auprès des citoyens. Ces actes sont entre autres les campagnes d'éducation et de vulgarisation des droits de l'Homme par la connaissance des différents instruments relatifs à la traite des personnes. Cette promotion dans l'ensemble a un but essentiellement préventif. L'une de leurs actions est la pression mise sur les États pour vulgariser les textes juridiques internationaux de protection des droits de l'Homme en général et de lutte contre la traite des êtres humains en particulier. Citons l'ONG camerounaise « Nouveaux droits de l'homme » (NDH) qui publie mensuellement un magazine sur la paix, la démocratie et le développement sous le titre « Liberty News », ou encore la Ligue pour l'éducation de la femme et de l'enfant (LEFE) et pour finir la Foundation for Research and Education qui œuvre pour la promotion de la recherche, le conseil et l'éducation dans divers domaines.

Encore au Cameroun, pour soutenir les initiatives de promotion et de protection des droits de l'enfant, les pouvoirs publics accordent aux structures de la société civile qui en remplissent les conditions, des subventions et aides diverses[21]. Notons également que les médias s'inscrivent dans cette dynamique.

2. Le rôle incisif des médias

Les médias sont en général, et dans la majorité des pays d'Afrique, représentés par la presse écrite publique et privée, les chaînes de télévision publiques et privées, les radios publiques et privées, et enfin

---

[21] Il s'agit ici de l'appui financier ou matériel, à la mise à disposition avec prise en charge du personnel technique, en passant par des exonérations fiscales et autres facilités pour la mise en place et l'équipement des infrastructures requises.

Internet pour ne citer que ces exemples[22]. L'ancien Secrétaire Général de l'ONU, Kofi Annan, à l'occasion de la célébration de la journée mondiale de la liberté de la presse le 3 mai 1999, déclarait que : « la liberté de presse est la pierre angulaire du respect des droits de l'homme et la garantie pour toutes les libertés »[23]. Ainsi, si les médias sont nécessaires pour la préservation des droits de l'Homme, ils le sont mécaniquement aussi contre la traite des êtres humains. Les médias sont ainsi, un vecteur de revendications sociales, de communication sociale et participative, vigilante et critique.

Le rôle des médias n'est plus à démontrer dans ce combat. Ils exercent un contrôle de la mise en œuvre des instruments relatifs à la lutte contre la traite des personnes et la diffusion de ces instruments[24]. En effet, ils sensibilisent et éduquent la population à travers des émissions spécialisées sur la vulgarisation des droits de l'Homme en général. Des émissions de radio sont notamment produites à cet effet. Citons « Tribune des droits et libertés » au Cameroun par la CRTV-RADIO chaque samedi dès 20 h 30. La presse écrite n'est pas en reste dans la mesure où au Cameroun, elle couvre les activités et programmes organisés par la Commission des Droits de l'Homme du Cameroun (CDHC), notamment les séminaires, les conférences, les ateliers de formation et de sensibilisation. La quasi-totalité des médias, qu'ils soient africains ou non, a fait état de l'esclavage en Libye il y a quelques années. Il faut comprendre que ce rôle des médias est bel et bien tenu. Il y a par ailleurs eu renforcement des capacités des acteurs de la chaîne de protection des droits de l'Homme. Dans ce cadre, le gouvernement des Seychelles a développé un site Web officiel (www.tip.sc) et un compte Facebook « TIP Seychelles » pour mieux informer le grand public sur la façon d'identifier et de signaler les infractions de traite des personnes[25]. Cependant, certaines limites portent atteinte à l'efficacité de la société civile dans son combat contre la TDP.

---

22 Citons pour ce qui est du Cameroun la loi n° 90/052 de 1990 relative à la communication sociale.

23 Extrait du discours du 3 mai 1999.

24 Notamment un pouvoir d'investigation lui permettant d'enquêter sur de supposés cas de violation des droits découlant des instruments juridiques internationaux ratifiés par les États respectifs.

25 Le site Web sert de première plate-forme de communication anti-TDP aux Seychelles, permettant ainsi aux membres du public d'accéder à des informations facilement disponibles sur la TDP et de mieux se protéger eux-mêmes et leurs proches contre la TDP. Le public sera également en mesure de signaler les cas suspects aux autorités

II. LA CONTRIBUTION RELATIVE DE LA SOCIÉTÉ CIVILE DANS LA LUTTE CONTRE LA TRAITE DES ÊTRES HUMAINS EN AFRIQUE

En dépit des efforts louables fournis par cette société civile, elle rencontre des obstacles qui visent, soit à empêcher, soit à minimiser, soit à interrompre ou alors à inverser l'impact de ses activités légitimes. Les principales limites sont d'ordre juridique et extra-juridique. D'autres sont liées aux moyens des acteurs, mais surtout à leur manque de collaboration d'où des limites (A). C'est pourquoi la redynamisation de cette contribution passe par un renforcement de leurs capacités (B).

A. Les limites rencontrées dans la lutte contre la traite des êtres humains en Afrique

Pour fonctionner efficacement, la société civile a besoin du soutien et de la coopération des gouvernements. Cependant, dans sa lutte contre la traite des êtres humains, elle se heurte à de nombreuses difficultés dans l'exécution de ses missions. Les unes sont principalement juridiques et extra-juridiques (1) tandis que d'autres sont liées aux moyens de ses acteurs, mais surtout à leur manque de collaboration (2).

1. Les limites juridiques et extra-juridiques

Il s'agit, au regard des limites juridiques, principalement des lois et des réglementations qui limitent la liberté et l'indépendance des acteurs de la société civile. À ce titre, ces dispositions constituent un frein dans les multiples missions de la société civile dans leur lutte contre cette traite en Afrique[26].

À cet effet, elles se manifestent le plus souvent en limitant les types d'activités, sanctionnant pénalement les activités non enregistrées, limitant les sources de financement (étrangères), établissant des restrictions à l'enregistrement de certaines associations y compris des ONG internationales, ou d'associations bénéficiant de financements étrangers ou de groupes œuvrant dans le domaine des droits de l'Homme. In fine,

---

compétentes pour une enquête plus approfondie. Ceci est un exemple de réussite de la technologie et des médias sociaux dans la sensibilisation sur la TDP. Il est donc important que ces plates-formes, y compris les comptes Facebook et les sites Web officiels, soient mis à jour.

26 Abdouraman Hayatou ABDOULKARIM SEHOU, *Le droit international et la lutte contre la traite des personnes en Afrique*, *Op.cit.*, *p.* 100.

lorsque la société civile critique des positions, des politiques et des actions du gouvernement ou s'y oppose, elle tombe sous le coup de l'application des dispositions prévues par les lois sous prétexte de légalité. Cependant, les obstacles extra-juridiques sont source d'inquiétude, car relatifs à des entraves à la liberté, aux harcèlements, aux intimidations ou aux représailles.

En effet, outre les restrictions légalement imposées et les lois arbitrairement appliquées, ces acteurs souffrent aussi de limites extra juridiques sous forme de pressions psychologiques ainsi que les membres de leurs familles. Il s'agit entre autres des messages téléphoniques menaçants, des destructions de biens, des agressions physiques ou sexuelles, des actes de torture, des campagnes de dénigrement présentant ses acteurs comme des « ennemis de l'État », des « traîtres », ou encore travaillant pour des « intérêts étrangers », des disparitions et parfois des meurtres. Tous ces moyens d'intimidation incitent les défenseurs des droits de l'Homme en général et les acteurs de lutte contre la traite des êtres humains en particulier ainsi que les témoins à ne pas exprimer leurs préoccupations et à ne pas travailler avec les Nations Unies ou d'autres acteurs internationaux. « Parallèlement, ces actes sèment la peur parmi la population et créent un climat oppressant, tout en restreignant les libertés d'expression, de réunion pacifique et d'association, qui sont les fondements d'une société démocratique »[27].

À côté de ces entraves se trouvent les lourdes procédures administratives qui dissuadent les acteurs de la société civile d'exercer pleinement leurs activités. Certaines entraves sont aussi relatives aux moyens de ces acteurs, mais surtout à leur manque de collaboration.

2. La faiblesse structurelle des moyens des acteurs et l'absence de collaboration

En effet, les moyens d'action de ces acteurs sont insuffisants et sont dus à l'insuffisance des moyens humains, matériels et financiers[28]. Les ONG ainsi que d'autres membres de la société civile manquent de personnel qualifié (avocats, huissier, conseillers juridiques) en leur sein

---

[27] Propos de Mme l'Ambassadrice Laura Dupuy Lasserre, Représentante permanente de l'Uruguay auprès de l'office des Nations Unies à Genève et présidente du Conseil des droits de l'homme (2011-2012).

[28] Martin NZEGANG, « Société civile et Appui au développement *», in Cahier Africain des Droits de l'Homme*, PUCAC, N° 4, juillet 2000, p. 187.

pour faire face aux attentes de la population[29]. On regrette surtout le fait que les ONG et les associations n'ont pas un véritable pouvoir de contrainte, ce qui constitue une limite à l'efficience de leurs activités[30]. Elles ne disposent pas de pouvoir de contrôle, et encore moins d'investigation. Elles ont tout au plus un pouvoir de dénonciation et de veille et jouent juste un rôle d'éducation et d'information. Elles doivent donc se contenter de fournir des informations, voire d'inciter les différentes commissions nationales à l'action, lesquelles disposent seules du pouvoir d'investigation dans les lieux de détention et autres prisons. Cette obligation de collaboration paraît donc préjudiciable à l'efficacité de l'action de ces associations et ONG. En outre, le personnel y afférent n'est pas toujours bien formé pour faire face à l'administration. Quant aux moyens matériels, ils sont à l'image de ce qui est commun dans un pays sous-développé, c'est à dire très faible[31]. Ces limites sont aussi observées au niveau des déploiements de ces acteurs sur le terrain à travers leur manque de collaboration.

Le manque d'harmonisation entre les divers acteurs qui interviennent dans la lutte contre la traite constitue un obstacle dans cette lutte et ceci aboutit à une véritable cacophonie. On constate que les institutions internationales telles que les agences des Nations Unies et les ONG recherchent plus la visibilité de leur programme que l'intérêt des personnes victimes ou vulnérables à cette traite[32]. En effet, le plus souvent, les ONG se déploient de manière solitaire, en particulier celles étrangères. Les principes protégés par ces dernières sont parfois en totale décalage avec les cultures et traditions africaines[33]. Comment pourront-elles protéger des droits au nom de certaines coutumes en ne respectant pas les nôtres ? De plus, des éléments de concurrence entre les ONG sont observés là où on s'attend à les voir évoluer en synergie pour pouvoir porter plus loin leur

---

29 Adoum SAAD, François Mbala, « La contribution de la société civile à la promotion des droits de l'homme en Afrique Centrale : Essai d'analyse », *in Cahier africain des Droits de l'Homme*, l'UCAC, N° 8, juin 2002, p. 258.

30 Abdouraman Hayatou ABDOULKARIM SEHOU), *Le droit international et la lutte contre la traite des personnes en Afrique, op.cit.*, p. 95.

31 Kodeme ENOCK, *Lutte contre le terrorisme et protection des droits de l'homme au Cameroun*, mémoire de master en droit public, UN/FSJP, année 2015-2016, p. 74.

32 Douillet (V), *Le renforcement des capacités institutionnelles sénégalaises dans le cadre de l'initiative mondiale de lutte contre la traite des personnes, et plus particulièrement des enfants, op.cit.*, p. 19.

33 Pour s'en convaincre, l'exemple du droit sur l'orientation sexuelle est une illustration de l'échec des valeurs prônées par certaines ONG, valeurs qui sont contraires aux valeurs africaines et camerounaises en particulier.

plaidoyer[34]. Particulièrement pour les ONG nationales, leurs capacités d'autosuffisance sont très limitées d'où la grande dépendance à l'égard des financements extérieurs. Ainsi exposés, les problèmes que rencontrent les ONG, les médias et les associations dans la lutte contre la traite des êtres humains sont une réalité. Il importe ainsi de repenser cette contribution afin de combattre de manière optimale ce fléau qui porte atteinte à la dignité humaine.

B. Les perspectives pour une amélioration de la lutte contre la traite des êtres humains en Afrique

Force est de constater que l'une des causes de l'échec dans la lutte contre la traite des êtres humains en Afrique est l'exclusion des autres acteurs par l'État. Le renforcement des capacités des acteurs aux niveaux interne (1) et externe (2) est donc nécessaire.

1. Le renforcement des capacités au niveau interne et structurel

Le renforcement des capacités au niveau interne des acteurs renvoie d'une part à la réforme des ressources humaines et d'autre part à la transparence dans la gestion de leurs ressources. S'agissant de la réforme des ressources humaines, il s'agit pour les acteurs, notamment les ONG et les associations qui œuvrent dans la lutte contre la traite des êtres humains, de revaloriser leurs personnels en organisant une démocratie interne et travailler avec des ressources humaines permanentes. Pour cela, les ONG et les associations nationales doivent surmonter ce genre de considération et procéder à une formation adéquate de leurs personnels qui seront aptes à assurer des fonctions permanentes[35]. De même, force est de constater que le caractère instable de leur personnel est dû au fait que la plupart d'entre eux proviennent de la fonction publique, et sont ainsi des non permanents. C'est pourquoi il est indispensable que les ONG nationales et/ou les autres membres de la société civile puissent avoir un personnel permanent pour cette lutte. En ce qui concerne la transparence dans la gestion des ressources des ONG nationales et les associations, celle-ci renvoie à la gestion des ressources financières. En fait, cette transparence

[34] Assetiksa DAMSA, *Les ONG et la sauvegarde des droits de l'homme au Cameroun*, mémoire de master en droit public, année académique 2015-2016, p. 62.
[35] Abdouraman Hayatou (ABDOULKARIM SEHOU, *Le droit international et la lutte contre la traite des personnes en Afrique, op.cit., p.* 100.

dans les opérations financières doit s'étendre de la collecte des fonds[36] à la réalisation de leurs objectifs. Ce renforcement doit aussi être visible dans les relations entre les acteurs eux-mêmes, ainsi qu'au niveau externe.

2. Le renforcement des capacités au niveau externe : la nécessaire collaboration entre les différents acteurs

Au niveau externe des États, le renforcement de la coopération entre les acteurs et le monde extérieur est nécessaire. Il s'agit en premier lieu de la coopération entre les ONG et les associations et ensuite avec les autres institutions. Parlant de la coopération entre les ONG et les associations, étant donné que celles-ci agissent en rangs dispersés, la meilleure manière de faire valoir des idées dans le sens de la lutte contre la traite des êtres humains est de se regrouper en réseau autour des préoccupations du droit à la dignité humaine. En outre, la création d'un cadre de concertation adéquat s'avère indispensable au travers de la multiplication des programmes de formation, de recyclage et de perfectionnement des personnels et la promotion des rencontres périodiques entre ces ONG et les associations. Cette dynamique est cruciale dans l'optique d'être une veille dans l'évolution de la lutte contre cette traite. Le manque de coopération entre les ONG, les associations et les autres institutions est l'un des facteurs entravant la lutte efficace contre la traite des personnes. Voilà pourquoi les acteurs qui militent dans ce combat doivent renforcer leurs collaborations non seulement avec les pouvoirs publics, mais aussi avec les ONG internationales qui interviennent dans le domaine.

Conclusion

La contribution de la société civile dans la lutte contre la traite des êtres humains n'est pas minime. Comme démontré plus haut, celle-ci s'observe à plusieurs échelons de la société. Aux côtés des États, elle est présente et efficace. Bien plus, l'appui des ONG, des associations et des médias montre à suffisance son engagement dans l'éradication de ce fléau qui mine les plus démunis. Nous avons cependant relevé de nombreuses difficultés que rencontrent les organisations de la société civile dans leur combat contre la traite des êtres humains en Afrique. Ces difficultés sont

[36] Dons et legs, financement des États et des Organisations internationales, pour ne citer que ces exemples.

observées pour la plupart sur les plans juridique et extra-juridique. Par ailleurs, certaines entraves sont liées à la faiblesse de ces acteurs de la société civile et surtout à leur manque de collaboration. En conséquence, des perspectives de solutions ont été apportées notamment pour fustiger ces entraves, le renforcement des capacités au niveau interne, mais aussi externe des acteurs en l'occurrence.

Références bibliographiques

1. Abdouraman Hayatou ABDOULKARIM SEHOU, Le droit international et la lutte contre la traite des personnes en Afrique, mémoire de master, UN/FSJP, année 2017-2018, 143p.
2. Abdouraman Hayatou ABDOULKARIM SEHOU, « Réflexions sur l'encadrement juridique africain de lutte contre la traite des personnes », Revue internationale de droit et science politique, Vol 1, N° 1, septembre 2021, pp 51-72.
3. Agbetse YAO, Manuel sur la traite des êtres humains, Éditeur Alessandra Aula, Collection : NGO, Suisse, 38p.
4. Adoum SAAD, François MBALA, « La contribution de la société civile à la promotion des droits de l'homme en Afrique Centrale : Essai d'analyse », in Cahier africain des Droits de l'Homme, l'UCAC, N° 8, juin 2002, pp. 253-261.
5. Nina CVETEK et Friedel DAIBER, Qu'est-ce que la société civile ? Traduction en Français : Rabary Andriamanday Voa Hanitriniaina, KMF-CNOE en partenariat avec la Friedrich-Ebert-Stiftung (FES), Antananarivo, octobre 2009, Société civile, 33p.
6. Assetiksa DAMSA, Les ONG et la sauvegarde des droits de l'homme au Cameroun, mémoire de master en droit public, UN/FSJP, année académique 2015-2016, 102p.
7. Chawki MOHAMED, La traite des êtres humains au tournant du millénaire- Membre du Conseil d'État, membre du Conseil scientifique de l'ONU, Président de l'Association Internationale de Lutte Contre la Cybercriminalité à Lyon (AILCC), Docteur en droit de l'Université de Lyon III, Droit-Tic.com, juin 2006.
8. Violette DOUILLET, Le renforcement des capacités institutionnelles sénégalaises dans le cadre de l'initiative mondiale de lutte contre la traite des personnes, et plus particulièrement des enfants,

Université de Grenoble/Institut d'Études politiques de Grenoble, année académique 2012-2013, 81p.

9. Sabine DUCH, Le trafic d'êtres humains, Paris, PUF, 2002, 317 p.

10. Fiche d'information n° 14 du Haut-Commissariat des Nations Unies aux droits de l'homme (HCDH), Formes Contemporaines d'Esclavage, Genève, 1 955.

11. Maurice KAMTO, « Les rapports État-société civile en Afrique », Afrique 2000, n° 19, 1994, pp 47-52.

12. Kodeme ENOCK, Lutte contre le terrorisme et protection des droits de l'homme au Cameroun, mémoire de master en droit public, UN/FSJP, année 2015-2016, 74p.

13. Léman TOSUN, La traite des êtres humains : Études normatives, Université de Grenoble, 2006, 433 p.

14. Mbaye KEBA, Les droits de l'homme en Afrique, Paris, Éditions A. Pedone, 1992, 312p.

15. Martin NZEGANG, « Société civile et Appui au développement », in Cahier Africain des Droits de l'Homme, PUCAC, N° 4 juillet 2000, pp. 171-187.

16. Raymond JANICE G, Guide du nouveau protocole sur la traite des Nation Unies, 20p.

17. Olivier SEBASONI « L'odyssée de l'esclavage continue » ; Ligue des droits de l'homme LDH_303, chaussée d'Alsemnberg 1190 Bruxelles, pp. 4-17, décembre 2004.

LA CONTRIBUTION DE LA COMMUNAUTÉ ÉCONOMIQUE DES ÉTATS DE L'AFRIQUE CENTRALE (CEEAC) DANS LA LUTTE CONTRE LA TRAITE DES ÊTRES HUMAINS EN AFRIQUE CENTRALE : ASPECTS JURIDIQUES ET INSTITUTIONNELS

Daniel Pascal ELONO
Doctorant en Relations Internationales
Université de Yaoundé II-IRIC.
elonodanielpascal@hotmail.fr.

Résumé

Le présent article a pour objectif principal d'examiner et d'analyser la contribution de la Communauté Économique des États de l'Afrique Centrale (CEEAC) dans la lutte contre la traite des personnes en Afrique centrale, essentiellement sur les plans juridique et institutionnel. L'étude prend en compte le contexte de la résurgence des nouvelles formes de criminalité dans la région au rang desquelles la criminalité transnationale organisée et son sous-ensemble que constitue la traite des êtres humains. L'Afrique centrale est de ce fait à la fois une zone de départ, de transit et de destination de la traite des personnes en Afrique. Ainsi, dans le sillage des actions menées par l'ensemble de la communauté internationale pour lutter contre ce fléau transnational, l'étude s'est penchée sur une faible appropriation et une mise en œuvre insuffisante des instruments juridiques internationaux multilatéraux sur la lutte contre la traite des personnes par la CEEAC ; sur l'absence d'un instrument juridique sous régional spécifique à la lutte contre la traite des personnes en Afrique centrale et enfin sur les résultats mitigés obtenus par la CEEAC dans cette lutte, y compris en matière de coopération avec les Nations Unies et la Communauté Économique des États de l'Afrique de l'Ouest (CEDEAO). Au regard de tous ces éléments, l'on est arrivé à la conclusion que la lutte contre la traite des personnes en Afrique centrale reste un grand chantier ouvert pour lequel la CEEAC devrait redoubler d'efforts pour renforcer son action, notamment en adoptant un instrument juridique régional approprié sur la question et en élaborant une stratégie futuriste de lutte contre le phénomène dans la sous-région. Tout devrait se faire dans une approche globale, conformément à l'esprit de la « Convention de Palerme » contre la criminalité transnationale organisée et à son Protocole additionnel visant à prévenir, réprimer et punir la traite des personnes, en particulier des femmes et des enfants.

Mots-clés : **Traite des personnes, Criminalité transnationale organisée, CEEAC, Afrique centrale, Droit communautaire.**

Abstract

The main objective of this article is to examine and analyse the contribution of the Economic Community of Central African States (ECCAS) to the fight against trafficking in persons in Central Africa, both legally and institutionally. The study takes into account the context of the resurgence of new forms of crime in the region, including transnational organised crime and its subset, trafficking in human beings. Central Africa is therefore a departure, transit and final destination zone for human trafficking in Africa (US Department of State, 2018). Thus, in the wake of the actions taken by the international community as a whole to combat this transnational scourge, the study looked at the low level of ownership and insufficient implementation of multilateral international legal instruments on the fight against trafficking in persons by ECCAS ; the absence of a specific regional legal instrument to combat trafficking in persons in Central Africa, and finally the mixed results obtained by ECCAS in this fight, including in terms of cooperation with the United Nations and the Economic Community of West African States (ECOWAS). In view of all these elements, we concluded that the fight against trafficking in persons in Central Africa remains a major open field for which ECCAS should redouble its efforts to strengthen its action, in particular by adopting an appropriate regional legal instrument on the issue and by developing a future strategy to combat the phenomenon in the region. Àll this should be done in a comprehensive approach, in accordance with the spirit of the "Palermo Convention" against transnational organised crime and its additional Protocol to prevent, suppress and punish trafficking in persons, especially women and children.

Keywords: ***Trafficking in persons, Transnational organised crime ECCAS, Central Africa, Community law.***

Introduction

Les grands événements qui ont marqué les relations internationales au début des années quatre-vingt-dix, notamment la fin de la guerre froide et l'effondrement de l'Union des Républiques Socialistes Soviétiques (URSS), ont provoqué de nombreuses mutations politiques et sécuritaires dans le monde post-bipolaire[1]. La disparition du conflit idéologique Est- Ouest et la baisse significative du risque de guerres interétatiques ont ainsi laissé la place sur le plan sécuritaire, aux crises et conflits de types nouveaux[2] notamment les conflits identitaires, les revendications nationalistes et ethniques, l'extrémisme et le fondamentalisme religieux, les guerres intra étatiques, le choc des cultures et des civilisations, les luttes pour l'accaparement des terres et des ressources naturelles, la résurgence de la criminalité transnationale organisée[3] et son corollaire la traite des personnes ainsi que le terrorisme.

Les « grandes criminalités internationales »[4], avec à leur tête la criminalité transnationale organisée, sont ainsi réapparues de manière interconnectée sous de nouvelles formes, avec de nouveaux acteurs, épousant une double dimension géopolitique et géoéconomique.

L'Afrique, en général, et l'Afrique centrale (CEEAC), en particulier, n'ont pas été épargnées par cette nouvelle donne. L'espace CEEAC est même devenu l'une des régions du continent africain les plus touchées par l'instabilité et l'insécurité. À titre d'exemple, certains conflits parmi les plus graves en Afrique ont en effet eu lieu au cours de la période concernée dans cet espace : le génocide rwandais de 1994 ; les guerres civiles en RDC, en RCA et au Congo-Brazzaville ; terrorisme de Boko Haram au Cameroun et au Tchad… L'on retrouve ainsi, en Afrique centrale, la quasi-totalité des principales formes de criminalité et de conflit indiquées plus haut.

L'autre caractéristique de l'Afrique centrale sur le plan humanitaire depuis le début des années quatre-vingt-dix, est également la forte crise migratoire qui alimente la criminalité organisée dans cet espace, consécutive aux crises et conflits internes sus-évoqués dans la région, avec un nombre important de réfugiés et de déplacés internes. Cette situation est également due aux nombreux conflits et crises ayant cours autour de l'Afrique centrale, notamment les guerres au Darfour, au Nigeria et récemment en Libye, qui ont à leur tour provoqué un afflux important de réfugiés dans l'espace CEEAC. À titre d'exemple, la République

---

[1] Lire D. Colard, *Les relations internationales de 1945 à nos jours (8e édition)*, Paris, Dalloz, 1999, 440 p.

[2] D. Mongin, *Crises et conflits au XXe siècle*, Paris, Armand Colin, 2014.

[3] C. Geraghty, « Mondialisation et évolutions de la criminalité internationale », *Revue internationale et stratégique* 2010/3 (N° 79), pp. 137 à 142.

[4] Voir J.F. Gayraud, « Les grandes criminalités entre réalité géopolitique et menace stratégique », *IRIS*, Paris, octobre 2021, pp. p. 28-33

démocratique du Congo, la République centrafricaine, le Cameroun ou encore le Tchad sont parmi les pays africains ayant le plus grand nombre de réfugiés et de déplacés internes. Or, comme dans d'autres régions africaines, la traite des personnes en Afrique centrale suit les mêmes itinéraires de migrations historiques[5] et se nourrit de ces formes d'instabilité.

Dans un tel environnement sécuritaire et humanitaire protéiforme, la criminalité transnationale organisée a profité pour s'installer progressivement en Afrique centrale, une région qui était plus ou moins épargnée par le phénomène avant les années quatre-vingt-dix. La criminalité transnationale organisée est définie ici comme étant l'ensemble des activités illicites interconnectées se rapportant au blanchiment, à la corruption, à la traite des personnes, au trafic de migrants, au trafic de la drogue, à la contrebande, au trafic des faux médicaments et d'autres produits industriels, au commerce illicite des armes à feu et de leurs munitions, à l'exploitation illicite des ressources naturelles (braconnage, trafic des produits de la faune et de la flore, exploitation illégale des minerais) et à la criminalité faunique…

L'un des sous-ensembles majeurs de cette criminalité transnationale organisée est la traite des êtres humains, définie quant à elle, comme « l'action de recrutement, transport, transfert, hébergement, accueil de personnes par les moyens de menace ou le recours à la force ou à d'autres formes de contrainte, par enlèvement, fraude, tromperie, abus d'autorité ou d'une situation de vulnérabilité, ou par l'offre ou l'acceptation de paiements ou d'avantages pour obtenir le consentement d'une personne ayant autorité sur une autre aux fins d'exploitation qui comprend, au minimum, l'exploitation de la prostitution d'autrui ou d'autres formes d'exploitation sexuelle, le travail ou les services forcés, l'esclavage ou les pratiques analogues à l'esclavage, la servitude ou le prélèvement d'organes »[6].

---

[5] Voir à ce sujet, le Rapport de l'Union africaine sur l'évaluation de l'état de mise en œuvre du Plan d'action de Ouagadougou contre la Traite des êtres humains, en particulier des femmes et des enfants en Afrique, janvier 2019, p. 19.

[6] Article 1, al. a) de l'Accord multilatéral de coopération régionale de lutte contre la traite des personnes, en particulier des femmes et des enfants en Afrique de l'Ouest et du Centre, dit Accord d'Abuja, signé à Abuja le 6 juillet 2006, une reprise *in extenso* de la définition contenue à l'article 3, alinéa a) du Protocole additionnel à la Convention de Palerme sur la traite des personnes.

Toutes ces activités génèrent d'énormes ressources qui échappent au contrôle des États et qui peuvent par la suite être utilisées pour financer le terrorisme, le mercenariat et d'autres formes de criminalité pouvant fragiliser les pays de la région ou constituer une menace sérieuse à l'intégration régionale. Ici, l'élément fondamental est l'interconnexion entre ces différentes formes de criminalité qui les rend finalement interdépendantes et qui alimente la traite des êtres humains ou la traite des personnes[7] dans la région ou avec les autres régions africaines[8].

Dans ce sillage, la particularité de l'Afrique centrale, selon les données de terrain, est d'avoir été considérée pendant longtemps comme étant essentiellement une zone de destination finale de la traite en provenance de l'Afrique de l'Ouest[9]. C'est ce postulat qui a fondé les premières actions de la CEEAC dans la lutte contre la traite des personnes.

À partir de tous ces éléments contextuels, il s'agira principalement dans cet article d'examiner et d'analyser les aspects juridiques et institutionnels de la contribution de la CEEAC, en tant qu'institution d'intégration sous régionale, dans la lutte contre la traite des personnes en Afrique centrale. Le cadre de l'étude porte donc uniquement sur la CEEAC, en tant qu'institution internationale, représentée par son organe exécutif qu'est la Commission[10]. D'autres études pourraient ultérieurement porter sur l'action de chacun de ses États membres dans la lutte contre la traite. De même, les aspects juridiques et institutionnels dont il est question ici ne concernent pas les mesures nationales prises par chaque État membre de la CEEAC, notamment le volet opérationnel de la lutte, avec en prime l'action judiciaire et pénale.

Sur le plan temporel, l'article s'est limité sur la période allant de l'an 2000, période au cours de laquelle le mandat de la CEEAC a été élargi aux questions de paix, de sécurité et de stabilité, avec notamment la création

---

7 Le vocabulaire utilisé ici est très important. Si la traite des êtres humains est acceptée comme étant synonyme de la traite des personnes, la Convention de Palerme de 2000 et ses annexes utilisent l'expression « traite des personnes ».

8 Au sens de ce travail, il s'agit des cinq régions africaines reconnues par l'Union africaine, conformément au découpage effectué par l'OUA en 1976, à savoir : l'Afrique du Nord, l'Afrique de l'Ouest, l'Afrique centrale, l'Afrique de l'Est et l'Afrique australe.

9 Voir Rapport du Conseil des Ministres à la XVIe Conférence ordinaire des Chefs d'État et de Gouvernement de la CEEAC, novembre 2014, p. 6, Point 5.

10 Il sied de dire à ce sujet que c'est le 30 août 2020, date d'entrée en vigueur du Traité révisé et de la Réforme institutionnelle, que la CEEAC s'est dotée d'une Commission, ayant remplacé le Secrétariat général, en place de 1985 à 2020.

du Conseil de Paix et de Sécurité de l'Afrique centrale (COPAX), à l'année 2022 en cours. De manière spécifique, l'action de la CEEAC est analysée sous le prisme du droit international, en tenant compte du fait que c'est la principale organisation d'intégration sous régionale en Afrique centrale[11], ayant un mandat large des Nations Unies et de l'Union africaine en matière de paix, de sécurité et de stabilité. Dans cette analyse, l'on sera ainsi amené à s'interroger sur la faible appropriation et la mise en œuvre insuffisante des instruments juridiques internationaux multilatéraux de lutte contre la traite d'une part ; ainsi que sur l'absence d'un instrument juridique conventionnel spécifique à la lutte contre la traite des personnes dans la région et les résultats mitigés obtenus par la CEEAC dans la lutte contre la traite des personnes, d'autre part. Mieux, l'on s'est demandé si cette situation ne trahit pas finalement une perception minimaliste du phénomène de la traite des personnes par la CEEAC. En effet, la CEEAC se considère encore uniquement comme une zone de destination finale de la traite des personnes en provenance de l'Afrique de l'Ouest, en dépit de l'évolution de la situation générale de la traite des personnes en Afrique. Le Rapport de l'Union africaine sur l'évaluation de la mise en œuvre du Plan d'action de Ouagadougou pour l'année 2019, reprenant également les données du Rapport annuel du Département d'État américain pour l'année 2018[12], renseigne par exemple que « tous les pays africains sont des pays d'origine, de transit ou de destination, ou une combinaison des trois »[13]. Au lieu de limiter son action uniquement aux cas de la traite des personnes en provenance de l'Afrique de l'Ouest, la CEEAC ne ferait-elle pas mieux d'appréhender la menace dans sa globalité en commençant prioritairement par son propre espace, dans une approche futuriste et avant-gardiste qui prendrait en compte le fait que l'Afrique centrale est aussi une zone d'origine et de transit qui prend de plus en plus de l'importance ?

Sur le plan méthodologique, l'on a essentiellement eu recours à la méthode empirique favorisant l'observation et la collecte des données quantitatives disponibles auprès de l'Union africaine, de la Commission de

---

[11] De par le nombre de ses États membres (11), son étendue géographique et son mandat large dans tous les domaines de l'intégration régionale, sans restriction.

[12] Le Rapport annuel du Département d'État américain sur la lutte contre la traite des personnes est devenu une référence internationale dans ce domaine, surtout en Afrique ; il n'est toujours facile d'avoir des données des institutions africaines.

[13] *Op.cit.*, p. 22.

la Communauté économique des États de l'Afrique centrale (CEEAC), de la Communauté économique des États de l'Afrique de l'Ouest (CEDEAO), notamment les documents officiels et publications de ces organisations. L'on a également exploité non seulement les rapports des institutions des Nations Unies, Organisation Internationale pour les Migrations (OIM), Fonds des Nations Unies pour l'Enfance (Unicef) et Office des Nations Unies pour la Drogue et le Crime (UNODC), mais aussi les différents rapports annuels du Département d'État américain sur la lutte contre la traite des personnes dans le monde.

S'agissant de l'analyse des données et de l'explication des faits, l'on a eu recours aux approches historique, comparative, fonctionnaliste et institutionnaliste, compte tenu du fait que l'article s'inscrit dans le cadre de l'intégration régionale en Afrique en général et en Afrique centrale en particulier. L'objectif principal de l'article est ainsi de contribuer in fine au débat scientifique et d'attirer l'attention des décideurs de la région sur les risques d'une perception minimaliste de la criminalité transnationale organisée en général et de la traite des personnes en Afrique centrale en particulier, afin d'envisager des solutions appropriées. La même erreur commise dans le cadre de la lutte contre le terrorisme lorsque la région ne se sentait pas concernée par la menace ne devrait pas être commise avec la traite des personnes.

Pour répondre à toutes ces préoccupations, l'étude examine d'abord le niveau d'appropriation et de mise en œuvre des principaux instruments juridiques internationaux multilatéraux sur la lutte contre la traite des personnes par la CEEAC (I), ensuite questionne l'absence d'un instrument juridique conventionnel régional spécifique dans la lutte contre la traite des personnes et la criminalité transnationale organisée dans la région de l'Afrique centrale (II) et enfin analyse les résultats mitigés obtenus par la CEEAC dans la lutte contre la traite des personnes en Afrique centrale, y compris en matière de coopération avec les Nations Unies et la CEDEAO (III).

I. FAIBLE APPROPRIATION ET MISE EN ŒUVRE INSUFFISANTE DES INSTRUMENTS JURIDIQUES MULTILATÉRAUX DANS LA LUTTE CONTRE LA TRAITE DES PERSONNES PAR LA CEEAC

Au regard du caractère transnational de la criminalité organisée et la traite des personnes, la coopération internationale apparaît de ce fait comme une condition essentielle pour une lutte efficace contre ces fléaux[14]. Il est ainsi question de faire l'état des lieux des ratifications, des adhésions et de la mise en œuvre des instruments juridiques internationaux en la matière par les États membres de la CEEAC.

A. État des ratifications et des adhésions aux instruments juridiques internationaux multilatéraux par les États membres de la CEEAC

Dans la mesure où la CEEAC est une instance intergouvernementale, il nous a semblé indispensable d'examiner l'attitude des mêmes États membres vis-à-vis des grands textes internationaux régissant la lutte contre le crime organisé et la traite des personnes, auxquels ils ont librement adhéré. Il s'agit essentiellement ici des trois principaux instruments juridiques multilatéraux à vocation universelle ci-après : la Convention des Nations Unies contre la criminalité transnationale organisée, adoptée par l'Assemblée générale des Nations Unies le 15 novembre 2000 et entrée en vigueur le 29 septembre 2003 ; le Protocole additionnel à la Convention des Nations Unies contre la criminalité transnationale organisée visant à prévenir, réprimer et punir la traite des personnes, en particulier des femmes et des enfants, adopté à New York le 15 novembre 2000 et entré en vigueur le 25 décembre 2003 ; le Protocole additionnel à la Convention des Nations Unies contre la criminalité transnationale organisée contre le trafic illicite de migrants par terre, air et mer, adopté par l'Assemblée générale des Nations Unies le 15 novembre 2000 à New York et entré en vigueur le 28 janvier 2004.

Les trois tableaux ci-dessous permettent de faire le point sur les ratifications ou les adhésions à ces trois instruments juridiques par les 11 États membres de la CEEAC.

---

14 Voir à ce sujet, Office des Nations Unies contre la drogue et le crime (UNODC), *Référentiel d'aide à la lutte contre la traite des personnes*, Publication des Nations Unies, Vienne et New York, 2009, p. 7.

Tableau sur l'état de ratification/adhésion à la Convention sur la criminalité transnationale organisée et de ses deux protocoles additionnels

Convention sur la criminalité transnationale organisée

ÉTATS	SIGNATURE	RATIFICATION	ADHÉSION
Angola	13 décembre 2000	1er avril 2013	
Burundi	14 décembre 2000	24 mai 2012	
Cameroun	13 décembre 2000	6 février 2006	
RCA			14 septembre 2004
Congo	14 décembre 2000	-	
Gabon	-	-	14 décembre 2004
Guinée équatoriale	14 décembre 2000	7 février 2003	
RDC	-	-	28 octobre 2005
Rwanda	14 décembre 2000	26 septembre 2003	
São Tomé et Príncipe	-	-	12 avril 2006
Tchad	-	-	18 août 2009

Protocole additionnel sur la traite des personnes

ÉTATS	SIGNATURE	RATIFICATION	ADHÉSION
Angola	-	-	19 septembre 2014
Burundi	14 décembre 2000	24 mai 2012	
Cameroun	13 décembre 2000	6 février 2006	
RCA	-	-	6 octobre 2006
Congo	14 décembre 2000	-	
Gabon	-	-	22 septembre 2010
Guinée équatoriale	14 décembre 2000	7 février 2003	
RDC	-	-	28 octobre 2005
Rwanda	14 décembre 2000	26 septembre 2003	
São Tomé et Príncipe	-	-	23 août 2006
Tchad	-	-	18 août 2009

Protocole additionnel sur le trafic des migrants

ÉTATS	SIGNATURE	RATIFICATION	ADHÉSION
Angola	-	-	19 septembre 2014
Burundi	14 décembre 2000	24 mai 2012	
Cameroun	13 décembre 2000	6 février 2006	
RCA	-	-	6 octobre 2006
Congo	14 décembre 2000	-	
Gabon	-	-	10 mai 2019
Guinée équatoriale	14 décembre 2000	-	
RDC	-	-	28 octobre 2005
Rwanda	14 décembre 2000	4 octobre 2006	
São Tomé et Príncipe	-	-	12 avril 2006
Tchad	-	-	-

Source:https://treaties.un.org/pages/ViewDetails.aspx?src=IND&mtdsg_no=XVIII-12&chapter=18&clang=_fr, consultée le 23 février 2022.

Au regard des données issues de ces trois tableaux, les constats ci-après peuvent être faits : pour la Convention de Palerme, presque tous les États de la CEEAC l'ont ratifiée ou y ont adhéré sans émettre des réserves, à l'exception de la République du Congo, qui l'a tout de même signée et qui ne l'a pas encore ratifiée. Cela ne devrait du reste pas empêcher la République du Congo d'appliquer ses dispositions à titre provisoire, conformément au droit des traités. Concernant le Protocole additionnel sur la lutte contre la traite des personnes, le constat est le même. En effet, seule la République du Congo n'a pas encore ratifié cet instrument.

Enfin, s'agissant du Protocole additionnel sur le trafic des migrants, l'absence de ratification par la République du Congo et la République du Tchad ne remet pas en cause la bonne moyenne et le volontarisme des États de la région sur l'appropriation de cet instrument juridique complémentaire à la lutte contre la traite des personnes. En effet, le trafic des migrants et la traite des personnes sont deux formes de criminalité voisines qui utilisent parfois les mêmes acteurs et les mêmes couloirs, à l'intérieur du grand ensemble de la criminalité organisée[15].

---

15 UNODC, Référentiel d'aide à la lutte contre la traite des personnes, *op. cit.*

Sachant qu'en droit des traités, il est bon de signer, ratifier ou adhérer à un instrument juridique, mais il vaut mieux le mettre pleinement en œuvre, en appliquant pleinement le principe de bonne foi consacré par le droit international des traités[16]. D'où la nécessité d'examiner également l'état et le niveau de mise en œuvre de ces textes fondamentaux par la CEEAC.

B. L'insuffisante mise en œuvre de la Convention de Palerme et de ses protocoles additionnels par la CEEAC

En examinant l'état de mise en œuvre de la Convention de Palerme et de ses deux Protocoles additionnels, le premier manquement que l'on peut relever au niveau de la CEEAC est le fait d'avoir omis elle-même, en tant qu'organisation d'intégration régionale, d'adhérer à ces trois instruments juridiques, en dépit du fait que cela est pourtant prévu respectivement dans les articles 36, alinéa 4, de la Convention de Palerme ; 16, alinéa 4, du Protocole additionnel sur la traite des personnes et enfin 21, alinéa 4, du Protocole sur le trafic des migrants, pour les organisations régionales d'intégration économique.

Cette omission est d'autant plus incompréhensible que ces différents instruments juridiques ont conditionné l'adhésion des Communautés économiques régionales (CER) par la ratification ou l'adhésion d'au moins un de leurs États membres[17]. Or, ce critère est largement rempli par le nombre élevé des États membres de la CEEAC ayant ratifié ou adhéré à ces conventions. Dans le même sens, une telle adhésion aurait pourtant pu permettre à la CEEAC d'être partie à ces instruments conventionnels, et de participer ainsi pleinement en tant qu'acteur au niveau international aux côtés des autres à leur mise en œuvre.

Deuxièmement, la CEEAC n'a pas su développer un programme sous régional global, cohérent et ambitieux dans la lutte contre la criminalité transnationale organisée en général et la lutte contre la traite des personnes en particulier. Ce qui ne lui permet pas de jouer son rôle de coordonnateur des politiques communautaires dans ce domaine précis, comme cela est le cas dans d'autres domaines connexes. Or, il est établi qu'une lutte efficace

---

16 Voir à ce sujet, la Convention de Vienne de 1969 sur le droit des traités entre États ; ainsi que la Convention de Vienne de 1986 sur le droit des traités entre États et organisations internationales ou entre organisations internationales.

17 Voir respectivement les articles 36, alinéa 4, de la Convention de Palerme ; 16, alinéa 4, du Protocole additionnel sur la traite des personnes et enfin 21, alinéa 4, du Protocole sur le trafic des migrants.

contre un phénomène de nature transnationale passe nécessairement et prioritairement par une bonne coordination au sein de la région. Une telle approche globale aurait également pu permettre à la CEEAC de mieux faire face à d'autres formes de criminalité interconnectée avec la traite des personnes, qui sont apparues en Afrique centrale au cours des vingt dernières années, notamment le terrorisme, la criminalité faunique, la contrebande, le mercenariat, la criminalité maritime ou encore le trafic de la drogue.

Troisièmement, la CEEAC n'a pas pu mettre en place un programme de mise en œuvre du Plan d'action de Ouagadougou de 2006 et du Cadre stratégique de gestion des migrations en Afrique de l'Union africaine[18], développé justement sur la base juridique des trois textes fondamentaux évoqués au début de cet article. Pourtant, ayant constaté les lenteurs et les faiblesses de l'Afrique centrale dans la mise en œuvre de ces programmes, l'Union africaine, à travers le Département des Affaires sociales, a organisé du 3 au 5 décembre 2012, à Libreville, un atelier régional consultatif au profit des États membres de la CEEAC, en vue de les sensibiliser sur la nécessité de l'opérationnalisation du Plan d'action de Ouagadougou. Toutes ces initiatives n'ont pas produit des résultats plus avancés dans la lutte contre la traite des personnes. L'on verra plus loin que même la mise en œuvre de l'Accord d'Abuja de 2006[19], considéré comme étant une marque de convergence d'approches sur une question interrégionale importante entre l'Afrique centrale et l'Afrique de l'Ouest, n'a pas fait long feu. En effet, aucun État membre de la CEEAC n'a ratifié cet accord pour lequel la Commission de la CEEAC, qui a succédé au Secrétariat général après la réforme institutionnelle de 2019, est le dépositaire pour l'Afrique centrale. En conclusion sur cette partie, l'on peut dire que le niveau d'appropriation et de mise en œuvre des instruments juridiques internationaux multilatéraux et des programmes de l'Union africaine en matière de lutte contre la traite des personnes par la CEEAC, est resté en deçà des attentes. L'absence d'un instrument

[18] Ce sont deux plans d'action de l'Union africaine à la fois en matière de lutte contre la traite des personnes, mais aussi contre le trafic des migrants appuyés notamment par l'Union européenne.

[19] Il s'agit de l'Accord Multilatéral de Coopération Régionale de Lutte contre la Traite des Personnes, en particulier des Femmes et des Enfants en Afrique de l'Ouest et du Centre, dit Accord d'Abuja, signé à Abuja le 6 juillet 2006.

juridique conventionnel régional est également un aspect supplémentaire qui mérite d'être examiné et analysé.

II. L'ACTION DE LA CEEAC FACE À L'ABSENCE D'UN INSTRUMENT JURIDIQUE CONVENTIONNEL RÉGIONAL CONSACRÉ À LA LUTTE CONTRE LA CRIMINALITÉ TRANSNATIONALE ORGANISÉE ET A LA LUTTE CONTRE LA TRAITE DES PERSONNES EN AFRIQUE CENTRALE

En s'appuyant sur les principaux instruments juridiques multilatéraux disponibles sur la scène internationale, la CEEAC a pris des initiatives et a engagé des actions qui méritent d'être relevées ici. Ces actions ont malheureusement souffert de l'absence d'un instrument juridique régional approprié et adapté, sur la lutte contre la criminalité transnationale organisée et la lutte contre la traite des personnes en Afrique centrale.

A. Prise en compte de la lutte contre la traite des personnes dans certains textes fondamentaux de la CEEAC : Traité révisé ; Protocole du COPAX ; Protocole de Kinshasa sur la sécurité maritime ; Cadre Organique de la CEEAC

Lorsqu'on jette un coup d'œil rapide sur les textes de la CEEAC en matière de paix et de sécurité, il apparaît que cette organisation d'intégration sous régionale a pris conscience assez tôt de la menace que constituent la criminalité transnationale organisée et la traite des personnes dans son espace.

Ainsi, le Protocole de Kinshasa du 24 octobre 2009, relatif à la stratégie de sécurisation des intérêts vitaux en mer des États membres de la CEEAC du golfe de Guinée, reprend à son compte la Convention de Palerme de 2000 et ses protocoles additionnels, comme références en matière de sécurité maritime[20], avec une mention spéciale consacrée à la lutte contre la traite des personnes en mer. Ce Protocole fait également référence à l'Accord d'Abuja de 2006 entre la CEEAC et la CEDEAO et établit une imbrication entre l'insécurité maritime et la traite des personnes dans le golfe de Guinée. Cette approche s'explique par la perception initiale de la CEEAC et les faits réels de la traite, comme une menace provenant

[20] Voir à ce sujet le préambule du Protocole de Kinshasa de 2009 sur la sécurité maritime en Afrique centrale, paragraphe 8, p 2.

principalement de l'Afrique de l'Ouest, à destination de l'Afrique centrale à travers l'espace maritime[21].

Plus récemment, le Traité révisé de la CEEAC du 18 décembre 2019, un autre texte de base de la CEEAC dans son chapitre III relatif à la coopération en matière de paix et de sécurité, spécifiquement en son article 34, mentionne l'engagement des États membres de la CEEAC à lutter contre la criminalité transnationale organisée et la traite des personnes. Cet engagement est confirmé dans le Protocole révisé du Conseil de Paix et de Sécurité de l'Afrique centrale (COPAX) à plusieurs reprises, notamment à l'article 4 relatif aux objectifs, mais aussi à l'article 21, alinéa 1, traitant de la coopération policière et judiciaire entre les États membres de la CEEAC.

Sur le plan opérationnel, le Cadre Organique de la CEEAC qui détermine le fonctionnement de la Commission prévoit aussi en son article 18 relatif aux attributions du Département des Affaires Politiques, Paix et Sécurité, la lutte contre la criminalité transnationale organisée et la traite des personnes comme une des priorités de l'institution, dans le cadre de la sécurité humaine. L'approche retenue par la CEEAC est l'indissociation de la criminalité transnationale organisée et de la traite des personnes, en raison du fait que l'Afrique centrale se trouve à la croisée des menaces sécuritaires en Afrique, avec un enchevêtrement des criminalités utilisant les mêmes acteurs et les mêmes couloirs migratoires pour aboutir au trafic de la drogue, à la contrebande, au trafic des migrants, au trafic des organes humains (esclaves, femmes et enfants), à la criminalité faunique, au terrorisme, etc.

Au final, l'énonciation et l'évocation disparates du phénomène de la traite des personnes dans les différents textes de base de la CEEAC consacrés à la paix et à la sécurité, sans grande cohésion, conjuguées avec l'absence d'un instrument juridique sous régional approprié, n'ont pas facilité une lutte efficace contre la traite des personnes en Afrique centrale, notamment en termes de coordination[22]. On aurait pu s'attendre à ce que la Convention sur la coopération et l'entraide judiciaire entre les États membres de la CEEAC signée à Brazzaville en 2006, la même année que

---

[21] À ce sujet, les rapports de l'OIM et de l'UNODC font du Gabon et de la Guinée équatoriale, les principales destinations de cette traite en Afrique centrale

[22] Voir à ce sujet le Protocole de Kinshasa de 2009 sur la sécurité maritime en Afrique centrale, *op.cit.*, ainsi que le Rapport-Bilan du Secrétariat général de la CEEAC en matière de paix et de sécurité pour la période 1999-2012.

l'Accord d'Abuja dont la Commission de la CEEAC est également dépositaire, consacre une grande partie de son contenu à la lutte contre la criminalité organisée et la traite des personnes. Mais hélas, non seulement cette Convention n'a pas accordé une place importante à la lutte contre la traite et la criminalité transnationale organisée, mais elle n'est toujours pas entrée en vigueur, faute du nombre suffisant de ratifications ou d'adhésions requises.

B. L'absence préjudiciable d'un instrument juridique sous régional spécifique à la lutte contre la criminalité transnationale organisée et la lutte contre la traite des personnes

La question fondamentale que l'on peut se poser d'emblée est de savoir si une Communauté économique régionale comme la CEEAC peut valablement mener une lutte efficace contre un phénomène aussi complexe et transnational que la traite des êtres humains, sans un instrument juridique approprié, adapté à son espace et à ses réalités. À cette question, il faut postuler, premièrement, que l'on peut bien lutter contre un phénomène comme la traite des personnes sans avoir nécessairement un instrument juridique régional propre, notamment en s'appropriant et en mettant pleinement en œuvre les instruments juridiques internationaux qui existent déjà. Mais on a vu plus haut que cette appropriation et cette mise en œuvre de la Convention de Palerme et de ses Protocoles additionnels connaissent encore de sérieux retards en Afrique centrale. À cette question, on peut, deuxièmement, répondre en soutenant qu'un instrument juridique sous régional semble pertinent, en ce sens qu'il permettrait justement à la CEEAC de mieux s'approprier ces textes fondamentaux, de les mettre en application et de mieux coordonner la lutte avec ses États membres. Il servirait également de base juridique sous régionale légitime et adaptée à l'Afrique centrale.

Cette ambition a semblé, en partie être l'une des vocations de l'Accord d'Abuja de 2006 entre la CEEAC et la CEDEAO, sous l'impulsion de l'Unicef. Or, là encore, l'on pourrait se demander si une organisation qui n'a pas déjà des textes et une stratégie dans son propre espace pourrait mener une lutte efficace contre un phénomène aussi complexe au niveau multilatéral ou interrégional, avec une autre organisation de même nature qui, elle, est mieux organisée en la matière comme la CEDEAO.

En termes de comparaison, la CEDEAO est citée comme un exemple par l'Union africaine, avec l'IGAD et la SADC parmi les Communautés économiques régionales africaines dans la lutte contre la traite des personnes. Immédiatement après l'adoption du Protocole de Palerme et avec l'impulsion mondiale donnée à la traite des êtres humains, la CEDEAO a adopté une Déclaration sur la lutte contre la traite des personnes (2001) ; un Plan d'action initial de la CEDEAO contre la traite des êtres humains (2002-2003) ; ainsi qu'un Accord de coopération multilatérale pour lutter contre la traite des enfants en Afrique de l'Ouest (2005). Ensuite, elle a joué un rôle capital dans les négociations et la signature de l'Accord multilatéral de 2006 avec la CEEAC, signé justement à Abuja, capitale du Nigeria et siège de la CEDEAO.

Pour la CEEAC, l'absence d'un instrument juridique sous régional approprié en matière de lutte contre la criminalité transnationale organisée et la traite des êtres humains peut paraitre ainsi comme un problème réel qui se pose sur le plan juridique. Ce d'autant plus que d'autres problématiques sécuritaires voisines à la traite des personnes dans le même espace ont déjà des instruments juridiques régionaux appropriés. Cela est notamment le cas de la lutte contre le terrorisme, de la sécurité maritime ou encore des armes légères et de petit calibre (ALPC). Pour chacun de ces cas, la CEEAC s'est dotée de textes juridiquement contraignants propres à la sous-région. Le cas des ALPC est très intéressant dans la mesure où la CEEAC ne s'est pas contentée du Protocole contre la fabrication et le trafic illicite d'armes à feu, de leurs pièces, éléments et munitions, adopté à New York le 31 mai 2001 et entré en vigueur le 3 juillet 2005. Ce Protocole, qui est un instrument juridique international sur la lutte contre le trafic d'armes et notamment les armes légères et de petit calibre, et considéré comme le troisième Protocole additionnel à la Convention de Palerme, a plutôt servi de base à l'élaboration de la Convention de l'Afrique centrale pour le contrôle des armes légères et de petit calibre, de leurs munitions et de toutes pièces et composantes pouvant servir à leur fabrication, réparation et assemblage, dite Convention de Kinshasa.

Ces exemples montrent bien la pertinence pour la CEEAC de se doter d'un instrument juridique similaire en matière de lutte contre la traite des personnes. Cela nous semble d'autant plus important que l'absence d'un tel instrument juridique régional a pour conséquence de rendre difficile la coordination de la lutte contre la traite des personnes en Afrique centrale par la CEEAC. La plupart des États membres de la CEEAC se retrouvent ainsi en train de prendre chacune des mesures nationales de manière isolée ou dans le cadre de leurs relations bilatérales. L'un des derniers exemples de mesures nationales en date est la création par la République du Tchad d'une Commission nationale de lutte contre la traite des personnes au mois de février 2021, qui prévoit notamment de travailler avec certains États de la sous-région. Enfin, cette absence d'instruments sous régional semble contribuer à fragiliser la coopération multilatérale entre la CEEAC, les Nations Unies et la CEDEAO, entre autres, dans la prévention, la répression et la punition des actes de traite des personnes.

III. LES RÉSULTATS MITIGÉS DE LA COOPÉRATION ENTRE LA CEEAC, LES NATIONS UNIES ET LA CEDEAO DANS LA LUTTE CONTRE LA TRAITE DES PERSONNES

L'appropriation minimale, la mise en œuvre insuffisante des instruments juridiques multilatéraux et l'absence d'un instrument juridique sous régional propre à l'Afrique centrale, ont eu des conséquences négatives sur les actions de coopération internationale de la CEEAC, notamment avec les institutions, les agences des Nations Unies et la CEDEAO. En effet, il est tout à fait logique qu'une organisation internationale à vocation sous régionale ne saurait développer efficacement une coopération avec les autres CER dans un domaine donné, si elle n'est pas capable de travailler efficacement d'abord dans ce domaine à l'intérieur de son propre espace.

A. La coopération entre la CEEAC, les institutions et agences des Nations Unies : Unicef, UNODC, OIM

Au lendemain des entrées en vigueur respectives de la Convention de Palerme et de ses Protocoles additionnels, à partir de 2003, en tenant également compte de l'adoption du Protocole du COPAX qui étendait le mandat de la CEEAC sur les questions de paix, de sécurité et de stabilité, certaines institutions spécialisées et agences des Nations Unies étaient les premières à encourager et à soutenir l'action de cette Communauté économique régionale dans la lutte contre la criminalité transnationale organisée et la traite des personnes. C'est ainsi qu'elles vont s'activer pour signer des mémorandums d'entente avec la CEEAC et conclure des partenariats avec elle. Cela est notamment le cas du Fonds des Nations Unies pour l'Enfance (Unicef), de l'Office des Nations Unies pour la Drogue et le Crime (UNODC) et de l'Organisation Internationale pour les Migrations (OIM).

C'est par exemple grâce à l'appui technique et financier de l'Unicef que la CEEAC a pu participer aux négociations et à la signature de l'Accord multilatéral d'Abuja de 2006. C'est également grâce à un appui financier de l'Unicef que l'Unité de lutte contre la traite des personnes, en particulier des femmes et des enfants, a pu être mise en place au Secrétariat général de la CEEAC à partir de l'année 2010. L'Unicef prenait par exemple en charge temporairement la rémunération du chef de cette unité. La CEEAC devait prendre le relais par la suite pour pérenniser les acquis. Malheureusement, au terme de ce financement de l'Unicef, l'Unité de lutte contre la traite des personnes a été démantelée et ses acquis n'ont pas été pérennisés.

Malgré l'entrée en vigueur de la réforme institutionnelle de la CEEAC intervenue en 2020 et la nouvelle configuration de l'organisation, où les questions de sécurité humaine en général et la lutte contre la traite des personnes ont été largement prises en compte dans les textes fondamentaux, les actions et les activités de coopération entre la CEEAC et les Nations Unies en matière de lutte contre la traite des personnes sont toujours en veilleuse.

B. Les difficultés de coopération avec la CEDEAO et la mise en œuvre de l'Accord multilatéral d'Abuja de 2006

Pendant longtemps, l'action de la CEEAC en matière de lutte contre la traite des êtres humains était presque entièrement réduite à la mise en œuvre de l'Accord Multilatéral de Coopération régionale de lutte contre la traite des personnes, en particulier des femmes et des enfants en Afrique de l'Ouest et du Centre . La genèse de cet accord part du constat selon lequel le phénomène de la traite des personnes prenait de plus en plus de l'ampleur entre les deux régions : l'Afrique de l'Ouest étant la principale zone d'origine, tandis que l'Afrique centrale était identifiée comme une zone de destination finale des victimes de la traite.

Un fort engouement était ainsi perceptible entre l'Afrique centrale et l'Afrique de l'Ouest au cours des négociations et de la signature de cet Accord à Abuja, en République fédérale du Nigeria en 2006. Cependant, le constat que l'on peut faire aujourd'hui, seize ans après, est que sur les 11 États membres de la CEEAC, 07 ont signé l'Accord à savoir : l'Angola, le Burundi, la RCA, le Congo, le Gabon, Sao Tomé et Principe et le Tchad. Toutefois, aucun de ces États ne l'a ratifié. Aucun des 4 autres États qui n'ont pas signé l'accord en 2006, à savoir : le Cameroun, la RDC, la Guinée équatoriale et le Rwanda, ne l'avait encore fait jusqu'au moment où nous écrivions cet article.

Un constat d'échec peut donc être établi sur le fait que cet instrument juridique interrégional prometteur n'est toujours pas entré en vigueur, car aucun instrument de ratification n'a été déposé à la Commission de la CEEAC, qui en est le dépositaire pour l'Afrique centrale. En dépit de cette situation, des actions ont été menées par la CEEAC pour préparer la mise en œuvre de l'Accord, en attendant son entrée en vigueur.

Ainsi, la Décision N°21/CEEAC/CCEG/XIII/07 du 30 octobre 2007 à Brazzaville, portant adoption du plan d'action conjoint CEEAC/CEDEAO de Lutte contre la Traite des personnes, en particulier des Femmes et des Enfants en Afrique de l'Ouest et du Centre ainsi que la Décision N° 22/CEEAC/CCEG/XIII/07 du 30 octobre à Brazzaville relative à la création d'un Fonds Régional de Lutte contre la Traite des Personnes, en particulier des Femmes et des Enfants en Afrique centrale ont été adoptées. Cependant, ces deux décisions n'ont pas connu un début de mise en œuvre. De même, le comité régional de suivi de la mise en œuvre de l'Accord d'Abuja, composé de la Commission de la CEEAC, de la Commission de la CEDEAO et de huit États membres, à raison de quatre (4) par région, n'a toujours pas été mis en place.

Dans le même ordre d'idées, l'agenda séquencé de la participation de la CEEAC à la Commission régionale permanente conjointe de suivi de la mise en œuvre de l'Accord d'Abuja adopté par la Conférence des chefs d'État et de gouvernement de la CEEAC lors de sa XVIe session ordinaire en mai 2015, à N'Djamena au Tchad, est également dans la même situation. Parmi les raisons qui expliquent cette situation, il y a entre autres l'épineux problème du financement.

Au total, la mise en œuvre de l'Accord d'Abuja semble de plus en plus rangée aux oubliettes, ce d'autant plus que la CEDEAO mène ses activités de lutte contre la traite des personnes en utilisant ses propres instruments juridiques et ses programmes. Ni l'Unicef, ni l'UNODC qui a signé, entre temps, un Mémorandum d'entente avec la CEEAC en matière de lutte contre la criminalité faunique, ni l'OIM ne semblent disposées à relancer la mise en œuvre de cet Accord.

Conclusion

Au final, il apparaît assez clairement que le chantier de la lutte contre la criminalité transnationale organisée et de la traite des personnes en Afrique centrale dans le cadre de la CEEAC, semble largement ouvert et inachevé. Cette situation est due non seulement à une faible appropriation et à une mise en œuvre insuffisante des instruments juridiques internationaux multilatéraux sur la lutte contre la traite des personnes par la CEEAC, mais aussi à l'absence d'un instrument juridique régional spécifique à la lutte contre la traite des personnes en Afrique centrale. Cela produit des résultats mitigés pour la CEEAC dans cette lutte, y compris en matière de coopération avec les Nations Unies, la Communauté Économique des États de l'Afrique de l'Ouest (CEDEAO) et d'autres partenaires pertinents de cette organisation. Ce chantier mérite ainsi d'être rouvert, en incluant dans une approche globale et dynamique, la problématique de la sécurité humaine d'une manière générale en Afrique centrale.

Des efforts supplémentaires méritent également d'être faits par la CEEAC en vue de mieux s'approprier et de mettre en œuvre les instruments juridiques fondamentaux en la matière d'une part, ainsi que de redynamiser la coopération multiforme établie avec les agences des Nations Unies et la Communauté Économique des États de l'Afrique de l'Ouest d'autre part.

Tout ceci devrait permettre enfin à la CEEAC d'abandonner l'approche minimaliste et d'élaborer un programme ambitieux de lutte contre la criminalité transnationale organisée et la traite des personnes en Afrique centrale, et lui éviterait la même erreur qui a été commise dans la lutte contre le terrorisme. Cette erreur a consisté à attendre d'être frappé de manière importante par le phénomène terroriste, pour prendre des mesures de prévention, de répression et de punition appropriées. Une appropriation adéquate et une bonne mise en œuvre de la Convention de Palerme et de ses Protocoles additionnels, ainsi que l'adoption d'un instrument juridique sous régional adapté à l'Afrique centrale contribueraient grandement à atteindre ces objectifs.

Références bibliographiques

A. Instruments juridiques internationaux

1. Convention des Nations Unies contre la criminalité transnationale organisée, adoptée par l'Assemblée générale des Nations Unies le 15 novembre 2000 et entrée en vigueur le 29 septembre 2003 ;

2. Protocole additionnel à la Convention des Nations Unies contre la criminalité transnationale organisée visant à prévenir, réprimer et punir la traite des personnes, en particulier des femmes et des enfants, adopté à New York le 15 novembre 2000 et entré en vigueur le 25 décembre 2003 ;

3. Protocole additionnel à la Convention des Nations Unies contre la criminalité transnationale organisée contre le trafic illicite de migrants par terre, air et mer, adopté par l'Assemblée générale des Nations Unies le 15 novembre 2000 à New York et entré en vigueur le 28 janvier 2004 ;

4. Protocole contre la fabrication et le trafic illicites d'armes à feu, de leurs pièces, éléments et munitions, adopté à New York le 31 mai 2001 et entré en vigueur le 3 juillet 2005 ;

5. Convention sur la coopération et l'entraide judiciaire entre les États membres de la CEEAC, signée à Brazzaville en 2006 ;

6. Accord multilatéral de coopération régionale de lutte contre la traite des personnes, en particulier des femmes et des enfants en Afrique de l'Ouest et du Centre, dit Accord d'Abuja, signé à Abuja le 6 juillet 2006 ;

7. Protocole de Kinshasa du 24 octobre 2009 relatif à la stratégie de sécurisation des intérêts vitaux en mer des États membres de la CEEAC du golfe de Guinée ;

8. Convention de l'Afrique centrale pour le contrôle des armes légères et de petit calibre, de leurs munitions et de toutes pièces et composantes pouvant servir à leur fabrication, réparation et assemblage, dite Convention de Kinshasa ;

9. Traité révisé de la Communauté Économique des États de l'Afrique Centrale (CEEAC) du 18 décembre 2019 ;

10. Protocole révisé du Conseil de Paix et de Sécurité de l'Afrique centrale (COPAX) du 18 décembre 2019.

B. Documents officiels

1. Plan d'Action de Ouagadougou contre la traite des êtres humains, en particulier des femmes et des enfants, novembre 2006.
2. Référentiel d'aide à la lutte contre la traite des personnes, UNODC, Publication des Nations Unies, Vienne et New York, 2009.
3. Rapport-Bilan du Secrétariat général de la CEEAC en matière de paix et de sécurité pour la période 1999-2012, janvier 2012.
4. Rapport du Conseil des Ministres à la XVIe Conférence ordinaire des Chefs d'État et de Gouvernement de la CEEAC, novembre 2014.
5. Rapport du Secrétariat général de la CEEAC sur la traite des personnes à la XVIe Conférence des chefs d'État et de gouvernement, mai 2015.
6. Cadre Stratégique de gestion des migrations de l'Union africaine, 2018.
7. Rapport du Département d'État américain sur la lutte contre la traite des personnes, 2018.
8. Union africaine, Rapport d'évaluation de la mise en œuvre du Plan d'action de Ouagadougou, 2019.

C. Ouvrages

1. Colard D., Les relations internationales de 1945 à nos jours (8e édition), Paris, Dalloz, 1999.
2. Mongin D., Crises et conflits au XXe siècle, Paris, Armand Colin, 2 014.
3. Articles
4. El Hadj Malick Sow, « La traite des êtres humains depuis l'Afrique, d'hier à aujourd'hui », in Histoire de la Justice, 2021, N° 31, pp. 279-286.
5. J.-F. Gayraud, « Les grandes criminalités entre réalité géopolitique et menace stratégique », IRIS, Paris, octobre 2021.
6. Geraghty, « Mondialisation et évolutions de la criminalité internationale », Revue internationale et stratégique 2010/3 (N° 79), pp. 137 à 142.
7. Lavallée, F. Pouponneau, « L'approche globale à la croisée des champs de la sécurité européenne », Politique européenne 2016/1 (N° 51), pp. 8 à 29.

D. Sites

1. https://treaties.un.org/pages/ViewDetails.aspx?src=IND&mtdsg_no=XVIII-12&chapter=18&clang=_fr, consultée le 23 février 2022.
2. https://chad.un.org/fr/122659-loim-salue-le-decret-historique-instituant-la-premiere-commission-nationale-de-lutte-contre#:~:text=humains%20au%20Tchad-, consulté le 27 février 2022.

LA LUTTE CONTRE LA TRAITE DES ÊTRES HUMAINS DANS LE CADRE DE LA COMMUNAUTÉ DES ÉTATS DE L'AFRIQUE DE L'OUEST : DE LA PERTINENCE DES TEXTES À L'ÉVIDENCE DES CONTEXTES

Gisèle Léocadie BEFOLO
Maître de Conférences à l'Université de Yaoundé II
Institut des Relations Internationales du Cameroun-IRIC
bgisele12@yahoo.fr

Résumé

La traite des êtres humains, entendue comme le processus par lequel les êtres humains sont placés et maintenus en situation d'exploitation à des fins économiques par leurs semblables et au profit de ces derniers, constitue l'une des pires violations des droits fondamentaux de la personne qui n'aient jamais existé, en ce sens qu'elle constitue la négation pure et simple de ces droits. Ce phénomène qui peut à juste titre être considéré comme la résurgence sous des formes insidieuses, de la pratique ignominieuse de l'esclavage (d'où d'ailleurs, son appellation d'esclavage des temps modernes) est observable dans toutes les sociétés, quoique se présentant sous diverses formes. L'Afrique d'une manière générale et l'Afrique de l'Ouest d'un point de vue spécifique, dont l'ensemble des États est membre d'une Communauté économique régionale dénommée Communauté Économique des États d'Afrique de l'Ouest (CEDEAO), ne sont pas épargnées par ce phénomène ; ce dernier y sévit d'ailleurs avec une acuité toute particulière compte tenu des spécificités contextuelles propres à cette région, lesquelles constituent à n'en point douter autant de facteurs de son exacerbation et de sa pérennisation, malgré l'existence d'un cadre normatif et d'une armature institutionnelle destinés à la lutte contre ce fléau, que l'on pourrait ranger à bien des égards, parmi les plus pertinents du continent noir. Autrement signifiée, la victoire contre cette gangrène ne pourrait être résolument acquise que si les États de la CEDEAO conviennent à bon escient d'associer parmi les moyens de lutte, la pertinence des textes aux mesures tenant absolument compte de l'évidence des contextes.

<u>Mots-clés :</u> lutte, traite des êtres humains, CEDEAO, contextes

Abstract

Trafficking in human beings, understood as the process by which human beings are placed and maintained in a situation of exploitation for economic purposes by their fellow human beings and for the benefit of the latter, constitutes one of the worst violations of fundamental human rights that has ever existed, in that it is the pure and simple negation of these. This phenomenon, which can rightly be considered as a resurgence, in insidious forms, of the ignominious practice of slavery (hence its name "modern-day slavery"), can be observed in all societies, albeit in different forms. Africa in general, and West Africa in particular, whose states are all members of a regional economic community called the Economic Community of West African States (ECOWAS), are not spared from this phenomenon ; This phenomenon is particularly acute given the specific contextual characteristics of this region, which undoubtedly constitute an important factor in its exacerbation and perpetuation, despite the existence of a normative framework and an institutional framework to fight against this scourge, which in many respects could be ranked among the most relevant on the black continent. It is as if to say that victory against this scourge could only be resolutely achieved if ECOWAS states agree to combine the relevance of texts with measures that take into account the evidence of the context.

***Keywords:* fight, human trafficking; ECOWAS, texts; contexts**

Introduction

Le début du XXIe siècle a été marqué en évènements ainsi qu'en débats scientifiques impliquant une réflexion d'un ordre historique et politique en rapport avec un passé de violences et d'oublis, sur un siècle de négation des droits humains par la traite négrière et un système esclavagiste savamment organisés au détriment des êtres humains de race noire, notamment deux phénomènes qui tout récemment ont fait l'objet d'une qualification comme « crime contre l'humanité »[1] par certaines organisations internationales, dont l'Organisation des Nations Unies. Ainsi, pour marquer le déni d'humanité que constitue ce que certains ont désigné, fort à propos, sous l'appellation de « crime de lèse humanité »[2], l'Assemblée générale de l'ONU a proclamé l'année

---

[1]Loi de mai 2001 en France, et au niveau international, Conférence des Nations Unies contre le racisme, la xénophobie et l'intolérance réunie à Durban en septembre 2001.

[2] L'expression est de Victor Schœlcher qui estimait que le décret de l'abolition de l'esclavage du 27 avril 1848 remédiait « à un crime de lèse humanité ».

2004 : « Année internationale de commémoration de la lutte contre l'esclavage et de son abolition ».

Mais de manière paradoxale, l'on observe un développement certain et progressif (sous les cendres de l'esclavage pourtant unanimement condamné et officiellement aboli), d'une autre forme de pratique, « d'esclavagisation » des êtres humains par leurs semblables. Insidieux, subtil, larvé, mais parfois non dissimulé, cet esclavage des temps modernes consiste pour les êtres humains à contraindre leurs semblables à la servitude pour leur propre profit. Désignée à travers des appellations multiples telles que : « esclavage des temps modernes », « traite des êtres humains » ou encore « traite des personnes », cette pratique pour le moins ignominieuse vise l'exploitation des victimes par et au profit des auteurs de ces actes, les premiers agissant sous l'effet de la contrainte ou de la menace de la part des seconds.

Tenant compte de ce qui précède, l'on peut définir la traite des êtres humains comme un processus par lequel ces derniers sont placés et maintenus par leurs semblables, en situation d'exploitation à des fins économiques. À l'heure actuelle, la Convention sur la répression de la traite des êtres humains et de l'exploitation de la prostitution d'autrui du 2 décembre 1949, la Convention des Nations Unies contre la criminalité transnationale organisée du 15 novembre 2000 et ses deux protocoles additionnels, à savoir : le Protocole visant à prévenir, réprimer et punir la traite des personnes, en particulier des femmes et des enfants (désigné sous l'appellation de « Protocole de Palerme »), et le Protocole contre le trafic illicite de migrants par terre, mer et air, constituent les principaux instruments à caractère universel d'encadrement de la traite des êtres humains de manière spécifique.

Selon les termes de l'article 3 du Protocole de Palerme, l'expression « traite des personnes » désigne « le recrutement, le transport, le transfert, l'hébergement ou l'accueil de personnes, par menace de recours ou le recours à la force ou d'autres formes de contrainte, par enlèvement, fraude, tromperie, abus d'autorité ou d'une situation de vulnérabilité, ou par l'offre ou l'acceptation de paiement ou d'avantages pour obtenir le consentement d'une personne ayant autorité sur une autre aux fins d'exploitation »[3]. L'exploitation selon cet instrument comprend « au

---

[3] Article 3, a) du *Protocole visant à prévenir, réprimer et punir la traite des personnes, en particulier des femmes et des enfants, additionnel à la Convention des Nations Unies contre la criminalité transnationale organisée.*

minimum », l'exploitation de la prostitution d'autrui ou d'autres formes d'exploitation sexuelle, le travail ou les services forcés, l'esclavage ou les services analogues à l'esclavage, la servitude ou le prélèvement d'organe[4]. Selon le même instrument, « le recrutement, le transport, le transfert, l'hébergement ou l'accueil d'un enfant aux fins d'exploitation sont considérés comme une traite des personnes même s'ils ne font appel à aucun des moyens énumérés à l'alinéa a) du présent article »[5]. Quant au consentement (présumé) d'une victime de la traite des personnes à l'exploitation dont elle fait l'objet, le Protocole indique que celui-ci « est indifférent lorsque l'un quelconque des moyens énoncés à l'alinéa a) a été utilisé »[6].

D'un point de vue spatial, il est à relever que la traite des personnes qui est une forme de criminalité transnationale organisée peut s'observer aussi bien à l'intérieur qu'à l'extérieur des frontières nationales des pays originaires des victimes. Voilà pourquoi elle est également saisie par certaines dispositions du Protocole contre le trafic illicite de migrants par terre, mer et air, additionnel à la Convention des NU contre la criminalité transnationale organisée, dans le cadre duquel, le trafic illicite des migrants est appréhendé comme « le fait d'assurer, afin d'en tirer, directement ou indirectement, un avantage financier ou autre avantage matériel, l'entrée illégale dans un État partie (de l'ONU) d'une personne qui n'est ni un ressortissant ni un résident permanent de cet État (...) »[7].

La traite des êtres humains ainsi cernée, est un phénomène d'envergure planétaire, dont le caractère insidieux rend extrêmement difficile l'appréhension ainsi que la réalisation des estimations précises en rapport avec le nombre de ses victimes, de même que son évolution. Cependant, quelques estimations ont pu être effectuées par les organisations internationales et autres agences de l'ONU, afin de rendre compte de l'ampleur du phénomène et du désastre causé par ses manifestations.

C'est le cas notamment du Document intitulé : « Estimation mondiale de l'esclavage moderne : travail forcé et mariage forcé », publié en 2017 conjointement par l'Organisation Internationale du Travail (OIT), l'Organisation Internationale pour les Migrations et Walk Foundation, qui

---

4 *Ibid.* **article 3, a**.

5 *Ibid.* Article 3, c.

6 *Ibid.* Article 3, b.

7 Article 3, a) du *Protocole contre le trafic illicite des migrants par terre, mer et air.*

fait état de ce que le nombre de victimes de travail forcé et de mariage forcé (deux phénomènes connexes), s'élèverait à 40 millions dans le monde, chiffre pouvant d'ailleurs être considéré, de l'avis des auteurs de ces statistiques eux-mêmes, comme un ordre de grandeur de l'ampleur de ce phénomène[8].

L'Afrique, déjà grandement frappée par la traite négrière, la déportation et l'esclavagisation de ses enfants de par la planète Terre, fait également aujourd'hui partie des foyers de la traite des êtres humains. Cette question a d'ailleurs longtemps été abordée sur le continent sous l'angle de l'exploitation économique, surtout sous le prisme des pires formes de travail des enfants[9], mais il se trouve que depuis les années 2000, le trafic et la traite des personnes à des fins d'exploitation économique, sexuelle ou pour des trafics d'organes, retiennent de plus en plus sérieusement l'attention des décideurs du continent noir, de la société civile et des mouvements féministes, entre autres[10].

L'Afrique de l'Ouest n'est évidemment pas épargnée par ce phénomène. Certains pensent d'ailleurs qu'elle figure parmi les régions du continent les plus touchées par la traite des personnes dans la mesure où cette dernière semble s'y manifester sous des formes multiples et diversifiées, les plus courantes de ces formes étant : l'exploitation par la mendicité d'autrui, l'exploitation sexuelle, l'exploitation sexuelle commerciale des femmes, la vente des bébés, l'exploitation par le commerce des enfants, l'exploitation par le travail et les servitudes domestiques, l'utilisation des enfants dans des conflits armés, ainsi que le trafic d'organes.

C'est certainement au regard d'une telle ampleur revêtue par ce phénomène dans cette partie du continent, que les pays de l'Afrique de l'Ouest, regroupés au sein de la Communauté Économique des États de l'Afrique de l'Ouest (CEDEAO), ont emboité le pas à l'Union africaine en érigeant la lutte contre la traite des êtres humains au nombre de leurs

---

8 Organisation internationale de la migration, Lutte contre la traite des personnes dans des situations d'urgence, Guide de gestion de l'information, p. 20.

9 Bureau national du travail, Programme IPEC, 2004, Coup de main ou vie brisée, Comprendre le travail domestique des enfants pour mieux intervenir.

10 Diop Codou, « Les législations nationales sur le trafic d'êtres humains et l'exploitation sexuelle des petites filles et des femmes : le cas du Sénégal », Council for the Development of Social Science Reserch in Africa, Dakar, 2013, p. 1.

priorités. Dès lors, celle-ci constitue désormais pour les États un « impératif moral et humanitaire »[11].

La CEDEAO est une entité économique régionale reconnue par l'Organisation panafricaine (OUA/UA), d'une superficie de 6 millions de km2 et d'une population estimée à 397 211 857 millions d'habitants[12]. Créée en 1975 par un traité international[13], la CEDEAO est composée de quinze États membres (Bénin, Burkina Faso, Cap-Vert, Côte d'Ivoire, Gambie, Ghana, Guinée, Guinée-Bissau, Liberia, Mali, Niger, Nigeria, Sénégal, Sierra Leone, Togo), situés géographiquement à l'ouest du continent africain.

Cette entité d'intégration régionale se présente comme un espace à la fois, d'origine des victimes de la traite des êtres humains ; un lieu de transit[14] pour celles en provenance d'autres régions du continent et en attente d'être embarquées pour des destinations plus ou moins lointaines[15]; un terreau fertile pour le développement des activités de traite des personnes. Du fait de sa confrontation de manière particulière et donc de sa familiarisation d'avec ce phénomène, la CEDEAO compte aujourd'hui au nombre des entités dont la lutte contre la traite des personnes est menée de manière somme toute particulière, parce qu'acharnée.

La lutte étant appréhendée dans cette analyse comme l'ensemble des actions menées pour vaincre un mal, ou la résistance opposée à une force, à un élément contraire ; elle peut également être entendue comme la volonté de vaincre les difficultés[16], et les moyens mis en œuvre pour y parvenir.

Au regard de cette détermination des dirigeants de la CEDEAO, il convient d'émettre l'interrogation essentielle suivante : la lutte contre la traite des personnes telle qu'elle est menée jusqu'ici dans le cadre de la

---

11 Plan d'Action CEDEAO 2015-2020.

12 Projet de Rapport sur l'évaluation de l'état de mise en œuvre du Plan d'Action de Ouagadougou 2 006 contre la traite des êtres humains, en particulier des femmes et des enfants en Afrique, tel qu'adopté par l'Union africaine, janvier 2019, Résumé.

13 Ce Traité a été révisé en 1993.

14 La Stratégie régionale de lutte contre la traite des personnes et le trafic illicite de migrants 2015-2020 du Bureau régional pour l'Afrique de l'Ouest et du Centre de l'ONUDC, le Niger est considéré comme une zone de transit pour de nombreux migrants en attente de poursuivre leur voyage à partir de la ville d'Agadez vers la Libye (Bilma, Dirkou, puis Madama), ou l'Algérie (par Arlit).

15 Dans d'autres pays ou d'autres continents.

16 www.larousse.fr consulté le 18 juin 2023.

CEDEAO, augure-t-elle de l'éradication prochaine de ce phénomène au regard notamment des pesanteurs contextuelles profondes propres à cette partie du continent africain ?

En guise de réponse anticipée à cette importante interrogation, l'on pourrait postuler que la lutte contre la traite des personnes semble faire partie des priorités des dirigeants de la CEDEAO, comme en témoignent les instruments juridiques mobilisés à cette fin. Cependant, celle-ci se trouve considérablement grevée par de nombreuses entraves aussi bien textuelles, que contextuelles. Ainsi, l'adaptation par les dirigeants de cette région, des moyens de lutte préconisés à l'environnement de son déploiement, pourrait s'avérer salutaire parce que susceptible d'être porteuse d'une meilleure efficacité.

Afin de saisir cette importante problématique dans toute sa complexité, le recours aux théories dites des droits fondamentaux, du fonctionnalisme et de l'intégration, s'est avéré nécessaire. Ce qui a permis d'orienter la présente analyse autour de deux principaux pôles à savoir : l'organisation de la lutte contre la traite des personnes (I), et l'opérationnalisation de cette lutte à l'épreuve des « évidences contextuelles » propres à l'espace CEDEAO (II).

I. L'ORGANISATION DE LA LUTTE CONTRE LA TRAITE DES ÊTRES HUMAINS DANS L'ESPACE CEDEAO

À l'image des autres régions de la planète, la traite des êtres humains dans l'espace CEDEAO et le sentiment de négation des droits humains qui en résulte sont des réalités qui, depuis des temps très anciens, font partie du vécu des populations. C'est dans l'optique sinon d'en venir à bout, du moins d'en amoindrir considérablement l'extension, que les États ont mis sur pied un cadre juridique dont la prétention légitime est de lutter efficacement contre ce phénomène (A), cadre juridique dont la mise en œuvre fait appel à l'intervention d'une multitude d'acteurs (B).

A. Un encadrement normatif diversifié

Le caractère diversifié du cadre normatif de lutte contre la traite des personnes dans l'espace CEDEAO tient principalement à la complexité de cette lutte, dont l'aménagement nécessite la prise en compte de différents aspects propres à la protection de l'être humain placé dans une situation de vulnérabilité spécifique. Ainsi, dans le cadre de la CEDEAO, la lutte contre la traite des êtres humains prend en compte en même temps, les normes internationales qui engagent tant cette Communauté que les États qui la composent (1), et qui intègrent les instruments relevant du droit communautaire et de manière spécifique, du droit interne des États membres pris isolément (2).

1. La prise en compte des normes internationales

La lutte contre la traite des personnes fait l'objet d'un encadrement normatif prolifique à l'échelle internationale ; ce qui est perceptible à travers l'existence d'une pluralité de normes contenues dans les instruments juridiques aussi bien universels (a) que régionaux (b).

1.1 Les engagements consentis dans le cadre des instruments universels

Le cadre universel de lutte contre la traite des êtres humains présente l'aspect d'un écosystème composé d'un ensemble d'instruments juridiques de nature et de portée diversifiées.

- **Les instruments juridiques consacrés à la lutte contre la traite des êtres humains stricto sensu**

Les États membres de l'ONU (y compris ceux de la CEDEAO), en réaction à l'émergence de cette nouvelle forme de menace grave à la dignité humaine, ont depuis de nombreuses décennies, procédées à l'adoption d'un certain nombre d'instruments juridiques, dont le but est de se saisir de manière spécifique de la question de la lutte contre la traite des êtres humains à l'échelle planétaire. C'est le cas, par exemple, de la Convention sur la répression de la traite des êtres humains et de l'exploitation de la prostitution d'autrui du 2 décembre 1949[17] ; du Statut de Rome créant la Cour pénale internationale du 17 juillet 1998 ; du Protocole visant à prévenir, réprimer et punir la traite des personnes en particulier des femmes et des enfants, additionnel à la Convention des Nations Unies contre la criminalité transnationale organisée du 15 novembre 2000[18] ; et du Protocole contre le trafic illicite des migrants par terre, mer et air, additionnel à la Convention contre la criminalité transnationale organisée du 15 novembre 2000.

---

[17] Cette convention est entrée en vigueur le 18 juillet 1951.
[18] Son entrée en vigueur date du 25 décembre 2003.

- **La Convention pour la répression de la traite des êtres humains et de l'exploitation de la prostitution d'autrui**[19]

Dans son préambule, cette Convention reconnaît avec fermeté que la prostitution et le mal qui l'accompagne à savoir, la traite des êtres humains en vue de la prostitution, sont incompatibles avec la dignité et la valeur de la personne, parce que mettant en danger le bien-être de l'individu, de la famille et de la société. Les États parties à cette Convention ont ainsi convenu de poursuivre les auteurs des actes de prostitution d'autrui, même en cas de consentement de la victime. Dans le prolongement du préambule, l'article 1er condamne toute personne qui embauche, détourne, entraîne à se livrer à la prostitution, ou exploite la prostitution d'une autre personne même consentante.

Un engagement fort a été pris à cette occasion par les États parties de poursuivre les tenanciers ou encore les personnes qui financent ou contribuent à financer une maison de prostitution, ainsi que celles qui donnent ou prennent sciemment en location, en tout ou en partie, un immeuble ou un autre lieu aux fins de prostitution d'autrui[20]. Les tentatives et les actes préparatoires accomplis en vue de la commission de ces infractions sont également punissables au regard des articles 3 et 4 de ce traité. Il en est de même de la participation nationale et internationale à la commission de ces actes, qui sont d'ailleurs considérés dans cet instrument comme des infractions à part entière, distinctes de l'infraction principale, en rapport avec l'implication directe à la perpétration du crime concerné. C'est du moins ce qui ressort de l'interprétation de la disposition de l'article 4 de cette Convention selon laquelle, ces actes « devraient être considérés comme des infractions distinctes de l'infraction principale qui est le fait d'être impliqué de manière directe à l'exploitation de la prostitution d'autrui ».

La protection contre le trafic illicite des migrants fait également l'objet d'attention particulière de la part des États parties à cet instrument dans la mesure où la question de la migration y est traitée en termes d'obligations à la charge des États parties dans son article 17, ainsi qu'il suit : « les parties à la présente convention conviennent, en ce qui concerne l'immigration et l'émigration, de prendre ou de maintenir en vigueur, dans les limites de

---

19 Adoptée à la faveur de la Résolution 317 (IV) du 2 décembre 1949.

20 Article 2 de la Convention pour la répression de la traite des êtres humains et de l'exploitation de la prostitution d'autrui.

leurs obligations définies par la présente convention, les mesures destinées à combattre la traite des personnes de l'un ou de l'autre sexe aux fins de prostitution ».

- **Le Protocole visant à prévenir, réprimer et punir la traite des personnes, en particulier des femmes et des enfants, additionnel à la Convention des Nations Unies contre la criminalité transnationale organisée**

S'inscrivant dans la continuité de la Convention ci-dessus étudiée, le Protocole dit de Palerme[21] peut être considéré comme l'instrument juridique international qui marque une avancée significative en matière de lutte contre la traite des personnes à l'échelle planétaire. Cet instrument a en effet constitué pour les États membres de l'ONU, l'occasion d'affirmer, entre autres, l'importance de la coopération dans l'optique de venir à bout de la traite des êtres humains, en particulier ses femmes et des enfants. Coopération qui, pour les États membres, est appelée à s'exercer à travers l'adoption d'une approche globale et internationale comprenant notamment, des mesures permettant d'assurer la prévention de la traite, la punition des auteurs et la protection des victimes par divers moyens entre autres, par le respect de leurs droits fondamentaux internationalement reconnus[22]. Dans cette optique, le Protocole de Palerme oblige chaque État membre à « adopter des mesures législatives et autres nécessaires pour conférer le caractère d'infraction pénale aux actes énoncés dans le cadre de ce Protocole »[23].

Il peut arriver que la traite des personnes soit organisée autour des victimes originaires d'un pays autre que celui au sein duquel a eu lieu l'exploitation dont elles font l'objet, car ayant franchi de manière illicite (pour la plupart), une frontière internationalement reconnue, avec l'aide d'un réseau de trafiquants bien organisé pour cette sombre cause. C'est dans cette hypothèse que les normes relatives à la lutte contre celle-ci, présentes dans le Protocole de Palerme, ont été complétées par au moins celles encadrant la lutte contre le trafic illicite des migrants par terre, mer et air, additionnel à la Convention des Nations Unies contre la criminalité transnationale organisée, aménagées dans le cadre du traité éponyme.

---

[21] Ce Protocole a été adopté par la Résolution A/55/383.

[22] Préambule du **Protocole** visant à prévenir, réprimer et punir la traite des personnes, en particulier des femmes et des enfants, additionnel à la Convention des Nations Unies contre la criminalité transnationale organisée.

[23] Article 3 du Protocole de Palerme.

- **Le Protocole contre le trafic illicite des migrants par terre, mer et air, additionnel à la Convention des Nations Unies contre la criminalité transnationale organisée**

L'objet de ce Protocole est précisément de combattre le trafic illicite des migrants sous toutes ses formes, et de promouvoir la coopération internationale à cette fin, en protégeant les droits des migrants d'un tel trafic[24]. C'est dans cette optique qu'il consacre dans son article 5 un principe singulier à savoir, celui de l'irresponsabilité des migrants, du fait des infractions ayant trait à la migration irrégulière les concernant. Quant au lien de connexion existant entre le Protocole sur la traite des êtres humains et le Protocole contre le trafic des migrants, celui-ci réside dans le franchissement illicite d'au moins une frontière par les victimes de la traite, du fait des opérations illégales des réseaux de criminels, à des fins de livrer ces migrants irréguliers à la traite, une fois parvenus ou non à destination.

- **Les normes relatives à la lutte contre la traite des personnes dans les instruments relatifs aux droits humains et au droit humanitaire**

Hormis les conventions à caractère universel consacrées de manière spécifique à la lutte contre la traite des êtres humains, cette dernière est également présente dans les conventions relatives aux droits humains et au droit humanitaire.

- **Les conventions relatives aux droits humains**

La quasi-totalité des conventions relatives aux droits humains a fait de la lutte contre la traite des personnes, une préoccupation majeure. C'est que ce phénomène, du fait de l'ampleur et la gravité des violations des droits qu'il engendre, est souvent considéré à juste titre comme une négation pure et simple des droits humains, ou pour reprendre la juste expression de Victor Schœlcher, « un crime de lèse humanité ».

Le premier instrument que l'on peut évoquer ici est la Convention de Genève du 25 septembre 1926 relative à l'esclavage[25]. Entrée en vigueur le 9 mars 1927, cette Convention engage les États parties à prévenir et

---

[24] Article 2 du Protocole contre le trafic illicite des migrants par terre, mer et air, additionnel à la Convention des Nations Unies contre la criminalité transnationale organisée.

[25] Il convient de remarquer que les États de l'Afrique de l'Ouest sont **certes** signataires de la Convention, mais ils ne manifestent pas un engouement particulier à procéder à sa ratification.

réprimer la traite des esclaves[26] ainsi qu'à poursuivre leurs efforts en matière de suppression complète de l'esclavage sous toutes ses formes d'une manière progressive, et aussitôt que possible[27]. L'esclavage y est défini dans son article 1er[28] comme « l'état ou la condition d'un individu sur lequel s'exercent les attributs du droit de propriété ou certains d'entre eux ». Quant à la traite des esclaves, la Convention l'appréhende sous plusieurs angles notamment : tout acte de capture, d'acquisition ou de cession d'un individu en vue de le réduire en esclavage ; tout acte d'acquisition d'un esclave en vue de le vendre ou de l'échanger, ou tout acte de cession par vente ou échange d'un esclave acquis en vue d'être vendu ou échangé, ou encore tout acte de commerce ou de transport d'esclaves. Cette Convention a été adoptée plusieurs années avant l'accession à l'indépendance des États africains d'une manière générale. Le constat que l'on peut émettre est que pour des raisons que l'on ne saurait valablement expliquer, cet instrument n'a pas connu un engouement particulier relativement à sa ratification par ceux-ci, au lendemain de leur accession à la souveraineté internationale.

Il en est autrement du Pacte international relatif aux droits civils et politiques de 1966, qui est l'instrument juridique contraignant des Nations Unies en matière de protection des victimes de la traite des personnes, lequel dans son article 8, formule sans ambages, une série d'interdictions en vue de la protection contre la traite et les pratiques similaires en ces termes : « nul ne sera tenu en esclavage. L'esclavage et la traite des esclaves sous toutes ses formes, sont interdits. Nul ne sera tenu en servitude. Nul ne sera astreint à accomplir un travail forcé et obligatoire »[29].

De même, en ce qui concerne la traite des enfants, la Convention des Nations Unies relative aux droits de l'enfant du 20 novembre 1989 qui définit ce dernier comme « un être humain âgé de moins de dix-huit ans sauf si la législation qui lui est appliquée est plus favorable »[30] engage les États parties à considérer comme primordial l'intérêt supérieur de l'enfant chaque fois qu'une décision est susceptible d'être prise le concernant[31]. À cet égard, cet instrument engage les États parties à veiller à ce que l'enfant

---

26 Article 2, a).

27 Article 2, b).

28 Article 1er al 1 de la *Convention de 1929 contre l'esclavage.*

29 Article 8,1.2.3a du Pacte international relatif aux droits civils et politiques.

30 Article 1 de la *Convention relative aux droits de l'enfant.*

31 Article 3,1. de la *Convention relative aux droits de l'enfant.*

ne soit pas séparé de ses parents contre son gré, à moins que les autorités compétentes n'en décident autrement[32]. Le respect de cette exigence passant par la prise des mesures tendant à lutter contre les déplacements et les non-retours illicites d'enfants à l'étranger[33]. Les États sont en outre appelés à prendre des mesures législatives, administratives, sociales et en matière éducative appropriées pour protéger l'enfant contre toutes formes de violence, d'atteinte ou de brutalité physique ou mentale, d'abandon ou de négligence « de mauvais traitements ou d'exploitation, y compris la violence sexuelle (…) »[34]. La Convention des Nations Unies relative aux droits de l'enfant a été complétée en 2000 par deux protocoles dédiés essentiellement à la protection des enfants contre toutes formes d'exploitation et de traite. Il s'agit du Protocole se rapportant à la Convention relative aux droits des enfants concernant l'implication des enfants dans les conflits armés et du Protocole concernant la vente d'enfants, la prostitution des enfants et la pornographie mettant en scène des enfants. Mais, l'on pourrait relever pour le déplorer, le caractère facultatif de ces protocoles qui n'est pas de nature à augurer des lendemains glorieux, notamment en matière d'engouement des États en faveur de leur ratification.

La Convention internationale sur la protection de tous les travailleurs migrants et des membres de leur famille, adoptée le 18 décembre 1990, fait également partie des instruments considérés comme garantissant aux victimes une protection contre la traite des personnes. Les travailleurs migrants aux termes de cette Convention désignent : « les personnes qui vont exercer, exercent ou ont exercé une activité rémunérée dans un État dont elles ne sont pas ressortissantes »[35]. Dans le cadre de la lutte contre la traite des êtres humains, l'article 11 de cette Convention interdit formellement de tenir les travailleurs migrants ainsi que les membres de leurs familles, en servitude ou en esclavage[36], ou de les astreindre à accomplir un travail forcé ou obligatoire[37].

Certaines formes de traite des personnes font recours à des méthodes radicales entraînant le plus souvent des disparitions forcées des personnes

---

32 *Ibid.* Article 9.

33 *Ibid.* Article 11.

34 *Ibid.* Article 19,1.

35 Article 2, 1 de la *Convention sur la protection des travailleurs migrants.*

36 *Ibid.* Article 11, 1.

37 *Ibid.* Article 11, 2.

qui en sont victimes. La Convention internationale pour la protection de toutes les personnes contre les disparitions forcées se pose comme l'instrument spécifique mis sur pied par les États en vue de s'assurer que cela se produise de moins en moins, ou cesse définitivement de se produire[38]. C'est dans ce cadre qu'elle procède entre autres à un encadrement juridique strict de la situation des personnes ayant été victimes de kidnapping, séquestration et autres, du fait des actes des réseaux criminels aux fins d'exploitation de ces personnes. Aux termes de cet instrument, « nul ne sera soumis à une disparition forcée »[39]. Cet instrument adopte une position radicale en matière de lutte contre les disparitions forcées, traduisant ainsi la volonté des États de parvenir à l'éradication totale de ce phénomène. C'est dans cette logique qu'il engage les États, de par leur statut de parties à ce traité, à prendre des mesures « pour que la disparition forcée constitue une infraction au regard du droit pénal »[40], à travers la prise des mesures visant à tenir pénalement responsables les auteurs de ce crime ainsi que les commanditaires ou autres supérieurs hiérarchiques impliqués dans sa commission[41].

Relativement au caractère spécifique de la protection des personnes de sexe féminin dont la nature vulnérable n'est sujette à aucune contestation, il existe des dispositions ciblées en leur faveur dans la Convention sur l'élimination de toutes les formes de discrimination à l'égard des femmes de 1979 , laquelle accorde une garantie internationale à un certain nombre de droits humains au bénéfice des personnes de sexe féminin. Au nombre de ces prérogatives, figurent le droit à l'éducation, le droit au travail et à une rémunération. Il est évident que l'exercice des droits économiques, sociaux et culturels pourrait s'avérer à tout le moins difficile pour cette catégorie de bénéficiaires en l'occurrence les victimes de la traite des personnes, étant donné que l'une des caractéristiques essentielles de ce phénomène réside dans la contrainte exercée sur les victimes, et l'exploitation subie par ces victimes de la part de leurs bourreaux.

---

[38] Résolution A/RES/61/177 du 20 décembre 2006.

[39] Article 1er, 1 de la *Convention internationale pour la protection de toutes les personnes contre les disparitions forcées.*

[40] *Ibid.* Article 4.

[41] *Ibid.* Article 6.

- **Les conventions relatives au Droit international humanitaire**

Le Droit international humanitaire est essentiellement régi par les 4 conventions de Genève de 1949 d'une manière générale, et en particulier la 4e Convention dont l'objet porte précisément sur la protection des civils notamment en territoire occupé. Le Protocole I du 12 août 1949 relatif à la protection des victimes des conflits armés internationaux[42] accorde, quant à lui, des garanties spécifiques aux victimes des conflits notamment en matière de santé et d'intégrité physique des personnes internées ou détenues ou d'une autre manière, privées de liberté en raison d'une situation évoquée à l'article 1er de ce Protocole[43]. Ces garanties ne doivent être compromises par aucun acte ni par aucune omission injustifiée. En conséquence, aux termes de l'article 11 du Protocole I, « il est interdit de soumettre les personnes visées au présent article à un acte médical qui ne serait pas motivé par leur état de santé et qui ne serait pas conforme aux normes médicales généralement reconnues que la partie responsable de l'acte appliquerait dans des circonstances médicales analogues à ses propres ressortissants jouissant de leur liberté »[44]. Autrement dit, le Protocole interdit des pratiques sur des personnes, sans leur consentement, et même avec leur consentement, telles que : des mutilations physiques[45] ; des expériences médicales ou scientifiques ; des prélèvements de tissus ou d'organes pour des transplantations[46].

Le Protocole aménage cependant des exceptions à ces interdictions notamment, en cas de don de sang en vue de transfusion, ou de peau destinée à des greffes, à condition que ces dons soient volontaires et ne résultent pas de mesures de coercition ou de persuasion, et qu'ils soient destinés à des fins thérapeutiques dans des conditions compatibles avec des normes médicales généralement reconnues et avec des contrôles

---

42 Ce Protocole a été adopté le 8 juin 1977 par la Conférence diplomatique sur la réaffirmation et le développement du Droit international humanitaire applicable dans les conflits armés, entré en vigueur le 7 septembre 1968.

43 Il s'agit des situations ayant trait aux conflits armés dans lesquels « les peuples luttent contre la domination coloniale et l'occupation étrangère et contre les régimes racistes dans l'exercice du droit des peuples à disposer d'eux-mêmes, consacré dans la Charte des Nations unies et dans la déclaration relative aux principes du droit international touchant les relations amicales et la coopération entre les États conformément à la Charte des Nations Unies ». Article 1er, 4 du protocole I à la Convention de Genève.

44 Article 11,1 du *Protocole I à la Convention de Genève.*

45 *Ibid.* Article 11, 2, a).

46 *Ibid.* Article 11, 2, c).

effectués dans l'intérêt tant du donneur que du receveur[47]. Dans cette optique, « tout acte ou omission volontaire qui met gravement en danger la santé ou l'intégrité physique ou mentale de toute personne au pouvoir d'une Partie autre que celle dont elle dépend et qui, soit contrevient à l'une des interdictions énoncées aux paragraphes 1 et 2, soit ne respecte pas les conditions prescrites au paragraphe 3, constitue une infraction grave du présent Protocole »[48].

Le Protocole additionnel à la Convention de Genève du 12 août 1949 relatif à la protection des victimes des conflits armés non internationaux du 8 juin 1977 (Protocole II) pour sa part, a été adopté par la Conférence diplomatique sur la réaffirmation et le développement du Droit international humanitaire applicable dans les conflits armés. Entrée en vigueur le 7 septembre 1978, l'édiction de cet instrument a été motivée par le constat selon lequel, les conflits armés sont souvent la cause de déplacements à l'intérieur des États. Ces personnes victimes de déplacements qui ont fui leur lieu de résidence habituelle pour la recherche de la sécurité humaine, se retrouvent parfois dans une situation de vulnérabilité alarmante, et peuvent facilement faire l'objet d'exploitation dans le cadre de la traite des personnes. C'est ce qui justifie l'aménagement en leur faveur de garanties dites fondamentales dans le cadre de ce Protocole, notamment : le droit à la dignité et au respect de leurs personnes[49] ; la prohibition des traitements humiliants et dégradants, du viol, la contrainte, la prostitution forcée et tout attentat à la pudeur[50], ainsi que « l'esclavage et la traite des personnes sous toutes leurs formes »[51].

- **Les traités encadrant le statut des réfugiés**

La traite des êtres humains est également présente au sein des personnes réfugiées, qui sont par définition, des personnes ayant fui leur lieu de résidence habituelle et ayant à cet effet, traversé une frontière internationalement reconnue, du fait des circonstances et craintes justifiées dont la gravité est de nature à les amener à le faire pour sauver leur vie. En raison de ce statut, les réfugiés se trouvent dans une situation de vulnérabilité à cause du déracinement dont ils sont victimes, ce qui est susceptible de faire d'eux des proies faciles aux réseaux criminels en

---

[47] *Ibid.* Article 11, 3.
[48] Article 11,4 du Protocole I.
[49] *Ibid.* Article 4, 1.
[50] *Ibid.* Article 4, 2, e).
[51] *Ibid.* Article 4, 2, f).

matière de traite des personnes. C'est la raison pour laquelle des dispositions relatives à la protection contre la traite des humains ont été prévues dans le cadre des instruments relatifs aux réfugiés tant à l'échelle universelle qu'au niveau régional, à l'instar de la Convention relative au statut des réfugiés de 1951 ; le Protocole relatif au statut des réfugiés de 1967, et la Convention de l'OUA régissant certains aspects propres aux problèmes des réfugiés en Afrique de 1969.

- **Les normes relatives à la lutte contre la traite des personnes dans les instruments ayant trait au droit du travail**

Des normes relatives à la lutte contre la traite des êtres humains sont également présentes dans les dispositions de certaines conventions de l'Organisation Internationale du Travail. C'est le cas, par exemple, de la Convention de 1930 sur le travail forcé (n° 29), son Protocole adopté en 2014, ainsi que sa Recommandation de 2014 sur le travail forcé[52]. Il en est également de la Convention n° 2015 de 1957 sur l'abolition du travail forcé et celle n° 182 de 1999 sur les pires formes de travail des enfants. Compte tenu de ce qui précède, l'on peut reconnaître que la lutte contre la traite des êtres humains bénéficie d'un encadrement juridique prolifique et diversifié au plan universel. Cependant, force est de relever que l'ampleur des ravages causés par ce phénomène sur le continent africain a également amené les États à mettre sur pied des instruments juridiques à l'échelle régionale, afin d'en venir à bout.

1.2 Les engagements consentis à l'échelle régionale

Le cadre juridique africain ne comporte pas au stade actuel de sa physionomie, des instruments traitant de manière spécifique de la question de la lutte contre la traite des personnes. Cependant, il existe des dispositions en rapport avec cette lutte qui se retrouvent de manière éparse dans divers textes à caractère conventionnel, relatifs aux droits humains. C'est le cas notamment de la Charte africaine des droits de l'homme et des peuples de 1981, de la Charte africaine des droits et du bien-être de l'enfant de 1990, du Traité instituant la Communauté économique africaine de 1991, etc.

La Charte africaine des droits de l'homme et des peuples du 27 juin 1981 est l'instrument principal en matière de droits de l'Homme en Afrique, auquel tous les autres instruments ont l'obligation sinon de se

[52] Voir au niveau des Mesures complémentaires (n° 23).

conformer, du moins de ne pas en enfreindre les stipulations. L'exigence de lutte contre la traite des êtres humains y est présente au travers des dispositions de l'article 15, qui reconnaissent à toute personne, « le droit de travailler dans des conditions équitables et satisfaisantes et de percevoir un salaire égal pour un travail égal ». De même, plusieurs dispositions de cet instrument peuvent, lorsqu'elles sont interprétées de manière judicieuse, contribuer substantiellement à la lutte contre ce fléau. C'est le cas par exemple de l'article 16 qui, tout en reconnaissant le droit de toute personne à un meilleur état de santé possible, confie la garantie de ce droit à la charge des États parties ; de l'article 17 qui reconnaît le droit à l'éducation à toute personne ; de l'article 18 qui promeut les valeurs familiales ; de l'article 19 qui reconnaît le droit à l'égalité des peuples.

Le Traité instituant la Communauté économique africaine de 1991, quant à lui, procède à la lutte contre la traite des personnes par la garantie de la dignité humaine qu'il opère dans le cadre de son article 5 aux termes duquel : « tout individu a droit au respect de sa dignité inhérente à la personne humaine et à la reconnaissance de sa personnalité juridique. Toutes formes d'exploitation et d'avilissement de l'homme, notamment l'esclavage, la traite des personnes, la torture physique ou morale (...) sont interdites »[53].

De même, l'article 27 de la Charte africaine des droits et du bien-être de l'enfant opère une protection ciblée en faveur de ce dernier contre toutes les formes d'exploitation et de mauvais traitements sexuels. Cet instrument engage à cet effet les États parties à prendre des mesures pour empêcher l'incitation, la coercition ou même l'encouragement d'un enfant à s'engager dans toute activité sexuelle, l'utilisation d'enfants à des fins de prostitution ou de toute autre pratique sexuelle[54]. L'utilisation des enfants dans la mendicité[55] et dans des activités et des scènes ou publications pornographiques est, dans cette optique, prohibée par la Charte. Les enfants dans le cadre de cet instrument sont également protégés contre les enlèvements, les ventes ou le trafic à quelque fin que ce soit, sous toute forme que ce soit et par quelque personne que ce soit, y compris leurs parents ou leurs tuteurs légaux[56].

---

53 Article 5 du *Traité d'Abuja instituant la Communauté Économique Africaine.*

54 Article 27, 1, a, b, c de la *Charte africaine des droits et du bien-être de l'enfant.*

55 *Ibid.* Article 29, b.

56 Ib*id.* Article 29, a.

S'inscrivant dans la même dynamique, le Protocole à la Charte africaine des droits de l'homme et des peuples relatif aux droits des femmes en Afrique du 11 juillet 2003[57], procède à une reconnaissance sans détour du droit à la dignité inhérente à l'être humain de sexe féminin, à la protection de tous ses droits humains et légaux[58], au respect de sa personne et au libre développement de sa personnalité[59]. Plus précisément, l'exploitation des femmes à des fins de traite est interdite dans cet instrument en des termes ci-après : « toute femme a droit au respect de sa vie, de son intégrité physique et à la sécurité de sa personne. Toutes les formes d'exploitation, de punition et de traitements inhumains ou dégradants doivent être interdites »[60].

Le cadre juridique de protection de la traite des personnes est complété en ce qui concerne la CEDEAO, par des instruments propres à cette Communauté.

En matière de lutte contre la traite des personnes, le Traité constitutif de la CEDEAO de 1975 et révisé en 1993, aménage dans son article 4, un certain nombre de principes devant servir de fil conducteur pour la réalisation des objectifs de cette entité, au nombre desquels figurent la promotion et la protection des droits de l'Homme et des peuples, conformément aux dispositions de la Charte africaine des droits de l'homme et des peuples[61].

L'affirmation de l'attachement de la CEDEAO aux principes et droits garantis par la Charte africaine des droits de l'homme et des peuples est un élément probant qui témoigne de l'importance accordée par les dirigeants de ce regroupement à la garantie des droits fondamentaux reconnus par la Charte africaine, en bonne place desquels l'on retrouve le droit à la dignité humaine qui en fait partie intégrante, et qui est considéré comme le socle sur lequel repose fondamentalement l'essence même de la problématique de la garantie des droits de l'Homme. De plus, chaque État membre de la CEDEAO en sa qualité d'entité spécifique, distincte de l'entité super étatique créée par la volonté commune, s'est engagé individuellement dans le cadre des conventions internationales, qu'elles

---

57 Le Protocole à la Charte africaine des droits de l'homme et des peuples relatif aux droits des femmes en Afrique est entré en vigueur 25 novembre 2005.

58 Article 3,1. Du Protocole de Maputo.

59 *Ibid.* Article 3,2.

60 *Ibid.* Article 5.

61 Article 4 du Traité révisé de la CEDEAO.

soient universelles ou continentales pertinentes, à lutter contre la traite des personnes dans son territoire de compétence.

Relativement à l'aménagement de la lutte contre la traite des êtres humains dans le cadre de la CEDEAO, l'on peut relever l'existence de nombreuses initiatives mises en place par les États dans cette optique. C'est le cas notamment de la Déclaration de la CEDEAO sur la lutte contre la traite des êtres humains[62]; de la Stratégie régionale de lutte contre la traite des personnes et le trafic illicite des migrants 2015-2020 ; du Plan d'Action CEDEAO-CEEAC visant à lutter contre la traite des personnes en particulier des femmes et des enfants en Afrique de l'Ouest et du Centre[63].

Comme instrument complémentaire de lutte contre la traite des êtres humains, il peut être fait mention du Protocole au Traité instituant la CEDEAO relatif à la libre circulation des personnes, au droit de résidence et au droit d'établissement du 28 janvier 2018 qui comporte des dispositions relatives à l'aménagement des conditions et des modalités de franchissement des frontières par les citoyens communautaires. La traite qui est un phénomène à la fois interne et international ne s'écarte pas des sentiers empruntés par les citoyens communautaires à la faveur de cette libre circulation. À cet égard, l'aménagement des droits à la libre circulation et d'établissement des citoyens communautaires revêt une importance non négligeable en matière de détection et de répression des infractions ayant trait à la traite des personnes, lorsque cette dernière est observée dans le cadre d'un franchissement de frontières par les victimes.

2. L'aménagement de la lutte contre la traite des personnes au sein des États

Les dynamiques de lutte contre la traite des personnes engagées dans le cadre de la CEDEAO irradient de manière inévitable les cadres juridiques des États membres, primo, en vertu du principe d'autonomie et d'applicabilité directe des normes communautaires dans leur espace de compétence ; *deuxio,* compte tenu du principe *pacta sunt servanda*, traduit dans le cadre de la Convention de Vienne sur le droit des traités de 1969 de la manière suivante : « tout traité en vigueur lie les parties et doit être

[62] La Déclaration de la CEDEAO sur la lutte contre la traite des êtres humains a été signée en 2001.
[63] Ce Plan d'Action concerne la période 2005-2009.

exécuté de bonne foi »[64]. Les États membres de la CEDEAO sont parties prenantes aux conventions internationales à caractère universel et régional. Ils ont également signé des accords aussi bien bilatéraux que multilatéraux en matière de lutte contre la traite des personnes entre autres. Ces différents engagements doivent être respectés à la fois par les États parties individuellement, et par la CEDEAO en tant qu'entité distincte des États membres, à travers la prise des mesures adéquates pour donner effet aux engagements consentis en matière de lutte contre la traite des êtres humains, dont le point de départ, du reste, réside dans l'identification des acteurs de cette entreprise.

B. L'identification des acteurs de la lutte contre la traite des êtres humains

Les normes juridiques contenues dans les instruments destinés à la lutte contre la traite des êtres humains ont besoin pour être mises en œuvre, de la présence des acteurs impliqués dans cette lutte, de laquelle dépend l'efficacité de cette dernière. Deux catégories d'acteurs interviennent dans le cadre de la lutte contre la traite des êtres humains dans l'espace CEDEAO à savoir : les acteurs principaux (1) et acteurs complémentaires (2).

1. Les acteurs principaux

L'Union africaine est l'Organisation continentale en matière d'intégration régionale. Elle assure entre autres la définition et la coordination des politiques des Communautés économiques régionales. À ce titre, elle peut être présentée comme l'Acteur principal par excellence de la lutte contre la traite des êtres humains en Afrique d'une manière générale et dans le cadre de la CEDEAO en particulier. Ainsi, sous l'égide de l'Union africaine, ont été adoptées plusieurs initiatives en faveur de la lutte contre la traite des personnes à l'échelle du continent, notamment : le Plan d'Action de Ouagadougou contre la traite des êtres humains, en particulier des femmes et des enfants de 2006 ; la Position africaine commune sur les enfants (Déclaration et Plan d'Action de 2001) ; la Position africaine commune sur la migration et le développement de 2006 ; la Résolution sur les flux migratoires mixtes, les défis de protection des migrants et l'interdiction de la traite des personnes et de toutes formes

---

[64] Article 26 de la Convention de Vienne sur le droit des traités de 1969

de violence en Afrique du Nord et subsaharienne de 2018[65] ; le Projet de politique de prévention de la traite des personnes en Afrique de 2021. Les politiques ainsi initiées au niveau continental ont besoin d'être implémentées au sein des Communautés économiques régionales[66] à travers leur appropriation par le droit propre à chacun de ces regroupements en vue de leur application par les États membres.

Communauté économique régionale reconnue par l'Union africaine comme socle de l'intégration régionale en Afrique de l'Ouest, la CEDEAO à titre principal et ses États membres de manière subsidiaire constituent les acteurs principaux de la lutte contre la traite des personnes au sein de cette entité sous régionale. Leur action se pose à cet égard de manière directe, ceci en vertu du principe de subsidiarité cher au droit international général. La CEDEAO, il faut le relever, est une entité juridique distincte des États qui la composent. Elle dispose de la personnalité morale qui lui est propre, d'un territoire bordé par les frontières (terrestres, maritimes, et aériennes) bien circonscrites, d'une population officiellement identifiée, de ressources multiformes, d'un patrimoine ainsi que des institutions propres, qui concourent au bien-être des citoyens communautaires. C'est dans ce cadre que cette communauté est partie prenante aux conventions internationales relatives à la lutte contre la traite des personnes de manière spécifique, ainsi qu'à d'autres instruments afférents aux droits humains et au droit humanitaire de manière générale. Ce qui, en vertu de cette obligation, comporte à son égard des exigences en matière de respect des engagements consentis, lequel fait appel à la mise en œuvre de ces conventions.

Les États membres, parallèlement et indépendamment de la CEDEAO, sont également individuellement parties aux conventions internationales, notamment celles en matière de lutte contre la traite des êtres humains[67]. Le respect de leurs engagements requiert des États membres de la CEDEAO, une double attitude : celle relative au respect de ceux consentis dans le cadre communautaire, et celle qui commande le respect de leurs engagements individuels vis-à-vis des différentes

---

65 La Commission africaine des droits de l'homme et des peuples réunie en sa 62e Session ordinaire tenue à Nouakchott en République islamique de Mauritanie du 25 avril au 9 mai 2018 (CADHP/Rés-398 (LXII) 2018).

66 En particulier celles qui sont reconnues par l'Union africaine, telle la CEDEAO.

67 UNODC, Bureau régional pour l'Afrique de l'Ouest et du Centre, Stratégie régionale de lutte contre la traite des personnes et le trafic illicite des migrants, 2015-2020n p.6.

conventions dont ils sont parties prenantes. Le respect des engagements ainsi relevé, se matérialise à travers l'aménagement des cadres normatif et institutionnel appropriés aussi bien à l'échelle communautaire pour la CEDEAO, qu'au plan interne, pour ce qui est du cas spécifique de chaque État membre. Il en est différemment des acteurs complémentaires pour qui l'implication dans cette lutte ne se pose pas toujours en termes d'obligation de respect des engagements consentis.

2. Les acteurs complémentaires

La CEDEAO et ses États membres sont certes, en vertu du principe de subsidiarité, les acteurs principaux de la lutte contre la traite des personnes dans leurs espaces de compétence respectifs. Cependant, l'anéantissement de cette hydre nécessite que les efforts déployés par ces entités soient renforcés par l'apport d'autres acteurs qu'ils soient étatiques ou non, œuvrant pour la même cause. Ces acteurs peuvent obéir à une catégorisation spécifique qui intègre d'un côté ceux relevant du système des Nations Unies au sens strict, et de l'autre, ceux dont le déploiement s'effectue à titre individuel.

- **Les acteurs relevant du système des Nations Unies**

L'ONU, en tant qu'Organisation mondiale à qui échoit la mission d'assurer la paix et la sécurité sur la planète[68], a mis en place des institutions, organes et autres agences spécialisées, chargés d'assister les États et d'autres entités supra étatiques telles les communautés économiques régionales, en vue de la réalisation de ces idéaux. La lutte contre la traite des êtres humains participe au premier chef de la répression du « crime de déni d'humanité » que constitue ce phénomène, mais elle a aussi pour fonction de restaurer la sécurité et la dignité des victimes. Voilà pourquoi elle semble figurer parmi les préoccupations constantes de cette Organisation, qui y consacre de nombreux instruments juridiques certes, mais également une multitude d'institutions dont le rôle est d'œuvrer en tant qu'acteurs auprès des entités susvisées en vue de l'atteinte d'une plus grande efficacité. Il en est ainsi notamment de l'Office des Nations Unies contre la drogue et le crime (ONUDC), et du Haut-Commissariat des Nations Unies pour les Réfugiés (HCR).

Créé en 1997 de la fusion entre le Programme des Nations Unies pour le contrôle international des drogues (PNUCID) et le Centre pour la

---

[68] La traite des êtres humains pouvant être considérée à bien des égards comme une atteinte à la sécurité des victimes.

prévention de la criminalité internationale (CIPE), l'Office des Nations Unies contre la drogue et le crime (ONUDC) est l'organe du Secrétariat général des Nations Unies chargé de lutter contre le trafic des stupéfiants et la criminalité transnationale organisée. Sa mission consiste à assister les États membres de l'ONU dans la réalisation de l'objectif de sécurité et de justice pour tous, en rendant le monde plus sûr face à la criminalité, à la drogue et au terrorisme notamment, par l'octroi d'une coopération technique adaptée au contexte, qui se manifeste à travers l'élaboration et la mise en œuvre des programmes régionaux et thématiques. L'ONUDC est une Agence des Nations Unies représentée dans l'espace CEDEAO par un Bureau régional qui couvre l'Afrique de l'Ouest et du Centre, et qui est basé à Dakar au Sénégal[69]. Cette présence de l'ONUDC assure la mise en place d'une expertise et d'une capacité suffisantes permettant de mettre en œuvre les stratégies sous régionales en la matière, et de répondre aux priorités nationales dans toute la sous-région. Cet appui est également octroyé en faveur du regroupement par le Haut-Commissariat des Nations Unies pour les Réfugiés, dans le domaine de la lutte contre la traite des personnes pour ce qui est du cas spécifique des réfugiés.

- **Le Haut-Commissariat des Nations Unies pour les Réfugiés et les autres organes**

La traite des personnes, selon l'article 3 (a) du Protocole à la Convention des Nations Unies contre la criminalité transnationale organisée visant à prévenir, réprimer et punir la traite des personnes, est un crime présent dans toutes les régions du monde et personne, selon cet instrument, n'est à l'abri des réseaux criminels. Mais, à l'observation, l'on peut affirmer que certaines personnes semblent présenter des facteurs de vulnérabilité plus avérés que d'autres, et ont par conséquent besoin d'une protection spéciale. C'est le cas notamment des personnes se déplaçant de manière irrégulière, ou se trouvant dans une situation prolongée, particulièrement vulnérables à la traite des personnes (migrants irréguliers), et pas en mesure de demander de l'aide aux autorités d'un État en vue de mettre fin à la situation d'exploitation dont elles pourraient être victimes. Il s'agit des demandeurs d'asile, des réfugiés, des apatrides, et autres personnes se trouvant sur le théâtre des opérations, mais ne participant pas ou plus aux combats, etc.

---

[69] Le Bureau Régional de l'ONUDC pour l'Afrique de l'Ouest et du Centre couvre 22 pays dont 15 en Afrique de l'Ouest et 7 en Afrique centrale.

La CEDEAO comporte en son sein, plusieurs foyers conflictogènes caractérisés par des tensions politiques à l'intérieur de ses États membres (notamment au Mali, Niger, Burkina Faso), les activités des groupes terroristes dans presque toute la bande sahélienne, etc.

Dans ce contexte, le HCR se déploie à plusieurs niveaux en vue entre autres :

- D'éviter que les demandeurs d'asile, les réfugiés et d'autres personnes ayant besoin d'une protection internationale, les personnes déplacées, les apatrides, ne soient victimes de la traite des êtres humains, ou pour garantir une protection et une assistance aux personnes risquant d'en être victimes ;
- De veiller à ce que les besoins potentiels en matière de protection internationale des victimes de la traite des personnes soient identifiés de manière adéquate et que ces personnes puissent bénéficier des droits qui leur sont associés ;
- D'aider les États à faire en sorte que les victimes de traite qui ne possèdent pas de documents d'identité puissent établir leur statut de nationalité afin d'éviter de devenir apatrides[70].

En vue d'atteindre ses objectifs, le HCR travaille en étroite collaboration avec plusieurs autres organes et organisations à l'instar de : l'ONUDC, l'Unicef, le Haut-Commissariat des Nations Unies aux droits de l'homme, le Fonds des NU pour la population, l'Organisation Internationale du Travail (OIT), l'Organisation internationale pour les migrations (OIM). Toutes ces organisations et autres Agences des Nations Unies sont autant d'acteurs en matière d'opérationnalisation de la lutte contre la traite des êtres humains dans un contexte spécifique caractérisé par de nombreuses évidences contextuelles propres à la CEDEAO.

II. L'OPÉRATIONNALISATION DE LA LUTTE CONTRE LA TRAITE DES ÊTRES HUMAINS À L'ÉPREUVE DES « ÉVIDENCES CONTEXTUELLES » PROPRES A LA CEDEAO

La particularité de la lutte contre la traite des êtres humains dans l'espace CEDEAO réside dans le contexte de son déploiement, caractérisé en l'occurrence par l'existence de réalités spécifiques à l'Afrique de l'Ouest

---

70 Les Principes Directeurs du HCR sur la protection internationale N°.7 stipulent à quel moment la définition de réfugié au sens de la Convention de 1951 s'applique aux victimes de la traite des personnes et au risque d'être victimes.

qui, il faut le préciser, constitue l'espace géographique occupé par la CEDEAO. Ces réalités, solidement ancrées dans la culture et autres traditions des peuples qui y vivent, existent depuis des temps immémoriaux. C'est ce qui est désigné dans le cadre de la présente analyse par des « évidences contextuelles ». De fait, ces réalités qui pourtant constituent des négations profondes aux droits humains, sont à certains égards, acceptées et considérées par les populations comme des valeurs traditionnelles interrogeables et à cette raison, sont communément acceptées par elles. Dans un tel contexte, les moyens de lutte déployés par les dirigeants de la CEDEAO en vue de combattre la traite des êtres humains (A) se heurtent aux résistances que constituent ces « évidences contextuelles » (B). Ce qui constitue la cause substantielle des difficultés rencontrées dans l'atteinte d'un degré appréciable en matière d'efficacité dans la lutte contre ce phénomène, telle qu'observée jusqu'ici.

A. Des moyens substantiels déployés en matière de lutte contre la traite des êtres humains dans le cadre de la CEDEAO

Ces moyens peuvent être classés en deux principales catégories à savoir, les moyens de prévention d'une part (1) et les moyens de protection de l'autre (2).

1.2 Les moyens de prévention de la traite des êtres humains

La traite des personnes est un phénomène qui est très difficile à détecter. Parce qu'elle constitue une infraction pénale, il est logique pour les présumés auteurs des actes de traite d'user des moyens aussi ingénieux que diversifiés afin de dissimuler leurs forfaits, à l'effet d'éviter de se faire prendre par les autorités compétentes en matière de répression. Quant aux victimes de la traite, celles-ci ne sont que rarement à l'origine des dénonciations, car sujettes aux appréhensions quant au sort qui pourrait leur être réservé par les membres des réseaux criminels, leurs complices ou autres sympathisants. C'est ce qui justifie l'importance de la prévention dans la lutte contre la traite des êtres humains dans cet espace, laquelle, au stade actuel de son opérationnalisation, se fait concrètement selon une double approche : sur le plan institutionnel par la mise sur pied des outils qui y sont dédiés de manière spécifique (1.1) et au niveau des populations par l'organisation des stratégies de lutte adaptées au contexte par les États membres (1.2).

1.1 La mise en place de nombreux outils de lutte contre la traite

Une pluralité d'outils consacrés à la lutte contre la traite des êtres humains au sein de la CEDEAO est mise en place au fil des années avec l'appui des autres acteurs. Ces outils de lutte font d'ailleurs l'objet d'une adaptation permanente en fonction de la complexité des méthodes de traite, fruits de l'esprit d'inventivité de plus en plus ingénieux des criminels. Au nombre de ces outils, se situent en bonne place les plans d'action et autres stratégies régionaux de lutte contre ce fléau qui, jusqu'ici, ont été largement expérimentés dans le cadre de la CEDEAO.

1.2 Les plans d'action

Plusieurs plans d'action ont été lancés par les dirigeants de la CEDEAO dans le but de venir à bout de la traite des personnes qui sévit dans cet espace. C'est le cas notamment du Plan d'action initial 2002-2008 de lutte contre la traite des personnes qui, en son temps, avait proposé des mesures à mettre en œuvre par les États membres, conformément au Protocole de Palerme. Ces mesures consistent notamment en l'adoption de législations pénalisant ce phénomène ; ainsi que d'autres mesures tendant à protéger et à porter assistance aux victimes ; la sensibilisation de la population ; la coopération entre les Agences de contrôle de l'immigration et des frontières ; et la collecte des données par les pays de la CEDEAO destinées à permettre une réelle appréhension du phénomène dans cette Communauté. En 2005, une unité de lutte contre la traite des personnes a été créée au sein de la Commission de la CEDEAO, avec pour mandat, de coordonner la mise en œuvre et le suivi des plans d'action, par l'organisation des réunions annuelles d'examen et de mise en œuvre des mesures préconisées par le Plan d'action initial et par les États membres. Cette unité était également chargée de fournir un appui direct aux États en termes de conseils stratégiques et opérationnels, en particulier sur le plan de l'harmonisation de leurs législations et de leurs politiques nationales respectives[71].

Ce Plan d'action a été élargi en 2006 avec l'inclusion de la CEEAC dans cette stratégie de lutte, laquelle a conduit à sa consolidation et à sa transformation en un Plan d'action conjoint CEDEAO-CEEAC

[71] Office national contre la drogue et le crime, Bureau régional de l'Afrique de l'Ouest et du Centre, Stratégie régionale contre la traite des personnes et le trafic illicite des migrants 2015-2020, p.10.

2006 - 2009 de lutte contre la traite des personnes, en particulier des femmes et des enfants. Ce Plan d'action conjoint qui s'inscrivait alors dans le cadre de la coopération multilatérale CEDEAO-CEEAC préconisait l'instauration d'un mécanisme d'examen conjoint de l'état de son application. Malheureusement, le Plan d'action conjoint a été confronté à de nombreuses difficultés notamment, au niveau de sa concrétisation.

Un nouveau Plan d'action couvrant la période 2015-2020 a été par la suite élaboré sous l'égide de la CEDEAO[72]. Ce document déclina, de manière essentielle, des objectifs stratégiques qui à terme, étaient censés permettre l'adoption dans les États membres de la CEDEAO, des mesures effectives pour la protection contre la traite des personnes pour tous les citoyens communautaires, en particulier des femmes et des enfants. Ce Plan d'action était basé sur les leçons tirées par les États relativement à la lutte qu'ils entreprennent contre la traite des personnes, et visait également à garantir que les efforts nationaux et régionaux déployés en matière de lutte soient basés sur des cadres stratégiques plus larges de protection et de justice pénale.

2. Les autres initiatives régionales de lutte

Parallèlement aux Plans d'action, la CEDEAO a également mis sur pied un certain nombre d'autres initiatives en matière de lutte contre la traite des êtres humains. Il en est ainsi de la Politique régionale de protection et d'assistance aux victimes de la traite ainsi que des directives pour la protection, le soutien et l'assistance aux témoins, pour ne citer que ces quelques exemples.

Ces outils ainsi mis en place ont pour mission de favoriser la mise en œuvre effective de la lutte contre la traite des êtres humains au sein de cette communauté.

2.1 La mise en œuvre de la lutte contre la traite des êtres humains au sein des États membres de la CEDEAO

La lutte contre la traite des êtres humains engagée à l'échelle de la CEDEAO a besoin de revêtir une effectivité certaine, à travers sa mise en œuvre par les États, et en leur sein, des directives communautaires en la matière, et le respect des engagements consentis individuellement par ces États dans le cadre des instruments conventionnels pertinents dont ils sont

---

[72] *Ibid*, p.15.

parties prenantes. À cet égard, hormis l'Accord multilatéral de coopération régionale de lutte contre la traite des personnes en particulier des femmes et des enfants en Afrique de l'Ouest et du Centre du 6 juillet 2006 relevé plus haut, plusieurs autres engagements bilatéraux et multilatéraux relatifs à la lutte contre la traite des êtres humains ont été conclus entre les États de la CEDEAO pour cette cause. C'est le cas, entre autres, des accords objets de l'énumération non exhaustive ci-après : Accord de rapatriement et d'extradition Niger-Ghana-Togo en (1996) ; Accord Mali-Côte d'Ivoire (2000) ; Accord Mali-Burkina Faso (2001), Accord Mali-Sénégal (2001), Accord Mali-Guinée (2005), Accord Bénin-Nigeria (2005) ; Accord multilatéral de lutte contre la traite des enfants en Afrique de l'Ouest (2005)[73].

Des comités de suivi de ces accords ont souvent été mis en place, pour s'assurer de leur concrétisation au sein des États parties ; leur rôle est également de faire des recommandations à ces derniers en vue d'une plus grande efficacité de cette lutte. Mais, ces comités se sont avérés inefficaces dans leur grande majorité. Les raisons évoquées au regard de cet état de choses sont relatives d'une part, à l'absence de concertations régulières et autres rencontrés par les États concernés, et l'inefficacité des recommandations formulées, du fait de l'absence de suivi par leurs destinataires, d'autre part[74].

En dehors de ces accords, certains États de l'Afrique de l'Ouest se sont dotés d'une stratégie propre en matière de lutte contre la traite des personnes. Quelques exemples sont présentés ici à titre purement illustratif. Le Ghana dispose d'un Plan d'action contre la traite des personnes, qui préconise la mise en place de « comités de surveillance communautaires » chargés de repérer les tentatives de traite des êtres humains et d'œuvrer pour leur échec[75]. L'État du Niger a mis sur pied deux organismes chargés de coordonner la lutte contre la traite des personnes au plan national. Il s'agit de la Commission nationale de coordination de lutte contre la traite des personnes (CNCLTP), et de l'Agence nationale de

[73] Cet accord a été signé à Abidjan le 27 juillet 2005.

[74] Office national contre la drogue et le crime, Bureau Régional de l'Afrique de l'Ouest et du Centre, Stratégie régionale contre la traite des personnes et le trafic illicite des migrants 2015-2020.

[75] UNODC, *Stratégie régionale de lutte contre la traite des personnes et le trafic illicite des migrants*, 2015-2020. p. 8.

lutte contre la traite des personnes et le transport illégal des migrants (ANLTP/TIM)[76].

Au même titre que le Niger, le Nigeria également dispose d'un Plan d'action de lutte contre la traite des personnes. Celui-ci préconise des solutions qui se veulent proches des publics cibles, à l'instar de la mise en place des programmes de sensibilisation des communautés, ainsi que la participation de chaque chef traditionnel à la stratégie nationale contre ce phénomène[77]. L'approche malienne de lutte contre la traite, quant à elle, a été marquée en 2001, par la création d'un Comité national de coordination de la lutte contre la traite des personnes et les pratiques assimilées. Ce comité a reçu la charge de coordonner l'action du pays contre ce fléau au niveau de la prévention, des poursuites et de la protection. Un Plan national de lutte contre la traite des personnes (2018-2022) destiné à orienter cette lutte dans le pays a aussi été lancé et est en cours de mise en œuvre[78].

En Côte d'Ivoire, la loi n° 2016-1111 du 8 décembre 2016 relative à la traite des personnes et le décret 2017-227 du 13 avril 2017 fixant les attributs, la composition, l'organisation et le fonctionnement du Comité national de la lutte contre la traite des personnes sont, de même que la loi du 30 septembre 2010 portant interdiction de la traite et des pires formes de travail des enfants, actuellement les trois principaux instruments juridiques nationaux d'encadrement de cette lutte. En Gambie, la National Agency against trafficking in persons[79] a été mise sur pied et ses activités ont débuté en 2013[80]. Au Bénin, un Plan d'Action de lutte contre la traite des enfants à des fins d'exploitation de leur travail a été également mis en place par le Gouvernement de ce pays en 2008[81]. Au demeurant, les moyens de prévention de la traite des personnes jouent un rôle primordial dans la lutte contre celle-ci certes, mais ils peuvent s'avérer insuffisants dans l'optique de l'atteinte des objectifs à terme en l'absence d'une véritable dynamique de protection.

---

76 *Ibid.* p. 9.

77 UNODC, *Stratégie régionale de lutte contre la traite des personnes et le trafic illicite des migrants*, 2015-2020, *op.cit.*, p. 8.

78 *Ibid.*

79 Agence nationale de lutte contre la traite des personnes.

80 UNODC, *Stratégie régionale de lutte contre la traite des personnes et le trafic illicite des migrants, 2015-2020*, *op.cit.*, p. 9.

81 *Ibid, p.10.*

2.2 La dynamique de protection

En l'absence des mécanismes garantissant l'application effective du respect des droits de l'Homme, lequel devrait trouver sa concrétisation par l'ouverture de l'accès au prétoire en faveur du justiciable, tout droit proclamé paraît dénué de sens. Autrement dit, les textes relatifs à la lutte contre la traite des êtres humains, quelle que soit leur pertinence, resteraient inopérants en dehors d'un cadre institutionnel destiné à la protection des victimes contre ce fléau. Dans le contexte de la CEDEAO, ce cadre bénéficie d'un aménagement multiforme, même si à certains égards, l'on est bien obligé de reconnaître que son effectivité se trouve quelque peu mitigée.

2.2.1 L'aménagement de la protection

La répression contre la traite des êtres humains dans le cadre de la CEDEAO est aménagée à la fois au sein des États membres, au niveau de la Communauté et même à l'échelle internationale.

2.2.2 La protection au sein des États membres

De prime abord, il convient de préciser que le premier juge des droits humains est le juge national. Ainsi que l'a rappelé la Recommandation du Comité des ministres du Conseil de l'Europe aux États membres concernant l'amélioration des recours internes ; les droits et libertés garantis par la Convention[82] doivent être protégés tout d'abord par le droit interne et appliqués par les autorités nationales. L'observation de l'écosystème juridique de la CEDEAO révèle l'existence au sein des États membres, d'instruments dédiés précisément à la lutte contre la traite des êtres humains. En effet, de manière systématique, tous ces États disposent chacun en ce qui le concerne des instruments juridiques propres relatifs à la protection de la traite des êtres humains, aux termes desquels l'on retrouve une nomenclature des infractions y relatives, en même temps que des sanctions (plus ou moins sévères) appropriées destinées à réprimer ces infractions.

D'une manière générale, les États de la CEDEAO ont procédé à un encadrement *a maxima* de la lutte. Quelques exemples peuvent être relevés dans le cadre de cette analyse à titre purement topique. Le Mali, par

---

[82] Il s'agit de la *Convention européenne de sauvegarde des droits de l'homme et des libertés fondamentales.*

exemple, a édicté une loi n°023 du 12 juillet 2012 en matière de lutte contre la traite des personnes et les pratiques assimilées. Il appert au regard de ce texte que le législateur du Mali a opté pour une définition de l'infraction relative à la traite des êtres humains, à quelques détails près, identique à celle dégagée par le Protocole de Palerme. Cette loi aménage également le régime de répression de l'exploitation de la mendicité d'autrui en tant que pratique assimilée à la traite des êtres humains, et en donne une définition adaptée au contexte propre à ce pays. Cette loi prévoit par ailleurs des peines de réclusion criminelle de cinq à dix ans pour les actes de traite des êtres humains.

Dans le même registre, la Côte d'Ivoire a édicté une loi datée de 2010 et qui prévoit dans son article 4,4 des peines assez lourdes en cas de commission de l'infraction de traite des personnes en ces termes : « est puni d'un emprisonnement de cinq à dix ans et d'une amende de cinq millions à dix millions de francs quiconque commet la traite des personnes ». Ces peines connaissent une aggravation substantielle lorsque la victime est un enfant mineur, ainsi qu'il est indiqué dans l'article 6 du même instrument selon lequel, « la peine est d'un emprisonnement de 10 à 20 ans et d'une amende de 10 à 50 millions de francs si la traite des personnes est commise à l'égard d'un mineur de 18 ans ».

Au Niger, la traite des êtres humains et l'esclavage constituent des réalités quotidiennes. C'est ce qui justifie la multiplication par les autorités compétentes des instruments juridiques à l'effet d'en venir à bout. L'on peut mentionner à cet égard notamment, la loi de 2010 de lutte contre la traite des personnes, la loi de 2003 de lutte contre l'esclavage, la loi n° 2015-36 contre le trafic illicite des migrants et l'ordonnance n° 2010-86 de 2010 relative à la lutte contre la traite des personnes qui criminalisent, entre autres, la traite à des fins sexuelles et la traite pour l'exploitation du travail. Cette ordonnance, de manière spécifique, prévoyait des sanctions assez sévères à l'encontre des contrevenants, allant de 5 à 10 ans pour les infractions relevant de la traite des victimes adultes et de 10 à 30 ans pour celles impliquant les victimes enfants[83].

Le Togo s'est également doté d'une loi relative au trafic d'enfants en 2005. Cette loi a été renforcée en matière de lutte contre la traite des personnes par celle n° 2015-10 du 24 novembre 2015 portant Code pénal qui, dans son article 317 à 320, criminalise la traite à des fins sexuelles et

[83] Niger TIP 2020-FRE-FInal.pdf

le trafic de main-d'œuvre à des peines de dix à vingt ans de prison, ainsi que des amendes de vingt à cinquante millions de francs pour toutes les infractions impliquant une victime mineure.

La Gambie a aussi édicté une série de lois en matière de lutte contre la traite à savoir : la loi relative à la traite des personnes, adoptée en 2007 et modifiée en 2010, la loi de 2003 relative au tourisme sexuel, la loi de 2005 relative à l'enfance, etc. Ces différents textes constituent autant d'instruments juridiques de lutte contre la traite dans ce pays. Au Bénin, la loi n° 2006-04 du 10 avril 2006 portant conditions de déplacement des mineurs et répression de la traite d'enfants est le principal instrument de lutte contre la traite des êtres humains dans ce pays.

B. La protection au niveau de la CEDEAO

L'Afrique compte une multitude de communautés économiques régionales dont huit seulement ont été reconnues par l'Organisation panafricaine qui en a fait les piliers de l'intégration régionale du continent. Un grand nombre de ces regroupements d'intégration économique (dont la CEDEAO) disposent d'organes dédiés au règlement des différends susceptibles de survenir au sein de la Communauté. C'est ce qu'a relevé un auteur de la manière suivante : « le phénomène de buissonnement juridictionnel qui n'a pas épargné l'Afrique a donné cours à une prolifération de juridictions communautaires devant lesquelles l'invocation et l'application de plus en plus fréquentes de la Charte africaine des droits de l'homme et des peuples illustrent à suffisance l'expansion continentale de cette besogne protectrice des valeurs fondamentales qu'incarne le personne humaine »[84].

Dans le cadre de la CEDEAO, la protection contre la traite des êtres humains est effectuée par la Cour de Justice de cette Communauté, en sa qualité d'organe juridictionnel principal de ce regroupement. De fait, aménagée par le Protocole A/P1/7/91 du 6 juillet 1999, amendé par le Protocole A/P1/01/05 du 19 janvier 2005, la Cour de Justice de la CEDEAO joue un rôle majeur dans la protection contre la traite des êtres humains de manière spécifique. La CEDEAO est d'ailleurs considérée (à

---

[84] Sofie Baker Djoumessi Kenfack, « L'application de la Charte africaine de droits de l'homme et des peuples par les juridictions des Communautés économiques régionales », in Alain Didier Olinga, *La protection internationale des droits de l'homme en Afrique, dynamiques, enjeux et perspectives trente ans après l'adoption de la Charte africaine des droits de l'homme et des peuples*, Yaoundé, éd Clé, 2012, p. 252.

tort ou à raison) par une certaine doctrine comme le seul ordre juridique communautaire africain qui attribue de façon explicite une compétence en matière des droits de l'Homme à son organe juridictionnel[85].

En effet, créée par le Traité révisé de la CEDEAO[86], la Cour de Justice communautaire, grâce à l'intervention de l'article 9 (4) du Protocole A/P 1er juillet 1991 définissant ses compétences, tel qu'amendé par le Protocole additionnel de la CEDEAO, « est compétente pour connaître des cas de violation des droits de l'homme qui se produisent dans tout État membre ». Par rapport à l'ancienne formulation présente dans l'article 9 (1) du Protocole A/P. 1/7/91, aux termes de laquelle, « [l] a Cour assure le respect du droit et des principes d'équité dans l'interprétation et l'application des dispositions du traité », l'on devrait à juste titre reconnaître qu'il y a eu une avancée notable en matière de protection des droits humains d'une manière générale et particulièrement, dans le domaine de la lutte contre la traite des êtres humains. En effet, c'est un euphémisme que d'affirmer que la traite des personnes participe bien de la violation des droits humains, et la mission assignée à la Cour en matière de respect du droit et des principes d'équité relativement à l'interprétation et à l'application du Traité de la CEDEAO telle que déclinée dans ce dernier article 9 (1), du Protocole A/P. 1/7/91, n'opérait en rien d'une garantie adéquate en la matière.

Cette avancée est également perceptible dans la définition des modalités de saisine de la Cour de Justice de la Communauté, car à la faveur de ce Protocole, les institutions communautaires, leur personnel, les personnes physiques ou morales, les États membres et les tribunaux nationaux des États de la CEDEAO peuvent désormais s'adresser à elle[87]. Ce droit de saisine est également accordé aux organisations agissant au nom d'un groupe de personnes dont les droits ont été violés. Les dispositions ci-dessus indiquées ne laissent subsister aucun doute sur l'ouverture du droit de saisine de la Cour de Justice de la CEDEAO par les individus qui en sont victimes, lequel est également étendu aux organisations de la société civile agissant en leur nom, à condition

---

85 Apolin Koagne Zouapet, « Les instances judiciaires du système africain de protection des droits de l'homme », in Alain Didier Olinga, *La protection internationale des droits de l'homme en Afrique, dynamiques, enjeux et perspectives trente ans après l'adoption de la Charte africaine des droits de l'homme et des peuples*, *op.cit.*, p. 129.
86 Article 2 du *Traité révisé de la CEDEAO*.
87 Article 11 du Protocole amendé.

d'introduire leur plainte dans les trois ans suivant la naissance de la cause, et de s'assurer que les requêtes qui y sont introduites ne peuvent pas être pendantes devant une juridiction de statut similaire[88].

Pour ce qui est des « Amis de la Cour » ou *amici curiae*, il est à relever que le Protocole de la CEDEAO et le Règlement de la Cour de Justice de la Communauté ne prévoient certes pas expressément la possibilité de recourir aux mémoires déposés par ceux-ci, mais, ces mémoires ne sont pas expressément refusés par cette juridiction. En effet, dans l'affaire Federation of African journalists and Others v. The Gambia, les intervenants ont été acceptés en tant qu'*amici curiae*. Dans cette affaire, la Cour a fait droit à une demande en vertu de l'article 89 de ce Règlement, permettant aux organisations de la société civile de se joindre au procès en tant qu'*amici curiae intervenantes*[89].

C. La répression à l'échelle internationale

À certains égards, il peut arriver que la question de la protection contre la traite des êtres humains soit examinée par les instances quasi juridictionnelles[90], mais force est de souligner que la recherche d'une meilleure efficacité impose que cette répression au plan international soit le fait des instances internationales à caractère juridictionnel, telles que la Commission africaine des droits de l'homme et des peuples, la Cour africaine des droits de l'homme et des peuples et la Cour pénale internationale.

1. La protection dans le cadre des instances du système africain des droits de l'homme

L'architecture africaine de protection des droits de l'Homme est composée de trois principales instances dont deux quasi juridictionnelles et une à caractère juridictionnel. Il s'agit d'une part de la Commission africaine des droits de l'homme et des peuples et du Comité africain d'experts sur les droits et le bien-être de l'enfant et d'autre part, de la Cour africaine des droits de l'homme et des peuples.

Créée par l'article 35 de la Charte africaine des droits de l'homme et des peuples, la Commission a pour compétence de promouvoir et de protéger

---

[88] Il s'agit là de l'une des implications de la locution latine *non bis in idem*.

[89] Jugement ECCJ JUD N°, ECW/CCJ/04/18.

[90] Le Conseil des Nations Unies, la Commission africaine des droits de l'homme et des peuples et le Comité africain des droits et du bien-être de l'enfant, etc.

les droits de l'Homme tels que garantis par la Charte africaine des droits de l'homme et des peuples. La Commission, selon la Règle de procédure 115,1 de son Règlement intérieur, peut être saisie par toute personne physique ou morale justifiant de l'intérêt et de la qualité pour agir.

Le Comité africain d'experts sur les droits et le bien-être de l'enfant, quant à lui, a également pour mission la promotion et la protection des droits de l'enfant reconnus par la Charte africaine des droits et du bien-être de l'enfant, de même que le suivi de l'application des dispositions de cette Charte[91]. Il est de ce fait habilité à recevoir des communications concernant toute question traitée par la Charte africaine des droits et du bien-être de l'enfant, de toute personne, groupe de personnes ou organisation non gouvernementale reconnue par l'Organisation panafricaine, ainsi qu'un État membre ou l'ONU[92].

La Cour africaine des droits de l'homme et des peuples est la juridiction « compétente » à l'échelle continentale, à l'heure actuelle, pour connaître des questions relatives aux violations des droits de l'Homme au sein du continent. Créée par le Protocole de Ouagadougou de 1998, cette juridiction a été, à la faveur du Protocole de Charm el-Cheikh de 2008, fusionnée avec la Cour de Justice de l'UA pour former une Cour africaine de justice et des droits de l'homme. Cette dernière a vu ses compétences renforcées par les protocoles d'Addis-Abeba portant création d'une section Droit International Pénal au sein de la CAJDH de 2012, et de Malabo portant amendement au Protocole portant Statut de la Cour africaine de justice et des droits de l'homme du 27 juin 2014[93].

Mais, étant donné qu'au stade actuel de l'évolution de l'écosystème institutionnel africain relatif aux droits de l'Homme, c'est la Cour africaine des droits de l'homme et des peuples qui est la juridiction fonctionnelle aujourd'hui en matière de protection des droits de l'Homme[94], c'est donc à elle qu'il revient de connaître des affaires afférentes à la lutte contre la traite des êtres humains en Afrique en général et dans l'espace CEDEAO de manière spécifique. Son champ de compétences couvre également les

---

[91] Article 42, a) et b) de la *Charte africaine des droits et du bien-être de l'enfant.*

[92] Article 44,1 de la *Charte africaine des droits et du bien-être de l'enfant.*

[93] Ce protocole crée en réalité une nouvelle juridiction africaine en matière des droits de l'Homme dénommée Cour africaine de justice, des droits de l'homme et des peuples.

[94] Lire à ce sujet, Gisèle Léocadie Befolo, « La Cour africaine des droits de l'homme et des peuples : un organe juridictionnel de protection des droits humains à l'échelle continentale au caractère « définitivement transitoire ? », *Revue camerounaise d'Études internationales*, vol 5 N°2 décembre 2021, en cours de publication.

aspects relatifs à la lutte contre la traite des êtres humains. La difficulté que l'on pourrait décrier à ce niveau est celle de sa saisine par les individus, qui est limitée par l'exigence de l'acceptation par l'État mis en cause, de la compétence de la Cour à connaître des affaires relatives aux droits humains. Cette exigence est formulée dans l'article 5,3 du Protocole de Ouagadougou ainsi qu'il suit : « la cour peut permettre aux individus ainsi qu'aux organisations non gouvernementales (ONG) dotées du statut d'observateur à la Commission d'introduire des requêtes directement devant elle conformément à l'article 34 (6) de ce Protocole »[95]. Cet article 34 (6) auquel il est fait allusion dans cet instrument est énoncé ainsi qu'il suit : « à tout moment, à partir de la ratification dudit Protocole, l'État doit faire une déclaration acceptant la compétence de la cour pour recevoir les requêtes énumérées à l'article 5 (3) du présent Protocole. La Cour ne reçoit aucune requête en application de l'article 5 (2) intéressant un État partie qui n'a pas fait une telle déclaration ». Il est indéniable qu'à travers cette clause, les États ont aménagé en leur faveur un régime leur permettant de se soustraire aux poursuites susceptibles d'être intentées à leur encontre par les individus, pourtant véritables victimes des violations des droits humains, quelles qu'en soient la nature et les caractéristiques. Ce d'autant plus que le Protocole de Ouagadougou ne laisse aucune autre ouverture directe en matière de saisine de cette juridiction en dehors du régime organisé autour de cette déclaration.

Du fait de cette clause, sa saisine se trouve pour l'instant compromise pour un grand nombre de justiciables à cause du refus de certains États africains de se plier à la formalité du dépôt de cette déclaration, comme prévu par les articles 5 et 34 (6) du Protocole de Ouagadougou. Cet aménagement de la préservation de la souveraineté des États en matière de protection des droits de l'Homme par la Cour continentale opère incontestablement un net recul somme toute déplorable en matière de lutte contre la traite des personnes au sein de la CEDEAO notamment.

Cependant, l'accès à la Cour africaine n'est pas totalement fermé aux victimes des violations des droits de l'Homme dans la mesure où celles-ci peuvent saisir la Commission africaine des droits de l'homme et des peuples, et très prochainement avec l'entrée en vigueur du Protocole de

---

95 Tous les États de la CEDEAO n'ont pas à cette date, souscrit à la déclaration d'acceptation de la juridiction de la Cour. Cependant, la Communauté est celle qui compte le plus grand nombre d'États ayant déposé cette déclaration (Burkina Faso, Gambie, Mali, Côte d'Ivoire, Ghana, Bénin, etc.).

Malabo[96], du Comité africain des droits et du bien-être de l'enfant, ainsi que les institutions nationales des droits de l'Homme qui disposent en la matière, d'un *locus standi* devant la Cour.

2. La protection dans le cadre de la Cour pénale internationale

D'un point de vue général, la Cour Pénale Internationale a été dotée d'une compétence spécifique, celle de réprimer les violations les plus graves et massives des droits de l'Homme, à savoir : le crime de génocide, le crime contre l'humanité[97], le crime de guerre, et le crime d'agression. La traite des êtres humains étant considérée comme une atteinte grave à la dignité humaine, le Statut de Rome de la Cour pénale internationale range ce phénomène dans le registre de la catégorie des crimes contre l'humanité, définie dans son article 7,1 ainsi qu'il suit : « aux fins du présent statut, on entend par crime contre l'humanité, l'un quelconque des actes ci-après lorsqu'il est commis dans le cadre d'une attaque généralisée ou systématique lancée contre toute population civile et en connaissance de cette attaque (…) ». L'article 7,1. lorsqu'il procède à l'énumération des actes considérés comme rentrant dans la catégorie des crimes contre l'humanité, mentionne clairement la « réduction en esclavage »[98], à côté des autres « viol, esclavage sexuel, prostitution forcée, grossesse forcée, stérilisation forcée ou toute autre forme de violence sexuelle de gravité comparable (…)[99], disparition forcée[100], etc. ». L'alinéa 2 de la même disposition va plus loin en ce qu'il est porteur de précieux éclairages sur la signification de : « réduction en esclavage ». En effet, aux termes de cet alinéa, « par réduction en esclavage, on entend le fait d'exercer sur des personnes, l'un quelconque ou l'ensemble des pouvoirs liés au droit de propriété y compris dans le cadre de la traite des êtres humains, en particulier des femmes et des enfants »[101].

Il est à relever que la quasi-totalité des États membres de la CEDEAO a ratifié le Traité de Rome[102]. Ce qui voudrait dire que la CPI est

---

96 Le Protocole de Malabo ayant entre-temps, remplacé celui de Charm el-Cheikh.
97 *Ibid,* Article 5, a), b), c), d) du *Statut de Rome.*
98 *Ibid,* Article 7,1.c).
99 *Ibid,* Article 7,1, f).
100 *Ibid,* Article 7,1, i).
101 *Ibid,* Article 7,2, c).
102 En effet, seuls la Sierra Leone et le Togo n'ont pas encore souscrit au Statut de Rome.

compétente pour connaître[103] des infractions relatives à la traite des personnes[104] dans les États composant cet espace, du moins ceux qui ont ratifié le Statut de Rome, à condition que la personne poursuivie n'ait pas encore atteint la majorité à l'époque de la commission prétendue des actes criminels en question, et de respecter l'adage non bis in idem, traduit par le Statut de Rome en ces termes : « sauf si disposition contraire du présent statut, nul ne peut être jugé par la cour pour des actes constitutifs de crimes pour lesquels il a déjà été condamné ou acquitté par elle »[105]. De même, « nul ne peut être jugé par une autre juridiction pour un crime visé à l'article 5 pour lequel il a déjà été condamné ou acquitté par la Cour »[106]. Par ailleurs, toute personne ayant été jugée par une autre juridiction pour un comportement tombant aussi sous le coup de l'article 7 notamment ne peut être jugée par la Cour que si la procédure devant l'autre juridiction avait pour but de soustraire la personne concernée à sa responsabilité pénale pour les crimes relevant de la compétence de la CPI[107], ou si cette procédure n'a pas été « au demeurant » menée de manière indépendante ou impartiale, dans le respect des garanties d'un procès équitable, comme prévu par le droit international « mais d'une manière qui, dans les circonstances, était compatible avec l'intention de traduire l'intéressé en justice »[108].

La préoccupation cruciale à ce niveau réside dans la détermination de l'autorité compétente en matière d'appréciation de cette indépendance et de cette impartialité dans le déroulement de la procédure initiale, ou concurrente à celle de la CPI. Cette préoccupation est d'autant plus importante compte tenu du caractère déterminant que revêt l'exercice de cette compétence pour la suite de la garantie des droits de tous les protagonistes visés, qu'ils soient des victimes ou de présumés auteurs des actes incriminés ; et aussi du fait que ces autres instances soient pour le cas spécifique de la lutte contre la traite des êtres humains dans l'espace CEDEAO, en réalité, des juridictions africaines de protection des droits humains qui, il convient de l'admettre, font montre d'un engouement certain en matière d'effectivité de cette protection.

---

103 Cette compétence se pose de manière automatique, et est différente de l'auto saisine de la CPI, après autorisation du Conseil de sécurité des Nations Unies.

104 Ces crimes sont imprescriptibles conformément à l'article 29 du *Statut de Rome.*

105 Article 20,1. Statut de Rome.

106 *Ibid,* Article 7,2.

107 *Ibid,* Article 20,3. a).

108 *Ibid,* Article 20, 3.b).

3. L'effectivité de la protection

Elle désigne ici, la capacité pour les instances juridictionnelles mises en place de pouvoir se saisir de la question de la répression des actes relatifs à la traite des êtres humains par l'application des instruments juridiques y relatifs. À cet effet, sans pour autant dénier l'action salutaire des mécanismes à caractère universel tels le Conseil des droits de l'homme et certains organes de traité existant à cette échelle (Comité des droits civils et politiques, Comité des droits économiques sociaux et culturels, Comité contre la torture, etc.), pour les besoins de clarté dans l'analyse, l'accent a été mis sur la jurisprudence africaine de manière spécifique compte tenu du lien de proximité entretenu avec l'objet de cette étude. C'est dans cette logique que deux espèces portées devant la Cour de Justice de la CEDEAO en la matière sont présentées ici à titre éminemment topique.

La Cour de Justice de la CEDEAO compte parmi les juridictions des Communautés économiques régionales qui font montre d'un réel dynamisme en matière de protection des droits de l'Homme d'une manière générale et contre la traite des êtres humains de manière particulière. Deux affaires seulement de cette abondante jurisprudence sont présentées dans le cadre de cette analyse à l'effet de témoigner de ce dynamisme, à savoir : l'affaire Dame Hadijatou Mani Koraou c. République du Niger, et l'Affaire IHRDA et TIMIDRIA, représentant FM c. République du Niger.

Dans la première espèce, Dame Hadijatou Mani Koraou[109] (la requérante-comparante) est une fille née de parents ayant un statut d'esclaves habitant le Centre du Niger. Elle était elle-même devenue esclave dès l'âge de douze ans du fait de ce statut parental. C'est à cet égard qu'elle a été vendue à 500 dollars à un maitre qui ne l'exploitait pas seulement pour des travaux domestiques et agricoles, mais également comme Wahiya, une esclave sexuelle, sous le regard indifférent de l'État du Niger. Le 27 octobre 2008, Hadijatou est « entrée dans l'histoire de son pays »[110] en le faisant condamner par la Cour de Justice de la CEDEAO, pour n'avoir pas su la protéger, à lui verser une somme de dix millions de francs CFA de dommages et intérêts[111]. En effet, la requérante, en l'occurrence, Dame Hadijatou qui a saisi la Cour de Justice de la

[109] Cour de Justice de la CEDEAO, *Dame Hadijatou Mani Koraou* c. *la République du Niger*, RÔLE GÉNÉRAL n°ECW/CCJ/APP/8 août du 27 octobre 2008.

[110] Les propos sont de Christophe Chatelot, « Une cour régionale africaine condamne le Niger pour esclavage », *Le Monde Afrique*, publié le 12 octobre 2008 à 14 h 30.

[111] La requérante en réclamait dix fois plus.

CEDEAO, le 14 septembre 2007, fait grief à l'État du Niger d'avoir été tenue en esclavage en violation de l'article 5 de la Charte africaine des droits de l'homme et des peuples, ainsi que d'autres instruments internationaux relatifs aux droits de l'Homme, lesquels édictent une interdiction absolue de l'esclavage. De fait, Dame Hadijatou, avant de recourir aux instances internationales[112], s'était au préalable tourné vers la justice de son pays. Mais, contre toute attente, elle avait été condamnée à une peine d'emprisonnement de six mois pour bigamie, sur la base d'une loi coutumière voulant qu'elle devienne l'épouse légale de son maitre après son affranchissement en 2005. Or, dame Hadijatou avait préféré épouser un autre homme, plutôt que El Hadj Souleymane Naroua avec qui elle avait déjà eu quatre enfants durant ses années d'esclavage. Cette espèce est un cas de principe en matière de jurisprudence de la Cour de la CEDEAO, car elle constitue à la fois le premier cas de la sorte jugé par cette instance juridictionnelle régionale et la première condamnation pour le Niger sur un tel sujet.

La deuxième affaire, quant à elle, a trait à l'asservissement de FM et ses enfants (mineurs à l'époque des faits) par une famille pendant plusieurs décennies avec un manquement des tribunaux nigériens à leur rendre justice, ceci, bien que les lois nigériennes criminalisent l'esclavage. La Cour de Justice de la CEDEAO a ainsi condamné, le 25 octobre 2021, la République du Niger pour défaillance de protéger une femme et ses enfants de l'esclavage. En guise de sanctions pécuniaires, la Cour a accordé aux victimes des dommages et intérêts d'un montant de 114 000 USD, soit environ 63 millions FCFA. Dans cette décision, la Cour avait reconnu que la République du Niger avait violé le droit à la dignité de FM et ses enfants, ainsi que leur droit à un procès équitable. La Cour avait également estimé que la République du Niger avait manqué à son devoir de protéger FM et sa famille, ainsi que l'intérêt supérieur et le droit au développement de ses enfants. En guise de réparation du fait de ces manquements, elle a exhorté le Niger à verser aux victimes une indemnité globale de 63 millions de francs CFA (soit 114 000 USD).

Ces espèces jurisprudentielles triées parmi tant d'autres font montre de la volonté de répression présente aussi bien dans le cadre des instances continentales que dans celui de la CEDEAO, même si cette volonté se

---

112 Ce grâce au soutien des ONG telles que : Antislavery International, Timidria et le Centre international pour la protection judiciaire des droits de l'homme (Interights), deux ONGs britanniques.

heurte de manière frontale aux « évidences contextuelles » propres à cette entité économique régionale.

D. Les « évidences contextuelles », causes du ralentissement des efforts de lutte

Ainsi que relevé supra, les efforts de lutte contre la traite des personnes dans le cadre de la CEDEAO se trouvent grevés de manière substantielle par la présence des « évidences contextuelles » qui ne sont rien d'autre que les réalités propres à cet espace régional. Au nombre de ces réalités se situent en bonne place celles socioculturelles (1), même si l'incidence des difficultés liées à la situation économique de cette Région n'est pas du tout à négliger (2).

1. Les réalités socioculturelles

À l'instar des autres régions au monde, l'Afrique de l'Ouest est un espace caractérisé par des réalités spécifiques. Deux d'entre ces réalités revêtent un impact négatif certain sur la lutte contre la traite des êtres humains. Il s'agit d'une part de la survivance de certaines pratiques traditionnelles, et d'autre part, des revers de l'intégration régionale.

1.1 La survivance de certaines pratiques traditionnelles

L'Afrique de l'Ouest, dont l'ensemble des États constitue la CEDEAO, est un espace géographique caractérisé par la survivance d'un certain nombre de cultures, de croyances ancestrales, puis religieuses, et autres us et coutumes spécifiques, dont certains sont favorables à la floraison de la traite des êtres humains, à l'instar du système des castes.

1.2 Le système des castes

La CEDEAO est un espace traversé de part et d'autre par la bande sahélienne. Cette zone a été, pendant longtemps, le théâtre des migrations à des fins, surtout commerciales. Ce qui, entre autres, a favorisé l'importation et le développement de certaines pratiques empruntées dans des territoires étrangers[113], et qui continuent à régir en grande partie, les comportements d'une grande majorité des peuples de cette région, ceux-ci y étant attachés de manière ombilicale, et de ce fait, s'attellent

---

113 Certains y voient, à tort ou à raison, une pérennisation des croyances et relations sociales pouvant être rapprochées de celles qui étaient jadis entretenues en Égypte, en Libye et en Éthiopie ancienne.

naturellement à les perpétuer. Parmi ces éléments culturels hérités du passé, figure le système des castes.

Le mot Caste est d'origine latine, il vient de *castus* qui signifie chaste ou pur. La langue latine l'a elle-même emprunté au mot portugais « *casta* » qui voudrait dire pur, sans mélange. Ce qui pour certains, pourrait vouloir exprimer, compte tenu du contexte, l'idée d'une organisation bien définie qui ne connaît et n'admet en son sein aucun mélange[114]. Dans cette logique, le mot « *castus* » pourrait revêtir le sens d'une entité qui est « sans mélange, ordonnée », une classe ou un groupe fermés de la société[115]. Les castes résultent d'une division de la société en différentes classes ou catégories sociales. Une certaine doctrine estime d'ailleurs qu'elles reposeraient fondamentalement sur un socle socioprofessionnel qui leur permettrait de se maintenir et de s'adapter aux exigences du temps. C'est dans le souci de les pérenniser que les êtres humains leur auraient ensuite donné un fondement religieux et juridique. La religion surtout aurait contribué à consolider les castes en leur adjoignant des caractères héréditaire, endogamique et hiérarchique[116].

Au nombre des ethnies pour lesquelles l'organisation sociale est historiquement basée sur les systèmes de stratification sociale ancrée sur les castes, figurent : les Peuls, les Touaregs, les Maures, les Songhaïs, les Mandés, etc. Compte tenu de la répartition géographique de ces peuples sur cette partie du continent, il appert que presque tous les pays d'Afrique de l'Ouest sont concernés (en totalité ou en partie) par le système des castes.

D'une manière générale, quelle que soit la tribu considérée par cette réalité, la stratification de la société selon ce système des castes hisse au sommet de la hiérarchie, les nobles à qui échoient tous les honneurs et autres privilèges. Au bas de l'échelle sociale se trouvent ceux désignés sous l'appellation des « hommes de castes » ou « gens de castes ». Ces derniers pouvant être constitués de manière non limitative des hommes des métiers ci-après : bouchers, tisserands, forgerons, potiers, griots, coiffeurs traditionnels ou barbiers, et autres esclaves qui sont considérés comme des

---

114 Benjamin Diouf, « Stratifications sociales en Afrique ancienne : performances et stagnation », Herodoto, Unifesp, Guarullus, v4, n° 1-2 019,1, pp. 247-263, p. 250.

115 L'auteur estime qu'il est extrêmement difficile de faire la distinction entre castes et classes sociales, car selon lui, castes et classes sociales se superposent et se confondent parfois.

116 Benjamin Diouf, « Stratifications sociales en Afrique ancienne : performances et stagnation », *op.cit.*, p. 252.

hommes de condition et de considération inférieures à celles des nobles qui, à certains égards, peuvent disposer des hommes de castes parfois comme de simples objets ou autres biens et patrimoines (le cas des esclaves).

Dans ce contexte où les règles établies sont acceptées et appliquées par l'écrasante majorité de leurs destinataires, quelle que soit la position sociale occupée (noble ou homme de caste), il est pour le moins difficile de mener avec efficacité une lutte contre la traite des êtres humains. Ce qui est également le cas pour les déplacements incontrôlés des populations de la CEDEAO, considérés dans le cadre de ce travail, comme l'un des revers de l'intégration régionale prônée par l'Organisation panafricaine.

1.3 Le revers de l'intégration régionale

Historiquement, l'Afrique de l'Ouest est une Région ayant une forte tradition en matière de mouvement des populations, comme pour dire que les populations de cette partie du continent n'ont pas attendu l'instauration de la libre circulation des personnes et des biens par cette Communauté économique régionale, dont elles sont citoyennes pour en faire usage. C'est ce qui a fait relever à un auteur contemporain que : « la mobilité y est si naturelle qu'il est difficile d'imaginer qu'elle puisse être contrainte »[117]. L'essentiel des flux migratoires de cette Région se fait par voie terrestre, à travers plus de 15 000 kilomètres de frontières entre les pays de la CEDEAO, auxquels il convient d'adjoindre 8 500 kilomètres entre ces pays et leurs voisins qui sont : la Mauritanie[118], les pays d'Afrique du Nord, le Tchad et le Cameroun[119].

De plus, les pays de la CEDEAO sont composés de grands groupes ethniques qui vivent de part et d'autre de l'espace communautaire. C'est le cas par exemple de l'espace haoussa composé de 30 millions de personnes et qui occupent le nord du Nigeria et du Niger, ou l'espace mandé avec ses 15 millions de personnes vivant entre le Sénégal, le Mali, la Guinée et la Côte d'Ivoire, etc. Il est donc avéré que la migration représente un phénomène important en Afrique de l'Ouest. Sa gestion pose par

---

117 Nfaly Sanoh, « Libre circulation des personnes dans le processus d'intégration régionale : cas de la CEDEAO, présentation à l'occasion, http : www.iom.int consulté le 8-03-2022

118 La Mauritanie s'est retirée de la CEDEAO en décembre 2000, et a sollicité sa réintégration depuis 2017, le processus de réintégration n'est pas encore achevé à cette date.

119 Article 3 du Traité révisé de la CEDEAO.

conséquent de réels défis aux gouvernements et aux institutions régionales de la CEDEAO. La mobilité des populations de cette région est historiquement importante, car ancrée dans l'histoire sociale des peuples. Les flux migratoires s'observent le plus souvent à l'intérieur même de la Région, mais également, des schémas migratoires orientés vers d'autres régions d'Afrique, d'Europe, d'Amérique, d'Asie sont perceptibles. Cette immigration est favorisée en Afrique de l'Ouest par le Traité portant création de la CEDEAO de 1975, révisé en 1993, ainsi que son Protocole sur la libre circulation des personnes, le droit de résidence et d'établissement de 1979 et ses protocoles supplémentaires. Par ailleurs, la stratégie de la CEDEAO en matière migratoire est décrite par l'Approche commune de la CEDEAO sur la migration 2008, qui a été complétée dans la Vision 2020 de la CEDEAO qui reconnaît l'importance des protocoles sur la libre circulation pour l'intégration régionale.

L'un des objectifs du Traité révisé de la CEDEAO est de réaliser l'intégration régionale dans cette partie du continent, selon l'Agenda fixé dans le cadre du Traité de 1991 instituant la Communauté économique africaine[120], à travers notamment l'instauration de la libre circulation des personnes, des biens, des services et des capitaux, du droit d'établissement et de résidence des citoyens communautaires au sein de leur espace[121]. Pour ce qui est de la CEDEAO, la libre circulation des personnes et des biens y est encadrée par une multitude d'instruments juridiques[122] qui témoignent de l'importance accordée à l'initiative d'intégration régionale impulsée à l'Organisation panafricaine d'une part, et au regard des

---

[120] Article 6 du Traité instituant la Communauté économique africaine, 1991.

[121] *Ibid.*

[122] Les instruments juridiques d'encadrement de la libre circulation des personnes et des biens au sein de l'espace CEDEAO sont les suivants : le Protocole du 29 mai 1979 relatif à la libre circulation des personnes, au droit de résidence et d'établissement ; le Protocole A/Res/2 novembre 1984 du 23 novembre 1984 relatif à l'application de la première étape du Protocole sur la libre circulation des personnes, le droit de résidence et d'établissement ; le protocole additionnel A/SP1/7/85 du 6 juillet 1985 portant code de conduite pour l'application du protocole sur la libre circulation des personnes, le droit de résidence et d'établissement ; le Protocole additionnel A/SP/1er juillet 1986 du 1er juillet 1986 relatif à l'exécution de la 2e étape (droit de résidence) du Protocole sur la libre circulation des personnes, le droit de résidence et d'établissement ; le protocole additionnel A/SP2/5/90 du 29 mai 1990 relatif à l'exécution de la 3e étape (droit d'établissement) du Protocole sur la libre circulation et le droit de résidence et d'établissement, etc.

aspirations profondes des peuples de cette Région jadis divisés par les frontières imposées par le colonisateur.

2. Les difficultés liées à la situation socio-économique de la région

Les États de la CEDEAO font actuellement face à de nombreux défis, dont ceux étroitement liés à la pauvreté, aux changements climatiques, à la croissance démographique rapide et à l'instabilité politique. Selon le Bureau du Haut-Commissariat des Nations Unies pour les pays les moins avancés, les pays en développement sans littoral et les petits États insulaires en développement, onze des quinze États de la CEDEAO sont classés parmi les 49 pays les moins avancés du monde[123]. Ce qui ne va pas sans conséquences relativement au développement de la traite des êtres humains, car ainsi que l'a fort opportunément remarqué un observateur proche des questions ayant trait à ce phénomène dans cette partie du continent, « la traite des êtres humains constitue ainsi un phénomène important lié à la misère et aux mouvements de populations qui en résultent »[124]. Cette situation de pauvreté et de dénuement est susceptible de favoriser le développement des activités de traite des êtres humains, tant du côté des victimes à qui il est miroité un avenir meilleur dans un ailleurs évidemment paradisiaque, que pour les réseaux locaux de criminels (autorités traditionnelles, propriétaires d'esclaves, etc.) pour qui la vente ou l'exploitation des esclaves sont considérées comme autant d'activités génératrices de revenus comme il en existe bien d'autres dans cette sous-région.

Selon un Rapport de l'Office des Nations Unies contre la drogue et le crime, cette sous-région, et plus particulièrement la zone sahélienne, est également affectée par la corruption, le blanchiment des produits du crime, le terrorisme, ainsi que des flux illicites transnationaux, sans occulter les différentes formes de criminalité organisée qui y ont acquis droit de cité[125]. Par ailleurs, la prolifération des réseaux transnationaux de crime organisé difficile à contenir à l'échelle des pays de la CEDEAO,

---

123 http://unohrils.org/about-Idcs consulté le 30 juin 2023.

124 Sow Malick, « La traite des êtres humains depuis l'Afrique », *Histoire de la justice*, 2021/1, (n° 31), p. 283.

125 ONUDC, *Criminalité transfrontalière en Afrique de l'Ouest : une évaluation des menaces*, février 2013, Disponible à http://www.unodc.org/toc/fr/reports/TOCTAWestAfrica.htm consulté le 10 décembre 2023.

ajoutée à la modernisation des moyens de traite par les trafiquants, l'absence de coordination des cadres et des moyens de lutte par les États, et l'inadaptation des moyens de lutte aux nouveaux défis à relever constituent autant d'entraves supplémentaires à la lutte contre la traite des personnes dans cette sous-région.

Conclusion

En somme, la traite des êtres humains est un phénomène d'une haute gravité en ce qu'elle constitue une négation même des droits humains, voire une annihilation de la dignité humaine, perpétrée par les agissements d'autres êtres humains. C'est la raison pour laquelle elle est condamnée avec autant de fermeté et d'unanimité par les États, qui ont mis sur pied les moyens de lutte aussi nombreux qu'ingénieux en vue de son éradication. L'Afrique n'est pas en marge de ce combat, elle qui peut être considérée à bien des égards, comme l'un des continents les plus concernés par ce crime, du fait de l'existence de facteurs éminemment contextuels favorisant son développement.

Les pays d'Afrique de l'Ouest, réunis au sein de la CEDEAO, comptent parmi ceux qui sont les plus concernés par ce phénomène sur le continent noir. C'est l'une des raisons qui justifient l'engouement particulier manifesté par les États de cet espace en faveur de son annihilation, que ce soit individuellement ou collectivement dans le cadre de cette Communauté.

Au demeurant, si l'on peut d'emblée s'accorder sur la réalité selon laquelle, la traite des êtres humains sévit dans ce regroupement de manière particulière, l'on conviendrait aisément du fait que la réplique contre ce fléau donnée par les États membres devrait également se poser de manière toute particulière. C'est ce qui est observé au regard de la prolifération et de la diversification des cadres juridiques et des mécanismes institutionnels mis en place pour cette cause. Mais ces efforts, aussi nombreux soient-ils, n'ont pas pu jusqu'ici réussir à venir à bout de ce phénomène dans le cadre de la CEDEAO. Au contraire, il apparaît comme une nette impression de regain d'activité de la part des criminels et autres adeptes de ces pratiques ignominieuses, faisant de cette sous-région, un véritable terreau fertile de la traite des êtres humains sur le continent, ce d'autant plus que ce fléau à certains égards, s'enrichit de certaines déclinaisons propres au trafic illicite des migrants.

Plusieurs facteurs peuvent être mis en avant pour justifier ce regain d'activité des réseaux criminels dans cet espace. L'on peut citer sans prétention à l'exhaustivité, l'instabilité politique permanente dans certains pays de la Communauté ; la gouvernance décriée par les populations dans la presque totalité des États ; la pauvreté ambiante et l'attachement d'une bonne frange de la population aux pratiques ancestrales et religieuses ; l'existence, la subsistance et la pérennisation de ces pratiques traditionnelles et/ou religieuses, lesquelles prêtent le flanc à une forme particulière de traite des personnes ; la porosité des frontières, favorable au développement de la criminalité transfrontalière, etc.

Une réponse adéquate contre ce phénomène dont la capacité à s'insinuer de manière insidieuse dans la société, il faut l'admettre, est impressionnante, passe certes par une sévérité dans la répression (la peur du gendarme étant le commencement de la sagesse). Mais, il serait surtout préférable de s'attaquer dans le même temps, aux facteurs qui lui sont favorables et qui constituent autant de causes profondes de ce fléau, en ce sens qu'ils lui permettent de se régénérer toujours, telle une hydre. Ce qui nécessite une densification et une diversification des politiques, stratégies et autres moyens de lutte d'une part ; une conjugaison ou une mutualisation des efforts en matière de lutte contre la traite des personnes d'autre part, à travers une coopération jugée à même de permettre aux États concernés de densifier leur performance et de développer l'esprit d'ingéniosité en termes notamment de proactivité en matière de sensibilisation, de détection, de poursuite, de répression, de réinsertion sociale et de restauration des survivants de la traite des êtres humains dans cet espace communautaire. Toutes ces solutions ne peuvent être concrétisées qu'à travers une coopération internationale beaucoup plus renforcée qu'elle ne l'est à l'heure actuelle. Car la traite des êtres humains est la négation pure et simple des droits l'Homme. C'est un déni de la dignité humaine, voire d'humanité. Or, le droit à la dignité humaine est un droit commun et indivisible au bénéfice de l'humanité tout entière. C'est une prérogative collective qui appartient à toute la race humaine, et à ce titre, il revient à son titulaire de le défendre avec l'acharnement nécessaire, indépendamment du moment et du lieu de sa violation.

Références bibliographiques

Ouvrages

1. Olinga Alain Didier, La protection internationale des droits de l'homme en Afrique, dynamiques, enjeux et perspectives trente ans après l'adoption de la Charte africaine des droits de l'homme et des peuples, Yaoundé, éd Clé, 2012.

Articles

2. Befolo Gisèle Léocadie, « La Cour africaine des droits de l'homme et des peuples : un organe juridictionnel de protection des droits humains à l'échelle continentale au caractère définitivement transitoire ? », Revue camerounaise d'Études internationales, vol 5 N°2 décembre 2021, en cours de publication.
3. Benjamin Diouf, « Stratifications sociales en Afrique ancienne : performances et stagnation », Herodoto, Unifesp, Guarullus, v4, n° 1-2 019,1, pp247-263.
4. Codou Diop, « Les législations nationales sur le trafic d'êtres humains et l'exploitation sexuelle des petites filles et des femmes : le cas du Sénégal », https ://codesria.org consulté le 8-03-2022.
5. Djoumessi Kenfack Sofie Baker, « L'application de la Charte africaine de droits de l'homme et des peuples par les juridictions des Communautés économiques régionales » in Alain Didier Olinga, La protection internationale des droits de l'homme en Afrique, dynamiques, enjeux et perspectives trente ans après l'adoption de la Charte africaine des droits de l'homme et des peuples, Yaoundé, Ed Clé, 2012, pp. 251-279.
6. Koagne Zouapet Apolin, « Les instances judiciaires du système africain de protection des droits de l'homme », in Alain Didier Olinga, La protection internationale des droits de l'homme en Afrique, dynamiques, enjeux et perspectives trente ans après l'adoption de la Charte africaine des droits de l'homme et des peuples, Yaoundé, Ed Clé, 2012, pp. 115-147.
7. Sanoh Nfaly, « Libre circulation des personnes dans le processus d'intégration régionale : cas de la CEDEAO », http : www.iom.int consulté le 8-03-2022.
8. Sow Malick, « La traite des êtres humains depuis l'Afrique », Histoire de la justice, 2021/1, (n° 31), pp 279-286.

Rapports

1. ONUDC, Criminalité transfrontalière en Afrique de l'Ouest : une évaluation des menaces, février 2013, Disponible à http://www.unodc.org/toc/fr/reports/TOCTA WestAfrica.html.

Textes

Textes internationaux

1. Convention de Genève relative à l'esclavage, 1926.
2. Convention sur le travail forcé (n° 29), 1930 et son Protocole adopté en 2014 ainsi que sa Recommandation de 2014 sur le travail forcé.
3. Conventions de Genève I, II, III, IV, 1949.
4. Protocole additionnel aux Conventions de Genève relatif à la protection des victimes des conflits armés internationaux, 1949.
5. Protocole II additionnel aux conventions de Genève relatif à la protection des victimes des conflits armés non internationaux, 1949.
6. Convention sur la répression de la traite des êtres humains et de l'exploitation de la prostitution d'autrui, 1949.
7. Protocole additionnel à la Convention de Genève relatif à la protection des victimes des conflits armés non internationaux du 8 juin 1977 (Protocole II), 1949.
8. Convention relative au statut des réfugiés de 1951.
9. Convention n° 2015 sur l'abolition du travail forcé, 1957.
10. Pacte international relatif aux droits civils et politiques, 1966.
11. Protocole relatif au statut des réfugiés de 1967.
12. Convention de Vienne sur le droit des traités de 1969.
13. Convention sur l'élimination de toutes les formes de discrimination à l'égard des femmes, 1979.
14. Convention relative aux droits de l'enfant, 1989, et ses protocoles facultatifs (Protocole relatif à l'implication d'enfants dans les conflits armés de 2000, et Protocole concernant la vente d'enfants, la prostitution des enfants, la pornographie mettant en scène des enfants, 2000).
15. Convention internationale sur la protection de tous les travailleurs migrants et des membres de leur famille, 1990.
16. Statut de Rome de la Cour Pénale Internationale, 1998.

17. Convention n° 182 sur les pires formes de travail des enfants, 1999.

18. Protocole visant à prévenir, réprimer et punir la traite des personnes, en particulier des femmes et des enfants, additionnel à la Convention des Nations Unies contre la criminalité transnationale organisée, 2000.

19. Protocole contre le trafic illicite des migrants par terre, mer et air, additionnel à la Convention des Nations Unies contre la criminalité transnationale organisée, 2004.

20. Convention internationale pour la protection de toutes les personnes contre les disparitions forcées, 20 décembre 2006.

Textes à caractère régional

Textes africains

1. Convention de l'OUA régissant certains aspects propres aux problèmes des réfugiés en Afrique de 1969.
2. Charte africaine des droits de l'homme et des peuples, 1981.
3. Charte africaine des droits et du bien-être de l'enfant, 1990.
4. Traité d'Abuja instituant la Communauté Économique Africaine, 1991.
5. Accord multilatéral de lutte contre la traite des enfants en Afrique de l'Ouest, 2005.

Textes de la CEDEAO

1. Traité portant création de la CEDEAO de 1975.
2. Protocole sur la libre circulation des personnes, le droit de résidence et d'établissement de 1979
3. Traité révisé de la CEDEAO, juillet 1993.
4. Plan d'Action de la CEDEAO 2015-2020.
5. Déclaration conjointe du Parlement de la CEDEAO et de l'Union interparlementaire sur la lutte contre la traite et le travail des enfants, 2012.

Accords bilatéraux

1. Accord multilatéral de coopération régionale de lutte contre la traite des personnes en particulier des femmes et des enfants en Afrique de l'Ouest et du Centre, 2 006.
2. Accord de rapatriement et d'extradition Niger-Ghana-Togo, 1996.

3. Accord Mali-Côte d'Ivoire, 2000.
4. Accord Mali-Burkina Faso, 2001.
5. Accord Mali-Sénégal, 2001.
6. Accord Mali-Guinée, 2005.
7. Accord Bénin-Nigeria, 2005.
8. Accord multilatéral de lutte contre la traite des enfants en Afrique de l'Ouest, 2005.

Jurisprudence

1. Cour de Justice de la CEDEAO, Dame Hadijatou Mani Koraou c. la République du Niger, RÔLE GÉNÉRAL n°ECW/CCJ/APP/8 août du 27 octobre 2008.
2. Cour de Justice de la CEDEAO du 25 octobre 2021, Arrêt concernant l'asservissement de FM et ses enfants mineurs (à l'époque des faits).
3. ECCJ JUd N°, ECW/CCJ/04/18, Cour africaine des droits de l'homme et des peuples, Affaire Federation of Africanjournalists and Others v. The Gambia.

Autres références

1. Plan d'Action initial CEDEAO 2002-2008 de lutte contre la traite des personnes.
2. Plan d'Action conjoint CEDEAO-CEEAC 2006-2009 de lutte contre la traite des personnes, en particulier des femmes et des enfants.
3. Office national contre la drogue et le crime, Bureau régional de l'Afrique de l'Ouest et du Centre, Stratégie régionale contre la traite des personnes et le trafic illicite des migrants 2015-2020.
4. Programme d'action de la CEDEAO 2015-2020.
5. Organisation Internationale du Travail (OIT), Organisation Internationale pour les Migrations (OIM) et Walk Foundation, « Estimation mondiale de l'esclavage moderne : travail forcé et mariage forcé », 2017

LA DIFFICILE SÉCURITISATION DE LA TRAITE DES ÊTRES HUMAINS AU CAMEROUN

Frank EBOGO
Ph. D en Science Politique
Maître de Conférences
Chercheur au LADIG et au CREPS
Université de Yaoundé II

Résumé

Vestige d'un passé lointain, la traite des personnes s'impose aujourd'hui comme l'un des effets pervers de la mondialisation. Fortement ancrée dans les mœurs sociales au Cameroun, elle s'est davantage complexifiée grâce à la densification des flux migratoires. La médiatisation des traitements dégradants infligés aux migrants, amplifiés par l'activisme des organisations internationales et des ONG, a obligé des États à inscrire ce phénomène dans leur agenda politique. En considérant la traite des personnes comme une menace existentielle pour la préservation des identités, les États ont fini par adopter des mesures exceptionnelles qui suspendent le cours de la politique normale. Au Cameroun, le phénomène reste encore un sujet tabou. Cette contribution consiste à montrer, sous l'éclairage du constructivisme sécuritaire, que l'échec de la sécuritisation de la traite des personnes résulte tout d'abord de la non-performativité des actes de langage énoncés par l'élite et surtout de leur non-réceptivité par l'audience.

Mots-clés : **Acte de langage, migration, réceptivité, sécuritisation, traite des personnes.**

Abstract

Trafficking in persons, a remnant of the distant past, is today one of the perverse effects of globalisation. Strongly rooted in the social customs of Cameroon, it has become more complex thanks to the densification of migratory flows. The media coverage of the degrading treatment inflicted on migrants, amplified by the activism of international organisations and NGOs, has forced states to include this phenomenon in their political agenda. By considering human trafficking as an existential threat to the preservation of identities, states have ended up adopting exceptional measures that suspend the course of normal politics. In Cameroon, the phenomenon is still a taboo subject. This contribution consists in showing, under the light of security constructivism, which the failure of securitisation of human trafficking results, first of all, from the non-performativity of the acts of language enunciated by the elite and especially from their non-receptivity by the audience.

***Key-words:* Speech act, migration, receptivity, securitization, human trafficking**

Introduction

La littérature savante sur les approches sociologiques de la traite des êtres humains reste encore éparse et parcellaire. Cette lacune peut s'expliquer par la saisie tardive du phénomène, et surtout son ancrage systématique au champ heuristique du droit. Dans ce sillage, l'essentiel des travaux, constitués généralement de monographies, a été produit par les organisations de la société civile et des organisations internationales. Quelques organismes étatiques, à l'instar du Département d'État américain, ont mené des études-diagnostic sur la traite des êtres humains dans tous les pays du monde.

Largement répandu en Afrique, ce phénomène reste pourtant tabou. En effet, longtemps considérée comme un simple point de départ de ces pratiques criminelles, l'Afrique en est devenue l'une des plaques tournantes. En Afrique de l'Ouest par exemple, le Ghana, le Nigeria et le Sénégal constituent non seulement les principaux pays d'origine et de transit, mais aussi d'arrivée des flux migratoires illicites à destination de l'Europe et/ou des États du Golfe[1]. Pis, de nombreuses monographies mettent en exergue la constitution de zones grises ouvertes au trafic d'êtres humains en Afrique. Les travaux de Smeets et Bissielo montrent que le Bénin et le Togo, pays fortement ancrés dans une tradition ancestrale d'employabilité des enfants, fournissent respectivement 52 % et 43 % de la main-d'œuvre infantile à Libreville[2].

En raison de sa position stratégique au cœur du golfe de Guinée, à la confluence des sous-régions de l'Afrique occidentale et centrale, le

---

[1] SMEETS M. et BISSIELO A. (dir.) « Les enfants travailleurs immigrés à Libreville et Owendo en 2001-2002 », in *Rapport synthétique UE-ALISEI,* Libreville, septembre 2002, 105 p.

[2] OFPRA, « Cameroun : Femmes victimes de la traite des êtres humains à des fins d'exploitation sexuelle », *Rapport*, 23 août 2021.

Cameroun constitue un site intéressant d'observation et d'analyse de la traite des êtres humains. Les monographies réalisées sur ce pays le confinent au cœur ou à la marge des trafics d'êtres humains en Afrique centrale. D'une part, en tant qu'acteur central de ce phénomène, le Cameroun est l'un des points de départ de la traite des êtres humains[3]. La dégradation du tissu sécuritaire dans la sous-région, conjuguée au marasme économique et à la paupérisation des populations locales, peut expliquer la constitution des filières de prostitution en Suisse ou en France. En Europe, plus de la moitié des prostituées africaines, véritables proies des proxénètes, étaient d'origine camerounaise[4].

D'autre part, certaines études révèlent que le Cameroun, dans les dynamiques migratoires sous régionales, est une zone de transit ou d'arrivée[5]; ce qui en ferait un acteur marginal dans la traite des êtres humains. Contrairement au Nigeria considéré comme l'un des pays pourvoyeurs de la filière du trafic des êtres humains[6], le Cameroun joue plutôt un rôle de « relais technique »[7]. En effet, les « facilitateurs-passeurs »[8] s'approvisionnent en eau potable et en vivres dans de nombreux ports clandestins situés le long des côtes camerounaises avant de rejoindre Libreville.

Il faut rompre avec le biais méthodologique consistant à adresser systématiquement la question de la traite des êtres humains à partir des mobilités transnationales. Une telle posture met insuffisamment en exergue les procédés et les processus par lesquels la traite des êtres humains devient non seulement un sujet de préoccupation dans les imaginaires collectifs, mais également l'objet des politiques publiques sécuritaires. D'où la nécessité de reformuler autrement cette problématique : comment la traite des êtres humains peine-t-elle à s'imposer comme une préoccupation sécuritaire majeure au Cameroun ?

---

3 *Ibid.*

4 Serge LOUNGOU, « Le trafic d'enfants, un aspect de la migration ouest-africaine au Gabon », *Les Cahiers d'Outre-Mer*, vol. 256, n° 4, 2011, pp. 485-505.

5 OPFRA, *op.cit.*

6 APOUJACK, « Singulière problématique du trafic d'enfants en provenance du Togo », in *Actes du séminaire de formation et d'échanges d'expérience entre l'Afrique de l'Ouest et du Centre en matière de lutte contre le trafic des enfants*, Libreville, 2003, p. 56-62.

7 Serges LOUNGOU, *op.cit.*

8 Henri YAMBENE BOMONO, « Filières migratoires transsahariennes du Cameroun vers le Maghreb », *Cahiers de l'Urmis* mis en ligne le 12 octobre 2011, consulté le 21 mars 2022.

Il convient de recourir à la sécuritisation pour comprendre les dynamiques qui entrent en jeu dans la labellisation sécuritaire de la traite des êtres humains. Un tel projet avait déjà été mené dans le sillage de la sécuritisation des migrations internationales[9]. Développée par l'École constructiviste de Copenhague, la sécuritisation est une construction sociale opérée par des acteurs qui usent du langage de la sécurité pour convaincre un auditoire à rompre avec la politique normale à travers l'adoption des mesures exceptionnelles[10].

Seulement, la sécuritisation de la traite des êtres humains est un processus qui n'a pas connu un heureux aboutissement au Cameroun. En effet, la rareté des monographies y relatives est illustrative des trajectoires erratiques dans ce processus de sécuritisation. L'hypothèse qui sous-tend cette contribution s'articule autour de la portée non performative des actes de langage sur la traite des êtres humains. Rien de nouveau dans la mesure où Thierry Balzacq reconnaissait que la sécuritisation peut échouer si les conditions de validation et de réception des actes à force illocutoire ne sont pas réunies[11]. L'étude de l'échec d'un processus de sécuritisation reste encore marginale dans la littérature savante. Pourtant, Ole Wæver, l'une des figures les plus représentatives de l'École de Copenhague, encourageait les études sur les processus inaboutis de sécuritisation[12].

L'échec de la sécuritisation de la traite des êtres humains au Cameroun s'explique non seulement par la non-performativité des « actes de langage »[13] formulés par l'élite (I), mais également leur non-réceptivité par l'audience (II).

---

[9] Sur ce sujet, lire : Philippe BOURBEAU, « Politisation et sécuritisation des migrations internationales : une relation à définir », *Critique internationale*, vol. 61, n°. 4, 2013, pp. 127- 145.

[10] Ole WÆVER, "Securitization and desecuritization" in LIPSCHUTZ Ronnie, *On security,* New York, Columbia University Press, 1995, p. 55.

[11] Thierry BALZACQ, « Théories de la sécuritisation, 1989-2018 », *in Études internationales*, volume XLIX, n° 1, Hiver 2018, p. 32.

[12] Ole WÆVER, *Securitization: Taking Stock of a Research Programme in Security Studies*, 2003, Manuscrit non publié, p. 26. Page consultée en ligne (www.clisec.uni-hamburg.de/en/pdf/data/waever-2003-securitisation-taking-stock-of-a-research-programme-in-security-studies.pdf) le 28 mars 2022

[13] Ole WAEVER, op.cit, p. 55.

I. LA NON-PERFORMATIVITÉ DES ACTES DE LANGAGE SUR LA TRAITE DES ÊTRES HUMAINS

John Austin puise le pouvoir de la parole dans sa force performative : « dire, c'est faire »[14]. Pourtant, en se murant dans une quasi-politique du déni, le gouvernement s'est peu exprimé sur la question de la traite des personnes. La priorité des politiques publiques a été accordée à la gestion des flux migratoires illicites. Face à l'absence ou à la pénurie des énonciations illocutoires sur ce phénomène, la sécurisation n'avait guère de chance de prospérer. Cet échec peut se lire à travers la surimposition des dynamiques de macro-sécuritisation (A) qui viennent brouiller des initiatives brouillonnes lancées par l'élite locale sur la traite des personnes (B).

A. Assonance des actes de langage dans la macro-sécuritisation de la traite des êtres humains

Dans la construction théorique de John Austin, le discours a une portée performative en fonction de la position sociale de l'émetteur, ainsi que des fenêtres d'opportunité offertes par les circonstances. Les actes de langage sur la traite des êtres humains abondent sur la scène internationale. Cette dynamique de macro-sécuritisation portée par des acteurs majeurs de la scène internationale influence plus ou moins directement les politiques publiques nationales. Les États, les organisations internationales (1) et les ONG (2) sont les principaux initiateurs des processus de macro-sécuritisation. Au-delà de la pluralité des acteurs sécuritisants, on note une assonance, c'est-à-dire un effet de répétition, dans leurs actes de langage, sur la traite des êtres humains.

1. Les Organisations internationales dans les dynamiques de macro-sécuritisation de la traite des êtres humains

Si la fin de la guerre froide a débouché sur le « desserrement de l'étau bipolaire »[15] qui enserrait les pays de la périphérie, leur donnant l'illusion d'une souveraineté retrouvée, elle n'a pas consacré la perte d'influence des superpuissances. En effet, les pratiques de macro-sécuritisation conduites au niveau des grands centres hégémoniques de décision ont continué

---

[14] John Langshaw AUSTIN, *Quand dire c'est faire*, Paris, Éditions du Seuil, 1970, 183 p.

[15] Joseph-Vincent NTUDA EBODE, « La politique étrangère des États africains : ruptures et continuités d'une diplomatie contestée », *Revue juridique et politique des états francophones*, vol. 57, 2003, p. 131.

d'irradier l'ensemble du système international. Aujourd'hui, aucune région du monde n'échappe à la polarisation des discours sécuritisants dans un contexte nouveau, surtout favorisé par la mondialisation des flux licites et criminels.

Loin d'être en marge de ces dynamiques géopolitiques, le Cameroun subit les coûts et les contrecoups des actes de langage prononcés par les grands leaders mondiaux. Cette démarche de macro-sécuritisation consacre en effet l'irruption (in)directe d'une puissance hégémonique sur un échiquier donné[16]. Aux États-Unis, la production des discours sécuritisants sur la traite des êtres humains est tributaire de son histoire marquée par des épisodes de vagues migratoires et les séquelles de l'esclavage des Noirs. Ce pays se fait ainsi le héraut et le défenseur d'une civilisation respectueuse des valeurs humaines.

En 2012, le président Barack Obama, issu de la minorité noire, lançait une campagne contre la traite des êtres humains, considérée comme une forme d'« esclavage moderne ». Il déclarait : « Je soussigné, Barack Obama, président des États-Unis d'Amérique, en vertu de l'autorité que me confèrent la Constitution et le droit des États-Unis, proclame janvier 2012 le Mois pour la Prévention de l'Esclavage et de la Traite des Personnes »[17]. Cet acte de langage a intrinsèquement une portée performative, car la déclaration présidentielle a été suivie d'effet. Un responsable du Programme d'action spécial pour combattre le travail forcé du Bureau International du Travail (BIT) s'empressait d'ailleurs de reconnaître que cet acte de langage pouvait avoir un effet performatif sur les pays du monde touchés par la traite des êtres humains[18].

En dehors des entités étatiques hégémoniques, les organisations internationales se sont également investies dans la macro-sécuritisation de la traite des êtres humains. Ce qui se traduit par de nombreux plaidoyers en faveur de la protection juridique des droits des catégories sociales les plus exposées à la traite des êtres humains. Les agences onusiennes, à l'instar du Bureau International du Travail (BIT), du Fonds des Nations-Unies pour l'Enfance (Unicef), de l'Organisation Maritime Internationale (OMI) ou encore de l'ONU-Femmes, ont des missions spécifiques axées

---

16 Barry BUZAN et Ole WÆVER, « Macrosecuritisation and Security Constellations: Reconsidering Scale in Securitization Theory », *Review of International Studies*, vol. 35, n° 2, 2009, pp. 253-276.

17 Cf. http://www.esclavagemoderne.org/2012/01/01/barack-obama/

18Cf.https://www.ilo.org/global/about-the

sur la lutte contre toutes les formes d'exclusion et de traitement inhumain envers les tranches sociales les plus vulnérables. Depuis la fin de la Deuxième Guerre mondiale, le corpus normatif sur la protection des droits des enfants et des femmes s'est non seulement renforcé[19], mais également répandu sur tous les continents[20].

Bien qu'ayant ratifié ces conventions, et au-delà de leur insertion dans le corpus normatif interne[21], le Cameroun peine encore à « sécuritiser » la traite des êtres humains. Pis, la campagne mondiale menée par les organisations internationales en faveur de la restauration de la dignité humaine n'a eu aucun effet significatif sur la définition d'une politique nationale relative à la traite des êtres humains. Pour contourner les apories de l'inter-étatisme dans lesquelles sont engluées les organisations internationales, de nombreuses organisations de la société civile se montrent très actives dans les dynamiques de macro-sécuritisation de la traite des êtres humains.

2. Les ONGs dans les dynamiques de macro-sécuritisation de la traite des êtres humains

L'idée d'une société civile, saisie comme une sphère d'action distincte des politiques publiques conçues et implémentées par l'État, s'impose de plus en plus dans l'espace sociopolitique. Celle-ci se ramène aux associations non gouvernementales qui se constituent en groupes de pression afin de défendre les intérêts collectifs ou individuels. Elle se constitue ainsi, grâce aux prises de position et au plaidoyer, en (contre) pouvoir ou en médiateur des populations auprès de l'État. En dehors des énonciations discursives émises par les leaders des grands États et des

---

[19] On peut citer : la Convention contre la torture et autres peines ou traitements cruels, inhumains ou dégradants en 1986 et son protocole facultatif ; la convention sur l'élimination de toutes les formes de discrimination à l'égard des femmes de 1994, ainsi que son protocole facultatif ; la Convention relative aux droits de l'enfant de 1993, dont les articles 34 et 35 relatifs à l'exploitation sexuelle des enfants ; la Convention sur les pires formes de travail des enfants de 2002 ; la Convention des Nations Unies contre la criminalité transnationale organisée, ainsi que son protocole visant à prévenir, réprimer et punir la traite des personnes, en particulier des femmes et des enfants de 2006.

[20] En Afrique, on peut par exemple citer la Charte africaine des droits de l'homme et des peuples de 1989, ainsi que le protocole de Maputo relatif aux droits des femmes en Afrique de 2006, ou encore la Charte africaine des droits et du bien-être de l'enfant de 1997.

[21] On peut particulièrement évoquer l'article 342,1 du Code pénal (2016) sur le trafic des êtres humains, ou encore la promulgation de la loi 2011/24 du 14 décembre 2011 relative à la lutte contre le trafic et la traite des êtres humains.

organisations internationales, les ONGs se situent comme des acteurs techniques qui participent à la sécuritisation de la traite des humains.

Les ONGs disposent d'un répertoire varié d'actions collectives pour publiciser les traitements dégradants infligés aux migrants. Elles recourent généralement aux condamnations par voie orale ou écrite, lancent des plaidoyers ou des actions de sensibilisation, mènent des enquêtes et rédigent des rapports sur la situation des droits des personnes vulnérables. Ces actions visent à influencer l'agenda politique national et international des États. En France, par exemple, le Comité Contre l'Esclavage Moderne (CCEM), créé en 1994, apporte une assistance sociale et juridique aux victimes de l'exploitation à des fins économiques ou domestiques. Il opère aux côtés des institutions étatiques pour mieux « sécuritiser » la question de la traite des êtres humains. Avec le gouvernement, le CCEM participe en tant que membre, à la commission de coordination de la mission interministérielle pour la lutte contre les violences faites aux femmes et la traite des êtres humains. Enfin, avec le Parlement, il fait des propositions de modification des lois pour renforcer les droits des populations exposées aux traitements dégradants. L'exemple du CCEM est loin d'être isolé. Il montre que les ONGs sont des maillons importants dans la labellisation de la traite des êtres humains. Elles sont obligées de s'associer aux autorités publiques pour bouleverser le déroulement de la politique ordinaire.

Nonobstant les nombreux actes de langage émis par ces organisations, la sécuritisation de la traite des humains n'a pas été amorcée avec succès au Cameroun. Cet échec est imputable à la position que ces organisations de la société civile occupent dans l'espace sociopolitique. Si les élites politico-administratives détiennent l'autorité nécessaire pour émettre des actes de langage, les ONGs sont généralement appréhendées comme des acteurs secondaires dans la macro-sécuritisation du trafic des êtres humains. Certes, ces organisations sont « autorisées à parler »[22] de la traite des êtres humains, elles ne peuvent pas néanmoins « parler avec autorité »[23] de manière à traduire en énonciations performatives leurs actes de langage. Cependant, en tant qu'actrices émergentes dans l'espace social, elles parlent de plus en plus avec autorité sans y être néanmoins autorisées par les autorités publiques.

---

[22] John Langshaw AUSTIN, *op. cit*

[23] Judith BUTLER, *Excitable Speech: A Politics of the Performative*, Londres Routledge, 1997; Judith BUTLER, « Performativity's Social Magic », in Richard SHUSTERMAN, *Bourdieu. A Criticial Reader*, Londres, Blackwell, 1999.

B. Vacuité des actes de langage des autorités camerounaises dans la sécuritisation de la traite des êtres humains

Pierre Bourdieu reprochait à John Austin de mésestimer, dans la formulation des énoncés performatifs, les positions de domination ou de soumission occupées par des agents dans le champ social[24]. Pourtant, comme le reconnaît l'École de Copenhague, la validation d'un acte de sécuritisation dépend de la position que la société reconnaît à un agent sécuritisant. Autrement dit, tout discours sur la sécurité, formulé par une élite, ne débouche pas automatiquement sur un acte de langage efficace.

1. Le silence présidentiel dans les dynamiques de sécuritisation de la traite des êtres humains

La démarche sécuritisante est mobilisée par l'École de Copenhague pour désigner toute action visant à dire qu'un objet subit une menace existentielle. Par conséquent, des mesures urgentes et exceptionnelles sont prises par les autorités politico-administratives pour la contrer[25]. Pour ce faire, les décideurs recourent aux actes de langage, entendus comme une énonciation performative sur un objet. Bien que dans la construction théorique de Barry Buzan, l'approche soit généralement holiste à travers l'étude des institutions étatiques, il reconnaît néanmoins que certains individus peuvent être à l'origine du déclenchement d'un processus de sécuritisation. L'aptitude de cet acteur sécuritisant à modifier l'agenda politique pour prioriser les enjeux sécuritaires dépend de sa position sociale, ainsi que de son capital d'influence par rapport au reste de la communauté.

Au Cameroun, la sécuritisation réussie de la traite des êtres humains dépend de la position sociale de ceux qui sont non seulement autorisés à dire quelque chose, mais surtout ont l'autorité nécessaire pour émettre de tels discours. La figure du président de la République émerge rapidement, en vertu de sa légitimité constitutionnelle, comme l'agent sécuritisant dominant.

Sa posture de « lead actor »[26] lui permet de prononcer des actes de langage sur des questions faisant l'objet d'une menace existentielle.

---

[24] Pierre BOURDIEU, *Ce que parler veut dire. L'économie des échanges linguistiques*, Paris, Fayard, 1982.

[25] Barry BUZAN, Ole WÆVER et Jaap de WILDE, 1998, Security: A New Framework for Analysis, Boulder, Lynne Rienner. p. 25.

[26] *Ibid.*

Plusieurs travaux montrent, à ce sujet, que le président Paul Biya a initié avec succès des processus de sécuritisation, notamment en ce qui concerne les menaces sécuritaires[27] et sanitaires[28]. Ses nombreux actes de langage ont fini, en fonction des conjonctures, par ériger Boko Haram, les mouvements séparatistes et le Covid 19 comme les principales menaces existentielles au Cameroun. La modification de la politique normale s'est traduite par l'adoption de mesures extraordinaires, à l'instar des actes de solidarité (marches citoyennes, don de sang, etc.) et de générosité (dons des produits de consommation, collecte des fonds, etc.) envers les forces de défense et les populations en détresse[29].

Nonobstant son rôle de représentant de l'État dans tous les actes de la vie publique[30], le président Paul Biya s'est montré peu disert sur la question du trafic des êtres humains. Dans les moments traditionnels de prise de parole[31], il s'est largement exprimé, depuis 2015, sur les conjonctures politique, économique, sécuritaire et sanitaire du Cameroun. Si la traite des êtres humains est absente des discours présidentiels, les questions migratoires y sont néanmoins abordées de manière résiduelle. En 2018, il s'était contenté de dire à la jeunesse camerounaise de ne pas « céder à la tentation du mirage de l'émigration clandestine et [de ne pas] entreprendre un voyage périlleux dont l'issue est souvent malheureuse »[32]. Pourtant, la médiatisation des traitements inhumains infligés aux migrants dans le désert du Sahara aurait pu constituer un contexte favorable pour l'énonciation des actes de langage à portée performative. Le silence observé sur les questions spécifiques inhérentes au trafic des êtres humains est assez révélateur et traduit in fine un défaut de sécuritisation.

---

27 À ce sujet, on peut citer : Frank EBOGO, « Résilience de Boko Haram et désécuritisation de la menace terroriste au Cameroun », *Enjeux*, n°54, 2021 ; MEPOUI ABANDA Priscylle Manuela, *La sécuritisation de la menace Boko Haram au Cameroun*, thèse de doctorat Ph.D en science politique, Université de Yaoundé II, 2022.

28 Frank EBOGO, « La sécuritisation de la menace du Covid 19 au Cameroun », in Célestin KAPTCHOUANG, Frank EBOGO, *Le Cameroun à l'épreuve de l'insécurité transfrontalière*, Edition Monange, 2023, pp. 273-295.

29 Frank EBOGO, *Les mobilisations collectives anti-Boko Haram au Cameroun : entre calculs politiques, patriotisme exacerbé et solidarités transversales*, Paris, Publibook, 2018, 286 p.

30 Loi n°96/06 du 18 janvier 1996 portant révision de la Constitution du 2 juin 1972, art. 8,1.

31 Il s'agit principalement des allocutions prononcées devant le corps diplomatique (début janvier) ou la jeunesse (10 février) ou l'ensemble de la Nation (31 décembre).

32 Extrait de l'allocution du président Paul Biya à la jeunesse, 10 février 2018

2. Dissonance des actes de langage du gouvernement dans les dynamiques de sécuritisation de la traite des êtres humains

Le constructivisme sécuritaire est une approche ou une théorie holiste qui saisit la réalité à partir de la totalité. Si le président de la République, au regard de sa position sociale, peut initier un processus de sécuritisation, l'appareil politico-administratif de l'État apparaît davantage comme l'unité par excellence d'analyse. Ce sont les élites qui ont la compétence technique et administrative de déclarer qu'un objet singulier est devenu une préoccupation sécuritaire majeure[33].

Le gouvernement est une instance qui occupe une place de choix dans tout processus de sécuritisation. Chargé d'implémenter la politique nationale telle que définie par le président de la République, le gouvernement est une instance majeure de sécuritisation. Les conseils de cabinet auraient pu constituer des fenêtres d'opportunité pour amorcer un processus de sécuritisation de la traite des êtres humains. Seulement, depuis 2017, aucune session de cette instance décisionnelle dirigée par le Premier ministre n'a substantiellement abordé ce phénomène. Très marginales par rapport aux préoccupations sécuritaires et sanitaires, les questions sociales, lorsqu'elles ont fini par s'imposer à l'ordre du jour des travaux, ont souvent occulté la problématique de la traite des êtres humains. En juillet 2017, par exemple, le gouvernement avait traité la question de la prise en charge des réfugiés nigérians et des déplacés internes suite aux attaques de Boko Haram[34]. Au même moment, les sévices et psychologiques subis par les migrants camerounais avaient peu attiré l'attention du gouvernement.

La quasi-absence des actes de langage du gouvernement sur la traite des êtres humains empêche l'amorce d'un processus réussi de sécuritisation. Cette situation peut, en amont, s'expliquer par une désarticulation des stratégies en matière de prise en charge des migrants. La pluralité des acteurs gouvernementaux, conjuguée à un déficit de coordination interministérielle, rend difficile l'énonciation des actes de langage sur ce phénomène. La transversalité de la problématique de la traite des êtres humains empêche l'identification d'un agent sécuritisant légitime pour

---

33 Ole WÆVER, « Securitization and Desecuritization », dans R. D. LIPSCHUTZ (dir.), *On Security*, New York, Columbia University Press 1995, p. 54

34 Cf. Communiqué à l'issue du Conseil de cabinet du jeudi 27 juillet 2017.

parler avec autorité des sévices subis par des migrants[35]. Pis encore, l'absence d'une politique nationale de lutte contre la traite des êtres humains brouille les éventuels actes de langage émis par le gouvernement. L'identification de ce phénomène par le gouvernement a permis l'adoption de mesures d'urgence.

Au-delà de cette compétition, les ministères en charge des questions sociales restent des institutions légitimes pour prononcer des discours à force performative. Faute de synergie efficiente dans l'énonciation des actes de langage, ils peuvent ont néanmoins adopté des mesures visant à lutter contre la traite des êtres humains. C'est ainsi que des contrôles ont été effectués auprès de certaines agences de placement de femmes, de jeunes filles à l'étranger et des maisons closes[36]. Ces mesures répressives ont parfois conduit à la fermeture des établissements exerçant dans le trafic d'enfants et de jeunes femmes. Des initiatives de soutien psychologique et d'accompagnement des victimes potentielles de traite des êtres humains ont été spécifiquement adoptées par le Ministère des Affaires Sociales[37]. Un numéro vert et un centre d'écoute ont été mis en place pour un meilleur suivi des victimes de la traite des êtres humains. Cependant, en raison de l'inexistence d'une plateforme interministérielle, ces mesures gouvernementales demeurent inefficientes et inefficaces.

II. LA DIFFICILE RÉCEPTIVITÉ DES ACTES DE LANGAGE PAR L'AUDIENCE

La validation d'un acte de langage ne dépend pas exclusivement de la position sociale de l'émetteur, mais également de la réceptivité par une audience populaire (A) ou parlementaire (B). En effet, les énonciations à portée performative resteraient « lettre morte » si elles n'étaient pas intériorisées et légitimées par des imaginaires collectifs. L'audience n'est donc pas une simple instance d'enregistrement et de résonance des formules illocutoires provenant de l'élite. Critiquant l'orientation linguistique issue de la tradition austinienne, Thierry Balzacq prônait une reconsidération de la sociologie dans la formulation de la sécuritisation.

---

35 Au Cameroun, le traitement des questions sociales appartient concurremment au Ministère des Affaires Sociales (MINAS), au Ministère de la Promotion de la Femme et de la Famille, au Ministère des Relations Extérieures, au Ministère de l'Administration Territoriale, ou encore au Ministère de la Jeunesse et de l'Education Civique.

36 OFPRA, *op. cit.,* p. 15.

37 *Ibid.*

Dans la mesure où l'accent est moins mis sur l'agent sécuritisant que sur l'audience, la sécuritisation prend une dimension intersubjective reposant sur des interrelations entre l'agent et l'agence.

A. La non-réceptivité populaire des actes de langage sur la traite des êtres humains

Dans une approche sociologique qui vient supplanter les analyses exclusivement linguistiques sur la sécuritisation, l'audience, en dehors de l'agent sécuritisant, est un acteur de validation des actes de langage énoncés par les élites. Il ne faut pas la réduire au rôle de simple « acteur récepteur »[38] des énonciations discursives. Les travaux de Léonard Sarah et Christian Kaunert montrent par exemple que l'audience est un acteur pluriel qui valide, au bout du processus, les démarches sécuritisantes lancées par les élites[39]. La pluralité de l'audience dépend des positions sociales des différents acteurs qui la constituent. La population constitue l'audience de base de tout processus de sécuritisation. En raison de la persistance des mythes de l'ailleurs qui façonnent les imaginaires collectifs, l'audience populaire n'a pas adhéré aux actes sécuritisateurs sur la traite des personnes.

1. Le mythe de l'Eldorado urbain dans les imaginaires collectifs

La traite des êtres humains est méconnue au Cameroun. Certes, des cas de maltraitance ou de trafic d'enfants sont relayés par des médias traditionnels et sociaux, mais la pratique est considérée comme très marginale. Ces situations traumatisantes sont généralement reléguées au rang de simples faits divers. La réalité est occultée par le poids des représentations culturelles sur le statut social de la jeune fille ou de l'enfant en Afrique. Au Cameroun, comme dans plusieurs autres pays africains, le « confiage » est fortement ancré dans les imaginaires collectifs. Il s'agit d'une pratique consistant à confier, à un parent ou à un ami de confiance, un nourrisson ou un jeune enfant, qui assurera le relais de l'éducation initiale. À l'origine, « l'échange d'enfants entre germains ou le confiage d'un nourrisson à une mère qui venait de perdre son bébé répondaient à

---

38 Thiery BALZACQ, *op. cit.*, p. 22.

39 Sarah LÉONARD, Christian KAUNERT, 2011, « Reconceptualizing the Audience in Securitization Theory », in Thiery BALZACQ (dir.), *Securitization Theory: How Security Problems Emerge and Dissolve*, Londres, Routledge, pp. 57-76.

des codes d'alliance et de renforcement des liens familiaux ou de protection de la descendance »[40].

Le confiage occupe une place importante dans le processus de socialisation de l'enfant. Dans un environnement où la parenté transcende les liens de consanguinité, la famille d'accueil devient une « école de la vie » pour de nombreux jeunes défavorisés issus de milieux ruraux. Le confiage visait à réduire le risque de déperdition scolaire, et d'augmenter plus d'opportunités d'insertion socioprofessionnelle des jeunes bénéficiaires. En retour du gîte et du couvert offerts par ces parents, les enfants étaient contraints de participer aux tâches domestiques. Aujourd'hui, de nombreuses dérives entourent cette pratique[41]. Dans certains cas, les enfants sont employés, à plein-temps, dans le secteur informel afin de participer aux charges familiales. Dans le pire des cas, ils sont réduits en esclavage, obligés de s'acquitter des tâches pénibles sans aucune rétribution. Toutes ces pratiques se déroulent en violation des textes nationaux et internationaux qui encadrent le travail des enfants.

La sécuritisation de la traite des êtres humains est un processus qui n'a pas abouti au Cameroun. Certes, le déficit d'énonciation des actes de langage de la part des autorités publiques peut être évoqué pour expliquer cet échec. Il faudrait également prendre en compte la non-adhésion de l'audience populaire aux discours à portée performative qui auraient dû être prononcés par ces autorités. En effet, le confiage est une pratique ancrée dans les mœurs sociales. À l'instar de l'excision qui est considérée comme un legs culturel insurmontable, les campagnes visant à abolir le confiage trouvent généralement un écho peu favorable auprès des populations.

2. Le mythe de l' « ailleurs » paradisiaque dans les imaginaires collectifs

Après s'être longtemps imposé dans les imaginaires collectifs comme un horizon plein d'incertitudes et de dangers, du fait notamment du trauma et de l'affect inhérents à la traite négrière, l'« ailleurs » fascine plus

---

40 DIDR-OFPRA, Les victimes de la traite des êtres humains à des fins de travail en Côte d'Ivoire, mars 2019, p. 9.

41 Bureau de la Représentante spéciale et coordinatrice de l'OSCE, « Travail non protégé, exploitation invisible : la traite à des fins de servitude domestique », Rapport de la Dixième Conférence de l'Alliance contre la traite des personnes, Vienne, 17 au 18 juin 2010, p. 26.

qu'il n'effraie aujourd'hui. Les migrations internationales ont certes permis une contraction de l'espace ; mais elles ont surtout débouché sur le cosmopolitisme et le brassage des peuples. Le jeune migrant africain rêve d'un « ailleurs » paradisiaque où il pourrait réaliser ses rêves. Grâce à Internet, les cyber migrations maritales sont devenues une modalité contemporaine de mobilité. Elles mettent en relation de jeunes Camerounaises (auto) exclues du marché matrimonial normal et des Occidentaux âgés, généralement veufs ou divorcés[42]. Ces jeunes Camerounaises « aspirent, avec l'accord de leurs maris, à contracter un mariage avec un Européen ou de vivre en Europe, qui dans « leur imaginaire », leur permettrait d'améliorer leurs conditions de vie ainsi que celles de leur famille »[43].

La situation n'est guère reluisante pour les jeunes citadins qui ont formulé le projet d'aller chercher fortune en Asie. Des agences de placement des jeunes filles dans des familles d'accueil ont foisonné au Cameroun. En leur miroitant de bons revenus comme femmes de ménage au Moyen-Orient, ces entrepreneurs véreux ont fini par les soumettre à des formes de servitude domestique. Les jeunes filles sont obligées d'être à la disposition entière de leur employeur qui a préalablement confisqué leurs pièces d'identité. Parfois, des méthodes plus subtiles d'exploitation sont utilisées afin d'assujettir et de maintenir, dans une situation permanente de vulnérabilité, ces travailleurs précaires. Les conséquences de cette traite sont nombreuses : « rémunération faible ou inexistante, absence de jours de repos, violences psychologiques et/ou physiques, liberté de mouvement limitée ou inexistante, interdiction d'avoir une vie privée »[44], etc.

L'attrait d'un mieux-vivre en Occident ou en Asie peut expliquer les migrations actuelles, et surtout la survivance de la traite des êtres humains. La difficile sécuritisation de ce phénomène tient à l'émetteur de l'acte sécuritisant ainsi qu'au récepteur. D'une part, l'État a failli dans sa mission régalienne d'améliorer les conditions de vie de ses citoyens. La cyber migration maritale est l'expression d'un mal-être et d'une aspiration à un mieux-être chez les jeunes. L'insoumission des jeunes à l'autorité publique

---

42 Brice Arsène MANKOU, « Chercher son blanc ou la Cybermigration maritale : Un phénomène de société au Cameroun », 2021, in https://hal-normandie-univ.archives-ouvertes.fr/hal-03138036/document , p. 1

43 *Ibid.*, p. 5.

44 Bureau de la Représentante spéciale et coordinatrice de l'OSCE, *op.cit.*, p. 21.

traduit in fine une attitude de défiance envers l'État, considéré comme un appareil administratif incapable de répondre à leurs aspirations. Les messages de sensibilisation sur les dangers inhérents aux migrations illicites n'ont pas eu un écho favorable auprès des jeunes. À cet échec de l'acte sécuritisateur, s'ajoute la faible réceptivité de l'audience. En effet, un processus réussi de sécuritisation dépend également de la position occupée par l'audience ou les audiences. Les jeunes n'adhèrent plus aux discours relatifs à la lutte contre les migrations clandestines. La non-performativité des énonciations discursives produites par les élites est tributaire du déni populaire de ce crime.

B. La non-réceptivité parlementaire des actes de langage sur la traite des êtres humains

Malgré son statut de bénéficiaire des politiques publiques, la population est supplantée par le Parlement, principale audience dans la sécuritisation. En effet, comme le reconnaissait Thiery Balzacq, « il ne faut pas confondre l'existence d'une audience et sa visibilité »[45]. La visibilité du Parlement apparaît de manière singulière dans les délibérations et l'adoption des actes de langage (projets ou propositions de loi) sur une préoccupation sécuritaire. Si le Parlement camerounais ne s'est pas imposé comme un véritable agent sécuritisant (1), il est néanmoins parvenu, grâce à la coopération interparlementaire, à influencer l'énonciation des actes de langage sur la traite des êtres humains (2).

1. La démission du Parlement national dans la réceptivité des actes de langage sur la traite des êtres humains

Le Parlement est une instance de délibération et de légitimation des questions sociales adressées par ses membres ou par le pouvoir exécutif. Il participe par conséquent à la politisation et à la sécuritisation de la traite des êtres humains. Les travaux de Philippe Bourbeau permettent de distinguer ces deux concepts. Si « toutes les questions politisées ne sont pas sécuritisées »[46], la sécuritisation apparaît lorsqu'un enjeu est présenté comme étant une menace existentielle à un objet de référence menacé de disparition[47]. Ce qui oblige les autorités à adopter des mesures

---

[45] Thiery BALZACQ, *op. cit.*, p. 15.

[46] Philippe BOURBEAU, « Politisation et sécuritisation des migrations internationales : une relation à définir », *Critique internationale*, vol. 61, n°. 4, 2013, p. 133.

[47] Barry BUZAN, et. *al.*, *Security: A New Framework for Analysis…*, *op. cit*

exceptionnelles qui rompent avec la politique normale. La politisation apparaît lorsqu'un « enjeu est sorti des réseaux restreints de l'appareil bureaucratique et inclus dans la sphère publique, lorsqu'il est présenté comme une question sociale et non plus technique, en somme lorsqu'il y a déplacement de frontières »[48]. Ces préalables définitionnels sont nécessaires pour comprendre que le Parlement est une instance de politisation et de sécuritisation des menaces existentielles, à l'instar de la traite des êtres humains.

En ce qui concerne spécifiquement la sécuritisation, le Parlement est l'instance de légitimation et de réceptivité des énonciations discursives à portée performative émises par les élites politiques. Dans son rôle législatif, le Parlement vote et adopte les projets de loi à caractère sécuritisant formulés par le gouvernement. La soumission des projets ou des propositions de loi peut déboucher sur une approbation ou une désapprobation du Parlement. Dans le premier cas, il s'agit de l'aboutissement réussi d'un processus de sécuritisation : après le vote du Parlement, la loi est promulguée par le président de la République. Les travaux de Sarah Perret ont, par exemple, montré que la loi, à travers sa formulation écrite et son cadre étatique légitimateur, agissait aussi bien au commencement qu'à la finalisation de la sécuritisation de l'immigration en France[49].

Dans le second cas, le rejet du projet de loi traduit l'échec de la sécuritisation. La posture hégémonique du Rassemblement Démocratique du Peuple Camerounais (RDPC) au sein du Parlement est une garantie d'aboutissement d'un projet de sécuritisation initié par le gouvernement. En effet, le parlement camerounais, quasi monocolore, est souvent considéré comme une « caisse de résonance »[50] du pouvoir exécutif. Incapable de faire des propositions de loi, il se contente de valider les projets de loi émanant du gouvernement. Le projet de loi sur la lutte contre le trafic et la traite des personnes a été adopté, à une très large majorité, par l'Assemblée nationale au cours de sa session de novembre 2011. La loi

[48] Philippe BOURBEAU, *op.cit.*, p. 130.

[49] Sarah PERRET, « L'écrit comme pratique de sécuritisation : analyse des évolutions législatives sur la nationalité française », *in Études internationales*, n° 49 (1), 2018, pp. 57- 82.

[50] Sur ce sujet, lire : KOSSI SOMALI, *Le parlement dans le nouveau constitutionnalisme en Afrique. Essai d'analyse comparée à partir des exemples du Bénin, du Burkina Faso et du Togo*, thèse de doctorat en Droit, Université du Droit et de la Santé-Lille II, 2008.

fut finalement promulguée, le 14 décembre de la même année, par le président de la République.

Il ne serait pas erroné de conclure que le travail parlementaire sur la sécuritisation de la traite des êtres humains s'est achevé en 2011 par l'adoption de la loi y relative. Il n'existe aucune enquête parlementaire sur le trafic des personnes au Cameroun. Rien d'étonnant dans la mesure où le Parlement ne contrôle pas l'action gouvernementale dans ce domaine. À titre de comparaison, dans le cadre des questions écrites, en 2018, le gouvernement français avait été interpellé à dix reprises sur cette question[51]. En Roumanie, le Parlement dispose en son sein d'un groupe pour la lutte contre la traite des êtres humains[52].

2. Le repositionnement de la coopération interparlementaire dans la réceptivité des actes de langage sur la traite des êtres humains

Le Parlement est une audience décisive dans l'aboutissement d'un processus de sécuritisation. Il apparaît au début et à la fin d'une démarche sécuritisante. Les travaux de Thiery Balzacq ont montré qu'il fallait opérer une distinction entre l'acte sécuritisateur et la sécuritisation. D'une part, l'acte sécuritisateur se saisit comme un acte par lequel on déclare que tel phénomène est une menace.

Dans ce cas, le déclenchement de la sécuritisation n'échoit guère exclusivement à l'élite politique extraparlementaire. Au contraire ! Chaque fois qu'un « acteur sécuritisateur utilise une rhétorique de menace existentielle et place ainsi la question en dehors de ce que dans ces conditions on appelle « politique normale », nous avons un cas de sécuritisation »[53]. Le Parlement peut effectuer des propositions de loi ou susciter des discussions en plénière sur une menace existentielle. Il est vrai que l'énonciation de tels actes de langage est rare à l'Assemblée nationale du Cameroun[54] et dans les parlements communautaires.

---

[51] Assemblée parlementaire de la Francophonie, « La traite des êtres humains dans l'espace francophone », Rapport du Conseiller national Mathias Reynard (section suisse), Abidjan, 2019, p. 38.

[52] *Ibid.*

[53] Barry BUZAN, Ole WÆVER et de WILDE, *Security: A New Framework for Analysis…*, *op. cit.*, pp. 24-25

[54] En 2020, par exemple, le parlement camerounais avait refusé d'inscrire une discussion en plénière sur la situation sécuritaire dans les régions du Sud-ouest et du Nord-ouest, préférant abandonner le traitement exclusif de cette question au gouvernement.

D'autre part, la sécuritisation s'entend, au sens de Thiery Balzacq, comme « un processus par lequel l'audience sanctionne l'acte sécuritisateur de l'acteur sécuritisant »[55]. Apparaît ici l'essence de l'activité parlementaire : le vote des lois et le contrôle de l'action gouvernementale. Membre de plusieurs organisations, le Cameroun participe à l'animation du travail interparlementaire, notamment à la prise des décisions relatives à la traite des personnes. Certes, ces parlements ont moins une fonction délibérative que consultative, cependant ils permettent de politiser, voire de sécuritiser un problème existentiel.

La scène internationale est devenue non seulement le lieu de coproduction des actes de langage sur ce phénomène, mais surtout celui de la réceptivité interparlementaire. En raison de la nature transnationale de la traite des êtres humains, les États sont obligés de s'engager dans le multilatéralisme[56]. La coopération interparlementaire apparaît comme une instance opportune de publicisation et de validation de la sécurisation. Peu engagée dans les dynamiques de sécuritisation, l'Assemblée nationale du Cameroun, s'est néanmoins mobilisée dans la campagne internationale de lutte contre la traite des êtres humains.

Le partenariat interparlementaire vient, par conséquent, suppléer à la démission du parlement camerounais dans la réceptivité des énonciations performatives sur la traite des êtres humains. L'Assemblée Parlementaire de la Francophonie (APF) est devenue l'une des audiences les plus indiquées dans la réceptivité des actes de langage sur ce phénomène. En tant qu'arène de débats et d'échanges, l'APF ambitionne d'inciter les parlements à prendre des mesures législatives et à mieux contrôler l'action des gouvernements afin de renforcer la gouvernance démocratique. Dans cette perspective, la criminalisation des migrations dans l'espace francophone est une question régulièrement inscrite à l'agenda politique de l'APF. Le traitement du trafic des personnes dans l'APF a une faible incidence sur sa sécuritisation au Cameroun. La vacuité du discours parlementaire, la faible législation, l'application insuffisante des dispositions normatives et la non-réceptivité de ces actes illocutoires peuvent expliquer l'échec de la sécuritisation de ce phénomène.

---

[55] Thiery BALZACQ, *op. cit.*, p. 18.

[56] Assemblée parlementaire de la Francophonie, *op.cit.*, p. 33

Conclusion

Au final, la traite des personnes apparaît comme un phénomène qui traite l'histoire des sociétés humaines. Les migrations internationales ont certes favorisé le brassage des peuples, mais elles ont renforcé les discriminations et les exclusions. Au Cameroun, la traite des êtres humains est assez méconnue, en raison du poids des traditions. Les Conventions internationales et la législation nationale condamnent ces nouvelles formes modernes d'esclavage. Cependant, au-delà de cette architecture normative, la lutte contre ce phénomène reste encore embryonnaire. Pour expliquer cette situation, il a fallu recourir au constructivisme sécuritaire. Sous l'éclairage du constructivisme sécuritaire, il est apparu que l'échec de la sécuritisation de la traite des personnes résulte aussi bien de la non-performativité des actes de langage énoncés par l'élite que de leur non-réceptivité par l'audience. A contrario, une issue heureuse de ce processus commande que les élites situent la traite des personnes au-delà de la politique normale en adoptant des mesures exceptionnelles. Une telle perspective semble encore lointaine.

Références bibliographiques

1. ACP, « Un phénomène mondial aux signes invisibles : La traite des êtres humains en Afrique subsaharienne, dans les Caraïbes et dans le Pacifique », Rapport, 2 011.
2. APOUJACK B., 2003 – « Singulière problématique du trafic d'enfants en provenance du Togo ». In : Actes du séminaire de formation et d'échanges d'expérience entre l'Afrique de l'Ouest et du Centre en matière de lutte contre le trafic des enfants, Libreville, pp. 56-62.
3. Assemblée Parlementaire de la Francophonie, « La traite des êtres humains dans l'espace francophone », Rapport du Conseiller national Mathias Reynard (section suisse), Abidjan, 201AUSTIN John Langshaw, Quand dire c'est faire, Paris, Éditions du Seuil, 1970.
4. BALZACQ Thierry, « Théories de la sécuritisation, 1989-2018 », in Études internationales, volume XLIX, n° 1, Hiver 2018.
5. BOURBEAU Philippe. « Politisation et sécuritisation des migrations internationales : une relation à définir », Critique internationale, vol. 61, n°. 4, 2013, pp. 127-145.

6. BOURDIEU Pierre, Ce que parler veut dire. L'économie des échanges linguistiques, Paris, Fayard, 1982.

7. Bureau de la Représentante spéciale et coordinatrice de l'OSCE, « Travail non protégé, exploitation invisible : la traite à des fins de servitude domestique », Rapport de la Dixième Conférence de l'Alliance contre la traite des personnes, Vienne, 17 au 18 juin 2010.

8. BUTLER Judith, Excitable Speech : A Politics of the Performative, Londres Routledge, 1997 ; J. Butler, « Performativity's Social Magic », dans Richard Shusterman, Bourdieu. À Criticial Reader, Londres, Blackwell, 1999.

9. BUZAN Barry et Ole WÆVER, « Macrosecuritisation and Security Constellations: Reconsidering Scale in Securitization Theory », Review of International Studies, 2009, vol. 35, n° 2, pp. 253-276.

10. BUZAN Barry, Ole WÆVER et Jaap de WILDE, Security: A New Framework for Analysis, Boulder, Lynne Rienner. 1998.

11. DIDR-OFPRA, Les victimes de la traite des êtres humains à des fins de travail en Côte d'Ivoire, mars 2019.

12. EBOGO Frank, « La sécuritisation de la menace du Covid 19 au Cameroun », in Célestin KAPTCHOUANG, Frank EBOGO, Le Cameroun à l'épreuve de l'insécurité transfrontalière, Edition Monange, 2023, pp. 273-295.

13. EBOGO Frank, « Résilience de Boko Haram et désécuritisation de la menace terroriste au Cameroun », Enjeux, n°54, 2021, 15-29

14. EBOGO Frank, Les mobilisations collectives anti-Boko Haram au Cameroun : entre calculs politiques, patriotisme exacerbé et solidarités transversales, Paris, Publibook, 2018, 286 p.

15. KOSSI SOMALI, Le parlement dans le nouveau constitutionnalisme en Afrique. Essai d'analyse comparée à partir des exemples du Bénin, du Burkina Faso et du Togo, thèse de doctorat en Droit, Université du Droit et de la Santé-Lille II, 2008.

16. LÉONARD Sarah, KAUNERT Christian, « Reconceptualizing the Audience in Securitization Theory », in T. Balzacq (dir.), Securitization Theory: How Security Problems Emerge and Dissolve, Londres, Routledge, 2011, pp. 57-76.

17. LOUNGOU Serge, « Le trafic d'enfants, un aspect de la migration ouest-africaine au Gabon », Les Cahiers d'Outre-Mer, vol. 256, n°. 4, 2011, pp. 485-505.

18. MANKOU Brice Arsène, Chercher son blanc ou la Cybermigration maritale : Un phénomène de société au Cameroun, 2021, in https://hal-normandie-univ.archives-ouvertes.fr/hal-03138036/document.

19. MEPOUI ABANDA Priscylle Manuela, La sécuritisation de la menace Boko Haram au Cameroun, thèse de doctorat Ph.D en science politique, Université de Yaoundé II, 2022.

20. NTUDA EBODE Joseph-Vincent, 2003, « La politique étrangère des États africains : ruptures et continuités d'une diplomatie contestée », Revue juridique et politique des États francophones, vol. 57.

21. OFPRA, « Cameroun : Femmes victimes de la traite des êtres humains à des fins d'exploitation sexuelle », Rapport, 23 août 2021.

22. PERRET Sarah, « L'écrit comme pratique de sécuritisation : analyse des évolutions législatives sur la nationalité française », in Études internationales, n° 49 (1), 2018, pp. 57 – 82.

23. SMEETS M. ET BISSIELO A., dir., 2002. « Les enfants travailleurs immigrés à Libreville et Owendo en 2001-2002 », in Rapport synthétique UE-ALISEI. Libreville : ALISEI, septembre, 105 p.

24. WAEVER Ole, "Securitization and desecuritization" in LIPSCHUTZ Ronnie, On security, New York, Columbia University Press, 1995.

25. YAMBENE BOMONO Henri, « Filières migratoires transsahariennes du Cameroun vers le Maghreb », Cahiers de l'Urmis, mis en ligne le 12 octobre 2011, consulté le 21 mars 2022.

LA PROTECTION DES FEMMES ET DES JEUNES FILLES CONTRE LA TRAITE AUX FINS DE PROSTITUTION AU NIGERIA

William Aurélien BAKONG NKWANE

Ph. D en Droit public

Assistant à la FSJP de l'université de Bertoua

Diplômé de l'Institut des Relations Internationales du Cameroun

bakongwilliam@gmail.com

Résumé

Cette analyse trouve son fondement dans la volonté de mettre en perspective un défi qui met à rude épreuve l'État de droit au Nigeria. L'ampleur de la traite des femmes et des jeunes filles aux fins de prostitution, qui matérialise la vulnérabilité de la jeune femme nigériane, interpelle à plus d'un titre. Malgré le renforcement du cadre juridique international, régional et national pour prendre en compte les aspects nouveaux de ce phénomène, il continue de sévir en se réinventant sans cesse. Aiguillonnée par la problématique de l'analyse de la réponse juridique à cette forme d'esclavage moderne, la réflexion adopte une démarche méthodologique qui emprunte prioritairement au normativisme. Au soutien de cette démarche, la prise en compte des données sociologiques facilite l'éclairage sur les interactions du droit avec les réalités sociales, culturelles et cultuelles propres à la société nigériane. L'analyse a ainsi permis de démontrer que l'éloquence et la diversité des dispositions juridiques qui répriment cette pratique séculaire se heurtent aux réalités contextuelles et aux ambiguïtés d'un système juridique atypique.

<u>Mots - clés :</u> protection, traite, femmes, prostitution, Nigeria.

Abstract

This analysis is based on the desire to put into perspective a challenge that is severely testing the rule of law in Nigeria. The extent of the trafficking of women and young girls for the purposes of prostitution, which materializes the vulnerability of young Nigerian woman, is a challenge in more ways than one. Despite the strengthening of the international, regional and national legal framework to take into account the new aspects of this phenomenon, it continues to rage by constantly reinventing itself. Spurred on by the issue of the analysis of the legal response to this form of modern slavery, the reflection adopts a methodological approach that borrows primarily from normativism. In support of this approach, taking sociological data into account sheds light on the interactions of law with the social, cultural and religious realities specific to Nigerian society. The analysis has thus made it possible to demonstrate that the eloquence and diversity of legal provisions come up against the contextual realities and ambiguities of an atypical legal system.

***Keywords:* protection, trafficking, women, prostitution, Nigeria.**

Introduction

« L'Afrique a de vieilles traditions de protection des droits de l'homme »[1]. Déjà en 1236, bien avant l'adoption de la Déclaration des droits de l'homme et du citoyen (1789), l'Empire mandingue disposait de la Charte du Mandé ou Charte de Kurukan Fuga[2]. L'originalité de ce code réside dans ce qu'il contenait des énoncés normatifs sur les droits de l'Homme, notamment les droits fondamentaux de la femme (énoncés 14 et 15)[3]. Selon Alioune Badara Fall, on retrouve dans certaines coutumes africaines les principes contenus dans les grands instruments internationaux relatifs aux droits de l'Homme[4]. Pourtant, c'est au fil du temps que le système international de protection des droits de l'Homme s'est adapté pour prendre en compte les dimensions sexospécifiques des droits fondamentaux, et ainsi mieux protéger les femmes[5].

---

[1] KEBA MBAYE, *Les droits de l'homme en Afrique*, Paris, A. Pedone, 1ère éd., 1992, p. 71.

[2] Ensemble des lois édictées par SOUNDJATA KEITA lors de l'Assemblée des peuples tenue à Kurukan Fuga, la *Charte du Mandé* a été transcrite par SIRIMAN KOUYATÉ, Conseiller à la Cour d'Appel de Kankan (République de Guinée). Il convient de préciser que du fait de la tradition orale des sociétés africaines, la Charte n'est pas écrite en 1236, puisqu'elle a été transmise oralement de génération en génération par les griots mandingues. V. not. CELHTO, *La Charte de Kurukan Fuga. Aux sources d'une pensée politique en Afrique,* Paris, L'Harmattan, 2008, pp. 11-13.

[3] Article 14 : « n'offensez jamais les femmes nos mères » ; article 15 : « ne portez jamais la main sur une femme mariée avant d'avoir fait intervenir sans succès son mari ».

[4] Alioune BADARA FALL, « La Charte africaine des droits de l'homme et des peuples : entre universalisme et régionalisme », *in Pouvoirs,* vol. 2, n° 129, 2009, p. 77. V. également Joseph OWONA (dir.), *Encyclopédie juridique de l'Afrique : droit international et relations internationales,* t.2, Dakar, NEA, 1982, p. 357.

[5] Nations Unies/Haut-Commissariat des droits de l'Homme, « Les droits des femmes sont des droits de l'Homme », HR/PUB/14 février, 2014, p. 25.

La traite des êtres humains, phénomène millénaire et complexe tant sur le plan juridique que sociologique, est appréhendée par le droit international comme l'ensemble des actions incluant le recrutement, le transport, le transfert, l'hébergement ou l'accueil visant à prendre le contrôle des personnes par la ruse ou la force, en vue de leur exploitation économique[6]. Ce phénomène, dont la lutte a justifié l'adoption d'une batterie de textes à l'échelle internationale et régionale[7], survit au Nigeria sous des formes de plus en plus sophistiquées. L'une d'elles est la traite des femmes et des jeunes filles aux fins de prostitution. Le phénomène semble avoir trouvé un terreau fertile dans cet État fédéral[8] surnommé « géant d'Afrique »[9], qui est désormais identifié comme le pays d'Afrique de l'Ouest le plus actif dans le domaine[10].

Historiquement, c'est à partir de 1930 que ce trafic naguère dénommé « traite des blanches » en Europe, commence à véritablement se structurer au Nigeria. Comme l'observe Catherine Coquery-Vidrovitch, la

---

[6] L'article 3 (a) du Protocole visant à prévenir, réprimer et punir la traite des personnes, en particulier la traite des femmes et des enfants (Protocole relatif à la traite des personnes) de décembre 2003 définit la traite ses personnes comme : « le recrutement, le transport, le transfert, le détournement, le rapatriement, l'hébergement ou l'accueil de personnes, par le recours ou la menace de recours à la force ou aux armes ou à toutes autres formes de contrainte, d'enlèvement, de fraude, de tromperie, d'abus d'autorité ou d'une situation de vulnérabilité ou par l'offre ou l'acceptation de sommes d'argent ou avantages ou dons ou promesses de dons afin d'obtenir le consentement d'une personne ayant autorité sur une autre aux fins d'exploitation ».

[7] Les textes les plus pertinents qui forment le cadre juridique international sont la Convention du 2 décembre 1949 pour la répression de la traite des êtres humains et de l'exploitation de la prostitution d'autrui, la Convention contre la criminalité transnationale organisée de 2000 (Convention de Palerme) et son Protocole additionnel visant à prévenir, réprimer et punir la traite des personnes en particulier des femmes et des enfants (entrée en vigueur en 2003). On peut également mentionner la Convention pour l'élimination de toutes formes de discrimination à l'égard des Femmes de 1979 qui a été ratifiée sans réserve par le Nigeria le 13 juin 1985 et dont les principes sont repris par la Constitution de 1979.

[8] Le Nigeria est structuré par trois échelons de gouvernements à savoir l'État fédéral, les 36 États fédérés et les 774 *local government areas*. Les États fédérés sont Abia, Adamawa, Akwa Ibom, Anambra, Bauchi, Bayelsa, Benue, Borno, Cross River, Delta, Ebonyi, Edo, Ekiti, Enugu, Gombe, Imo, Jigawa, Kaduna, Kano, Katsina, Kebbi, Kogi, Kwara, Lagos, Nasarawa, Niger, Ogun, Ondo, Osun, Oyo, Plateau, Rivers, Sokoto, Taraba, Yobe et Zamfara.

[9] Le Nigeria est surnommé ainsi du fait de sa puissance économique et de son poids démographique. C'est le pays le plus peuplé d'Afrique et le 7e au monde avec 219 034 000 habitants en 2020.

[10] Catherine COQUERY-VIDROVITCH, « Genre et justice », *in Cahiers d'Études Africaines*, vol. 3, n° 187-188, 2007, p. 463.

recrudescence des migrations en vue de la prostitution de nombreuses femmes originaires des régions d'Opobo et d'Obubra est alors facilitée par la pauvreté, le manque d'opportunités d'emploi et la pression des familles[11]. Pour Ben Naanen « la prostitution à Cross River était une entreprise minutieusement organisée et associant un réseau de conseillers, souteneurs, syndicat de prostituées et prêteurs d'argent »[12]. Dans certains cas, les transactions étaient déguisées en mariages[13].

Le rappel de ces éléments historiques, essentiels pour mieux appréhender le phénomène, conforte l'idée selon laquelle il doit davantage être saisi dans sa réalité factuelle. En outre, au regard du statut ambigu de l'activité couramment appelée « prostitution »[14], elle est analysée ici à partir du présupposé de l'exploitation[15]. En effet, conformément à l'article 3 (a) in fine du Protocole relatif à la traite des personnes, « l'exploitation comprend au minimum, l'exploitation de la prostitution d'autrui (...) ». C'est la forme la plus répandue de l'exploitation sexuelle qui, en vertu du droit international des droits de l'Homme, constitue une atteinte grave aux droits humains. C'est le lieu de relever également que l'enlèvement des 276 filles du village de Chibok en 2014 par le groupe djihadiste Boko Haram, dans un but de conversion et de « mariage », a constitué une preuve supplémentaire de l'ampleur du phénomène et de l'urgence de son traitement[16].

L'opportunité d'une réflexion sur la protection des femmes et des filles contre la traite aux fins de prostitution au Nigeria se trouve dès lors

---

[11] Catherine COQUERY-VIDROVITCH, *Les africaines : histoire des femmes d'Afrique subsaharienne du XIXe au XXe siècle*, Paris, La Découverte, 2014, p. 204.

[12] Ben NAANEN, « Itinerant gold mines: prostitution in the Cross River basin of Nigeria, 1930-1950 », in *African Studies Review*, vol. 34, n° 2, 1991, p. 55.

[13] Les « *madams* » (proxénètes) versaient alors à la famille une somme d'argent censée correspondre à une dot. Cf. Laurent FOURCHARD, « Prêt sur gage et traite des femmes au Nigeria, fin XIXe - années 1950 », *in* Bénédicte LAVAUD-LEGENDRE (dir.), *Prostitution nigériane, entre rêves de migration et réalité de la traite*, Paris, Karthala, 2013, p. 28.

[14] Il ressort du statut des personnes prostituées qu'elles sont considérées par la Convention pour la répression de la traite des êtres humains et de l'exploitation de la prostitution d'autrui de 1949, soit comme des victimes de « l'exploitation » (Article 1), soit comme des personnes libres « se livrant à la prostitution » (Article 6).

[15] Louise TOUPIN, « Analyser autrement la "prostitution" et la "traite des femmes", *in Recherches féministes*, vol. 19, n° 1, 2006, p. 157.

[16] On compte environ 45 000 Nigérianes transportées chaque année en Europe pour devenir des prostituées. UNODC (Office des Nations Unies contre la drogue et le crime), « Stratégie régionale de lutte contre la traite des personnes et le trafic illicite des migrants : 2015-2020 ». Document disponible sur le lien www.unodc.org/westandcentralafrica.

justifiée. L'intérêt qui s'y rattache réside dans le fait qu'elle permet d'avoir un synopsis de la réponse juridique à une problématique qui éprouve l'État de droit, d'autant plus que le Nigeria se caractérise par un syncrétisme juridique assez marqué : droit écrit, Common Law, charia et droit coutumier. Il serait également intéressant de mettre en lumière les incohérences qui découlent de la mise en œuvre de ce système juridique et l'écart qui peut exister entre le « droit officiel » et le « droit effectif »[17]. Dès lors, même si « la loi ne peut pas tout prévoir (...) » comme le déclarait le doyen PORTALIS[18], une législation lacunaire sur une question aussi sensible serait une véritable boîte de pandore.

Ceci étant, la réflexion s'intéresse prioritairement au volet transnational (sans exclure le volet national) du phénomène. Ce choix est motivé par le fait que l'Europe demeure la principale destination des femmes victimes de la traite en provenance du Nigeria, en l'occurrence les pays comme l'Italie, la Belgique, la France, les Pays-Bas et le Royaume-Uni. L'ampleur du trafic est telle que le pays figure parmi les cinq États qui comptent le plus de victimes de traite dans les pays de l'Union européenne[19].

Considérant que la force normative d'un texte est liée à sa garantie[20], l'objectif de l'analyse est de démontrer que malgré le renforcement du cadre juridique relatif à la protection des femmes contre la traite, il persiste des pesanteurs de divers ordres qui obèrent la garantie juridictionnelle. Il devient dès lors judicieux de se demander comment appréhender la protection des femmes et des jeunes filles contre la traite aux fins de prostitution au Nigeria.

La réflexion qui s'inscrit dans le prolongement des études sur la lutte contre la traite des personnes s'appuie sur le normativisme, approche basée sur l'analyse des textes juridiques. Elle postule que le droit est un système hiérarchisé de normes dans lequel les normes supérieures communiquent leur validité à celles inférieures[21]. Aussi, comme le

---

[17] Alioune BADARA FALL, « Les tabous du constitutionnalisme en Afrique », *Synthèse des travaux du Colloque de Lomé II*, tenu du 16 au 19 juin 2011, p. 5.

[18] Jean-Marie Étienne PORTALIS, *Discours préliminaire du Code civil*, cité par Pierre LASCOUMES et Évelyne SEVERIN, « Théories et pratique de l'effectivité du droit », *in Droit et société*, n° 2, 1986, p. 128.

[19] Rapport de la Commission Nationale Consultative des Droits de l'Homme, *La lutte contre la traite et l'exploitation des êtres humains*, La documentation française, 2015, p. 95.

[20] Catherine THIBIERGE (dir.), *La force normative, naissance d'un concept*, Paris, LGDJ, 2009, p. 23.

[21] Hans KELSEN, *Théorie générale des normes*, Paris, PUF, coll. « Léviathan », 1999, p. 5.

soutiennent Michel VIRALLY et Santi ROMANO, l'édiction de la norme juridique doit s'accompagner de mécanismes de garantie de son application[22]. Elle est complétée par la casuistique, qui postule la prise en compte des cas, configurations particulières du réel, dans l'application d'une règle générale[23]. Aussi la prise en compte de données sociologiques apporte-t-elle un meilleur éclairage sur l'environnement d'application du droit[24]. L'opérationnalisation de ce décorum méthodologique à cette étude permet de mettre en exergue deux idées fortes. Il est question de démontrer que l'existence d'une panoplie d'instruments juridiques régionaux et nationaux, marqueur d'une protection juridique diversement consacrée (I), n'occulte pas la réalité d'une garantie juridictionnelle qui demeure substantiellement entravée (II).

I. UNE PROTECTION JURIDIQUE DIVERSEMENT CONSACRÉE

Les instruments juridiques africains de protection des droits de l'Homme, arrimés aux principes universels des droits de l'Homme, ne font référence à la traite des femmes et à leur exploitation sexuelle que de façon indirecte. Toutefois, cette consécration implicite des principes relatifs à la protection des femmes et des filles, opérée par le droit conventionnel africain (A) est complétée par une législation nigériane davantage explicite (B).

A. La consécration implicite des principes de protection des femmes et des filles par le droit conventionnel africain

Au rang des instruments régionaux des droits de l'Homme ratifiés par le Nigeria qui énoncent des principes relatifs à la protection des femmes et des filles, figure la Charte africaine des droits et l'homme et des peuples, qui le fait néanmoins, de façon assez laconique (1). Par contre, le Protocole de Maputo et la Charte africaine des droits et du bien-être de l'enfant sont plus prolixes sur la question (2).

---

22 Voir Jean KENFACK, *Les actes juridiques des communautés et organisations internationales d'intégration en Afrique centrale et occidentale*, Thèse de doctorat en droit, Université de Yaoundé 2-Soa, 2003, p. 24

23 François Xavier TESTU, « Casuistique », *in* Denis ALLAND et Stéphane RIALS (dir.), *Dictionnaire de la culture juridique*, Paris, PUF, 2003, p. 169

24 Comme le précise Eugen EHRLICH, théoricien du « *droit vivant* », le centre de gravité du droit ne réside ni dans la loi ni dans la jurisprudence, mais dans la société. V. not. Caterina SEVERINO, *La doctrine du droit vivant*, Paris, Economica, 2003, p. 9.

1. L'énonciation laconique de la Charte africaine des droits de l'homme et des peuples

La conception des droits de l'Homme à travers l'histoire s'est modelée dans divers canaux. Conçue comme un « mouvement sinusoïdal fait d'avancées et de retours, secoué par une dialectique qui provoque parfois des crises »[25], l'universalité des droits de l'Homme est proclamée par l'Assemblée générale des Nations Unies dans la Déclaration universelle des droits de l'homme du 10 décembre 1948. Elle sous-tend une conception commune et un consensus des peuples sur la nécessité de garantir les principes de justice, de liberté et de dignité humaine[26].

Après avoir reçu une définition juridique dans le protocole de Palerme, le concept de traite des personnes a continué à subir des interprétations au fil du temps. En Europe, il est appréhendé au début des années quatre-vingt-dix suivant l'approche sécuritaire, comme l'une des facettes de la criminalité transnationale organisée[27]. En Afrique par contre, c'est le lien univoque avec la dignité humaine qui est mis en perspective dans la Charte de Banjul. C'est d'ailleurs par une formule lapidaire contenue dans l'article 5 que le texte du 27 juin 1981 interdit l'exploitation et l'avilissement de la personne : « toute personne a droit au respect de la dignité inhérente à la personne humaine (...). Toutes formes d'exploitation et d'avilissement de l'homme notamment l'esclavage, la traite des personnes, la torture physique ou morale, et les peines ou les traitements cruels inhumains ou dégradants sont interdites ».

Ratifiée par le Nigeria le 22 juin 1983 et entrée en vigueur en octobre 1986, la Charte, fruit d'une conciliation entre « le particularisme culturel africain et l'universalité des droits de l'homme »[28], opte pour la généralité. Elle ne donne aucune définition de la traite des personnes et ne s'intéresse

---

[25] KEBA MBAYE, *Les droits de l'homme en Afrique…*, *op.cit.*, p. 44.

[26] Valentine ZUBER, *Le culte des droits de l'homme,* Paris, Gallimard, 2014, p. 325.

[27] En effet, c'est au milieu des années quatre-vingt-dix, dans le sillage de la chute du communisme, que les gouvernements d'Europe de l'Ouest commencent à s'inquiéter des flux migratoires clandestins venant de l'Europe de l'Est. Dans plusieurs pays, le sentiment de crise socio-économique et les incertitudes sur le degré d'intégration de ces vagues migratoires invitent à appréhender ces flux comme des « menaces », d'autant plus que prospèrent des formations politiques aux discours xénophobes. Lire Nadège RAGARU, « Du bon usage de la traite des êtres humains. Controverses autour d'un problème social et d'une qualification juridique », *in Genèses*, n° 66, 2007, pp. 69-89.

[28] Alioune BADARA FALL, « La Charte africaine des droits de l'homme et des peuples… », *op.cit.*, p. 86.

pas de façon claire à la question de la traite des femmes et des filles sur le continent. L'alinéa 3 de l'article 18 mentionne simplement l'obligation pour les États de veiller à l'élimination de toute forme de discrimination contre la gent féminine et d'assurer la protection de ses droits tels que proclamés dans les conventions internationales.

Dans la mesure où la ratification indique le consentement de l'État partie à être lié, le Nigeria assume désormais l'obligation de se faire appliquer les dispositions de la Charte africaine des droits de l'homme et des peuples. Le caractère implicite des énoncés susmentionnés n'empêche donc pas leur invocation dans l'ordre interne pour réprimer les actes de traite des femmes aux fins d'exploitation sexuelle.

2. L'énonciation prolixe du Protocole de Maputo et de la Charte africaine des droits et du bien-être de l'enfant

Le droit conventionnel africain se penche pleinement sur le phénomène de la traite dans deux textes spécifiques : le Protocole à la Charte africaine des droits de l'homme et des peuples, relatif aux droits des femmes en Afrique (Protocole de Maputo) et la Charte africaine sur les droits et le bien-être de l'enfant. Le Protocole de Maputo, instrument juridique crucial pour la protection des droits des femmes en Afrique, élargit et renforce les droits proclamés dans les instruments internationaux. Ce texte, adopté le 11 juillet 2003 à Maputo par la deuxième session ordinaire de la Conférence de l'Union africaine, énonce un ensemble de principes protecteurs des femmes. Ceux relatifs à la traite des personnes sont consacrés sous les oripeaux du droit à la dignité, du droit à la sécurité et du droit à l'intégrité, qu'il revient aux États de garantir aussi bien en temps de paix qu'en période de conflit (article 11)[29].

Dans la même veine, conformément à l'alinéa 3 de l'article 3 du Protocole de Maputo, les États s'engagent à adopter et à mettre en œuvre « les mesures appropriées en vue d'interdire toute exploitation des femmes ou tout traitement dégradant à leur égard ». Par ailleurs, l'alinéa 1er de l'article 4, dans une formule itérative, rappelle que « toute femme a droit au respect de sa vie, de son intégrité physique et à la sécurité de sa

[29] En vertu de l'article 11 relatif à la protection des femmes dans les conflits armés, *« les États s'engagent à protéger les femmes demandeurs d'asile, réfugiées, rapatriées ou déplacées contre toutes les formes de violence, de viol et autres formes d'exploitation sexuelle et à s'assurer que de telles violences soient considérées comme des crimes de guerre, de génocide et/ou de crimes contre l'humanité et que les auteurs de tels crimes soient traduits devant des juridictions compétentes ».*

personne. Toutes formes d'exploitation, de punition et de traitement inhumain ou dégradant doivent être interdites ». Aussi, l'alinéa 2 (g) de l'article 4 mentionne que « les États s'engagent à prendre des mesures appropriées et effectives pour : prévenir et condamner le trafic de femmes, poursuivre les auteurs de ce trafic et protéger les femmes les plus exposées à ce risque ».

En ce qui concerne la Charte africaine des droits et du bien-être de l'enfant adoptée à Addis Abeba le 11 juillet 1990 (et ratifiée par le Nigeria le 23 juillet 2001), elle garantit à toute personne âgée de moins de dix-huit ans, le droit de ne pas être soumise à une quelconque forme d'exploitation. Elle aborde de manière claire le problème de la traite des personnes dans les articles 15, 24, 27 et 29. L'article 15, qui protège les enfants contre l'exploitation économique, est renforcé par l'article 27 qui interdit « toute forme d'exploitation ou de mauvais traitements sexuels » à l'égard de ces derniers. Les États sont par conséquent tenus de prendre des mesures pour empêcher « l'incitation, la coercition ou l'encouragement d'un enfant à s'engager dans toute activité sexuelle » et « l'utilisation d'enfants à des fins de prostitution ou toute autre pratique sexuelle »[30]. Pour clore ce chapelet de mesures, l'article 29 (a) prohibe le trafic d'enfants « à quelque fin que ce soit ou sous toute forme que ce soit ».

La clarté de ces dispositions illustre la place centrale des problématiques de la protection des droits des personnes de sexe féminin (majeures ou mineures) dans le droit international africain[31]. Toutefois, les engagements pris par les États doivent trouver un cadre d'expression dans la législation interne. C'est dans cette optique qu'en 2001, la Commission africaine des droits de l'homme et des peuples dans l'affaire Social and Economic Right Centre (SERAC) et autres c. rappelait que la protection est avant tout une obligation à la charge de l'État qui doit s'effectuer par l'adoption des lois et surtout leur application rigoureuse[32].

---

30 Alinéa 1er de l'article 27 de la Charte africaine des droits et du bien-être de l'enfant

31 Il ne serait pas superflu de préciser que l'on souscrit entièrement à la thèse de Pierre François GONIDEC et de Joseph-Marie BIPOUN-WOUM sur l'existence d'un droit international africain autonome et structuré. V. not. Pierre-François GONIDEC, « Existe-t-il un droit international africain ? », *in African Journal of International and Comparative Law*, n° 2, vol. 5, 1993, pp. 243-259 ; Joseph Marie BIPOUN-WOUM, *Le droit international africain : problèmes généraux, règlement des conflits*, Paris, LGDJ, coll. « Bibliothèque africaine et malgache », 1970.

32 *Commission Africaine des droits de l'homme et des peoples, Social and Economic Right Centre and Others v. Nigeria, 2001, Section 45.*

B. La consécration explicite des principes de protection des femmes et des filles par le droit national nigérian

De façon explicite et claire, le droit nigérian interdit et sanctionne les actes de traite des femmes et des filles aux fins de prostitution. Néanmoins, l'on remarque que la précision de la législation fédérale sur la question (1), contraste avec le caractère spécieux de la législation des entités fédérées (2).

1. La précision de la législation fédérale nigériane

Pour une action efficace dans la lutte contre la traite des femmes, il est impératif que les pays d'origine, de transit et de destination prennent des mesures destinées à punir les trafiquants et à protéger les victimes. Cette proposition est entièrement reçue et traduite dans la législation fédérale nigériane. D'abord dans la Constitution de 1999, à travers son article 34 qui garantit le droit à la dignité humaine[33]. Ensuite dans la loi de 2014 qui abroge celle de 2003 sur la traite des personnes. Enfin dans le criminal code act applicable dans le sud du Nigeria et dans penal code act[34] applicable dans les 12 États du nord[35]. Pour l'un des plus grands textes de l'après-guerre sur les droits de l'Homme, à savoir la Convention pour la répression de la traite des êtres humains et de l'exploitation de la prostitution d'autrui (1949), « la prostitution et le mal qui l'accompagne à savoir la traite des êtres humains en vue de la prostitution sont incompatibles avec la dignité et la valeur de la personne humaine et mettent en danger le bien-être de l'individu, de la famille et de la communauté »[36]. Au bénéfice de cette considération, il convient de souligner que, comme l'a rappelé la juge Binta Nyako de la Haute Cour

---

[33] L'article 34 de la Constitution de 1999 mentionne que: "*Every individual is entitled to respect for the dignity of his person, and accordingly - (a) no person shall be subject to torture or to inhuman or degrading treatment*".

[34] L'article 233 du *penal code act* prévoit une peine d'emprisonnement de deux à sept ans pour quiconque détourne une Nigériane dans le but de la prostituer à l'intérieur du pays ou à l'étranger.

[35] Les États du nord du Nigeria sont Zamfara, Kano, Sokoto, Katsina, Bauchi, Borno, Jigawa, Kebi, Yobe, Kaduna, Niger et Gombe.

[36] DINAH DERYCKE (ancienne sénatrice française) y voit un « *jugement de valeur négatif sur la prostitution* ». Cf. Leman TOSUN, *La traite des êtres humains : étude normative,* Thèse de doctorat en droit public, Université de Grenoble, 2011, p. 52.

d'Abuja, le 19 décembre 2019, au Nigeria, la prostitution n'est ni autorisée ni formellement interdite par la loi fédérale[37].

C'est comme pour pallier ce vide que la loi du 14 juillet 2003 sur l'interdiction de la traite des personnes, qui au passage crée la National Agency for the Prohibition of Trafficking in Persons (NAPTIP)[38], met un accent particulier sur la prévention de la pédophile et du tourisme sexuel. Elle exige à cet effet aux agents de voyage de notifier à leurs clients l'obligation qui leur incombe de ne faciliter de quelque manière que ce soit la traite des personnes[39]. Dans sa version nouvelle, car ayant été abrogée par la loi de 2015, elle punit aussi bien la tentative de traite des personnes (article 18) que la traite des personnes pour des fins autres que sexuelles (article 23). Sur le plan jurisprudentiel, les affaires AGF contre Zulai Garba & Aisha Abdullahi ; et AGF contre Emmanuel Eromoselede 2015 illustrent la volonté manifeste de sanctionner les coupables, même si dans ces espèces, les condamnations prononcées frappent par leur clémence[40].

---

[37]L'arrestation des prostituées par les forces de police est une pratique courante au Nigeria. Ces dernières sont parfois déférées au parquet sous l'accusation de racolage ou de vagabondage, délits passibles d'une peine d'emprisonnement pouvant aller jusqu'à trois ans. Toutefois, la juge BINTA NYAKO de la Haute Cour d'Abuja dans un jugement rendu le 19 décembre 2019 a rappelé que même si la prostitution n'est ni légale ni réglementée au Nigeria, pour le moment aucune loi fédérale nigériane ne l'interdit formellement.

[38] La NAPTIP a pour missions de prévenir la traite des personnes, de poursuivre les trafiquants, d'enquêter sur les cas de traite et de réhabiliter les victimes.

[39] À l'article 28, il est prévu une peine d'emprisonnement de trois ans ou une amende de 200 000 nairas ou les deux pour tout gérant d'entreprise impliqué activement ou passivement (du fait de sa négligence) dans le trafic des femmes. Pour l'entreprise, il est prévu une amende de 2 millions de Nairas, la fermeture de l'établissement et la confiscation des biens dont le produit est versé au Fonds d'affectation aux victimes de la traite.

[40] Dans l'affaire *AGF contre ZulaiGarba & AishaAbdullahi* relative à la traite de 24 filles âgées de 8 à 13 ans de la localité de Wudil (État de Kano) à Lagos pour y servir de domestiques et de prostituées, le juge a prononcé le 2 décembre 2015, une condamnation d'un an d'emprisonnement à l'encontre des auteurs. Dans la seconde affaire, *AGF* contre *Emmanuel Eromosele*, l'accusé a été reconnu coupable de violation de l'article 18, en essayant d'acheminer deux jeunes femmes âgées de 17 et 20 ans de Delta vers la Libye en passant par Kano pour travailler comme prostituées. Il a été condamné à deux ans d'emprisonnement. Ministère fédéral de la Justice (Abuja), *6e rapport périodique-pays du Nigeria 2015-2016 sur la mise en œuvre de la Charte africaine des droits de l'homme et des peuples au Nigeria*, 2017, pp. 31-34.

2. La spéciosité de la législation des entités fédérées

L'originalité de l'État nigérian tient non seulement à son fédéralisme qui s'est mis en place de façon progressive[41], mais aussi à son système juridique qui combine droit écrit, common law, droit coutumier et droit islamique. Dès lors, le caractère spécieux de la législation des entités fédérées s'observe aussi bien dans les lois des États du sud que dans les lois islamiques applicables dans les États du nord.

Concernant les douze États du nord, s'appuyant sur leur pouvoir constitutionnel de légiférer sur les questions pénales, ils réintroduisent en 1999 le droit pénal islamique, sous la forme de codes pénaux islamiques. Ces textes, applicables exclusivement aux musulmans[42], n'évoquent ni ne condamnent clairement la traite des femmes. Ils se limitent à réprimer la prostitution et les activités connexes. Il faut néanmoins relever que ce droit pénal islamique qui « doit [sa] popularité à sa capacité à donner des réponses rapides, empreintes d'une forte légitimité, car directement inspirées des préceptes islamiques »[43], se caractérise par le caractère discriminatoire et la cruauté de ses sentences. C'est le cas des châtiments huddud, qui prévoient des peines comme l'amputation de la main (en cas de vol) et la lapidation (en cas d'adultère)[44].

Au rang des États du sud, seul l'État d'Edo a adopté une loi sur la traite des femmes. C'est également de cet État que provient la majorité des femmes nigérianes sexuellement exploitées en Europe, notamment en

---

[41] À son accession à l'indépendance en 1960, le Nigeria était une fédération de trois régions autonomes (Nord, Ouest et Est), reflétant les principales composantes de la population (*haoussa*, *yoruba* et *igbo*). Avec la création en 1963 de l'État du Mid-West le nombre de régions passe à quatre. La même année, un système d'administration fédéral doté d'une structure à trois paliers composés de l'État fédéral et de pouvoirs locaux est mis en place. En 1967, les régions sont abrogées et 12 États sont créés. Le nombre d'États passe à 19 en 1976, à 21 en 1987 et à 36 en 1991. En réalité, ce développement du fédéralisme a consisté aussi à satisfaire les revendications des classes dirigeantes locales qui vont prendre de l'ampleur avec les débuts de l'exploitation pétrolière à la fin des années soixante. V. not. Carl ENGELSEN, « Système institutionnel et exercice du pouvoir au Nigeria », *Afrique contemporaine* », vol 3, n° 239, 2011, p. 137.

[42] Albert DEKKER et Philip OSTIEN, « L'application du droit pénal islamique dans le nord Nigeria », *Afrique contemporaine* », vol 3, n° 231, 2009, p. 248

[43] *Ibid.*, p. 162.

[44] Daniel BACH, « Applications et implications de la charia : fin de partie au Nigeria », *Pouvoirs*, vol 1, n° 104, 2003, p. 130.

Italie[45], et celui qui présente les chiffres les plus préoccupants[46]. C'est la raison pour laquelle, l'Edo State House of Assembly (organe législatif de l'État) a adopté le 11 septembre 2000 une loi qui amende certaines dispositions du chapitre 48 du Code pénal, notamment les articles 222 (a), 223 et 225 (a)[47] pour étendre leur portée. Malgré cet effort, l'on relève un laxisme marqué dans l'application de ces dispositions. Il est à cet effet symptomatique de constater que les réseaux de trafic sexuel, les filières de prostitution et les groupes cultist continuent d'opérer et de recruter massivement les filles dans l'État, notamment à Bénin City[48].

II. UNE GARANTIE JURIDICTIONNELLE SUBSTANTIELLEMENT ENTRAVÉE

De peur qu'elle ne passe pour une sorte de miroir aux alouettes, la proclamation des droits doit s'accompagner d'une garantie juridictionnelle efficace. Pourtant, il est remarquable d'observer qu'au Nigeria, la protection des femmes et des jeunes filles contre la traite aux fins de prostitution est durement obérée par des pesanteurs inhérentes autant au droit local (A) qu'au contexte social (B).

A. Les entraves inhérentes au droit local

Dans les États du nord du Nigeria, l'application du droit charrie un certain nombre d'incohérences. La plupart trouvent leur origine dans la cohabitation parfois difficile de deux types de législations pénales dans le pays (1). À cela s'ajoute le silence du droit pénal islamique sur la question de la traite des femmes aux fins de prostitution (2).

---

[45] Bénédicte LAVAUD-LEGENDRE, « Les femmes soumises à la traite des êtres humains adhèrent-elles à l'exploitation ? Une mauvaise formulation pour un vrai problème. Étude réalisée auprès de Nigérianes sexuellement exploitées en France », *in Archives de politique criminelle*, vol 1, n° 34, 2012, p. 105.

[46] En moyenne sur 25 femmes nigérianes qui arrivent en Europe, 23 sont originaires de l'État d'Edo. Céline CHARTRAIN, « Les droits des femmes au Nigeria : de la discrimination au trafic humain », Observatoire Pharos, 2018. Disponible sur https://www.observatoirepharos.com/pays/nigeria/droits-femmes-nigeria-de-discrimination-trafic-humain.

[47] Ces dispositions qui incriminent désormais toute personne qui encourage la traite des femmes, notamment les membres de la famille de la victime et les chefs religieux, érigent la prostitution en délit.

[48] Bénédicte LAVAUD-LEGENDRE et Cécile PLESSARD, « Les groupes *cultist* nigérians et la traite des êtres humains », *Revue de science criminelle et de droit pénal comparé*, vol 4, n° 4, 2019, p. 789.

1. Les incohérences de la cohabitation de deux types de législations pénales dans les États du nord du Nigeria

Le questionnement sur l'adéquation entre les énoncés normatifs se rapportant à la question de la traite des femmes et des filles au Nigeria et leur réalisation sociale permet de mettre en lumière certaines ambiguïtés. L'on note à ce propos que, du fait de l'histoire, l'ordre juridique nigérian produit des normes concurrentielles, pouvant le cas échéant entrer en compétition. Cela peut résulter de la coexistence de deux types de lois pénales, comme c'est le cas dans le nord. Il convient à ce niveau de préciser que parmi les douze États du Nigeria ayant institué la charia, les États de Kaduna, de Niger et de Gombe ne l'ont instaurée que dans les régions où il y a une forte population musulmane[49].

Dans ces États du nord qui appliquent la charia, l'on note la coexistence de deux codes pénaux parallèles, à savoir le Code pénal nigérian et le Code pénal islamique. Pour un même délit, ces textes prévoient souvent des sanctions distinctes, si bien qu'on est traité différemment en fonction de sa religion. La première incohérence provient de ce que dans de nombreux États du nord, ces codes pénaux islamiques ont dans la pratique supplanté le Code pénal nigérian[50]. L'autre incohérence tient à l'adhésion au code de la charia, qui dans certains États est obligatoire pour les musulmans, tandis qu'elle est facultative dans d'autres.

Ces vicissitudes de l'application du droit pénal islamique sont illustrées de façon remarquable par les controverses suscitées par les sentences des tribunaux d'appel de la charia des États de Katsina et de Niger. Il s'agit de deux célèbres espèces rendues en 2002 à savoir l'affaire Amina Lawal et Ahmadu Ibrahim et l'affaire Fatima Usman d'août 2002[51]. La question de la constitutionnalité de ces codes pénaux islamiques a pour l'occasion été posée. Un début de solution a d'ailleurs été trouvé puisque hormis l'insertion dans les codes de dispositions qui excluent les non-musulmans du champ d'application du droit pénal islamique, ce sont désormais les

---

[49] Philip OSTIEN et UMARU, « Changes in the law in the sharia states aimed at suppressing social vices », in Philip OSTIEN (dir.), *Sharia implementation in northern Nigeria 1999-2006: a sourcebook*, Ibadan, Spectrum Books Limited, 2007, p. 9.

[50] Albert DEKKER et Philip OSTIEN, « L'application du droit pénal islamique dans le nord-Nigeria », *op.cit.*, p. 255.

[51] À l'occasion des affaires *Amina Lawal* et *Ahmadu Ibrahim et Fatima Usman* d'août 2002, les tribunaux d'appel de la charia des États de Katsina et du Niger ont en effet validé les peines de lapidation pour relations sexuelles hors mariage. Toutefois, elles n'ont pas été appliquées.

cours d'appel de la Fédération qui ont compétence pour réexaminer les jugements prononcés en instance[52].

2. Le silence du droit pénal islamique nigérian sur la question de la traite des femmes aux fins de prostitution

Aux termes de l'article 36 de la Constitution nigériane, les infractions pénales doivent être « définies, et la peine les sanctionnant (...) prévue dans une loi écrite », à savoir une « loi votée par l'Assemblée nationale ou une loi d'un État [ou] toute législation ou instrument subsidiaire aux termes des dispositions d'une loi ». Le pouvoir constitutionnel d'administrer leur propre système judiciaire a ainsi permis aux douze États appliquant la charia de réinstaurer des tribunaux islamiques. Ceux-ci coexistent désormais avec les tribunaux civils (magistrate courts) et les tribunaux de droit coutumier (customary courts).

À l'observation, alors que le Code pénal nigérian prévoit des sanctions contre les personnes impliquées directement ou indirectement dans le trafic des femmes pour leur exploitation sexuelle (articles 222 a, 223 et 225 a)[53], le droit pénal islamique demeure silencieux sur la question. Il se limite à punir la prostitution et à réprimer certains « vices sociaux » et les comportements « non islamiques », comme la consommation d'alcool, les jeux de hasard et les divertissements déviants[54]. Cette situation pour le moins paradoxale qui au demeurant ne contribue pas à renforcer la garantie juridictionnelle des droits des femmes est à questionner. Ceci d'autant plus que la prise de proportions inquiétantes de la traite des femmes a motivé la mise sur pied d'institutions opérationnelles comme la National Agency for the Prohibition of Trafficking in Persons (NAPTIP) en 2003 et l'Edo State Taskforce Against Human Trafficking (ETAHT) en 2017[55].

---

52 Daniel BACH, « Applications et implications de la charia : fin de partie au Nigeria », *op. cit.*, p. 127.

53 Ces dispositions punissent autant les recruteurs, les facilitateurs, les proxénètes que les gérants de bordels.

54 Albert DEKKER et Philip OSTIEN, « L'application du droit pénal islamique dans le nord Nigeria », *op. cit.*, p. 248.

55 Il s'agit d'une task force mise en place en 2017 par le gouverneur de l'État d'Edo, M. Godwin OBASEKI pour endiguer le phénomène de la traite des personnes dans l'État.

B. Les entraves inhérentes au contexte social

Le synopsis de la protection des droits fondamentaux des femmes et des jeunes filles au Nigeria donne à voir une garantie juridictionnelle inhibée par des réalités socio-économiques propres à la société nigériane (1). En outre, le poids des considérations culturelles et cultuelles (2) est révélateur de la profonde complexité de cette société.

1. Une garantie juridictionnelle inhibée par les réalités socio-économiques

Le rapport 2020 de la NAPTIP dénombre 886 cas de traite des femmes au Nigeria, soit 119 filles ayant 12 et 17 ans et 451 femmes ayant plus de 18 ans[56]. Le profil de ces femmes renseigne à suffire sur leur degré de vulnérabilité. En plus de l'âge, d'autres facteurs déterminants sont identifiés à l'instar de la pauvreté, la pression du cercle familial, l'acceptation sociale de la prostitution (dans certains États) et l'analphabétisme. Ce dernier facteur est en nette augmentation depuis la percée du groupe radical Boko Haram[57]. Malgré les bons chiffres macroéconomiques[58], le Nigeria est en proie à une pauvreté endémique qui accroît la vulnérabilité des jeunes femmes. C'est la raison pour laquelle les réseaux de trafic sont plus actifs dans les États pauvres comme Edo, Delta, Abia, Akwa, Ibom, Cross River et Enugu[59]. Il convient d'y ajouter la pression des familles sur les jeunes filles, si bien que dans la plupart des réseaux structurés, c'est dès le recrutement que les parents sont informés du montant de la « dette » que la fille devra rembourser à sa « madam »[60].

Une autre entrave majeure à l'efficacité de la garantie juridictionnelle est le phénomène de « l'acceptation sociale accrue de la prostitution » au

56 NAPTIP/Research and Programme Development Department, *2020 Data analysis*, 2020, pp. 5 et s.

57 Selon les données de l'Unesco, en 2010, on dénombrait environ 105 millions d'enfants non scolarisés au Nigeria, dont 60 % de filles. Avec la recrudescence des exactions de Boko Haram (assassinat des enseignants, destruction des écoles et enlèvement d'enfants), le niveau de scolarisation des filles a davantage baissé. SOS Enfants, Unicef *L'éducation en péril en Afrique de l'Ouest et centrale*, New York, 2019.

58 Slim DALI, « Nigeria : première économie du continent aux ambitions contraintes », *Workingpaper - AFD*, 2017, p. 5.

59 EuropeanA sylum Support Office (EASO), *Nigeria : traite des femmes à des fins sexuelles*, octobre 2015, p. 12.

60 FRONTEX: European Union Agency, *Handbook on Risk Profiles on Trafficking in Human Beings*, 2015, p. 62.

Nigeria[61]. Dans certains États, la prostitution est vécue comme un sacrifice consenti par la jeune femme pour le bien-être de la famille. Il ressort à ce propos du rapport de l'European Asylum Support Office (EASO) que « dans l'État d'Edo et en particulier à Bénin City, la prostitution à l'étranger s'est normalisée, parce qu'elle a été décrite comme prestigieuse et comme une manière de gagner des devises fortes, qui représentent beaucoup d'argent[62].

L'on note également que dans certains cas, les jeunes femmes qui voient dans la prostitution en Europe un moyen de sortir les leurs d'une situation précaire refusent de collaborer avec la justice. Ce qui a fait dire à Kristin KASTNER que dans la majorité des cas de traite des femmes aux fins de prostitution, il n'y a « ni victimes purement passives ni actrices exclusivement créatives, elles sont les deux à la fois »[63]. Cette observation est confirmée par EUROPOL, qui souligne dans son rapport que la plupart des Nigérianes victimes de la traite se perçoivent comme de simples migrantes qui doivent rembourser une dette. Elles vont parfois jusqu'à considérer la « madam » et le « trolley » (passeur) comme des bienfaiteurs. Certaines deviennent souvent membres des groupes criminels qui les exploitent, pour finir plus tard, par assumer le rôle de « madam » en exploitant d'autres victimes[64].

2. Une garantie juridictionnelle inhibée par le poids des considérations culturelles et cultuelles

La plupart des tribus des États du Nigeria sont patriarcales et patrilinéaires. Pour s'en convaincre, dans certaines communautés traditionnelles comme la communauté Esan de l'État d'Edo, la coutume prévoit que les filles n'ont pas droit à l'héritage du père[65]. À défaut de se marier, la jeune fille est encouragée à quitter la famille à l'âge nubile de peur de la déshonorer. Dans un contexte de pauvreté et de manque

---

61 Tim BRAIMAH, « Sex trafficking in Edo state, Nigeria: causes and solutions », in *Global Journal of Human - Social Science Research*, vol. 13, n° 3, 2013, p. 28.

62 European Asylum Support Office (EASO), *Nigeria : traite des femmes à des fins sexuelles*, *op. cit.*, p. 15

63 Kristin KASTNER, « Moving relationships: family ties of Nigeria migrants on their way to Europe », in *African and Black Diaspora: an international journal*, vol. 3, 2010, p. 31.

64 EUROPOL, *Trafficking in Human Beings in the European Union*, September 2011, p. 12.

65 Certaines maximes exprimées dans l'idiome *Esan* traduisent bien cela : « *Okhuo ile Agada bhe uku !* » (Une femme n'hérite jamais de l'épée !). Thomas OSEYI EBHOMIENLEN, « Widowhood in Esanland », *Journal of Humanities and Social Science*, vol. 5, n° 25, p. 12.

d'emploi, plusieurs jeunes femmes sont ainsi tentées par l'immigration vers cette Europe, perçue comme une sorte d'eldorado.

Sur le plan religieux, en dehors de l'islam et du christianisme, la religion traditionnelle jouit d'une grande popularité au Nigeria. En témoigne la prolifération des temples destinés aux divinités. Ainsi, dans le modus operandi de la traite des femmes et des jeunes filles aux fins de prostitution, les stratégies d'emprise reposent principalement sur des considérations cultuelles, comme le confirme la vitalité de la pratique du « juju ». Il s'agit d'une forme de vaudou qui inspire la peur et qui se caractérise par son côté asservissant[66]. Ainsi, avant d'entreprendre le voyage vers l'Europe, les jeunes filles subissent un rituel « juju » au cours duquel elles prêtent des serments de fidélité (à la déesse AYELALA en l'occurrence). Ces serments sont censés les lier magiquement à leurs proxénètes[67]. Lors de ces cérémonies, auxquelles prennent part le prêtre traditionnel (native doctor), les représentants de la « madam » et parfois des membres de la famille des jeunes filles, ces dernières « doivent jurer de respecter la loi du silence et d'obéir aveuglément aux organisateurs du trafic », au risque de voir leurs proches subir un sort funeste[68]. Ce contrôle psychologique a pour le but d'empêcher les jeunes femmes de révéler l'identité des trafiquants, les détails du deal et ainsi garantir le remboursement d'une « dette » généralement élevée[69].

Conclusion

La recrudescence du phénomène de la traite des femmes et des filles aux fins de prostitution au Nigeria traduit non seulement la vulnérabilité de la jeune femme nigériane, mais aussi la difficulté qu'éprouve le droit à lui garantir une protection efficace. La multitude des textes internationaux, régionaux et nationaux condamnant ce trafic qui viole la dignité humaine

---

66 Françoise GUILLEMAUT, « Sexe, juju et migrations. Regard anthropologique sur les processus migratoires de femmes africaines en France », *Recherches sociologiques et anthropologiques*, n° 1, 2008, p. 3.

67 *Idem.*

68 Mathilde DARLEY, « Le statut de la victime dans la lutte contre la traite », *in Critique internationale*, n° 30, 2006, p. 108.

69 Selon EUROPOL, il faut environ 2 à 4 ans aux victimes pour se libérer de la dette, généralement libellée en euros et qui augmente parfois pour punir les « mauvais » comportements, comme un avortement ou une grossesse. EUROPOL, *Trafficking in Human Beings in the European Union*, *op. cit.*, p. 17.

fait face à de nombreuses incohérences liées notamment à l'application du droit. Par ailleurs, hormis la peur des représailles, certaines réalités contextuelles qui peuvent être sociales, culturelles et cultuelles influencent directement ou indirectement le comportement des victimes. Ces facteurs obèrent l'efficacité de la garantie juridictionnelle et fragilisent la dynamique de construction de l'État de droit au Nigeria. Dans la mesure où, pour gagner en efficacité, le droit doit dépasser les fonctions prescriptive et répressive pour intégrer celle promotionnelle, le renforcement de la garantie juridictionnelle passe nécessairement par une application rigoureuse, voire sévère de la législation nigériane par les juges, ainsi que par la révision et l'harmonisation des lois aux dispositions contradictoires. Il est également question de mettre l'accent sur la sensibilisation, l'éducation et la formation, pour l'autonomisation de la jeune femme nigériane.

Références bibliographiques

1. Albert DEKKER et Philip OSTIEN, « L'application du droit pénal islamique dans le nord-Nigeria », in Afrique contemporaine, vol.3, n° 231, 2009, pp. 245-264.

2. Alioune BADARA FALL, « Les tabous du constitutionnalisme en Afrique », Synthèse des travaux du Colloque de Lomé II, tenu du 16 au 19 juin 2011, 8 p.

3. Ben NAANEN, « Itinerant gold mines: prostitution in the Cross River basin of Nigeria, 1930-1950 », in African Studies Review, vol. 34, n° 2, 1991, pp. 57-79.

4. Bénédicte LAVAUD-LEGENDRE, « Les femmes soumises à la traite des êtres humains adhèrent-elles à l'exploitation ? Une mauvaise formulation pour un vrai problème. Étude réalisée auprès de Nigérianes sexuellement exploitées en France », in Archives de politique criminelle, n° 34, 2012, pp. 103-121.

5. Bénédicte LAVAUD-LEGENDRE et Cécile PLESSARD, « Les groupes cultist nigérians et la traite des êtres humains », Revue de science criminelle et de droit pénal comparé, n° 4, 2019, p. 781 - 803.

6. Carl ENGELSEN, « Système institutionnel et exercice du pouvoir au Nigeria », in Afrique contemporaine, n° 239, 2011, pp. 136-139.

7. Caterina SEVERINO, La doctrine du droit vivant, Paris, Economica, 2003, 282 p.

8. Catherine COQUERY - VIDROVITCH, « Genre et justice », in Cahiers d'Études Africaines, vol.3, n° 187-188, 2007, pp. 461-494.

9. Catherine COQUERY-VIDROVITCH, Les Africaines : histoire des femmes d'Afrique subsaharienne du XIXe au XXe siècle, Paris, La Découverte, 2014, 395 p.

10. Catherine THIBIERGE (dir.), La force normative : naissance d'un concept, Paris, LGDJ, 2009, 891 pp.

11. CELHTO, La Charte de Kurukan Fuga. Aux sources d'une pensée politique en Afrique, Paris, L'Harmattan, 2008, 164 pp.

12. Daniel BACH, « Applications et implications de la charia : fin de partie au Nigeria », in Pouvoirs, n° 104, 2003, pp. 121-133.

13. François-Xavier TESTU, « Casuistique », in Denis ALLAND et Stéphane RIALS (dir.), Dictionnaire de la culture juridique, Paris, PUF, 2003, pp. 2-13.

14. Françoise GUILLEMAUT, « Sexe, juju et migrations. Regard anthropologique sur les processus migratoires de femmes africaines en France », in Recherches sociologiques et anthropologiques, n° 1, 2008, pp. 10-25.

15. Joseph Marie BIPOUN-WOUM, Le droit international africain : problèmes généraux, règlement des conflits, Paris, LGDJ, 1970, 327 p.

16. Joseph OWONA (dir.), Encyclopédie juridique de l'Afrique : droit international et relations internationales, tome II, Dakar, NEA, 1982, 396 p.

17. KEBA MBAYE, Les droits de l'homme en Afrique, Paris, A. Pedone, 1ère éd., 1992, 307 p.

18. Kristin KASTNER, « Moving relationships: family ties of Nigeria migrants on their way to Europe », in African and Black Diaspora: An International Journal, vol.3, 2010, pp. 17-34.

19. Laurent FOURCHARD, « Prêt sur gage et traite des femmes au Nigeria, fin XIXe - années 1950 », in Bénédicte LAVAUD-LEGENDRE (dir.), Prostitution nigériane, entre rêves de migration et réalité de la traite, Paris, Karthala, 2013, pp. 15-33.

20. LEMAN TOSUN, La traite des êtres humains : étude normative, Thèse de doctorat en droit public, Université de Grenoble, 2011, 433 p.

21. Louise TOUPIN, « Analyser autrement la "prostitution" et la "traite des femmes", in Recherches féministes, vol. 19, n° 1, 2006, pp. 153-176.

22. Mathilde DARLEY, « Le statut de la victime dans la lutte contre la traite », in Critique internationale, n° 30, 2006, pp. 103-122.

23. Nadège RAGARU, « Du bon usage de la traite des êtres humains. Controverses autour d'un problème social et d'une qualification juridique », in Genèses, n° 66, 2007, pp. 69-89.

24. Philip OSTIEN et UMARU, « Changes in the law in the sharia states aimed at suppressing social vices », in Philip OSTIEN (dir.), Sharia implementation in northern Nigeria 1999-2006 : a sourcebook, Ibadan, Spectrum Books Limited, 2007, pp. 9-75

25. Pierre LASCOUMES et Évelyne SEVERIN, « Théories et pratique de l'effectivité du droit », in Droit et société, n° 2, 1986, pp. 126-39.

26. Pierre-François GONIDEC, « Existe-t-il un droit international africain ? », in African Journal of International and Comparative Law, n° 2, vol. 5, 1993, pp. 243-259.

27. Thomas OSEYI EBHOMIENLEN, « Widowhood in Esanland », Journal of Humanities and Social Science, vol.5, n° 25, pp. 6-17.

28. Tim BRAIMAH, « Sex trafficking in Edo state, Nigeria : causes and solutions », in Global Journal of Human - Social Science Research, vol. 13, n° 3, 2013, pp. 17-29.

29. Valentine ZUBER, Le culte des droits de l'homme, Paris, Gallimard, 2014, 405 p.

LA PERSISTANCE DES DÉFIS LIÉS À LA RECRUDESCENCE DE LA TRAITE DES ÊTRES HUMAINS EN AFRIQUE

Ebénézer MUNKAM
Doctorant en droit à l'Université de Douala
Diplômé de l'IRIC
munkamebenezer@yahoo.com

Résumé

La prohibition internationale de l'esclavage et de la traite des personnes n'a pas emporté leur disparition effective. Elle a juste « donné l'impression trompeuse qu'ils avaient pratiquement disparu ». L'ampleur du phénomène en Afrique repose sur les défis liés à sa recrudescence. Si les valeurs culturelles positives sont reconnues par l'Union africaine, il n'en demeure pas moins que la persistance des valeurs culturelles négatives est un défi à côté d'autres défis pouvant être qualifiés de structurels. La recrudescence de la traite des personnes a également pour défis les effets négatifs de la mondialisation, sa complexité, la pauvreté et les conflits qui caractérisent le continent africain et favorisent l'évolution de la traite. Prendre conscience de ces réalités est impératif pour mettre en place des stratégies adéquates visant à limiter la traite des personnes en Afrique.

Mots-clés : Traite des êtres humains, défis, prévention, répression, Afrique.

Abstract

The international prohibition of slavery and trafficking in persons has not resulted in their real and proven disappearance. Indeed, she just "gave the deceptive impression that they had all but disappeared." The scale of the phenomenon in Africa rests on the challenges associated with its resurgence. While positive cultural values are recognized by the Africa Union, the persistence of negative cultural values is a challenge alongside which there are others that can be qualified as structural. The upsurge in human trafficking is also challenged by the negative effects of globalization, its complexity, poverty and conflicts that characterize the African continent and promote the evolution of trafficking. Being aware of these realities is imperative to put in place adequate strategies to limit human trafficking in Africa.

Keywords: ***Human trafficking*****, challenges, prevention, repression, Africa.**

Introduction

La traite des personnes est une réalité en Afrique. La prévalence la plus forte de la traite y est d'ailleurs constatée avec 7,6 millions de victimes pour 1000 personnes[1]. Une étude avait déjà été effectuée en 2016 par la fondation australienne Walk[2]. Il s'est agi du premier indice mondial de l'esclavage. Le rapport ainsi produit avait estimé à 29,8 millions le nombre d'esclaves comptés parmi les 162 pays étudiés par la fondation. Il a par ailleurs mis en valeur les dix (10) pays africains ayant l'indice d'esclavage le plus élevé : la Mauritanie est première mondiale, ensuite viennent le Bénin (7e), la Côte d'Ivoire (8e), la Gambie (9e), le Gabon (10e), le Sénégal (11e), l'Éthiopie (12e), la Sierra Leone (13e), le Togo (14e) et le Cap-Vert (15e).

Dans ces pays, la traite existe sous plusieurs formes plus ou moins similaires. Il est alors évident que la prohibition internationale de l'esclavage et de la traite des personnes n'a pas emporté leur disparition réelle et avérée[3]. Ces données témoignent ainsi de la nécessité qu'il y a d'analyser les défis de la lutte contre la traite des personnes dans le but d'affiner les stratégies de lutte contre ce phénomène en Afrique. À la question de savoir quels sont les défis liés à la recrudescence de la traite des êtres humains en Afrique, les valeurs culturelles africaines négatives entrent en hypothèses au même titre que la pauvreté et les conflits armés ainsi que la complexité de la traite des personnes favorisée par la mondialisation. Il sera alors question de le démontrer en mettant à profit une méthode formaliste ou dogmatique qui permettra d'étudier et d'analyser certains textes juridiques africains relatifs à la traite des êtres humains.

En plus de cette exégèse des textes, la casuistique permettra d'étudier le phénomène à partir de cas particuliers afin d'éviter l'inadéquation de la conceptualisation juridique et l'excessive simplification du réel. C'est dire qu'une fois les données collectées, notamment par le biais de l'exploration documentaire, une analyse se fera à travers aussi bien la méthode dogmatique que casuistique.

---

[1] OIT, OIM, Walk free, « Estimations mondiales de l'esclavage moderne : travail forcé et mariage forcé », Genève, 2017.

[2] Indices mondiaux de l'esclavage, Walk Free foundation, 2016.

[3] Roger BOTTE, « Les habits neufs de l'esclavage », *Cahiers d'études africaines,* 2005, 15 p, lire aussi Malette Kristine PLOUFFE, « Protection des victimes de traite des êtres humains, approches internationale et européenne », Bruxelles, Bruyant, 2013, 224 p.

I. SURMONTER LES VALEURS CULTURELLES AFRICAINES NEGATIVES DANS LE CADRE DE LA LUTTE CONTRE LA TRAITE DES PERSONNES EN AFRIQUE

La culture participe de l'identité de l'Afrique. Cependant, l'affirmation de cette identité culturelle « peut compromettre certaines valeurs communes qui fondent l'unité du genre humain et qui confèrent aux droits de l'homme leur universalité »[4]. Bien que les valeurs culturelles africaines ne puissent être méconnues, certaines pratiques dites négatives persistent et déteignent sur la lutte contre la traite des êtres humains. Si la Charte Africaine des Droits de l'Homme et des Peuples (Charte ADHP)[5] et la Charte des droits et du bien-être de l'enfant reconnaissent l'existence des valeurs culturelles africaines positives, de ce fait, les États africains gagneraient à reconnaître explicitement celles qui sont négatives afin de renforcer la lutte contre la traite des personnes (A) et à prendre des mesures en vue de leur identification et de leur répression (B).

A. La reconnaissance africaine de l'existence des valeurs culturelles négatives

Reconnaître explicitement l'existence des valeurs culturelles négatives africaines, tout en évaluant leurs effets et impacts négatifs, amènerait à prendre conscience du défi qu'elles constituent dans le cadre de la riposte contre la traite des personnes en Afrique. C'est un aspect déterminant pour favoriser les initiatives visant à les réprimer au niveau continental. Il est donc important que tous les États africains aillent dans le sens de la charte de Banjul en reconnaissant et en identifiant sur leurs différents territoires les pratiques ou valeurs culturelles qui sont, du point de vue des droits humains, négatives, afin de prendre des mesures adéquates pour y faire face ou atténuer leurs effets[6].

Les valeurs culturelles africaines bénéficient d'une reconnaissance juridique au niveau régional. Elles sont notamment inscrites dans les principaux textes africains de protection des droits humains au rang

---

[4] Charles-Grégoire DOTSE ALOSSE, « La norme en Afrique entre la tradition et la modernité », Université Kara, Togo, 2015, pp. 44-61.

[5] Confère article 29 (7) de la Charte africaine des droits de l'Homme et des peuples adoptée en 1981 à Nairobi et article 11 (c) de la Charte des droits et du bien-être de l'enfant adoptée à Addis Abeba en juillet 1990.

[6] Rapport du Séminaire sur la Charte africaine des droits de l'homme et des peuples et les droits de la femme africaine, doc. ACHPR/RTP/SACAW/XVIII, octobre 1995, p. 10.

desquels la CADHP[7], et son protocole additionnel relatif aux droits et au bien-être de la femme et la Charte africaine des droits et du bien-être de l'enfant. À titre d'illustration, l'article 29 (7) de la Charte oblige l'individu à « veiller (…) à la préservation et au renforcement des valeurs culturelles positives ». Il va sans dire que cette reconnaissance affirme implicitement l'existence de valeurs culturelles négatives même si elle ne s'appesantit pas pour autant. Le comité d'experts sur les droits et le bien-être de l'enfant a, par exemple, inclus dans le terme pratiques négatives, « toutes les pratiques qui mettent en péril la vie de l'enfant, portent atteinte à la dignité ou sont préjudiciables à sa santé, à son intégrité physique ou mentale ou à sa croissance et son développement, indépendamment de ce qu'elles soient tolérées ou pas par la religion ou la tradition »[8]. Cette définition restrictive peut donc être étendue et entendue dans ce cas, comme toutes les pratiques qui mettent en péril la vie d'un être humain, portent atteinte à sa dignité ou sont préjudiciables, à sa santé, à son intégrité physique ou mentale ou à sa croissance et son développement, indépendamment de ce qu'elles soient tolérées ou pas par la religion ou la tradition.

La Charte africaine des droits et du bien-être de l'enfant protège ces derniers contre les pratiques négatives sociales et culturelles. Ainsi, aux termes de l'article 21 de ladite charte, il est précisé à

- l'alinéa 2 que « les États parties à la présente Charte prennent toutes les mesures pour abolir les pratiques négatives, culturelles et sociales, qui sont au détriment du Bien-être, et de la dignité, de la croissance et du développement normal de l'enfant, en particulier : a) les coutumes et pratiques préjudiciables à la santé, voire à la vie de l'enfant ; b) les coutumes et pratiques qui constituent une discrimination à l'égard de certains enfants, pour des raisons de sexe et autres raisons »;
- L'alinéa 3 que « les mariages d'enfants et la promesse des filles et des garçons en mariage sont interdits et des mesures effectives, y compris des lois, sont prises pour spécifier que l'âge minimal requis pour le mariage est de 18 ans et pour rendre obligatoire l'enregistrement de tous les mariages dans un registre officiel ».

---

7 Mutoy MUBIALA, « Charte africaine des droits de l'homme et des peuples et cultures africaines », *Revue québécoise de droit international*, vol. 12, 2, 1999, pp. 197-206.

8 UA, « Observation générale sur l'article 6 de la charte africaine des droits et du bien-être de l'enfant », CAEDBE/OG/02 adopté par le comité d'experts sur les droits et le bien-être de l'enfant pendant sa 23e session ordinaire, 2014.

L'interdiction de ces pratiques a également été formulée par le protocole à la Charte relative aux droits des femmes, adopté en 2003. En effet, aux termes de l'article 3 de ce protocole, les États parties s'engagent à interdire et à condamner toutes les formes de pratiques néfastes qui affectent négativement les droits humains des femmes et qui sont contraires aux normes internationales.

Sur le plan national, certains États africains procèdent par une véritable négation des droits traditionnels[9] et donc de ces valeurs positives, tel que l'illustre le code des personnes et de la famille du Bénin adopté par l'Assemblée nationale le 14 juin 2004, qui dispose que les coutumes cessent d'avoir force de loi en toutes matières régies par le présent code, sous réserve des règles de conflit de lois dans le temps[10]. En revanche, d'autres États, ont mis en parallèle les systèmes juridiques traditionnel et moderne à l'instar du Sénégal, notamment à travers sa loi du 12 juin 1972 portant code de la famille. Par ailleurs, certains ont opté pour la fusion ou l'unification des systèmes juridiques traditionnel et moderne incluant le pluralisme juridique. Ce syncrétisme juridique exprime la volonté de l'Afrique de préserver ses valeurs de civilisation traditionnelle tout en mettant à profit les progrès matériels extérieurs. Tels sont les cas du Mali[11] et du Cameroun.

Dans ces pays, la coutume constitue une source de droit privé. Au Cameroun, c'est le cas du droit des personnes et de la famille, mais aussi du droit foncier et des matières de succession. Elle a été incluse dans la constitution camerounaise du 18 janvier 1996 dont l'article 1er (2) dispose que « La République du Cameroun est un État unitaire décentralisé. (...) Elle reconnaît et protège les valeurs traditionnelles conformes aux principes démocratiques, aux droits de l'homme et à la loi ». Alain Didier

---

9Moussa THIOYE, « Part respective de la tradition et de la modernité dans les droits de la famille des pays d'Afrique noire francophone », *Revue internationale de droit comparé*, vol. 57, 2005, pp. 345-397.

10 S'agissant particulièrement des mariages antérieurement contractés conformément à la coutume, voir article 1018 sur la règle générale et 1021.

11 A. SOW SIDIBE, « Le pluralisme juridique en Afrique, L'exemple du droit successoral sénégalais », LGDJ, Bibl. afr. etmalg. Tome 50, 1991, avant-propos de Jacques FOYER, p. 32.

OLINGA[12] évoque de « nouveaux droits constitutionnels », différents des « droits habituellement consacrés »[13] dans la Constitution du Cameroun.

Cette disposition constitutionnelle exige clairement que les valeurs traditionnelles soient conformes aux droits de l'Homme. Or, dans la réalité, ce n'est pas toujours ce qui est. Nul doute que toutes les pratiques culturelles et coutumières africaines, qui constitueraient des faits de traite des êtres humains, sont négatives et par conséquent contraires aux principes des droits humains reconnus et consacrés par des normes internationales africaines. Les États africains gagneraient réellement à les identifier dans un processus de protection des droits humains et de lutte contre la traite des personnes.

B. L'identification et la répression des valeurs africaines négatives à la lutte contre la traite des personnes

Il est impératif pour les États africains d'explorer les valeurs africaines négatives notamment en leur donnant un contenu qui passerait par leur identification et une clarification de leurs caractères. L'approche permettrait alors de prendre des mesures adaptées de répression et de renforcer la protection des populations de la traite des personnes. Partant de cette logique, les cas de Violences Basées sur le Genre (VBG) doivent attirer l'attention afin de lutter contre le déséquilibre des rapports et rôles de genre pouvant conduire à des situations de traite des êtres humains. La Violence basée sur le genre (VBG) est un terme générique pour tout acte préjudiciable commis contre la volonté d'une personne et qui est basé sur l'attribution par la société, et cela à partir du sexe biologique, des différences entre les hommes et les femmes. Les actes de violence basée sur le genre peuvent donc inclure la violence contre les femmes et celle contre les hommes, mais également la violence perpétrée contre les personnes lesbiennes, gaies, bisexuelles, transgenres et intersexuées (LGBTI) et qui est entraînée par un désir de punir ceux perçus comme défiant les normes de genre[14]. Mais la méconnaissance et la marginalisation

---

12 Alain Didier OLINGA est professeur titulaire de droit public et, depuis 2005, chef du Département de droit international de l'Institut des Relations Internationales du Cameroun (IRIC), université de Yaoundé II. Il exerce également depuis 2016 en qualité de Conseiller technique au ministère de la Défense du Cameroun.

13 Alain Didier OLINGA, « L'aménagement des droits et libertés dans la Constitution camerounaise révisée », *Revue universelle des droits de l'homme*, vol. 8, 1996, pp. 116-126.

14 Appel à l'Action pour la protection contre la Violence Basée sur le Genre dans les situations d'Urgence, feuille de route 2016-2020, septembre 2015, 47 p.

culturelle et coutumière de minorités sexuelles et de genre s'imposent encore avec acuité en Afrique.

1. La méconnaissance et la marginalisation culturelle et coutumière des minorités sexuelles et de genre en Afrique

Les minorités sexuelles renvoient aux personnes dont l'identité, l'orientation ou les pratiques sexuelles sont différentes de celles de la majorité de la société environnante. C'est un groupe englobé dans une collectivité plus importante appelée Minorités sexuelles et de genre (MSG) ou sexualité minoritaire. Faire allusion aux minorités sexuelles et de genre, c'est faire référence aux orientations sexuelles telles que la bisexualité et l'homosexualité et aux identités de genre telle la transidentité. Pour ce qui est par exemple de l'homosexualité, elle est culturellement perçue dans la majorité des pays du continent africain comme une perversion importée de l'Occident.

« En 2023, 27 pays répriment et condamnent l'homosexualité. Quatre pays condamnent encore à la peine de mort des homosexuels pour des relations sexuelles entre personnes du même sexe. 40 pays sur le continent n'offrent pas de protection juridique pour les personnes LGBT. Les avancées contre les persécutions se font rares et restent fragiles »[15].

De même, et dans le prolongement de cette conception, la notion de droits de l'Homme est considérée comme un ensemble de valeurs imposées par la société occidentale[16]. Les Africains sont hostiles aux MSG tant dans les discours que dans les actes[17]. A titre d'illustration, le 18 décembre 2023, le pape François a autorisé par la signature de la Déclaration *Fiducia Supplicans*, la bénédiction par des prêtres des couples de même sexe et « en situation irrégulière ». Cette annonce a alors suscité de nombreuses réactions qui sont restées crispées dans plusieurs Etats africains tels que le Congo Brazzaville, le Togo et le Cameroun. Ces pays ont alors formellement précisé leur opposition à cette vision du pape. Il a

---

15 Pierre Desorgues, « Afrique : quels droits pour les homosexuels ? », Information TV5 Monde, 18 NOV. 2021 À 17H27 (TU) Mis à jour le 22 mars 2023 à 16h27 (TU) consulté en ligne le 03 janvier 2023 ; https://information.tv5monde.com/afrique/afrique-quels-droits-pour-les-homosexuels-33963

16 Avocats Sans Frontières France, « Les droits LGBTI au Cameroun », Clinique Des Droits de l'Homme, Promotion 2013-2015.

17 Cornelia BOUNANG MFOUNGUE, *« Le mariage africain, entre tradition et modernité : étude socio anthropologique du couple et du mariage dans la culture gabonaise »,* Sociologie. Université Paul Valéry - Montpellier III, 2012, 372 p.

même été affirmé dans la déclaration des évêques du Cameroun[18] du 21 décembre 2023, que « l'homosexualité n'est pas un droit de la personne. Mais une aliénation qui nuit gravement à l'humanité parce qu'elle n'est fondée sur aucune valeur propre à l'être humain : c'est une déshumanisation de l'amour, une abomination ». Cette situation est de nature à accroître la vulnérabilité de cette catégorie d'individus à la traite des personnes qui entre dans la grande catégorie des minorités discriminées et marginalisées telles que les minorités ethniques et des enfants non accompagnés qui ne bénéficient généralement pas d'une protection suffisante de la part de l'État[19]. Les discriminations qu'elles subissent font d'elles des cibles faciles. Sur le plan éducatif, bon nombre d'entre elles arrêtent l'école très tôt à cause, entre autres, de l'homophobie scolaire, du désengagement des parents après découverte de l'orientation sexuelle de leurs progénitures marquées par des rejets.

Sur le plan professionnel, elles peinent à trouver de l'emploi et sont poussées à se livrer à la prostitution, à l'immigration clandestine et à accepter d'être exploitées de diverses manières pour survivre. Certaines sont contraintes de se prostituer[20] et de faire face aux réseaux de proxénètes à la recherche du profit constant de victimes.

Sur le plan social, ces MSG sont voués aux gémonies et humiliées. Des *guet-apens* sont orchestrés sur des applications de rencontres et les réseaux sociaux où sévissent des appels à la haine en plus des rejets familiaux. D'autres sont tués parfois par les membres de leurs familles. C'est le cas de Kenfack Tobi Aubin Parfait, un jeune homme vivant dans la ville de Douala au Cameroun, qui a trouvé la mort le dimanche 12 août 2018, à la suite de la bastonnade administrée par son frère aîné, nourri par des soupçons d'homosexualité[21]. Certaines, à défaut d'être tués, sont expulsées

---

[18] Déclaration des évêques du Cameroun sur l'Homosexualité et sur la bénédiction des « couples homosexuels », Yaoundé le 21 décembre 2023, 02 P.

[19] UNODC, « Global report on trafficking in persons 2018, Booklet 2: Trafficking in persons in the context of armed conflict », New York, 2018, 28 p.

[20] France 24 (Les Observateurs), « Cameroun : face aux violences, nos Observateurs au secours des personnes LGBT », Publié en ligne le : 4 avril 2022, Modifié le : 4 avril 2022 et consulté le 10 avril 2022. https://observers.france24.com/fr/vid%C3%A9o/20220404-cameroun-homosexuels-lgbt-transgenre-homophobie-agressions

[21] 76 Crimes, « Cameroun, un jeune présumé gay tué par son propre frère », publié le 18 août 2018, consulté en ligne le 10 mai 2022 ; https://76crimesfr.com/2018/08/18/cameroun-un-jeune-presume-gay-tue-par-son-propre-frere/

par leurs familles ou leurs bailleurs sans préavis et sont contraintes de se plier aux conditions de toute personne pouvant leur offrir un abri parfois au péril de leur dignité humaine ou de leur santé. Pour celles d'entre elles qui ne réussissent pas à trouver d'abri, elles deviennent des « enfants de la rue » avec tous les dangers que cela comporte, y compris les risques élevés de traite[22].

En 2020, 2031 cas de violences et de violations des droits des minorités sexuelles et de genre ont été répertoriés contre 1380 en 2019 par les organisations de la plateforme Unity[23] du Cameroun. Comparativement à l'année 2020, 2021 a été marquée par une recrudescence des actes homophobes/ transphobes passant de 2031 cas à 4116 cas de violences. Un rapport national a été produit par l'observatoire national des droits des Minorités sexuelles et de genre[24]. Cette situation de discrimination tant institutionnalisée qu'interpersonnelle, ne permet pas d'avoir des statistiques fiables relatives à la traite de ces catégories de personnes qui seraient pourtant constamment des proies faciles de trafiquants. Les femmes ne sont pas en reste tant il est qu'elles subissent de nombreuses violences qui prennent principalement des formes d'abus sexuel, d'exploitation sexuelle et de discrimination sexiste.

2. Les actes d'abus et d'exploitation sexuels des femmes

« L'abus sexuel désigne toute atteinte physique à caractère sexuel commise par la force, sous la contrainte ou à la faveur d'un rapport inégal, ainsi que la menace d'une telle atteinte. Il comprend l'esclavage sexuel, la pornographie, la maltraitance des enfants et les agressions sexuelles »[25].

---

22 Oxman-Martinez, Jacqueline et Jill HANLEY. « La traite des personnes et la famille : un lien négligé, incontournable dans tout travail de prévention et de protection. » *Enfances, Familles, Générations*, numéro 6, printemps 2007, https://doi.org/10.7202/016483ar.

23 La Plateforme Unity est un réseau d'Organisations à Base Communautaire (OBC) qui œuvrent pour la promotion des droits humains et la lutte contre les IST/VIH/sida. Elle a été créée en février 2016 et regroupe à ce jour 34 associations membres. Elle est implantée dans toutes les 10 régions du Cameroun. In plan stratégique 2019-2022 de la plateforme Unity.

24 Créé en 2016, l'Observatoire national des droits des personnes LGBTI et de leurs défenseurs est un outil de la Plateforme UNITY. C'est un organe de veille et de surveillance du respect des droits humains mettant un point d'honneur sur les minorités sexuelles et de genre.

25 Définitions-UNHCR-Suisse et Liechtenstein, consulté en ligne le 30 décembre 2023;https://www.unhcr.org/dach/ch-fr/nos-activites/notre-lutte-contre lexploitation-les-abus-et-le-harcelement-

Les pratiques traditionnelles négatives qui s'y réfèrent sont prioritairement les Mutilations Génitales Féminines (MGF) dont l'excision et le repassage des seins sont les visages les plus tristement célèbres. En plus de ces abus sexuels, les femmes sont habituellement victimes d'exploitation sexuelle[26]. Il en existe plusieurs formes telles que le mariage précoce, le mariage forcé et le mariage arrangé qui entrent dans les pratiques culturelles africaines négatives. L'excision et le mariage sont généralement considérés comme des rites de passage de l'enfance à l'âge adulte[27] de même qu'il est clair que des pratiques traditionnelles comme les mariages arrangés, précoces ou forcés peuvent contribuer à alimenter la traite des êtres humains[28].

Le lien entre la traite des personnes et le mariage forcé est double dans la mesure où il peut être, soit une méthode de recrutement à des fins de traite, soit alors le résultat de la traite elle-même. En tant que moyen au service de la traite, le mariage est fait dans le but « d'acquérir, d'acheter, d'offrir, de vendre ou d'échanger une personne à des fins d'exploitation en termes de prostitution, de pornographie, de travail forcé ou encore d'exploitation sexuelle »[29]. En tant que résultat de la traite, les victimes sont « d'abord recrutées, transportées, transférées, hébergées ou accueillies pour être vendues comme épouses », puis soumises à des conditions d'esclavage et de servitude domestiques ou sexuels[30].

---

sexuels/definitions#:~:text=L'abus%20sexuel%20d%C3%A9signe%20toute,enfants%20et%20les%20agressions%20sexuelles.

26 « Il y a exploitation sexuelle de la femme lorsqu'elle est utilisée sexuellement et de manière régulière par une tierce personne à des fins de profit économique ou de satisfaction des besoins personnels », *in* Livret de sensibilisation rédigé par l'ALDEPA, CIPCRE et KIRA, « Lutte contre les discriminations sexistes, les abus et exploitations sexuels », décembre 2013, 27 p.

27 Bilkis VISSANDJEE *et al.*, « Les pratiques traditionnelles affectant la santé physique et mentale des femmes : l'excision et l'infibulation, situation actuelle et perspectives d'avenir », in Série de publications du centre de recherche et de formation, n° 9, Montréal, juillet 2001.

28 Office des Nations Unies contre la drogue et le crime, « Combattre la traite des personnes. Guide à l'usage des parlementaires », n° 16, 2009.

29 *Idem.*

30 É-U, Department of State, Trafficking in persons report 10th edition (juin 2010), à la page 15, consulté en ligne : http://www.state.gov/documents/organization/142979.pdf « Trafficking and forced marriage intersect when marriage is used both in conjunction with force, fraud, coercion, or abuse of power and as a means to subject wives to conditions of slavery, often in the form of domestic or sexual servitude »;

Dans le cadre des mariages précoces, l'exploitation est conclue de fait, puisqu'elle implique directement un enfant[31]. Plus encore, le comité pour l'élimination de la discrimination à l'égard des femmes considère les mariages arrangés entre femmes et filles provenant des pays en développement et des hommes provenant des pays étrangers développés comme des formes de traite[32]. Le repassage des seins quant à lui est une tradition perpétuée par les femmes consistant à ralentir le développement de la poitrine des jeunes filles par un « massage » réalisé avec des objets chauffés ou non. C'est une pratique répandue au Cameroun, au Togo et en Guinée. Elle porte gravement atteinte aux droits sexuels et reproductifs de la future femme par le traumatisme qu'elle entraîne chez la majorité des victimes et conduit à leur marginalisation[33].

3. Les actes de discrimination sexiste

La discrimination est tout acte qui, volontaire ou non, exclut, limite les possibilités ou au contraire, donne de la préférence à une personne au détriment d'une autre. La discrimination sexiste, quant à elle, est « le fait de traiter de manière inégale et défavorable un garçon ou une fille en se basant sur le critère de sexe »[34]. En général, les filles sont le plus souvent victimes de discriminations sexistes à cause des traditions où la préférence pour le garçon est acceptée par la majorité. En Afrique, bien que les mentalités aient progressivement évolué dans le temps et dans l'espace, il existe toujours des discriminations à l'égard des filles en ce qui concerne, par exemple, l'accès à l'éducation. Les garçons restent toujours des privilégiés dans plusieurs villages, contrairement à la jeune fille qui, généralement, est sacrifiée à l'autel du mariage. Le niveau d'instruction reste ainsi faible dans la plupart des pays d'Afrique centrale et de l'Ouest[35].

---

[31] Élizabeth Warner, « Behind the Wedding Veil : Child Marriage as a form of Trafficking in Girls » (2004) 12 Am U J Gender Soc Pol'y & L 233 [Warner].

[32] Comité pour l'élimination de la discrimination à l'égard des femmes, Recommandation générale No 21 (treizième session) : Égalité dans le mariage et les rapports familiaux, 1994 en ligne : http://www.un.org/womenwatch/daw/cedaw/recommendations/recomm-fr.htm

[33] Camélia ABERKANE, « Le repassage des seins : une pratique traditionnelle qui persiste », http://www.humansforwomen.org/le-blog/repassage-des-seins , publiée en ligne le 2 novembre 2016, consulté le 23 novembre 2018.

[34] Livret de sensibilisation par l'ALDEPA, CIPCRE et KIRA, *ibid*

[35] Natacha StevanovicFenn, Jeffrey Edmeades, Hannah Lantos et OdinakaOnovo, « Mariages d'enfants, grossesses précoces et formation de la famille en Afrique de l'Ouest et du Centre », *op.cit.*

Il est ainsi évident que l'importance donnée à la socialisation sexuée crée des différences entre les individus, ce qui se manifeste aussi bien dans le domaine scolaire, professionnel, public et dans la vie privée[36] des individus.

Au Bénin, une forte tradition perdure et la difficulté pour les femmes d'accéder à la propriété foncière les fragilise financièrement au point, parfois, de les amener à accepter des promesses de toute nature pour échapper à la situation. Des études menées sur la question ont révélé que les trafiquants promettent de futurs emplois à certaines de ces femmes, mais la réalité est en fait bien différente[37]. Ces attitudes traditionnelles faisant de la femme un objet de soumission ou lui assignant un rôle stéréotypé perpétuent l'usage répandu de la violence ou de la contrainte, notamment les violences et les sévices dans la famille[38]. Les pratiques de « confiage »[39] d'enfants en Afrique sont un fait qu'exploitent fréquemment

---

[36] Cornelia BOUNANG MFOUNGUE, « Le mariage africain, entre tradition et modernité : étude socio anthropologique du couple et du mariage dans la culture gabonaise », *op.cit.*

[37]Unesco, *« La traite des personnes au Bénin : Facteurs et recommandations »*, Document stratégique Série pauvreté n° 14.3 (F) Paris 2007, 69 p.

[38] Comité pour l'élimination de la discrimination à l'égard des femmes, *Recommandation générale N° 19 (onzième session), Violence à l'égard des femmes* (1992) au par 11, en ligne : un. orghttp://www.un.org/womenwatch/daw/cedaw/recommendations/recomm-fr.htm

[39] Sur le confiage des enfants : Bledsoe, C., et Isiugo-Abanihe, U. (1989) « Strategies of childfosterageamong Mende grannies in Sierra Leone », dans R. J. Lesthaeghe, éd. Reproduction and Social Organization in Sub-Saharan Africa. Berkeley, University of California Press: pp. 442-474. Isiugo-Abanihe, U. (1 985) *« Child fosterage in West Africa », Population and Development Review. 11 (1): pp. 53-73. Lloyd, C. B., et Blanc A. (1996) « Child's schooling in sub-Saharan Africa: The role of fathers, mothers, and others »,* Population and Development Review, 22, 2: pp. 265-298. Mcdaniel, A., et Zulu E. (1996) Mothers, Fathers, and Children: Regional Patterns in Parent-child Residence in Sub- Saharan Africa. « Études de la population africaine », no 11. UEPA, Dakar, Sénégal, 28 p. Ngondo A Pitsshandenge (1996) « Nucléarisation du ménage biologique et renforcement du ménage social à Kinshasa », Zaïre-Afrique, 308, pp. 419-444. Pilon, M. (2005), Confiage des enfants et scolarisation en Afrique de l'Ouest : de l'intérêt des sources de données démographiques. Texte présenté à la Conférence internationale de l'Union internationale pour l'étude scientifique de la population, Tours, France. Vandermeersch, C. (2002) « Les enfants confiés âgés de moins de 6 ans au Sénégal en 1992-1993 », *Population*, 57 (4 & 5), pp. 661-688.

les auteurs de traite. Les trafiquants utilisent très souvent cette voie pour vendre des enfants aux personnes étrangères à leur famille[40].

II. LUTTER CONTRE LES FACTEURS STRUCTURELS DE LA TRAITE DES PERSONNES

Sur le plan global, il est impératif de lutter contre les facteurs d'ordre structurel. Ces facteurs structurels font référence aux conditions et institutions politiques, économiques, sociales et environnementales plus larges aux niveaux, national, régional ou international qui augmentent ou diminuent la probabilité qu'un individu soit victime de traite. C'est le cas de la porosité des frontières favorisée par la mondialisation et la création des zones de libre-échange et qui limite la maîtrise de la complexité du phénomène de la traite des êtres (A). En outre, la pauvreté et les conflits armés sont des facteurs majeurs de traite des personnes qu'il mérite de combattre (B).

A. La limitation des effets de la mondialisation et la maîtrise de la complexité du phénomène de traite des êtres humains

La traite des personnes en Afrique s'effectue dans un contexte de mondialisation qui lui est favorable. À ce titre, le phénomène de mondialisation constitue un obstacle à sa répression et justifie en partie la complexité du phénomène de traite des personnes.

1. Faire face aux effets négatifs de la mondialisation

La mondialisation désigne le processus par lequel les relations entre les nations sont devenues interdépendantes et ont dépassé les limites physiques et géographiques qui pouvaient exister auparavant. La mondialisation revêt plusieurs aspects, en effet, elle touche la politique, l'économie, la culture, la société ou encore l'information. Elle représente l'ouverture des frontières et l'avènement du commerce international, de la délocalisation et de la libre circulation des hommes et des biens[41]. Si les bénéfices de la mondialisation sont pluriels tels que l'amélioration du niveau de vie et l'abaissement des coûts des biens et de services, il n'en demeure pas moins qu'elle a des conséquences néfastes dans plusieurs

---

[40] Coalition Nationale Pour les Droits de l'Enfant au Bénin (1999), Premier rapport alternatif du Bénin sur la mise en œuvre de la Convention relative aux droits de l'enfant. La traite des personnes au Bénin : principaux éléments.

[41] https://www.andlil.com/definition-de-mondialisation-151326.html

domaines dont notamment celui de la lutte contre la traite des personnes. Ce combat est rendu difficile avec le développement des outils modernes de communication.

Dans le cadre de la traite, la mondialisation facilite le développement des économies clandestines et des réseaux de criminels transnationaux[42]. Elle augmente l'immigration et contribue à la persistance du phénomène. Cette réalité englobe le développement des communications électroniques, avec une accessibilité facile pour tous[43]. Au Bénin, par exemple, la montée en puissance de la cybercriminalité serait à l'origine de la recrudescence d'enlèvements et de disparitions d'enfants[44].

Par ailleurs, on assiste au développement accru des transactions financières internationales sur lesquelles la criminalité transactionnelle s'appuie pour se développer et les trafiquants pour échapper aux arrestations. La mondialisation crée ainsi de nouvelles routes de communication qui relient les pays et les continents créés sur la base de la règle du libre-échange[45]. Ce fait permet d'accroître l'immigration clandestine aussi bien dans les pays d'origine, de transit que de destination.

2. La complexité de la traite des personnes comme obstacle à sa répression

La traite des êtres humains est complexe à plusieurs égards. Cette situation est de nature à paralyser les actions menées dans le but d'y remédier. C'est un phénomène caractérisé par la clandestinité[46], ce qui est à la base des statistiques peu fiables, des difficultés de répression des trafiquants et, par ricochet, de l'élimination du phénomène. Un autre élément de complexité est l'utilisation du canal de la légalité par les trafiquants. En effet, certains trafiquants passent par des entreprises légales pour mener à bien leurs activités. Par ailleurs, le plus grand nombre de victimes appartiennent aux groupes sociaux les plus pauvres et

---

[42] M. CHAWKI, « La traite des êtres humains au tournant du millénaire », Droit-Tic.com, juin 2006, 76 p.

[43] Leman Tosun, « La traite des êtres humains : étude normative ». Droit. Université de Grenoble, 2011, 433 pages.

[44]humanium, « Disparition des enfants au Bénin »,https://www.humanium.org/fr/disparition-denfant-au-benin/

[45] Géopolitiques, « Trafic d'êtres humains : comment le crime organisé profite de la mondialisation pour asservir », publié en ligne le 14 janvier 2011, consulté le 24 novembre 2018,http://notes-geopolitiques.com/trafic-detres-humains-comment-le-crime-organise-profite-de la-mondialisation-pour-asservir/

[46] Leman Tosun, « La traite des êtres humains : étude normative », *op.cit.*

vulnérables[47] et préfèrent de ce fait garder le silence par manque d'alternative.

La difficulté de saisir le phénomène découle également du fait qu'il implique non seulement de petits et grands groupes criminels, mais aussi des individus. Le crime de traite évolue en « s'adaptant aux différents pays, aux contextes politiques, aux systèmes juridiques, avec des routes, des acteurs et des moyens variables. Il s'agit d'un processus dynamique dont la finalité est l'assujettissement et l'exploitation esclavagiste de la personne humaine »[48]. Le manque de données fiables et de haute qualité relative à la traite des êtres humains reste alors un des défis majeurs. En outre, les relations qu'entretiennent les victimes et les trafiquants sont complexes dans la mesure où elles s'adaptent aux changements tout en profitant des limites juridiques.

3. Renforcer l'approche intégrée et l'efficacité des lois anti-traite

Une approche de la lutte contre la traite des êtres humains qui intègre la prévention de cette dernière, la répression de ses auteurs et la protection des victimes avec une prise en compte de l'aspect coopération judiciaire et politique est une solution, dans l'ensemble, efficace à l'éradication de la traite des personnes. Cependant, le droit africain qui concourt à la lutte contre la traite des personnes se caractérise par une démarche préventive remarquable, contrairement à la répression et la protection qui s'avèrent lacunaires. Cette situation fragilise la lutte contre la traite des personnes.

En effet, sur l'aspect préventif, les engagements des États sont clairement formulés dans les conventions internationales signées afin de lutter contre les causes profondes de la traite des personnes. Plusieurs mesures ont été prises afin de promouvoir les droits de certaines catégories de personnes telles que les femmes et les enfants, ainsi que des engagements souscrits par les États en vue de les adopter et de mettre effectivement en œuvre les mesures législatives et réglementaires appropriées, et celles qui visent à interdire toute exploitation ou tout traitement dégradant à leur égard. À titre d'exemples, la Mauritanie a voté une loi anti-esclavage en 2007. Cette loi pénalise l'esclavage en autorisant

---

47 Formes contemporaines d'esclavage, Fiche d'information N° 14 du Haut-Commissariat des Nations Unies aux droits de l'homme (HCDH), 1955.

48 International, « Le trafic de personnes et la traite des êtres humains », in *Accueillir* N° 245, pp. 21-23.

la poursuite et la condamnation des maîtres d'esclaves. Elle est remplacée par une loi anti-esclavage révisée approuvée par l'Assemblée nationale en août 2015.

En Côte d'Ivoire a été adoptée en septembre 2010, la loi n° 2010-272 portant interdiction de la traite et des pires formes de travail des enfants ainsi que la loi de septembre 2016, contre la traite des personnes. Au Sénégal, une loi spécifique relative à la lutte contre la traite des personnes et pratiques assimilées a été adoptée en 2005 tandis qu'au Bénin, la loi n° 2006-04 portant conditions de déplacement des mineurs et répression de la traite d'enfant en République du Bénin a été adoptée le 5 avril 2006. En Afrique du Sud et au Cameroun, ce sont respectivement les lois sur la prévention et la lutte contre la traite des personnes, n°7 de 2013 et n° 2011/024 du 14 décembre 2011 relative à la lutte contre le trafic et la traite des personnes au Cameroun qui ont été adoptées.

Quant à la répression de la traite et la protection des victimes, les normes africaines laissent la responsabilité aux États d'adopter et de mettre en œuvre effectivement les mesures législatives et réglementaires appropriées pour réprimer et donc sanctionner le crime de traite et protéger les victimes. Mais les sanctions et mesures de protection des victimes sont souvent d'une efficacité relative et certains États ne disposent même pas de loi anti-traite. C'est le cas du Togo où on enregistre quelques dispositions textuelles qui répriment certains faits de traite à l'instar des dispositions de la loi n° 98-016 du 17 novembre 1998 portant interdiction des Mutilations génitales féminines. Toutes ces observations concourent à affirmer que l'inefficacité des lois anti-traite est une autre limite juridique certaine de la lutte contre la traite des personnes en Afrique.

Les lois nationales en général, et anti-traite en particulier, sont inefficaces parce que dans l'ensemble elles sont discriminatoires, inadéquates et d'une pertinence relative. D'une part, ces instruments ne prennent pas toujours en considération toutes les personnes les plus vulnérables à la traite. Certaines les exposent davantage à la traite au regard des dispositions discriminatoires qu'elles contiennent. C'est le cas des personnes LGBTI et même des travailleuses de sexe qui se retrouvent plus exposées, du fait de l'illégalité de leurs pratiques, identités ou expressions de genre. Au Cameroun par exemple, non seulement le législateur réprime tout acte sexuel entre personnes de même sexe, mais encore, il punit plus sévèrement la moindre proposition faite par un moyen de communication électronique en vue d'entretenir de tels rapports avec une personne de son sexe[49].

B. La pauvreté et les conflits internes comme sources de facteurs primaires

La pauvreté constitue aussi bien l'un des principaux facteurs de la traite des personnes en Afrique, qu'un obstacle majeur à son éradication. En outre, les conflits internes qui ébranlent très souvent l'Afrique limitent considérablement les actions de lutte contre la traite et constituent de réels obstacles à l'atteinte de l'objectif escompté.

1. La pauvreté comme source de facteur primaire de la traite

La pauvreté est un obstacle majeur à la lutte contre la traite dans la mesure où elle favorise l'immigration clandestine et renforce la vulnérabilité face à la traite des personnes.

Il est vrai que l'immigration clandestine est due à plusieurs facteurs, mais la pauvreté en est l'un des principaux. Au-delà de l'urbanisation qu'elle entraîne à travers les déplacements internes vers les villes, les populations qui manquent d'opportunités choisissent l'immigration comme moyen de prédilection. Ayant des moyens financiers extrêmement modestes, ces personnes optent le plus souvent pour une immigration clandestine. À ce niveau, bien qu'il s'agisse du trafic illicite des migrants, elle aboutit généralement à la traite de ceux-ci. Malgré les mesures anti-immigration prises par certains États pour y faire face, le phénomène persiste dans la réalité, du fait de la mentalité selon laquelle, la solution à la pauvreté est l'immigration. Cette situation permet ainsi de s'apercevoir que la pauvreté est un facteur de vulnérabilité relativement à la traite des personnes. Les inégalités, la discrimination et la pauvreté perçue sont ainsi les moteurs les plus puissants de la traite des personnes[50].

La pauvreté est un facteur de vulnérabilité. Elle est à l'origine de plusieurs niveaux de violation des droits humains notamment des femmes et des enfants tant il est qu'elle prive ces derniers du droit à l'éducation, à la santé, à un logement et à un travail décents, à l'information, à la justice

[49] Article 347-1 de la loi n° 2016/007 du 12 juillet 2016 portant Code pénal du Cameroun, et article 83 de la loi n° 2010/012 du 21 décembre 2010 relative à la cybersécurité et à la cybercriminalité au Cameroun.

[50] ACP, « La traite des êtres humains en Afrique subsaharienne, dans les Caraïbes et dans le Pacifique », Dossier d'information ACPOBS/2 011/DIO1, 26 p.

et à la sécurité[51]. La situation de vulnérabilité s'accroît chez les enfants orphelins, ceux dont les parents ont divorcé ou chez des familles disloquées. En Côte d'Ivoire, les jeunes enfants sont sollicités par leurs parents pour les aider dans la culture du cacao[52]. Il est maintenant largement reconnu que la question du travail des enfants ne peut être traitée isolément de celle de la pauvreté rurale, et en particulier de la pauvreté des travailleurs ou travailleuses agricoles et de petit(e)s agriculteurs ou agricultrices[53]. Par ailleurs, il est aussi relevé que la pauvreté peut inciter les parents à vendre leurs filles en mariage, sans omettre que le « mariage des fillettes peut conduire celles-ci à un avenir de dénuement en cas de divorce, de séparation ou d'abandon ». En définitive, la pauvreté est en même temps un facteur et une conséquence de la traite des personnes. Cette pauvreté prive les individus de plusieurs droits fondamentaux tels que le droit à l'éducation, le droit à l'information, du droit au travail décent, du droit à justice, du droit à la santé, du droit à la sécurité et rend ainsi leur mode de vie instable[54]. En plus de la pauvreté qui est un obstacle majeur à la lutte contre la traite des personnes, les conflits armés sont non négligeables.

2. Les conflits armés comme obstacles à la lutte contre la traite des personnes en Afrique

Dans le cadre de la traite des personnes, les conflits armés sont des facteurs multiplicateurs de risques aussi bien pendant, qu'après leur déroulement. Ils renforcent la vulnérabilité des femmes et des enfants et contribuent ainsi à leur exploitation. En 2019, le Centre d'Études Stratégiques[55] a relevé que 25 millions de personnes ont été obligées de se déplacer et de s'exposer ainsi à la traite des êtres humains, à cause des

---

[51] Marion COULDREY & Dr Tim MORRIS, « Trafic d'êtres humains : préserver les droits et comprendre les failles », Centre d'études sur les réfugiés, *Revue de la migration forcée*, 25 juillet 2006, 71 p.

[52] Lutter contre le travail des enfants Rapport 2017 du plan cacao Nestlé en Côte d'Ivoire.

[53] *Ibid.*

[54] Truong, Thanh Dam, « pauvreté, genre et traite des personnes en Afrique subsaharienne : repenser les meilleures pratiques en matière de gestion des migrations », UNESCO, 2006, 151 p.

[55] Le Centre d'études stratégiques de l'Afrique est un organisme du Département de la défense des États-Unis, créé et financé par le Congrès américain, pour l'étude des problèmes de sécurité se rapportant à l'Afrique et sert de forum de recherche bilatérale et multilatérale, de communications, d'échange d'idées et de formations ouvert aux civils comme aux militaires.

conflits présents dans douze (12) pays africains[56]. Mme Virginia Gamba de Potgieter, représentante spéciale du secrétaire général pour les enfants dans les conflits armés, avait alors déclaré en s'exprimant sur les Priorités mondiales en matière de lutte contre la traite des êtres humains résultant des conflits armés, et partant du rapport des Nations Unies, que le nombre d'enlèvements d'enfants a augmenté de 20 %, et l'enlèvement des seules filles a augmenté de 40 %. Elle a ensuite ajouté que « Presque tous les enlèvements ont été attribués à des groupes armés, le plus grand nombre ayant été vérifié en République démocratique du Congo, en Somalie, dans le bassin du lac Tchad, au Burkina Faso et au Nigéria »[57]. Par ailleurs, les conflits constituent un facteur de déplacements internes des populations. Ils augmentent la vulnérabilité des femmes et favorisent la traite. La délocalisation pourrait également conduire à la rupture des liens familiaux. Dans les conflits, les femmes sont particulièrement victimes d'enlèvement, d'exploitation sexuelle, de mariage forcé ou précoce dans le but de bénéficier d'une protection et/ou subvenir aux besoins de la famille. Ces faits se sont vérifiés lors du conflit qui a frappé la République démocratique du Congo pendant de longues années. L'observation est qu'une augmentation subite de la traite à des fins d'exploitation sexuelle survient souvent quand les forces de maintien de la paix sont déployées dans les zones de conflits[58]. À titre d'illustration, durant la guerre en RDC, entre début 2017 et mars 2018, 47 enfants parmi lesquels 12 filles, ont été enlevés et enrôlés dans les conflits. Par ailleurs, le recrutement d'enfants à des fins militaires se ferait davantage ressentir en période de conflits, car la traite des êtres humains est également utilisée par certains groupes armés comme stratégie de guerre[59]. « Un enfant enlevé devient plus vulnérable au recrutement et à l'utilisation d'autres formes d'exploitation, y compris

---

[56] Centre d'Études Stratégiques de l'Afrique, « Les mythes sur la traite des êtres humains en Afrique », 19 août 2019. Consulté en ligne le 16 mars 2022 ; https://africacenter.org/fr/spotlight/les-mythes-sur-la-traite-des-etres-humains-en-afrique/

[57] Consulté en ligne le 03 janvier 2023, https://www.caritas.org/2023/07/la-traite-des-personnes-dans-les-conflits-armes-et-les-situations-post-conflit/?lang=fr

[58] Marion COULDREY & Dr Tim MORRIS « Trafic d'êtres humains : préserver les droits et comprendre les failles », *op.cit.*

[59] Reliefweb, « Le trafic d'êtres humains, un instrument des groupes armés pour financer leurs activités et pour augmenter leurs effectifs : le rapport de l'ONUDC », 8 janvier 2019 consulté en ligne le 16 mars 2022 ; https://reliefweb.int/report/world/le-trafic-d-tres-humains-un-instrument-des-groupes-arm-s-pour-financer-leurs-activit-s

le travail forcé, le mariage forcé, l'exploitation sexuelle et l'esclavage » a affirmé Mme Virginia Gamba de Potgieter.

Les conflits armés sont des contextes dans lesquels l'exploitation sexuelle sévit, constituant ainsi une violation des garanties fondamentales des droits humains[60]. Elle fait partie des six violations graves commises, contre les enfants, pendant les conflits armés à côté du recrutement et l'utilisation d'enfants, les meurtres et mutilations d'enfants, les enlèvements d'enfants, le déni d'accès à l'aide humanitaire et les attaques dirigées contre des écoles ou des hôpitaux[61]. La nécessité de renforcer la ressource humaine en temps de conflit conduit souvent à l'enlèvement ou au recrutement forcé des enfants au titre de soldats. En ce qui concerne le travail des enfants, il peut être direct ou indirect. De manière directe, les enfants sont recrutés en vue de leur participation aux hostilités et à d'autres activités connexes. Indirectement, afin de compenser l'absence du père occupé à combattre au loin, la traite concerne davantage les enfants de soldats et autres combattants.

Conclusion

La recrudescence de la traite des personnes en Afrique est marquée par plusieurs défis liés aussi bien à son ancrage dans ses valeurs culturelles que par d'autres éléments structurels qui rendent la lutte contre la traite complexe. L'Afrique gagnerait alors à prendre conscience des défis qui y sont liés afin de mettre sur pied des stratégies adaptées pouvant faciliter la riposte contre la traite. Cela lui permettrait par exemple de renforcer l'identification, la protection et la réinsertion des victimes en leur offrant stratégiquement une assistance holistique. Vu dans ce sens, l'élaboration et le renforcement de ses politiques reposeraient sur des lois pertinentes et efficaces et un renforcement de la collaboration entre différentes parties prenantes.

---

60 Haut-Commissariat des Nations Unies aux droits de l'homme, « Abolir l'esclavage et ses formes contemporaines », Genève 2002, 61 p.

61 Nations Unies février 2014, « Les enfants et les conflits armés : les six violations graves commises envers les enfants en temps de conflit armé : Fondements juridiques *octobre 2009 (mis à jour en novembre 2013)*, Bureau du Représentant spécial du Secrétaire général, 30 pages. http://childrenandarmedconflict.un.org/fr

Références Bibliographiques

1. ACP, La traite des êtres humains en Afrique subsaharienne, dans les Caraïbes et dans le Pacifique, dossier d'information ACPOBS/2 011/DIO1, 26 p.

2. Alain Didier OLINGA, « L'aménagement des droits et libertés dans la constitution camerounaise révisée », Revue universelle des droits de l'Homme, 116.

3. Appel à l'Action pour la protection contre la Violence Basée sur le Genre dans les situations d'Urgence, feuille de route 2016-2020, septembre 2015, 47 p.

4. Avocats Sans Frontières France, Les droits LGBTI au Cameroun, Clinique Des Droits de l'Homme Promotion 2013-2015.

5. Bilkis VISSANDJEE et al, « Les pratiques traditionnelles affectant la santé physique et mentale des femmes : l'excision et l'infibulation, situation actuelle et perspectives d'avenir », in Série de publications du centre de recherche et de formation, n° 9, Montréal, juillet 2001, 90 p.

6. Bledsoe, C., et Isiugo-Abanihe, U. (1989), Strategies of childfosterageamong Mende grannies in Sierra Leone, dans R. J. Lesthaeghe, éd. Reproduction and Social Organization in Sub-Saharan Africa. Berkeley, University of California Press: pp. 442-474.

7. Camélia ABERKANE, le repassage des seins : une pratique traditionnelle qui persiste, publiée en ligne le 2 novembre 2016, consulté le 23 novembre 2018. http://www.humansforwomen.org/le-blog/repassage-des-seins

8. Charles-Grégoire DOTSE ALOSSE, La norme en Afrique entre la tradition et la modernité, université Kara, Togo, 2015, p 44-61.

9. Coalition Nationale Pour les Droits de l'Enfant au Bénin (1999), Premier rapport alternatif du Bénin sur la mise en œuvre de la Convention relative aux droits de l'enfant. La traite des personnes au Bénin : principaux éléments.

10. Comité pour l'élimination de la discrimination à l'égard des femmes, Recommandation générale No 19 (onzième session), Violence à l'égard des femmes (1992) au par 11, en ligne : un.org http://www.un.org/womenwatch/daw/cedaw/recommendations/recomm-fr.htm;

11. Comité pour l'élimination de la discrimination à l'égard des femmes, Recommandation générale No 21 (treizième session) : Égalité

dans le mariage et les rapports familiaux, 1994 en ligne : un.org http://www.un.org/womenwatch/daw/cedaw/recommendations/recomm-fr.htm

12. Cornelia BOUNANG MFOUNGUE, « Le mariage africain, entre tradition et modernité : étude socioanthropologique du couple et du mariage dans la culture gabonaise », Sociologie. Université Paul Valéry - Montpellier III, 2012, 372 p.

13. Daniel MC, A., et Zulu E. (1996), Mothers, Fathers, and Children : Regional Patterns in Parent-child Residence in Sub- Saharan Africa, « Études de la population africaine », n° 11. UEPA, Dakar, Sénégal, 28 p.

14. Élizabeth Warner, Behind the Wedding Veil : Child Marriage as a form of Trafficking in Girls, (2004) 12 Am U J Gender Soc Pol'y & L 233 [Warner] ;

15. É-U, Department of State, Trafficking in persons report 10 th edition (juin 2010), à la page 15, en ligne : state.gov http://www.state.gov/documents/organization/142979.pdf : « Trafficking and forced marriage intersect when marriage is used both in conjunction with force, fraud, coercion, or abuse of power and as a means to subject wives to conditions of slavery, often in the form of domestic or sexual servitude » ;

16. Formes contemporaines d'esclavage, Fiche d'information n° : 14 du Haut-Commissariat des Nations Unies aux droits de l'homme (HCDH), 1 955.

17. Géopolitiques, Trafic d'êtres humains : comment le crime organisé profite de la mondialisation pour asservir publié en ligne le 14 janvier 2011, consulté le 24 novembre 2018, http://notes-geopolitiques.com/trafic-detres-humains-comment-le-crime-organise-profite-de la-mondialisation-pour-asservir/ ;

18. Haut-Commissariat des Nations Unies aux droits de l'homme, Abolir l'esclavage et ses formes contemporaines, Genève 2002, 61 p.

19. Humanium, Disparition des enfants au Bénin,https://www.humanium.org/fr/disparition-denfant-au-benin/;

20. International, « Le trafic de personnes et la traite des êtres humains », in Accueillir n° 245, p. 21-23.

21. Isiugo-Abanihe, U. (1 985), Child fosterage in West Africa », Population and Development Review. 11 (1): pp. 53-73. Lloyd, C. B., et Blanc A. (1996) « Child's schooling in sub-Saharan Africa: The role of

fathers, mothers, and others, Population and Development Review, 22, 2: pp. 265-298.

22. Leman Tosun, La traite des êtres humains : étude normative, Droit. Université de Grenoble, 2011, 433 p.

23. Livret de sensibilisation rédigé par l'ALDEPA, CIPCRE et KIRA, Lutte contre les discriminations sexistes, les abus et exploitations sexuels, décembre 2013, 27 p.

24. M. Chawki, La traite des êtres humains au tournant du millénaire, Droit-Tic.com, juin 2006, 76 p.

25. Marion COULDREY & Dr Tim MORRIS, « Trafic d'êtres humains : préserver les droits et comprendre les failles, Centre d'études sur les réfugiés », Revue de la migration forcée, 25 juillet 2006, 71 p.

26. Moussa THIOYE, « Part respective de la tradition et de la modernité dans les droits de la famille des pays d'Afrique noire francophone », Revue internationale de droit comparé, Vol. 57 N°2, 2005. p. 345-397.

27. Mutoy MUBIALA, « Charte africaine des droits de l'homme et des peuples et cultures africaines », Revue québécoise de droit international, n° 12.2 p. 197-206.

28. Natacha StevanovicFenn, Jeffrey Edmeades, Hannah Lantos et OdinakaOnovo, « Mariages d'enfants, grossesses précoces et formation de la famille en Afrique de l'Ouest et du Centre ».

29. Nations Unies, février 2014, les enfants et les conflits armés : les six violations graves commises envers les enfants en temps de conflit armé : Fondements juridiques, octobre 2009, mis à jour en novembre 2013, Bureau du Représentant spécial du Secrétaire général, 30 pages. http://childrenandarmedconflict.un.org/fr;

30. Ngondo A Pitsshandenge (1996), Nucléarisation du ménage biologique et renforcement du ménage social à Kinshasa, Zaïre-Afrique, 308 : p. 419-444.

31. Office des Nations Unies contre la drogue et le crime, Combattre la traite des personnes. Guide à l'usage des parlementaires, n° 16, 2009.

32. Rapport du Séminaire sur la Charte africaine des droits de l'homme et des peuples et les droits de la femme africaine, doc. ÀCHPR/RTP/SACAW/XVIII, octobre 1995, p. 10.

33. SOW SIDIBE, Le pluralisme juridique en Afrique, L'exemple du droit successoral sénégalais, LGDJ, Bibl. Àfr. etmalg. Tome 50, 1991, avant-propos de Jacques FOYER, p. 32.

34. UA, Observation générale sur l'article 6 de la charte africaine des droits et du bien-être de l'enfant, CAEDBE/OG/02 adopté par le comité d'experts sur les droits et le bien-être de l'enfant pendant sa 23e session ordinaire, 2 014.

35. Unesco, La traite des personnes au Bénin : Facteurs et recommandations, Document stratégique Série pauvreté n° 14.3 (F) Paris 2007, 69 p.

36. Vandermeersch, C. (2002), « Les enfants confiés âgés de moins de 6 ans au Sénégal en 1992-1993 », Population 57 (4 & 5) : p. 661-688.

ANNEXES

Annexe I : Convention relative à l'abolition de l'esclavage

Annexe II : Convention relative à l'esclavage

Annexe III : Convention pour la répression de la traite des êtres humains et de l'exploitation de la prostitution d'autrui

Annexe IV : Convention internationale pour la suppression de la traite des femmes et des enfants conclue à Genève le 30 septembre 1921

Annexe V : Protocole additionnel à la convention des Nations unies contre la criminalité transnationale organisée visant à prévenir, réprimer et punir la traite des personnes, en particulier des femmes et des enfants

Annexe VI : Protocole facultatif à la Convention relative aux droits de l'enfant, concernant la vente d'enfants, la prostitution des enfants et la pornographie mettant en scène des enfants

Annexe VII : Protocole amendant la convention relative à l'esclavage

TABLE DES MATIERES

Structures éditoriales du groupe L'Harmattan

L'Harmattan Italie
Via degli Artisti, 15
10124 Torino
harmattan.italia@gmail.com

L'Harmattan Hongrie
Kossuth l. u. 14-16.
1053 Budapest
harmattan@harmattan.hu

L'Harmattan Sénégal
10 VDN en face Mermoz
BP 45034 Dakar-Fann
senharmattan@gmail.com

L'Harmattan Cameroun
TSINGA/FECAFOOT
BP 11486 Yaoundé
inkoukam@gmail.com

L'Harmattan Burkina Faso
Achille Somé – tengnule@hotmail.fr

L'Harmattan Guinée
Almamya, rue KA 028 OKB Agency
BP 3470 Conakry
harmattanguinee@yahoo.fr

L'Harmattan RDC
185, avenue Nyangwe
Commune de Lingwala – Kinshasa
matangilamusadila@yahoo.fr

L'Harmattan Congo
219, avenue Nelson Mandela
BP 2874 Brazzaville
harmattan.congo@yahoo.fr

L'Harmattan Mali
ACI 2000 - Immeuble Mgr Jean Marie Cisse
Bureau 10
BP 145 Bamako-Mali
mali@harmattan.fr

L'Harmattan Togo
Djidjole – Lomé
Maison Amela
face EPP BATOME
ddamela@aol.com

L'Harmattan Côte d'Ivoire
Résidence Karl – Cité des Arts
Abidjan-Cocody
03 BP 1588 Abidjan
espace_harmattan.ci@hotmail.fr

Nos librairies en France

Librairie internationale
16, rue des Écoles
75005 Paris
librairie.internationale@harmattan.fr
01 40 46 79 11
www.librairieharmattan.com

Librairie des savoirs
21, rue des Écoles
75005 Paris
librairie.sh@harmattan.fr
01 46 34 13 71
www.librairieharmattansh.com

Librairie Le Lucernaire
53, rue Notre-Dame-des-Champs
75006 Paris
librairie@lucernaire.fr
01 42 22 67 13

www.ingramcontent.com/pod-product-compliance
Lightning Source LLC
LaVergne TN
LVHW011135061026
849535LV00003B/491
* 9 7 8 2 3 3 6 4 7 6 8 8 9 *